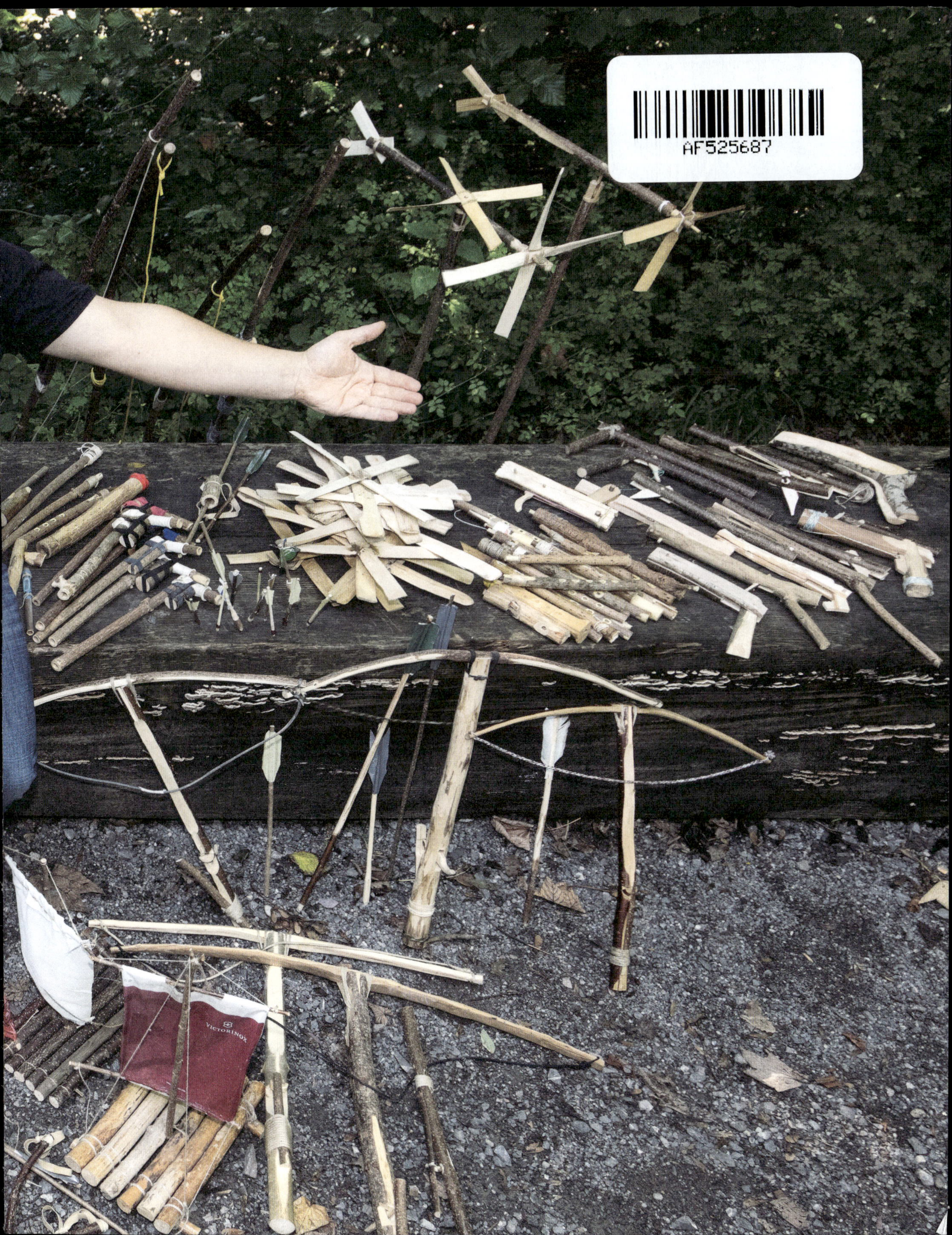
AF525687
VICTORINOX

SCHNITZ IT YOURSELF

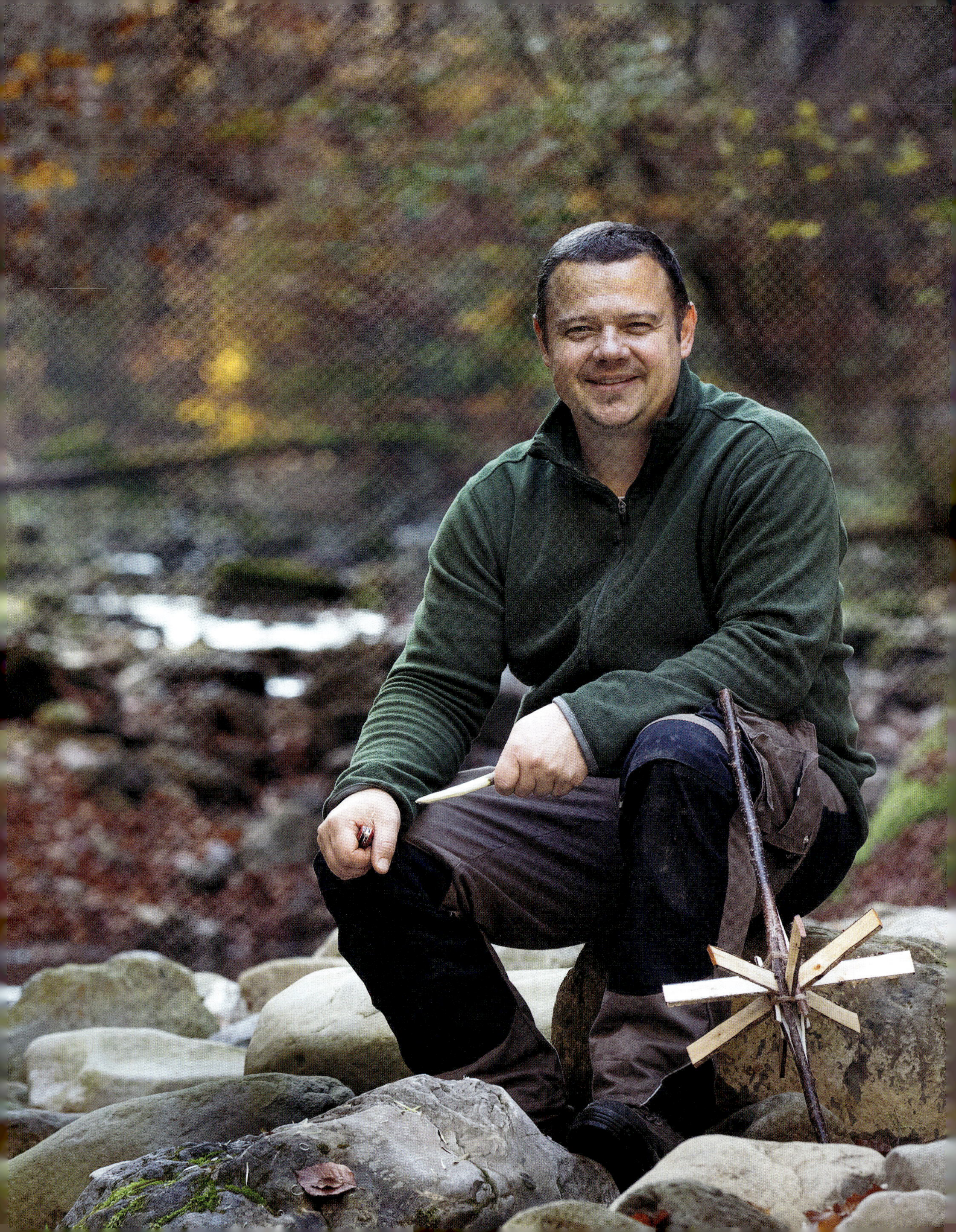

Felix Immler

SCHNITZ IT YOURSELF

Neue Lieblingsprojekte
mit dem Taschenmesser

Fotografiert von Matthew Worden

at VERLAG

INHALT

Grundlagen und Techniken

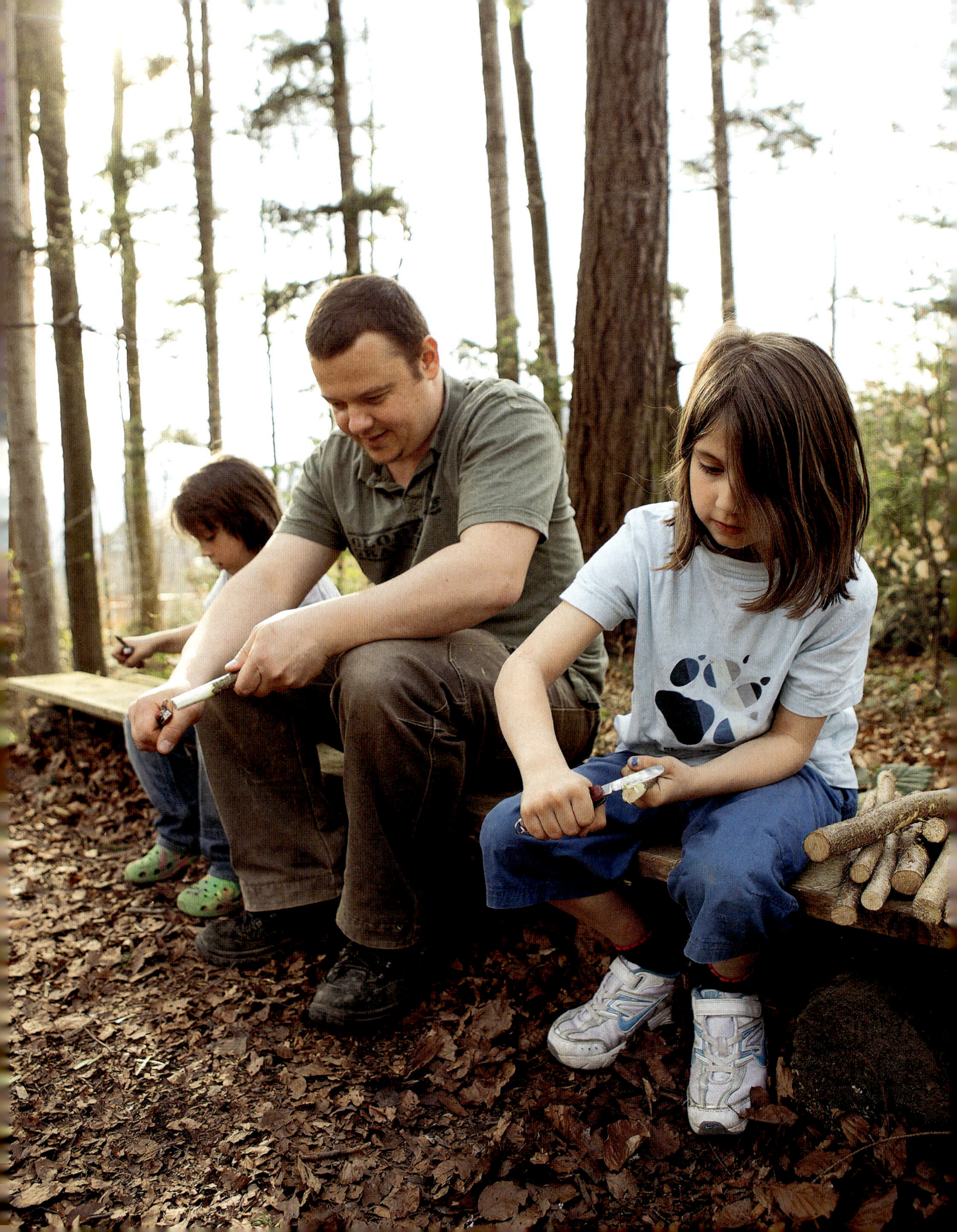

VORWORT

*»Glück ist nichts Fertiges.
Es entsteht aus deinen eigenen Handlungen.«*
Dalai Lama

Viele finden ihr Schnitzglück bereits, wenn sie mit dem Messer einen Stock schälen oder eine Spitze schnitzen. Wer etwas ambitionierter ist, braucht tolle Projektideen. Die Erfahrung zeigt, dass viele Leute nur etwa vier Schnitzprojekte kennen: Wanderstock, Bratspieß, Steinschleuder und Pfeilbogen. Danach ist meistens Schluss. In diesem Buch möchte ich mit 33 einzigartigen Projektideen zeigen, was darüber hinaus alles möglich ist, und damit Inspirationen mit auf den Weg geben. Im Gegensatz zu meinem ersten Buch »Werken mit dem Taschenmesser« zielt dieses Buch weniger auf die Schnitzklassiker wie Gabel, Löffel oder Kreisel ab. Es geht auch nicht um das Schnitzen von Einrichtungsgegenständen für ein Waldcamp wie in meinem zweiten Buch »Outdoor mit dem Taschenmesser«. Dieses Buch stellt ziemlich außergewöhnliche und auch etwas anspruchsvollere Schnitzprojekte vor. Sie sind eine Auswahl meiner persönlichen Lieblingsprojekte, Spielzeuge, Instrumente und Alltagsgegenstände: Wer hat schon einmal mit dem Taschenmesser ein Ballon-Saxofon oder eine Armbrust hergestellt? Wer weiß, wie man eine Apfelschleuder, einen Fallschirm oder ein Schnur-Katapult baut?

Bei der Entwicklung dieser Projekte habe ich selbst viele Glücksmomente erlebt. Das Ideensammeln, Tüfteln und Entwickeln sind für mich die unbestrittenen Lieblingsdisziplinen meines Berufes als Taschenmesser-Pädagoge. Bis ein Projekt reif war für dieses Buch, habe ich es bestimmt zehnmal geschnitzt. Die Suche nach der besten Vorgehensweise und Technik beschäftigte mich über Monate. So gesehen habe ich einige Bäume »verschnitzt«, bis schließlich die Objekte in der Form entstanden sind, die es nun ins Buch geschafft hat. Das Bild im Buchdeckel zeigt etwa nur ein Drittel aller dabei entstandenen Übungsobjekte und »Versuchskaninchen«, die schließlich wieder verworfen wurden.

Selbst geschnitzte Spielzeuge und Gegenstände erfreuen mich und meine drei Kinder weit mehr als fertig gekaufte aus dem Regal. Im geschnitzten Unikat steckt der Charme der Natur, da ist Handarbeit und Herzblut drin. Es ist Ausdruck meines Handelns, im wörtlichsten Sinne.

Doch jetzt geht's los! Alles, was du zur Fertigung deiner geschnitzten Unikate brauchst, findest du in der Natur, im Haushalt oder im Abfall. Das einzige Werkzeug, das du benötigst, ist ein Victorinox-Taschenmesser mit Holzsäge.

Ich wünsche dir gutes Gelingen!
Felix Immler

EINLEITUNG

Warum noch ein Schnitzbuch?

Alle meine Projekte sind einzig und allein mit einem Victorinox-Taschenmesser mit Holzsäge umsetzbar. Bei allen anderen Schnitzbüchern, die ich kenne, werden zusätzliche Werkzeuge wie Säge, Bohrer, Feile, Hohlbeitel, Hammer oder Axt gebraucht, hier jedoch nicht. Ich liebe das Schnitzen mit dem Taschenmesser, weil ich das fast immer und überall spontan machen kann.

Im vorliegenden Buch findet man vorwiegend neue Schnitzideen, die bislang in keinem anderen Buch zu sehen sind. Viele Projekte habe ich in monatelanger Arbeit herausgetüftelt oder taschenmesser-tauglich weiterentwickelt. Die Ideen dazu stammen von Freunden, Workshop-Teilnehmern, YouTubern oder von mir selbst. Natürlich dürfen einige wenige Klassiker wie die Steinschleuder, die Weidenflöte oder das Floß nicht fehlen. Weil ich mich selbst oft kopiert sehe, lege ich großen Wert darauf, die Urheber der Ideen von anderen explizit zu nennen.

Mit über 700 Fotos und Illustrationen (und mit den Videos auf meinem YouTube-Kanal) erkläre ich die Projekte und Techniken in äußerst detaillierten Schritt-für-Schritt-Anleitungen. Damit die Fotos keine Wünsche offen lassen, habe ich Matthew Worden, einen professionellen Fotografen aus den USA, für dieses Projekt ins Boot geholt. Er hat mich beim Erstellen meiner Lieblingsprojekte wochenlang durch Feld und Wald begleitet. Thank you so much, Matthew! You are great!

Von wegen kinderleicht

Seit mein erstes Schnitzbuch »Werken mit dem Taschenmesser« 2012 auf den Markt gekommen ist, sind rund 20 (!) neue Schnitzbücher in deutscher Sprache erschienen. Das Schnitzen erlebt offenbar einen Boom. Die meisten Bücher richten sich an Kinder. Sie enthalten oft ähnliche Projekte und wollen vermitteln, wie einfach der Einstieg ins Schnitzen sei. Das vorliegende Buch grenzt sich klar davon ab: Schnitzen ist nicht kinderleicht! Vor allem, wenn man sich Projekte vornimmt, die den Schwierigkeitsgrad eines Bratspießes übersteigen.

Schnitzen ist ein wunderbares Hobby für Jung und Alt. Auch heute noch vermag das Schnitzen mit dem Taschenmesser Kinder in seinen Bann zu ziehen. Komplett analog und akkufrei begleitet es uns bei großen und kleinen Abenteuern und schafft so wertvolle Erfahrungen außerhalb der digitalen Welt. Es ist kreativ, sinnvoll und lädt ein, sich in und mit der Natur zu beschäftigen. Ich selbst habe so viel Freude daran gefunden, dass ich es sogar zu meinem Beruf gemacht habe. Schnitzen erfordert Ausdauer, Kraft, Feinmotorik, Materialwissen, Vorstellungsvermögen und vieles mehr. Wenn Kinder schnitzen wollen, brauchen sie Ruhe und Konzentration, das richtige Messer und geeignete Projekte. Sie müssen sehr viel üben und sind auf einen guten, geduldigen Lehrer oder eine geduldige Lehrerin angewiesen. Meine Erfahrung aus weit über dreihundert Schnitz-Workshops bestätigt, dass es sinnvoll ist, Kinder beim Schnitzen eng zu begleiten. Um sie für die kreative Arbeit mit dem Taschenmesser zu begeistern, braucht es mehr, als ihnen einen Stock und ein Messer in die Hand zu drücken. Viele Kinder wollen nach den ersten Schnitzversuchen gleich »coole« Objekte anfertigen: eine Apfelschleuder oder einen Raddampfer. Das gelingt aber nur mit der tatkräftigen Hilfe eines schnitztüchtigen Erwachsenen, der zeigen kann, wie das geht, und dann Hand anlegt, wenn das Kind allein nicht klarkommt. Mit einem guten Vorbild an seiner Seite und einem lohnenden Ziel vor Augen steigt seine Bereitschaft, dranzubleiben und die nötigen Techniken zu üben. Schnitzen als Teamwork macht Spaß und stärkt die Beziehung zum Kind.

Für Groß und Klein als Team

Schnitzanfänger, die noch nie ein Taschenmesser in der Hand gehalten haben, werden mit den Projekten in diesem Buch heillos überfordert sein. Auch Kinder, die schon ein bisschen Schnitzerfahrung haben, werden schnell an ihre Grenzen stoßen. Dies soll aber nicht heißen, dass dieses Buch für Kinder ungeeignet ist. Vielmehr steht die Idee dahinter, dass sich Kinder zusammen mit einer erwachsenen Person an die Projekte wagen, was schließlich auch einen willkommenen Nebeneffekt hat: Denn nichts ist verbindender als gemeinsames Handeln für ein gemeinsames Ziel. – Eine wunderbare Einladung zur Beziehungsgestaltung zwischen zwei Generationen.

So gesehen wendet sich dieses Buch an Schnitzbegeisterte jeden Alters. Die ausgewählten Projekte sprechen Kinder genauso an wie Erwachsene, die Technik jedoch verlangt Feinmotorik und Geschick und oft auch etwas technisches Verständnis.

Größenangaben und Dimensionen

Grundsätzlich sind alle Projekte in diesem Buch auch größer oder kleiner umsetzbar. Draußen in der Natur muss man mit dem Material arbeiten, das man gerade findet. Darum stehen in meinen Anleitungen die Vorgehensweise, das Funktionsprinzip und die relativen Dimensionen der Projekte im Vordergrund. Meine Anleitungen sollen nicht als rezeptartige Anleitungen mit bindenden Größenangaben verstanden werden.

Dieses Buch soll auch eine Quelle für Inspirationen und zum Üben von Techniken sein. Es vermittelt Tricks und Kniffe und will dazu anregen, zu üben und dann seinen eigenen Weg zu suchen, sein eigenes Design, seinen eigenen Schnitzstil zu entwickeln. Bei allen Projekten gibt es auch andere Möglichkeiten, zum Ziel zu gelangen. Sei mutig und kreativ! Die Anleitung im Buch ist nur eine von vielen Möglichkeiten.

Videos und Anleitungen zum Herunterladen

Damit du nicht das ganze Buch in den Wald mitnehmen musst, kannst du mithilfe der QR-Codes auf Seite 176/177 jeweils ein Video und die Anleitung zu den einzelnen Schnitzprojekten auf dein Mobiltelefon herunterladen. So kann es mit Taschenmesser und Smartphone in der Hosentasche gleich losgehen zum Schnitzabenteuer im Wald!

Die Videos, die zum Beispiel zeigen, wie die Trillerpfeife tönt oder wie weit der Schleuderpfeil fliegt, finden sich auch in der Playlist »Schnitz it yourself« auf meinem YouTube-Kanal www.youtube.com/feliximmler.

Das richtige Messer

Ich habe für alle Projekte in diesem Buch das Taschenmessermodell Victorinox Huntsman verwendet. Grundsätzlich eignet sich aber jedes Victorinox-Taschenmesser mit Holzsäge, Ahle, kleiner Klinge und großer Klinge. Eine Schere am Taschenmesser ist für manche Projekte durchaus praktisch, aber nicht unbedingt nötig. Weil ich bei den meisten Schnitzprojekten etwas einzeichnen oder markieren muss, habe ich bei meinem Taschenmesser auf der Rückseite eine Griffschale mit einem Kugelschreiberschacht montiert. Wer sein Taschenmesser mit einer entsprechenden Griffschale und einer Kugelschreibermine aufrüsten möchte, bekommt beide Teile in allen Victorinox Retail Stores oder im Victorinox Online Shop (www.victorinox.com).

Fast alle Griffschalen haben neben dem Korkenzieher einen Schacht für eine Stecknadel (siehe Bild 21 auf Seite 79). Weil bei manchen Projekten eine solche Nadel hilfreich ist, habe ich mein Messer mit einer Victorinox-Stecknadel bestückt. Das Meser kann aber auch mit einer gewöhnlichen Nadel aus dem Nähkasten zu Hause bestückt werden.

Selbstverständlich können ebenso größere Taschenmesser aus der 111-mm-Serie oder aus der 130-mm-Serie von Victorinox zum Schnitzen der hier vorgestellten Projekte verwendet werden. Bei den größeren Taschenmessern fehlt mir persönlich allerdings die kleine Klinge, die bei Feinarbeiten sehr praktisch und für mich deshalb wichtig ist.

Meine Standard-Bastelausrüstung im Rucksack

Neben dem Taschenmesser habe ich immer Schnur und ein Feuerzeug dabei. Bei vielen Projekten wird eine Schnur benötigt. Mit Vorliebe verwende ich Schnur aus Naturmaterialien wie Hanf, Jute oder Flachs. So kann ich zum Beispiel auch ohne schlechtes Gewissen mal ein Wasserrad im Bach zurücklassen, weil ich weiß, dass die Schnur verrottet, wenn das Rad weggespült wird. Seit mir meine Frau den Trick mit dem Heißleim und dem Feuerzeug gezeigt hat, habe ich auch immer einen Heißleimstick in meiner Tasche. Wenn man den Stick an einem Ende mit der Flamme des Feuerzeugs erwärmt, bis der Leim dickflüssig und transparent wird, kann man damit hervorragend abdichten oder kleben. Heißleim härtet schnell, das ist sehr praktisch.

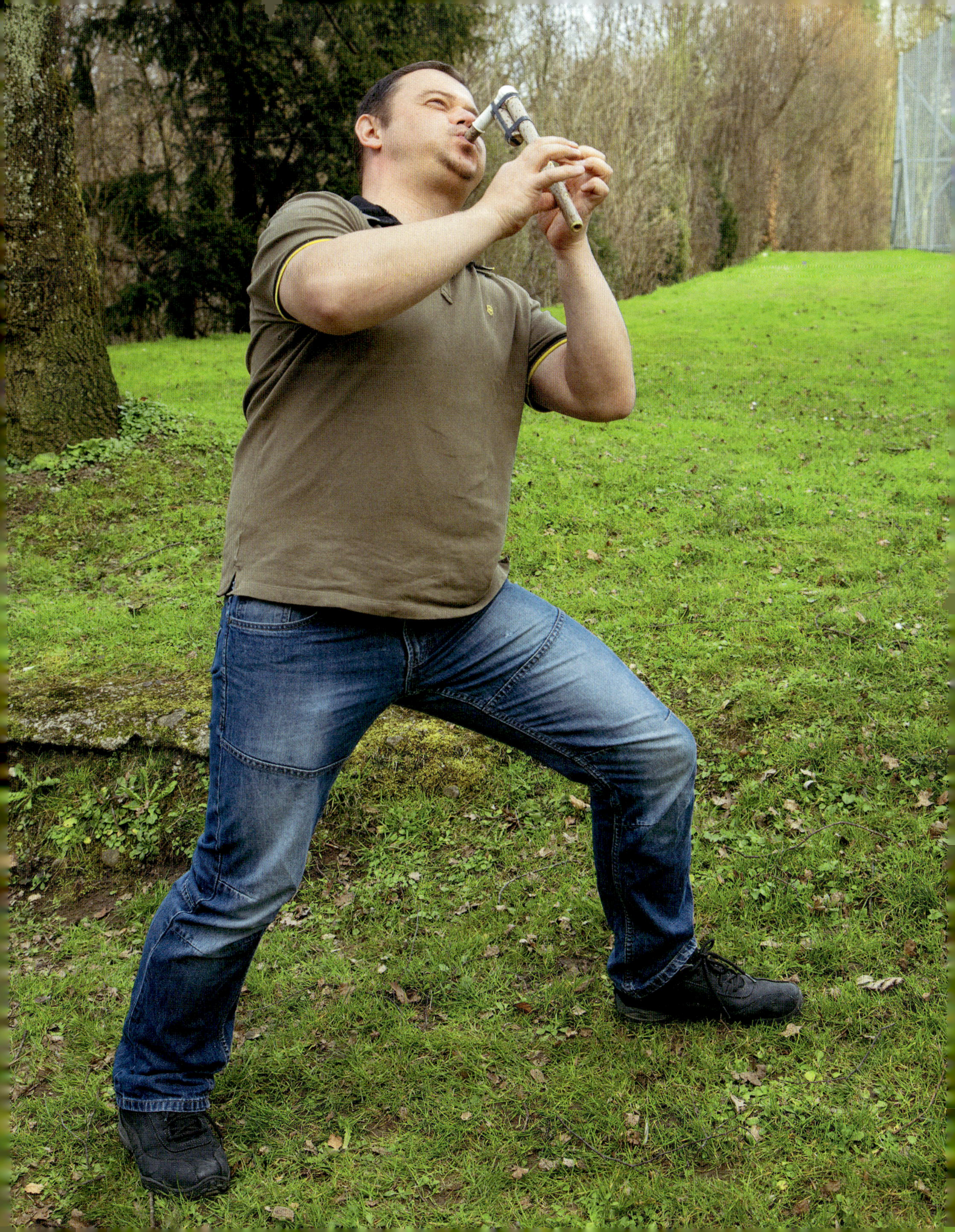

DIE TASCHENMESSER-PROJEKTE

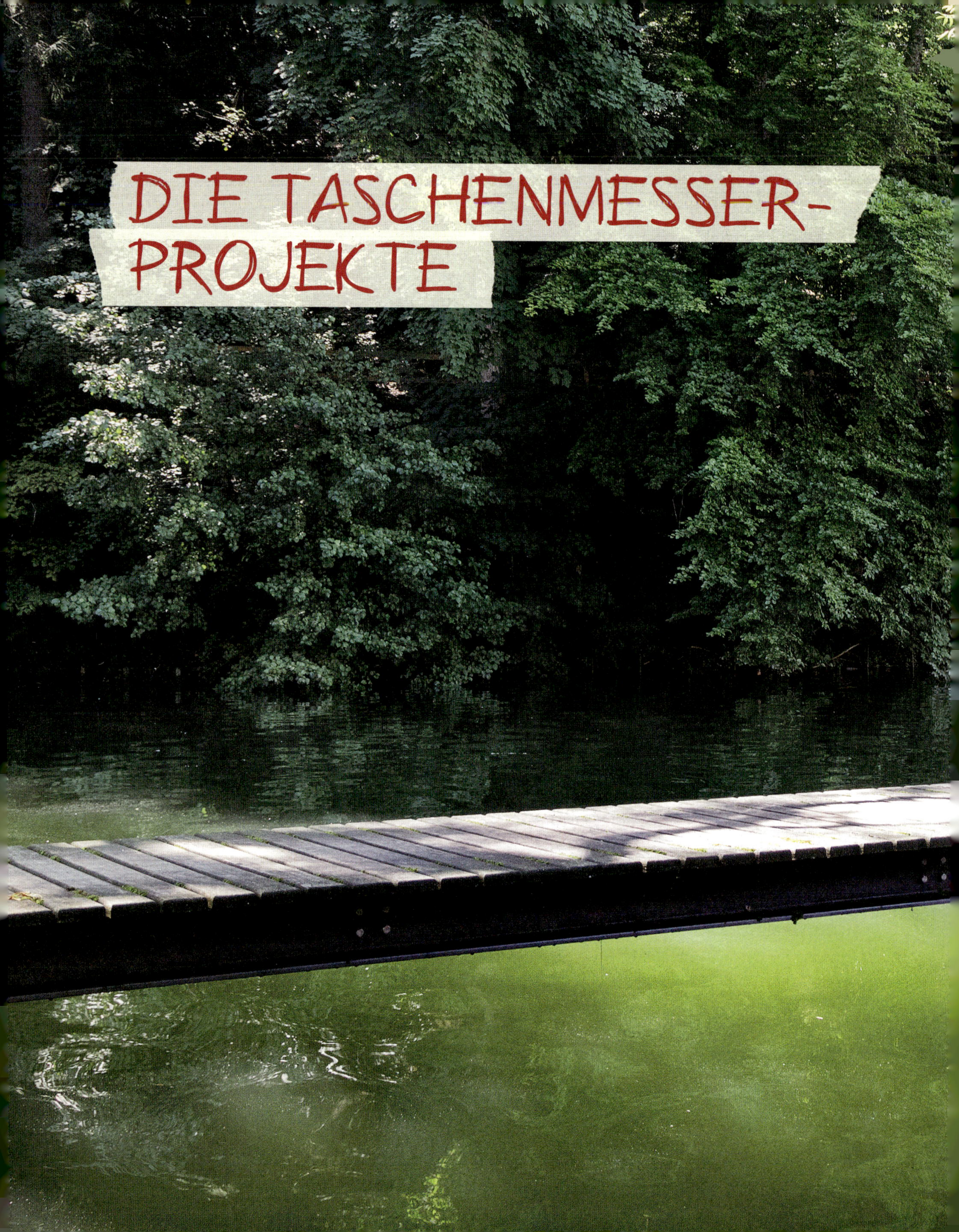

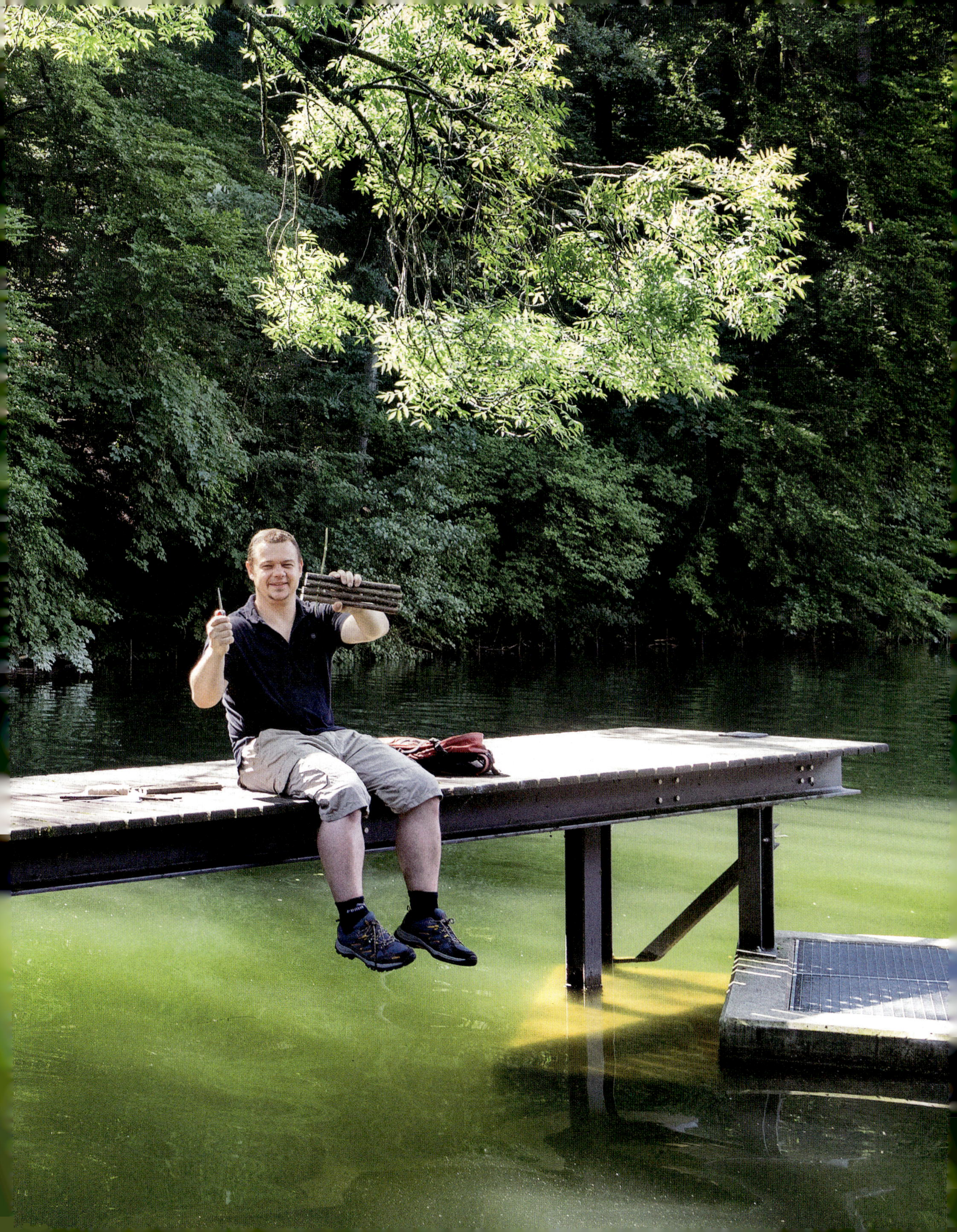

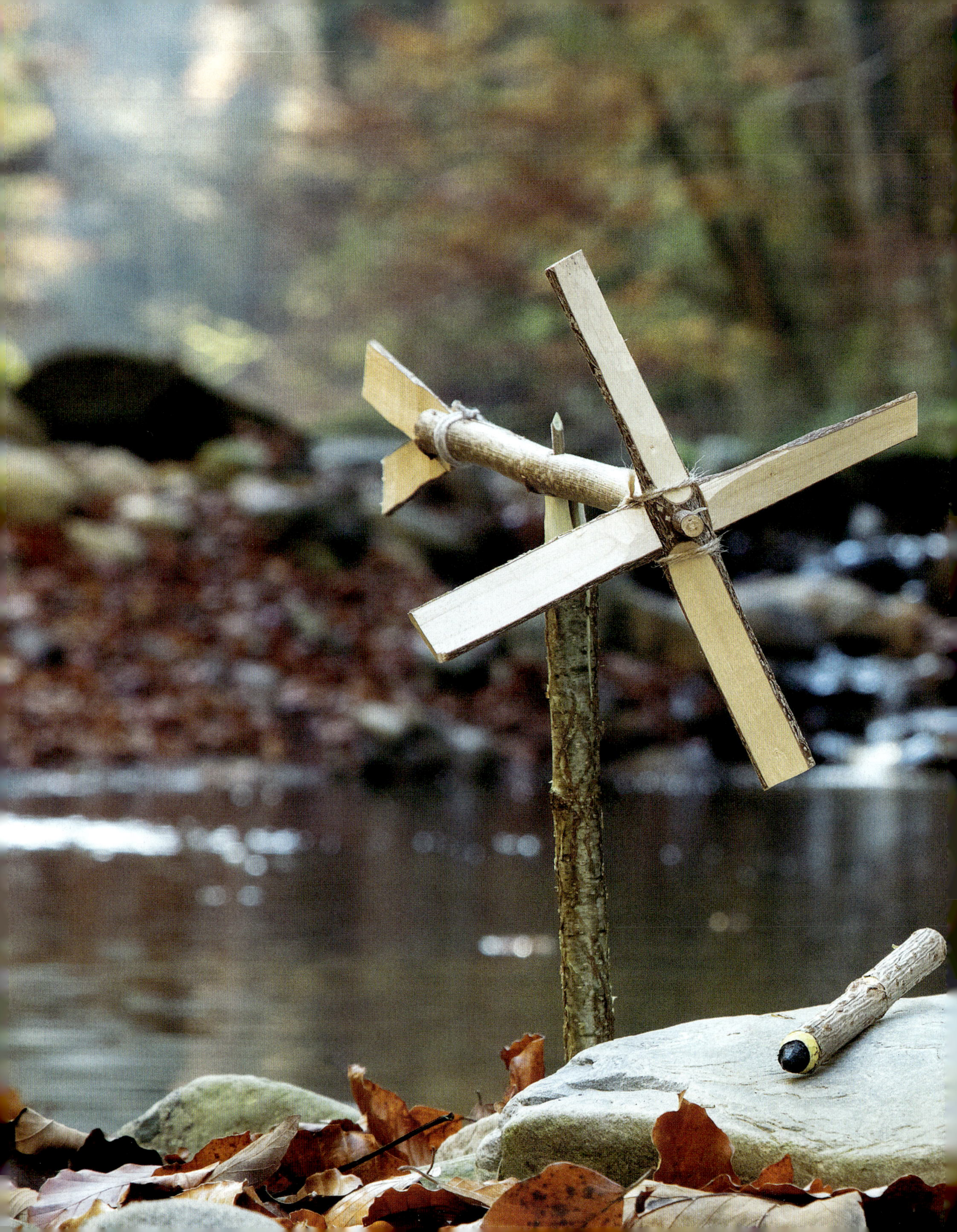

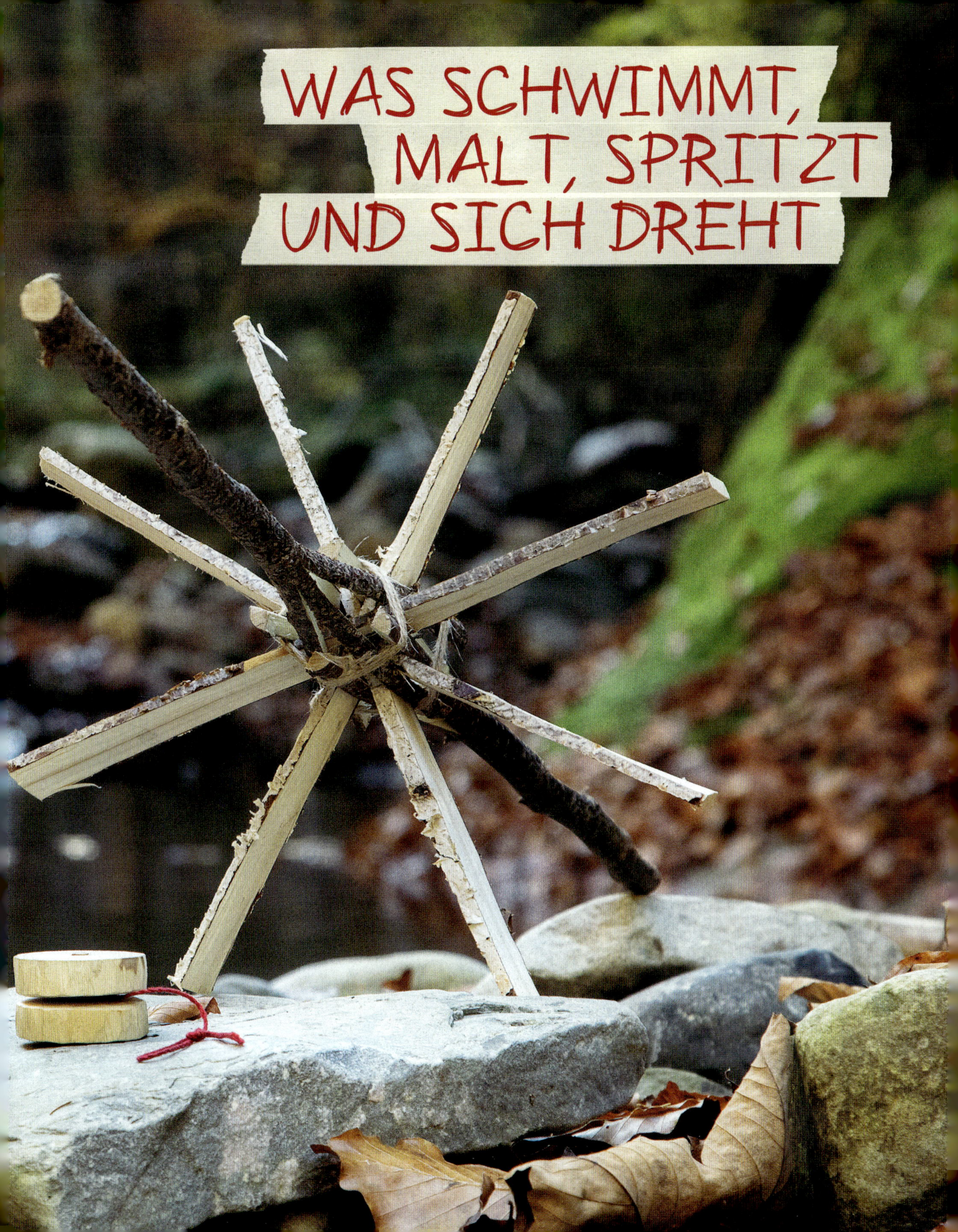
WAS SCHWIMMT,
MALT, SPRITZT
UND SICH DREHT

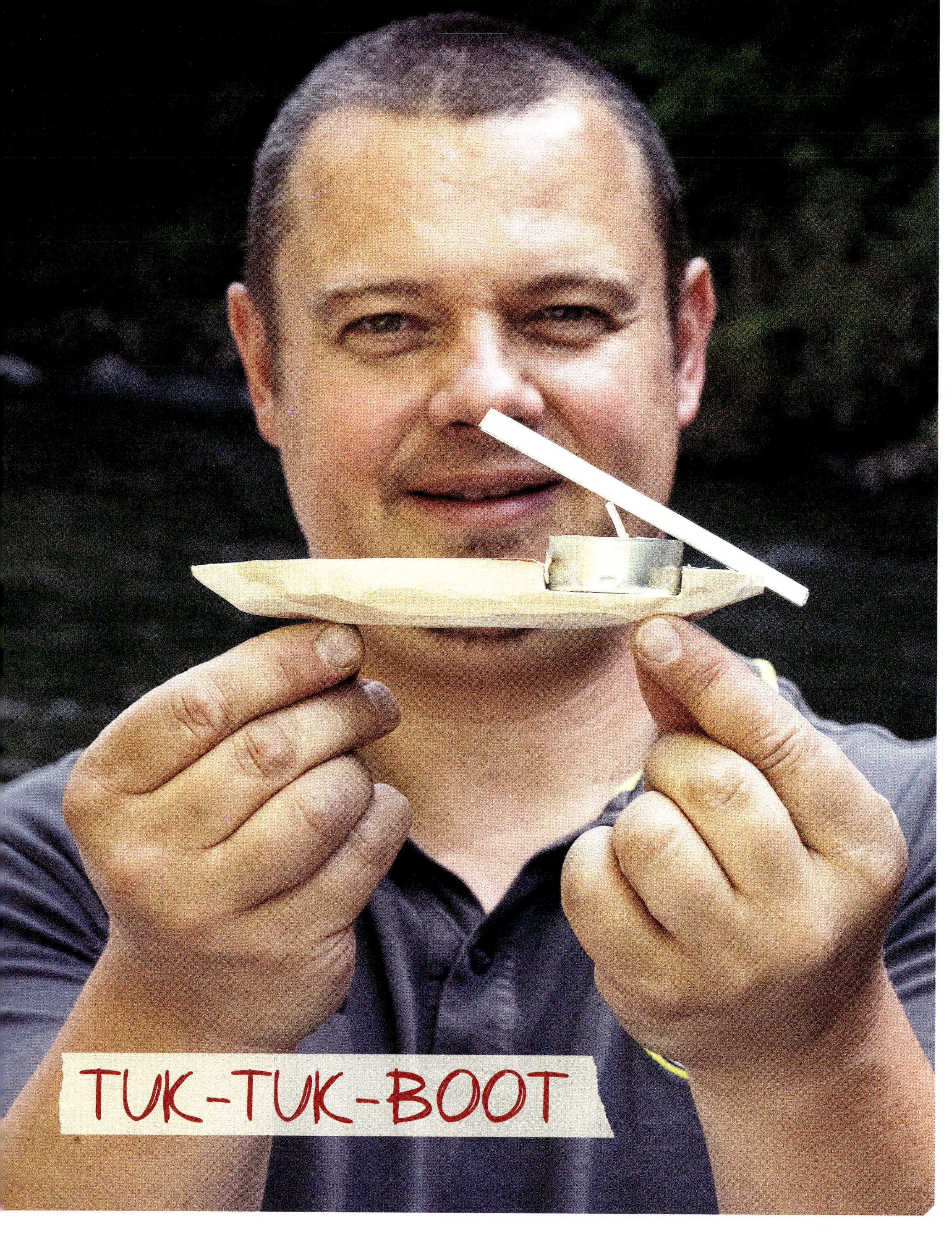

TUK-TUK-BOOT

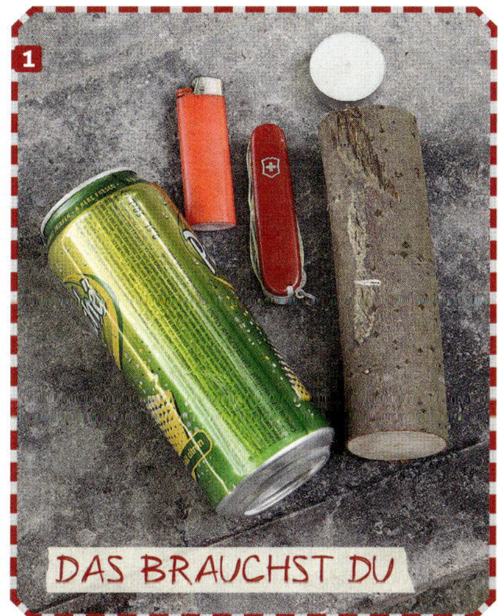

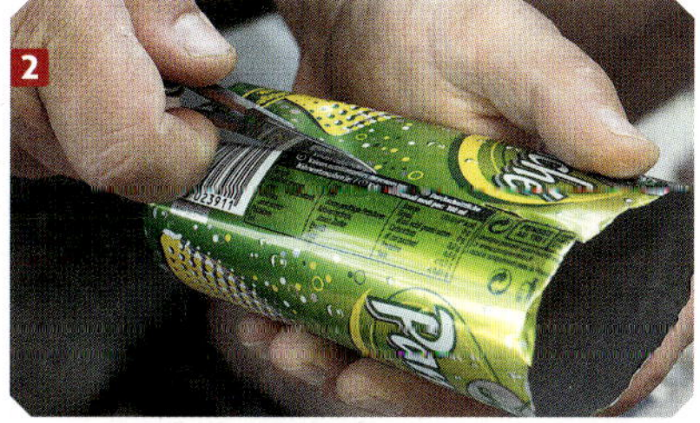

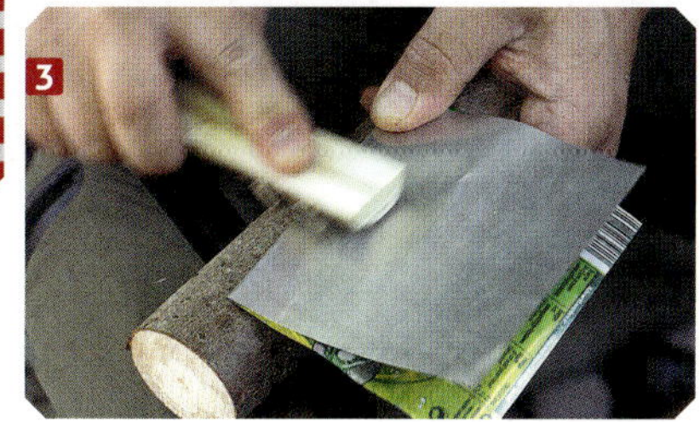

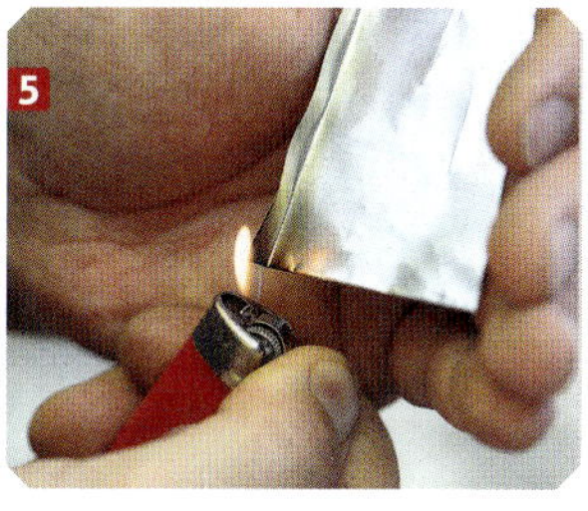

Schon als Kind haben mich Dampfmaschinen fasziniert. Mein Vater hatte eine Metallwerkstatt. Als ich etwa zehn Jahre alt war, hat er mit mir zusammen eine Dampfmaschine gebaut. So erwarb ich das Verständnis, wie eine Dampfmaschine funktioniert.

Jahre später habe ich während einer Indienreise auf einem Markt ein Tuk-Tuk-Boot gekauft. Ich war völlig fasziniert von der Einfachheit und dem Funktionsprinzip dieses Motorbootes. Der einfache Motor kommt ohne bewegliche Teile wie Kolben, Ventile oder Räder aus. Als Energiequelle dient eine Kerze.

Das Funktionsprinzip ist denkbar einfach: Das Wasser in einer einseitig geschlossenen Röhre wird durch eine Kerze erhitzt. Es verdampft, braucht mehr Platz und wird durch die Öffnung ausgestoßen. In der Röhre entsteht ein Unterdruck. Neues Wasser wird dadurch in die Röhre gesogen und wieder erhitzt. Weil das Wasser gebündelt ausgestoßen wird, aber durch den Unterdruck aus allen Richtungen angezogen wird, ergibt sich insgesamt ein Vorschub.

Als ich mögliche Projekte für dieses Buch suchte, kam mir das Tuk-Tuk-Boot wieder in den Sinn. Es müsste doch einen Weg geben, diesen Kerzenmotor so zu vereinfachen, dass Boot und Motor mit dem Taschenmesser als einzigem Werkzeug realisierbar wäre, dachte ich und machte mich ans Austüfteln. Schon nach wenigen Versuchen war ich erfolgreich.

Für die Realisation dieses Projekts braucht man eine Aluminiumbüchse, um das Rohr herzustellen, ein Stück Rinde oder weiches Holz für den Bootsrumpf, ein Teelicht oder einen Kerzenstummel, ein Feuerzeug und ein Taschenmesser 1.

Wir beginnen mit dem Rohr. Scheide eine leere Aludose mit der Messerklinge oder mit der Schere auf 2 und biege die Rundung zurück, indem du das Blech gegen die Biegung über eine Kante ziehst, sodass du nun ein mehr oder weniger flaches Rechteck aus Aluminium vor dir liegen hast. Falte das Blech auf der langen Seite zur Hälfte und drücke den Falz mit zwei Hölzern flach 3. Zeichne ein gleichschenkliges Trapez ein, sodass die längere Grundseite von 5 cm auf der gefalteten Kante und die kürzere Grundseite von 3 cm auf der offenen Seite zu liegen kommt. Ich habe die Kontur vorsichtig ins Blech geritzt. Einzeichnen mit einem wasserfesten Stift wäre aber noch besser. Schneide dann mit der Schere das Trapez aus und biege auf beiden

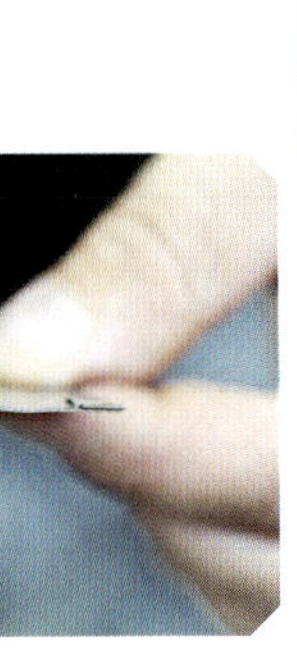

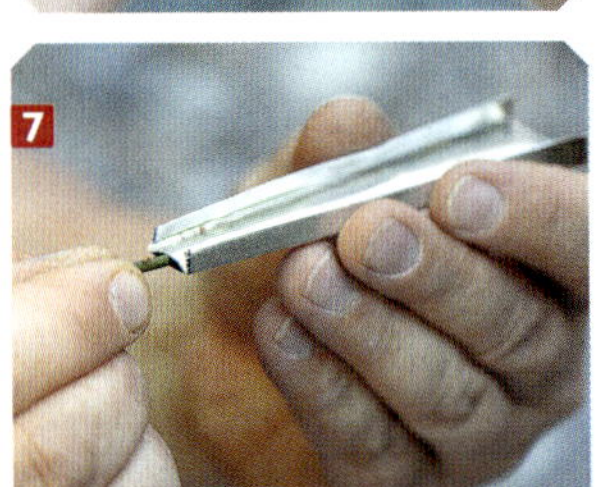

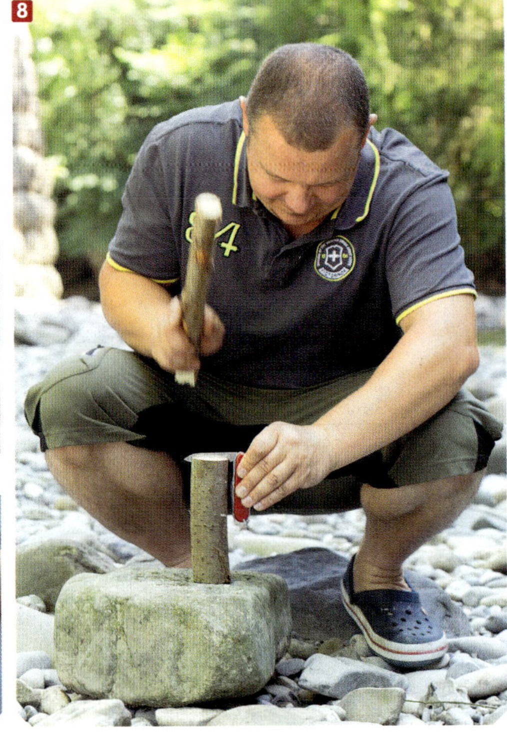

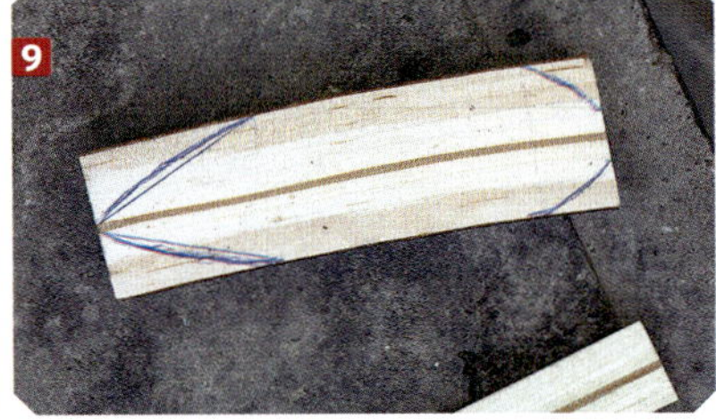

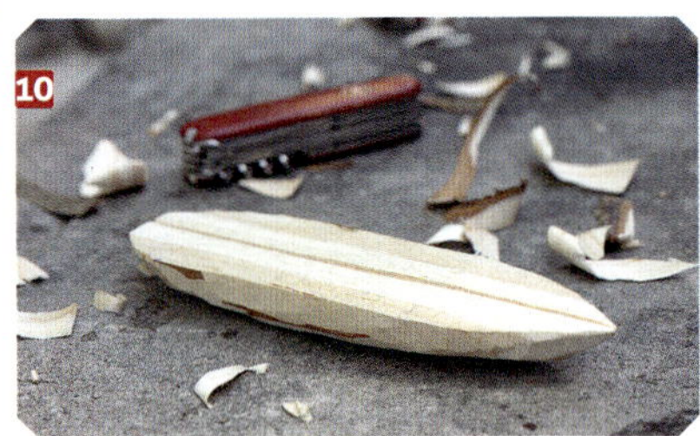

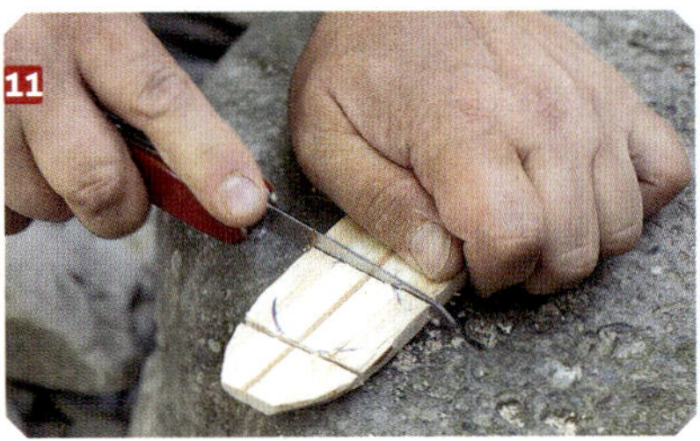

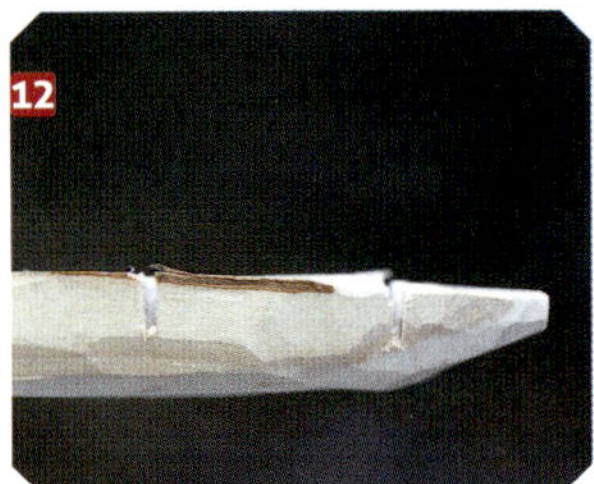

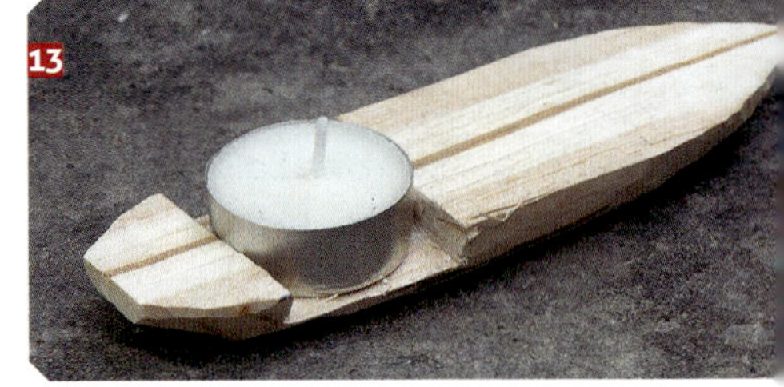

Seiten einen etwa 5 mm breiten Streifen um. Damit die Biegekante möglichst gerade ist, biege das Blech um die Kante eines zugeschnitzten Holzes 4. Die entstehenden Ecken auf der längeren Grundseite sind besonders gefährdet: Diese reißen gerne ein und sind dann nicht mehr dicht. Darum entspanne das Aluminium durch Erwärmen mit dem Feuerzeug 5, bevor du den Schenkel ganz umfaltest. Biege auch auf der anderen Seite einen 5 mm breiten Streifen um 180° um. Nun werden beide Seiten nochmals 90° eingeklappt 6. Auch hier empfiehlt es sich, wieder die Ecke auf der gefalteten Grundseite zu erwärmen. Nun öffnest du den Spalt auf der kurzen Grundseite mit einem Stöckchen. Stoße das Stöckchen in die Tasche, sodass eine Röhre entsteht 7.

Jetzt brauchst du einen etwa 15 cm langen Bootsrumpf. Damit das Schnitzen einfacher geht und der Bootsrumpf mehr Auftrieb hat, empfehle ich, dafür Pappelrinde oder ein Weichholz zu nehmen. Damit das Boot einigermaßen geradeaus fährt, muss der Rumpf möglichst symmetrisch sein 8, 9, 10. Zeichne nun im hinteren Bereich den Durchmesser der Kerze oder des Teelichts ein und säge in diesem Abstand zwei circa 8 mm tiefe Nuten 11, 12. Das Holz kannst du relativ einfach herausbrechen, indem du den Schraubenzieher in die Nut steckst, die näher bei der Rumpfmitte liegt, und mit Kraft das Zwischenstück aushebelst. Natürlich musst du nach dem Herausspalten noch etwas nachschnitzen, bis die Kerze in die Nut passt 13. Wer keine Gewalt anwenden will,

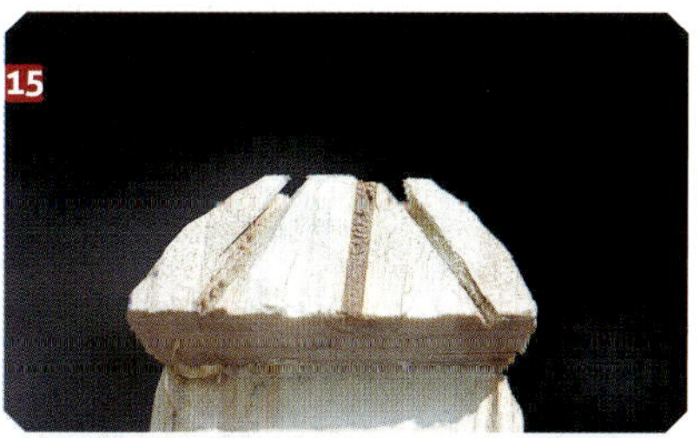

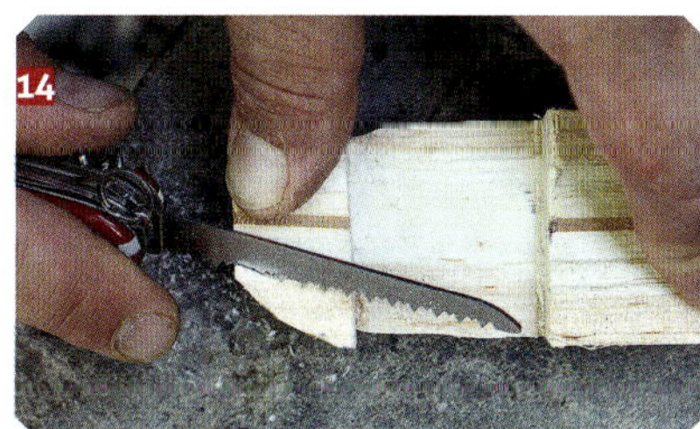

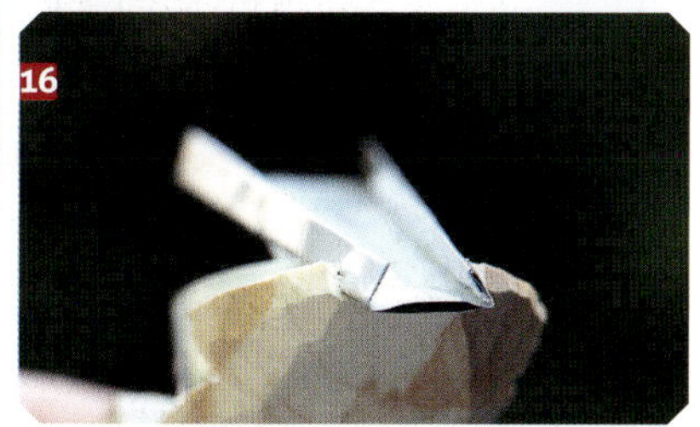

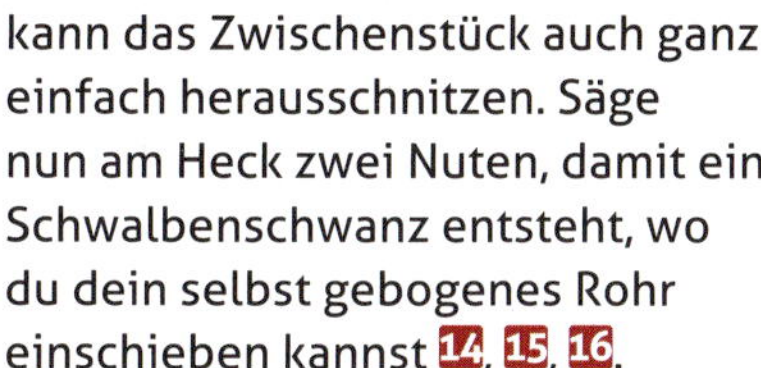

kann das Zwischenstück auch ganz einfach herausschnitzen. Säge nun am Heck zwei Nuten, damit ein Schwalbenschwanz entsteht, wo du dein selbst gebogenes Rohr einschieben kannst 14, 15, 16.

Diese Schnitte sind nicht ganz einfach, weil man dazu das Sägeblatt in zwei Richtungen schräg halten muss. Säge die beiden Schnitte zuerst etwas zu nahe beieinander, sodass das Rohr noch nicht eingeschoben werden kann. Schnitze dann vorsichtig das Zwischenteil heraus, und erweitere den Spalt Millimeter um Millimeter, bis das Rohr in die Öffnung eingeschoben werden kann.

Nun ist das Boot fertig 17. Das Rohr muss mit Wasser gefüllt sein, bevor du eine brennende Kerze darunter stellst 18. Eine Spritze vereinfacht das Befüllen. Mit dem restlichen Alublech könntest du noch einen Windschutz bauen, da das Boot sehr windanfällig ist. Sobald nämlich Wind aufkommt, funktioniert das Ganze nicht mehr so gut. Drinnen (zum Beispiel in der Badewanne) oder in einem windgeschützten Brunnen fährt das Tuk-Tuk-Boot aber fast immer. Schiff ahoii!

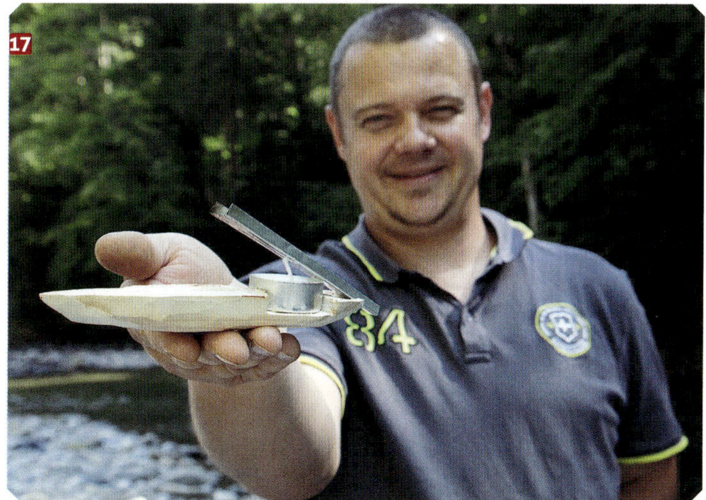

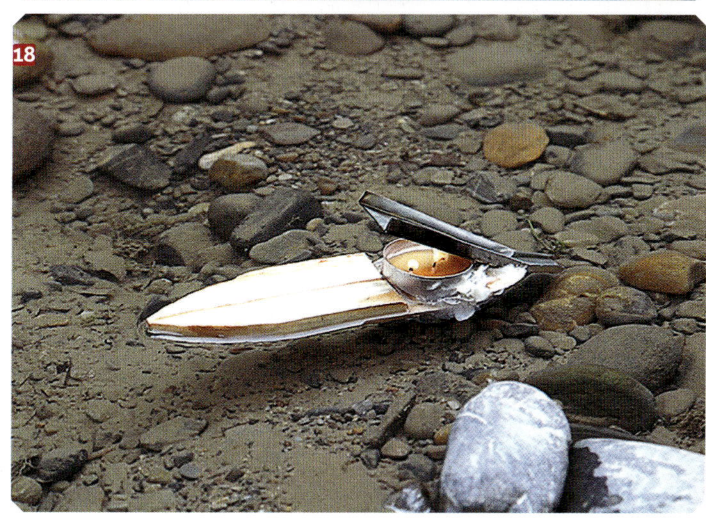

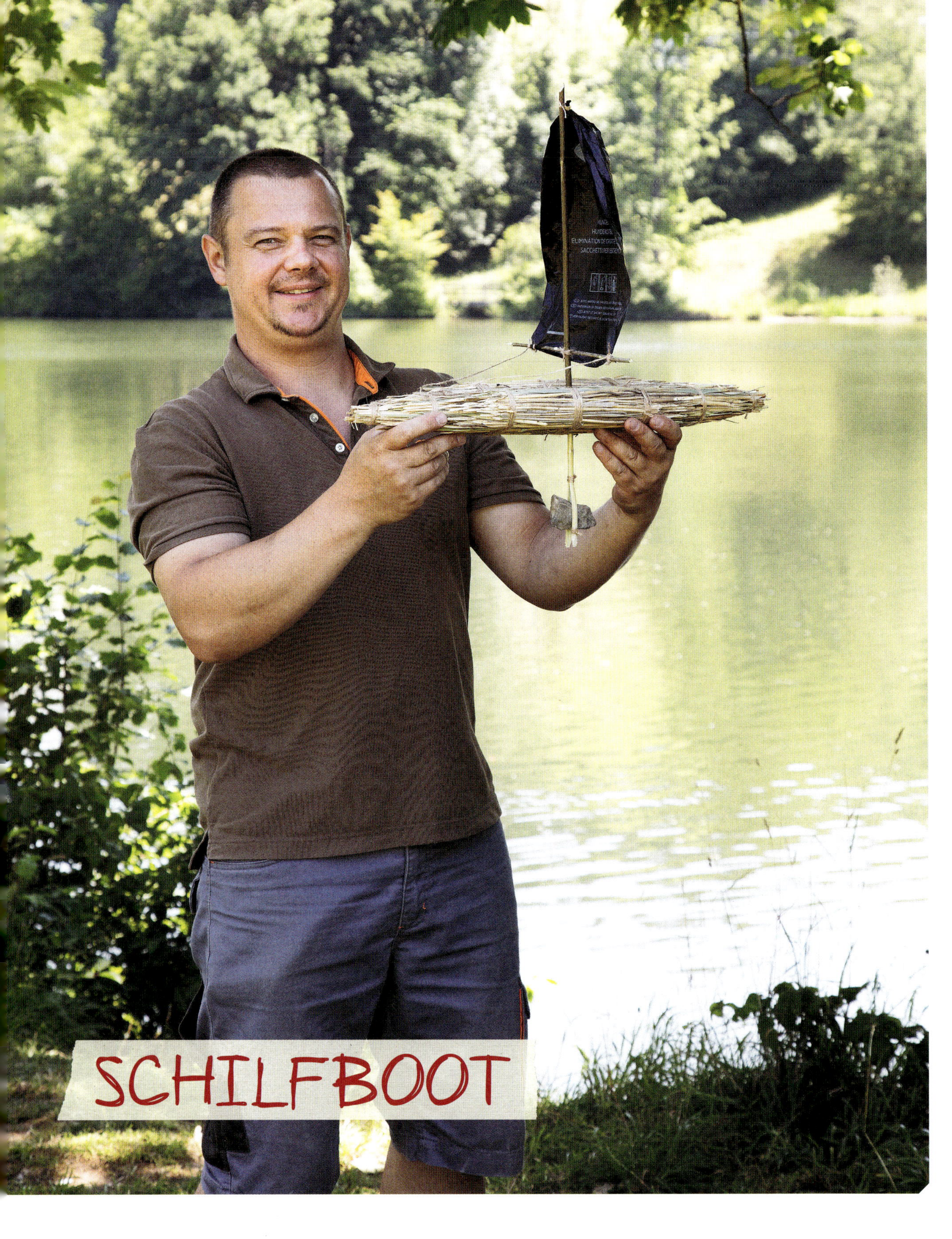

SCHILFBOOT

Schon als Kind liebte ich es, mit Spielzeugbooten in der Badewanne zu spielen. Diese Faszination habe ich offenbar vererbt, auch meine Jungs spielen gerne mit Booten. Oft spielen sie natürlich mit dem Playmobil-Schiff oder mit dem motorisierten Polizeiboot. Am meisten Freude habe ich aber, wenn sich die Kinder mit einem selbst gebauten Boot im Spiel verlieren.

Meiner Meinung nach ist die Hauptschwierigkeit beim Basteln eines Bootes der Rumpf. Erstens ist es oft schwierig, geeignetes Material zu finden, und zweitens ist es viel Arbeit, den Rumpf in die richtige Form zu bringen, wenn man nur ein Taschenmesser zur Verfügung hat. Einfacher ist es deshalb, einen Rumpf aus Schilf zu fertigen. In der folgenden Anleitung möchte ich zeigen, wie das geht.

Für ein Schilfboot braucht man einen Bund Schilf für den Rumpf, einen gerade gewachsenen Ast als Mast und Quermast, Schnur, einen Stein für den Kiel, ein Segel und ein Taschenmesser 1. Die Größe des Bootes, respektive die Länge des Rumpfes kannst du natürlich selbst bestimmen. In dieser Anleitung baue ich ein Boot, das ungefähr einen halben Meter lang ist.

Der Rumpf besteht aus drei zusammengeknüpften Bündeln Schilf. Für ein Bündel brauche ich die Menge Schilf, die ich mit Daumen und Zeigefinger umgreifen kann. Schnüre nun jedes einzelne Bündel vorerst mit drei möglichst straffen Schnurwicklungen zusammen 2. Eine Wicklung ist in der Mitte, die anderen beiden je 10 cm links und rechts davon.

Nun säge die überstehenden Schilfhalme ab, sodass der Rumpf etwa 50 cm Länge hat 3. Weil Bug und Heck eines Bootskörpers zusammenlaufen, schnitze die Bündel gegen die Enden dünner 4. Die mittleren 20 cm des Bootskörpers bleiben in der vollen Stärke 5.

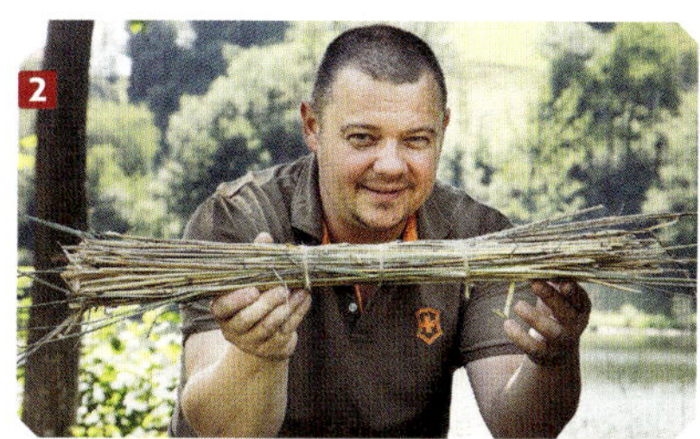

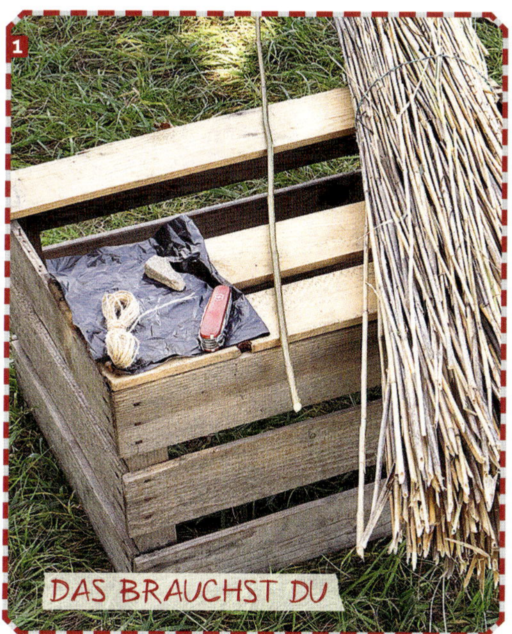

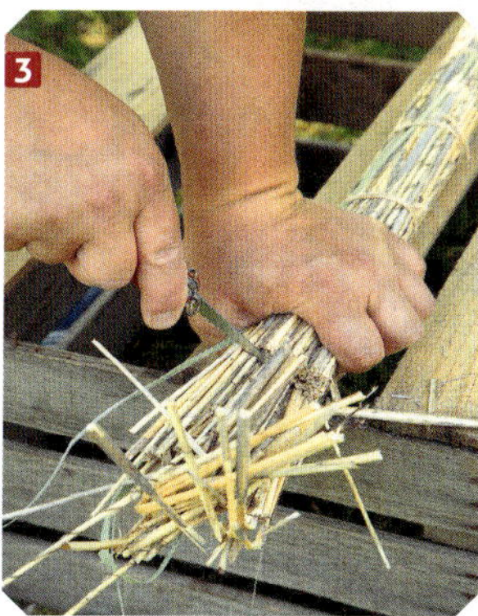

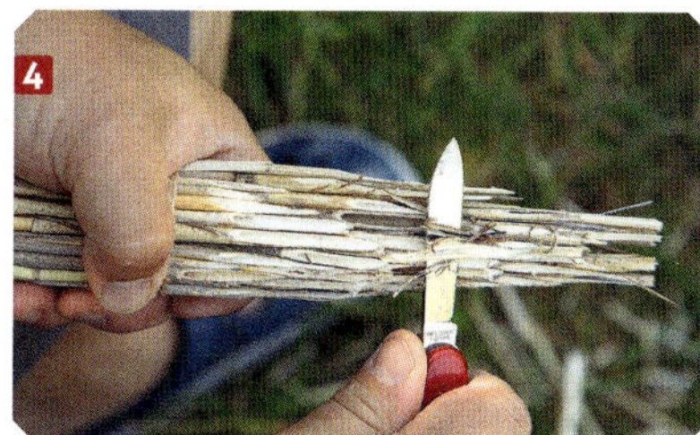

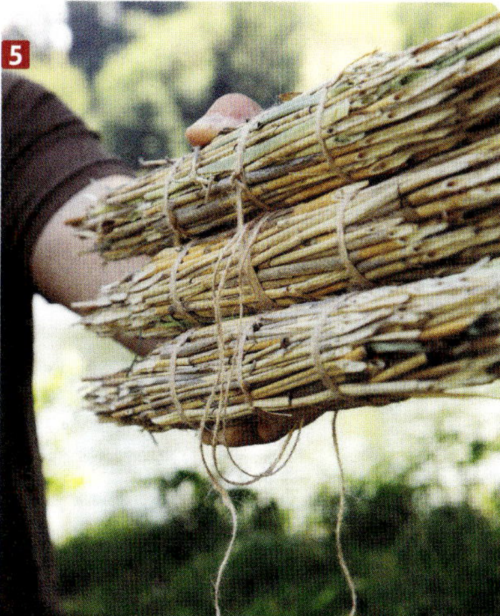

Nachdem du die ersten beiden Bündel mit drei Wicklungen zusammengezurrt hast, fixiere das dritte Strohbündel. Diese drei Wicklungen sind jeweils ungefähr am selben Ort wie die Wicklungen der ersten Bünde. Ich empfehle, die Bündel mehrmals zu umwickeln. Verschaffe dir mit einem zugespitzten Holzstück genug Platz, um die Schnur zwischen den ersten beiden Bündeln durchziehen zu können 6. Nun bringe je an Bug und Heck eine weitere, möglichst straffe Schnurwicklung an 7. Diese Wicklung umgreift alle drei Bünde. Du erhältst so die Endform des Bootsrumpfes. Weil die letzten beiden Wicklungen im konischen Teil des Rumpfes angebracht werden, neigen sie dazu, sich nach außen zu verschieben. Zurre darum die äußersten beiden Wicklungen mit einer Schnur der Länge nach zusammen 8.

Für den Mast verwende einen stabilen Ast, der etwas länger als das Boot ist. Stecke den Mast an der Stelle durch das mittlere Bündel, wo du ihn haben willst 9. Er sollte auf der Unterseite des Bootes etwa 15 cm herausschauen 10. Spalte dort den Ast vorsichtig (in Fahrtrichtung des Bootes) auf 11 und klemme einen flachen Stein dazwischen. Befestige den Stein oberhalb und unterhalb mit zwei Schnurwicklungen 12.

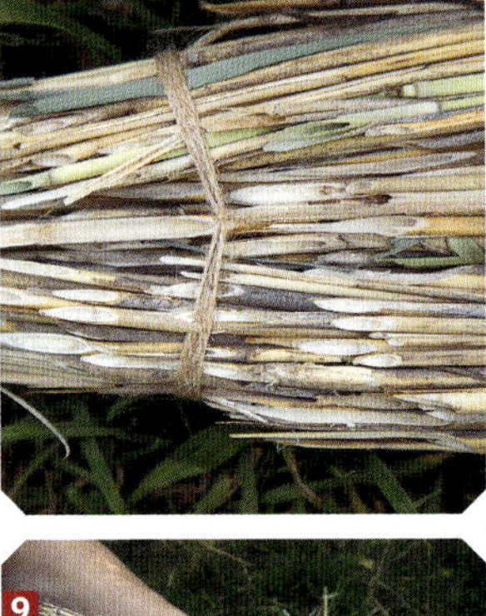
8

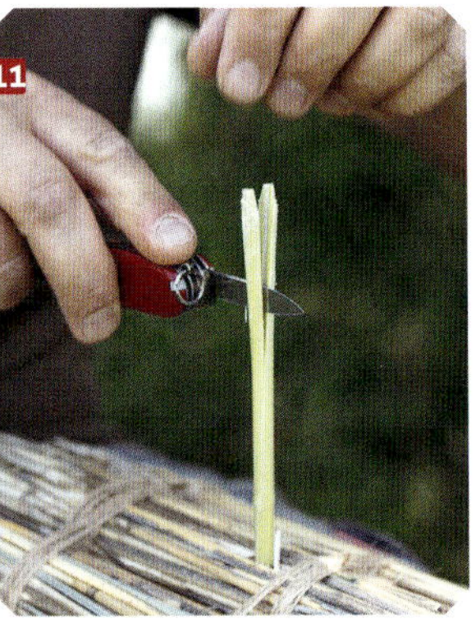
11

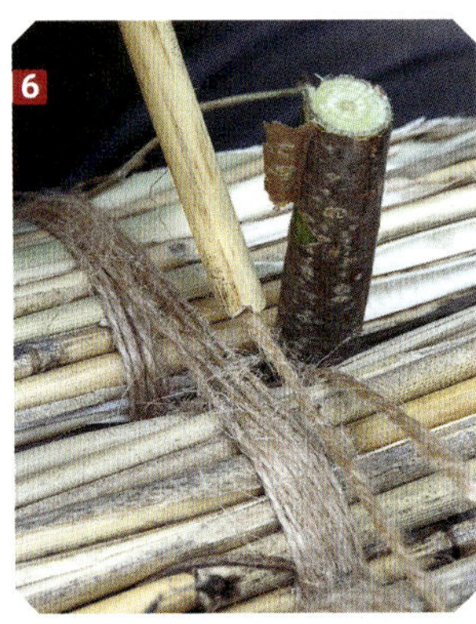
6

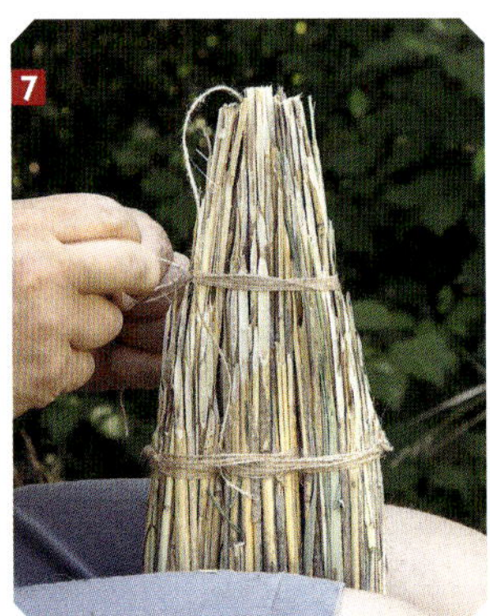
7

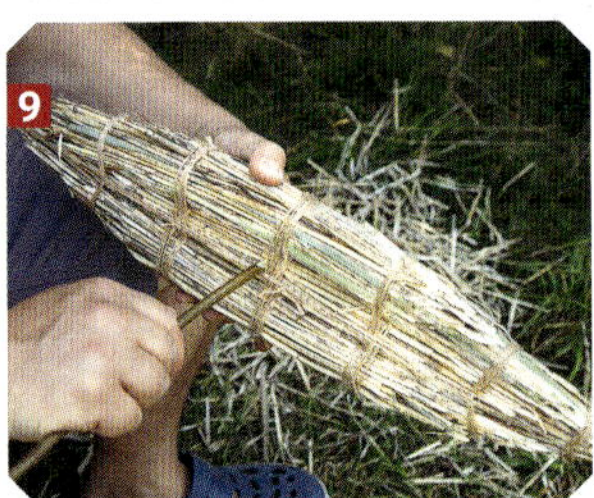
9

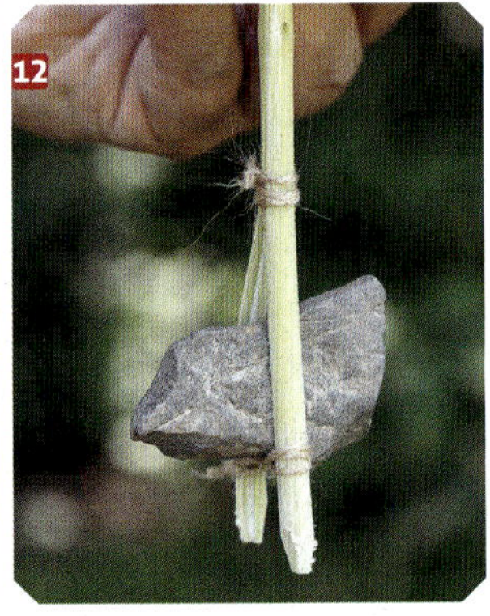
12

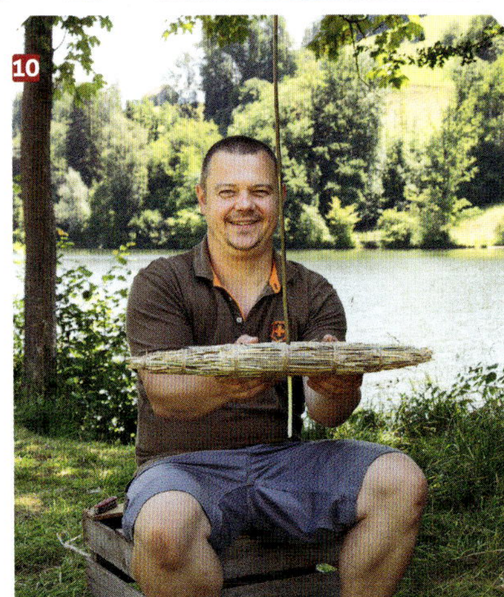
10

Nun kommt das Segel an die Reihe. Ich verwende als Segel ein Hundekot-Säckchen. Natürlich eignen sich auch andere Materialien, z. B. Stoff. Das Segelmaterial sollte auf alle Fälle möglichst leicht sein. Raffe für ein Segel aus einem Säckchen den oberen, offenen Teil zusammen und binde ihn mit einem Knoten zusammen 13. Nun hat das Segel bereits die Form eines Spinnakers. Befestige dann das Segel auf der gewünschten Höhe am Mast. Stoße nun den an beiden Enden angespitzten Quermast auf beiden Seiten jeweils durch die untere Ecke des Säckchens 14. Das Segel sollte entlang des Quermastes etwas gewölbt sein. Binde dann die unteren Ecken des Segels am Quermast fest 15 und verbinde die Knotenpunkte mit einer Querbindung am Heck 16. Diese Leine sollte jeweils so locker sein, dass sich der Quermast ein wenig um den Mast drehen und sich damit in den Wind stellen kann. Fixiere den Quermast am Ende mit einer lockeren Bindung am Mast, sodass sich der Quermast drehen kann 17.

Jetzt kannst du dein Schilfboot einwassern 18. Wenn das Boot nicht geradeaus fährt, kannst du am Heck noch ein geschnitztes Seitenruder ins Schilf hineinstecken. Falls du Lust hast, einmal ein wirklich großes Schilfboot zu bauen, in das du dich sogar hineinsetzen und auf einem Gewässer herumpaddeln kannst, findest du auf dem YouTube-Kanal »Felix Immler« unter »Bauanleitung für ein Schilfboot« ein tolles Video.

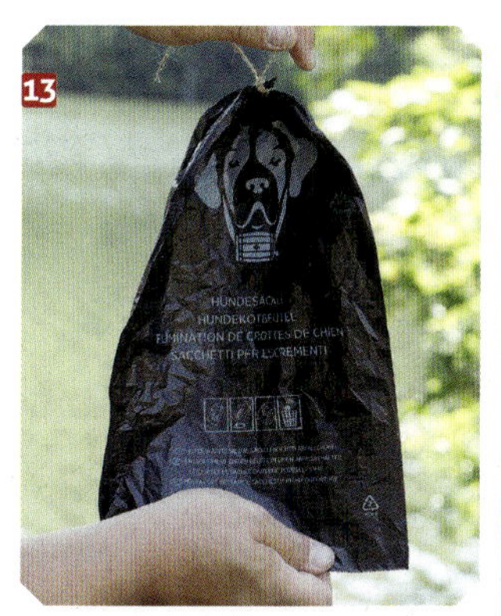
13

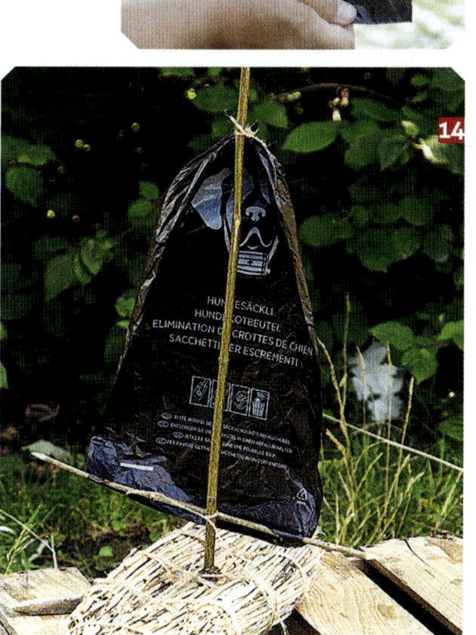
14

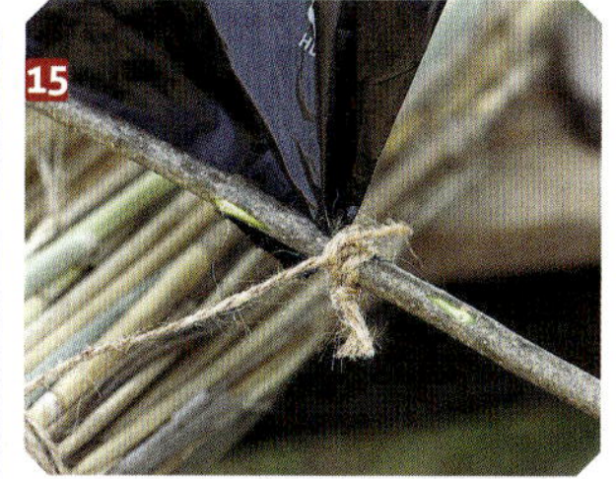
15

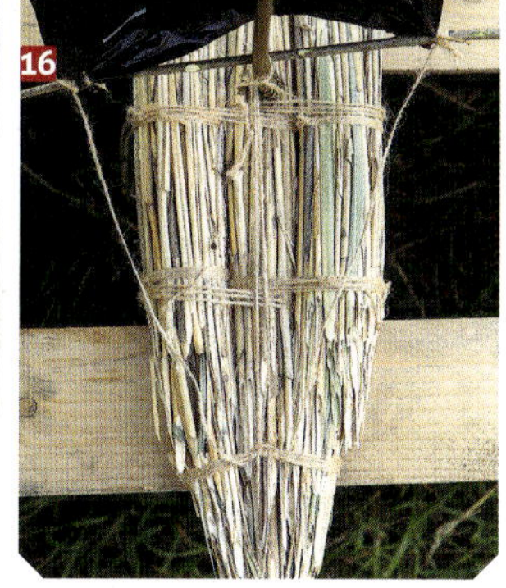
16

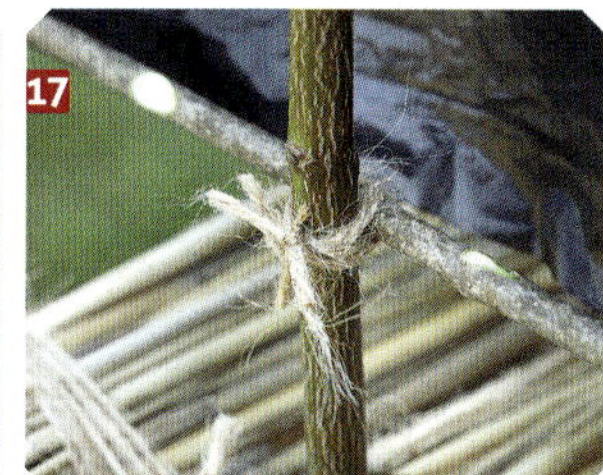
17

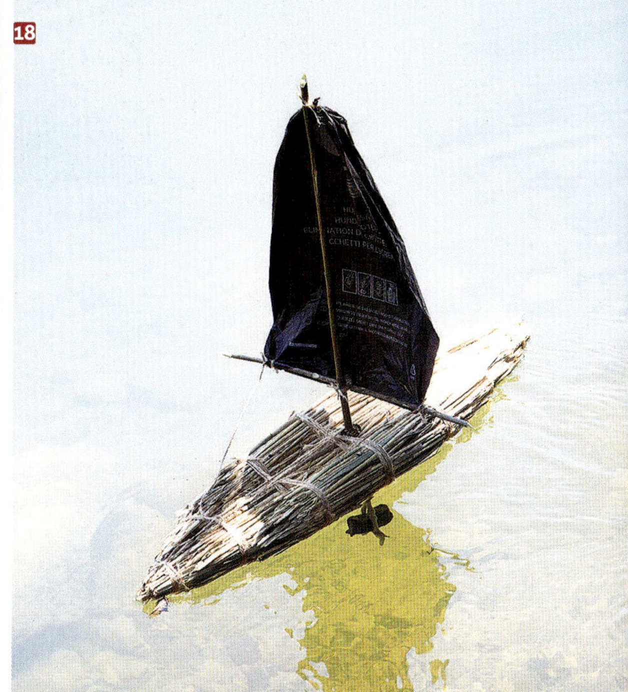
18

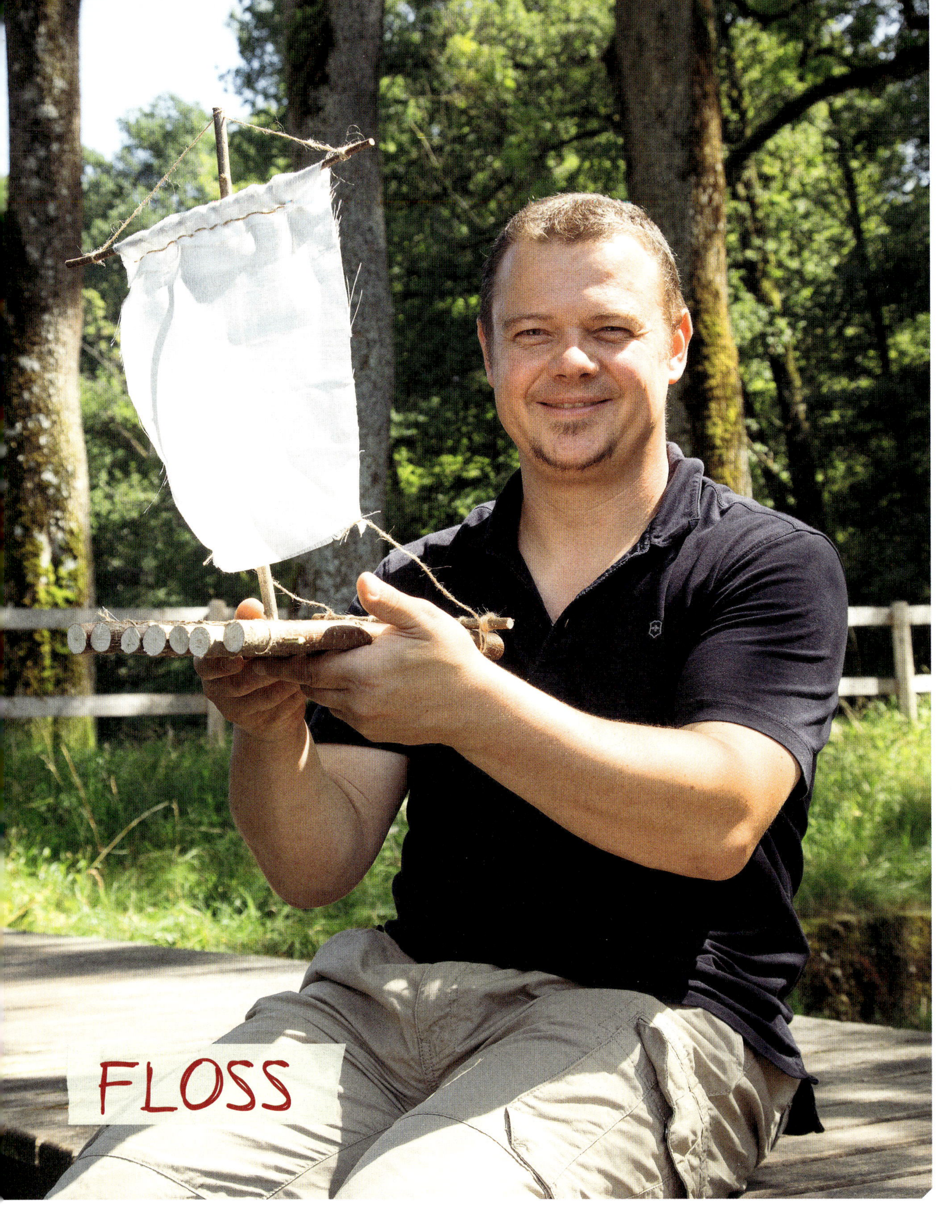
FLOSS

Bereits in meinem ersten Buch »Werken mit dem Taschenmesser« findet sich eine Anleitung für ein Floß. Dort habe ich die Längsstämme und die Querbalken der Floßplattform mit Schnur zusammengebunden. Wenn diese nicht superstramm geknüpft wurde oder wenn das Holz beim Trocknen noch etwas schwand, wurde die Plattform leider schnell instabil und wackelig, sodass das Floß beim Spielen in seine Einzelteile zu zerfallen drohte.

Ich möchte hier eine deutlich stabilere Variante eines Floßes zeigen – und zwar mit einer Schwalbenschwanz-Verbindung. Nach meinem Empfinden ist die Schwalbenschwanz-Verbindung sogar einfacher als das Zusammenbinden der Stöcke. Außerdem kannst du hier eine tolle Technik anwenden, um mit dem Taschenmesser zu nähen.

Um ein solches Floß bauen zu können, braucht man für die Plattform 7 gerade gewachsene, möglichst trockene Aststücke als Längsstämme. Für die Querbalken verwendet man einen dünnen und einen etwas dickeren Ast. Für den Mast und den Quermast braucht man zwei Haselruten [1], außerdem einige Meter Schnur und ein Segel. Natürlich kommt auch bei diesem Projekt ein Taschenmesser zum Einsatz.

Die Größe des Floßes kannst du frei wählen. Ich habe die Aststücke für die Längsstämme ungefähr 30 cm lang geschnitten. Säge bei allen sieben Längsstämmen mit der Holzsäge circa 4 cm vom einen Ende entfernt eine Schwalbenschwanznut [2]. Dazu setzt du mit der Säge für die ersten Züge gerade an [3] und kippst danach beim weiteren Sägevorgang dein Taschenmesser auf beide Seiten [4]. So entsteht ein Dreieckloch, in das du den dünnen Querast stecken kannst [5]. Wenn du nun bei den weiteren Längsstämmen an der gleichen Position eine Schwalbenschwanz-Nut anbringst und die Äste auf dem Querast aufreihst [6], erhältst du eine gute Ausgangslage für eine stabile, verrutschsichere Floßplattform. Die Seite mit der Schwalbenschwanz-Verbindung ist die Frontseite, also der Bug des Floßes.

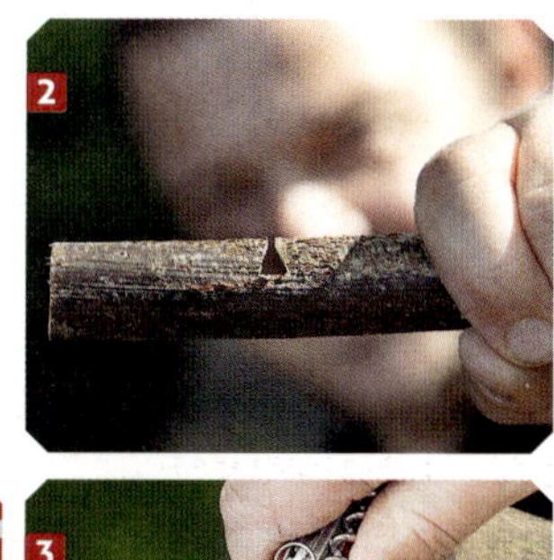

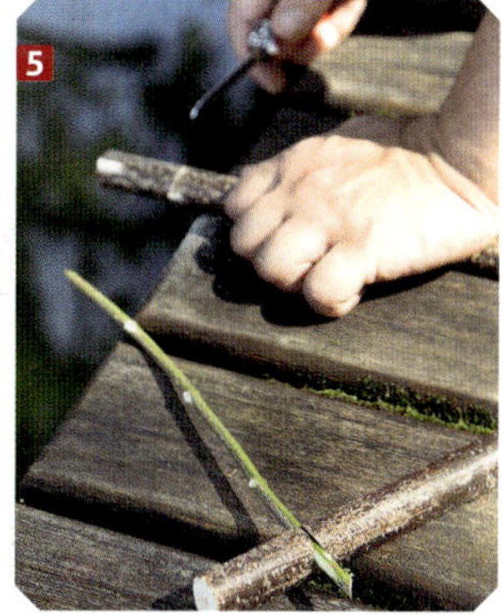

1

DAS BRAUCHST DU

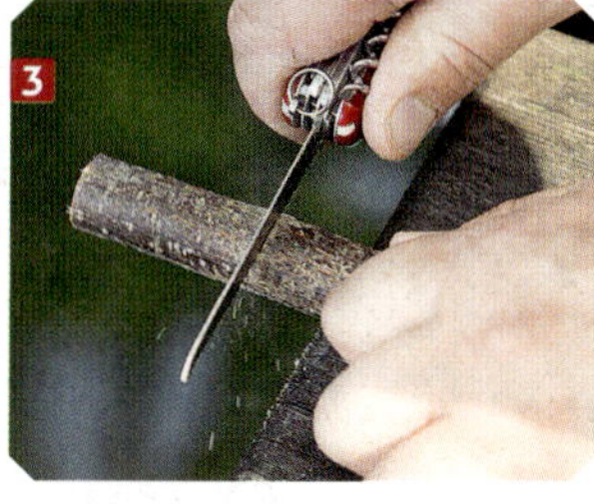

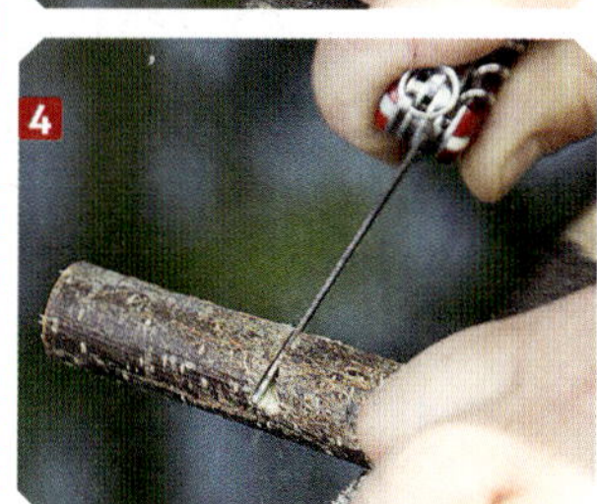

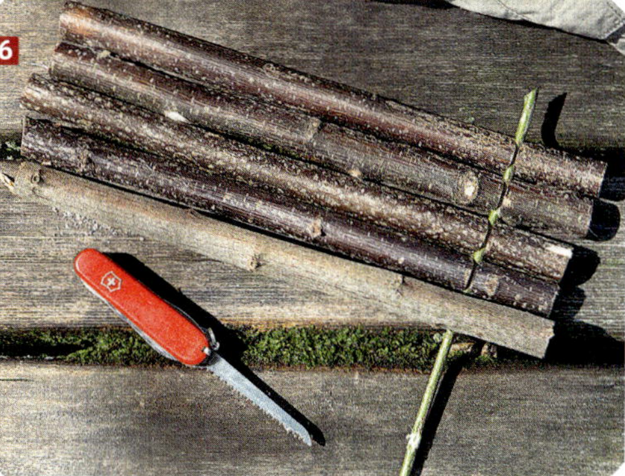

Bohre nun mit der Ahle am mittleren Längsstamm ein durchgängiges Loch für die Befestigung des Mastes. Damit das Bohren besser geht, entferne die sechs seitlichen Längsstämme. Lasse aber den Querast im Mittelstamm stecken, damit du besser kontrollieren kannst, ob du das Mastloch rechtwinklig zur späteren Plattform bohrst 7. Mache das Loch etwas weiter vorne als in der Mitte, also näher am Bug.

Jetzt kannst du die restlichen Längsäste wieder auf dem Querast aufstecken 8.

Säge nun den hinteren Querbalken zu, sodass er auf beiden Seiten circa 3 cm vorsteht. Befestige den hinteren Querbalken auf der Oberseite der Floßplattform. Wenn sich dieser Querbalken auf der oberen Seite der Plattform befindet und nicht ins Wasser eintaucht, hat das Floß einen deutlich geringeren Gleitwiderstand im Wasser.

Befestige die Stämme am Querbalken, wie es in den Bildern gezeigt wird 9, 10. Natürlich kannst du auch eine andere Bindetechnik wählen, Hauptsache, die Plattform wird stabil. Sichere jetzt auch die Längsäste vorne (am Bug) mit Schnur gegen das seitliche Verrutschen 11. Länge danach den dünnen Querast ab, sodass er auf beiden Seiten ein wenig vorsteht 12.

Fertige als Nächstes den Mast an. Die Länge des Mastes hängt von der Größe deines Segels ab 13. Schnitze die Unterseite des Mastes leicht konisch, sodass er ins Loch im mittleren Längsast passt 14.

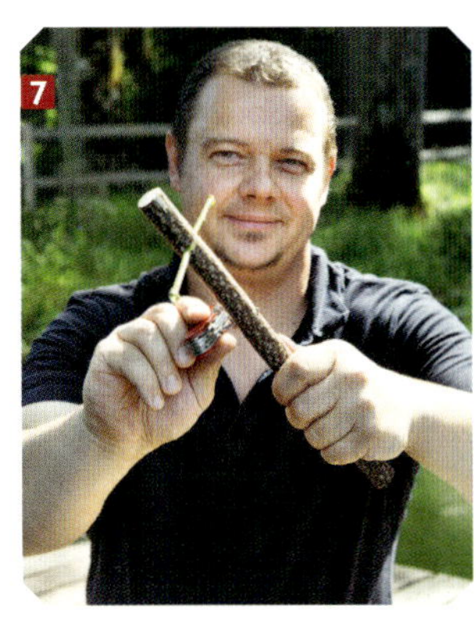
7

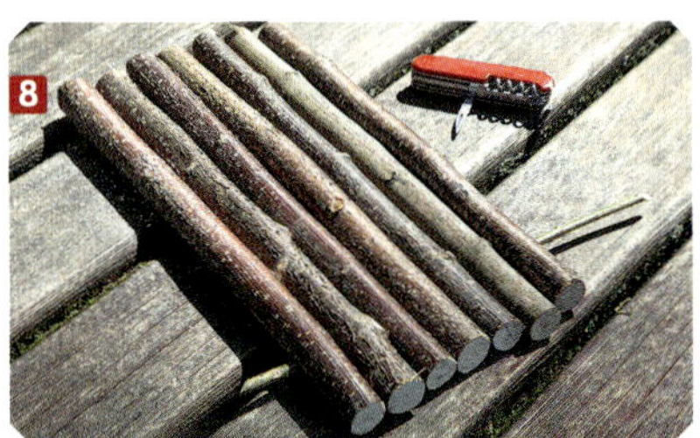
8

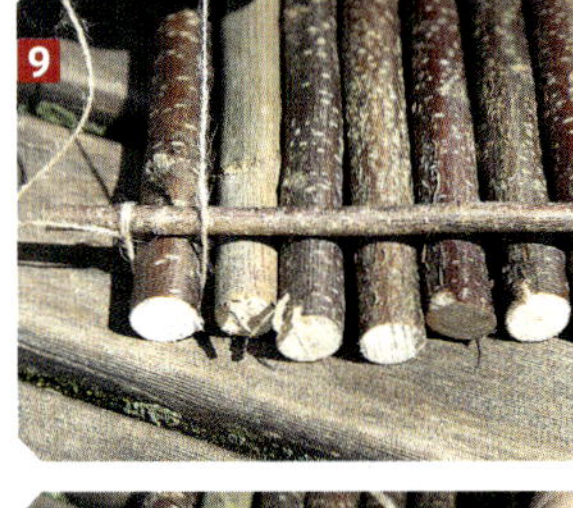
9

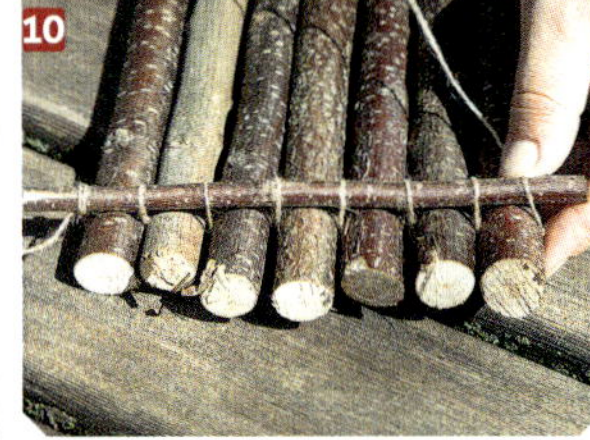
10

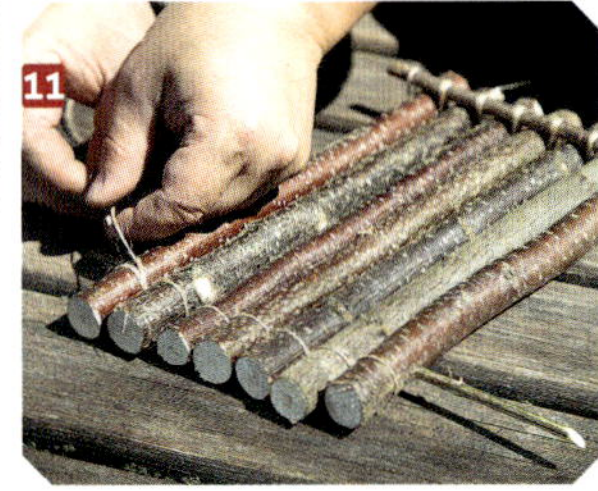
11

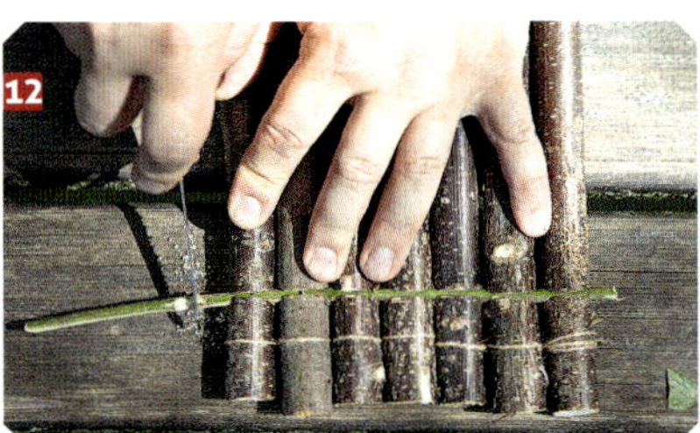
12

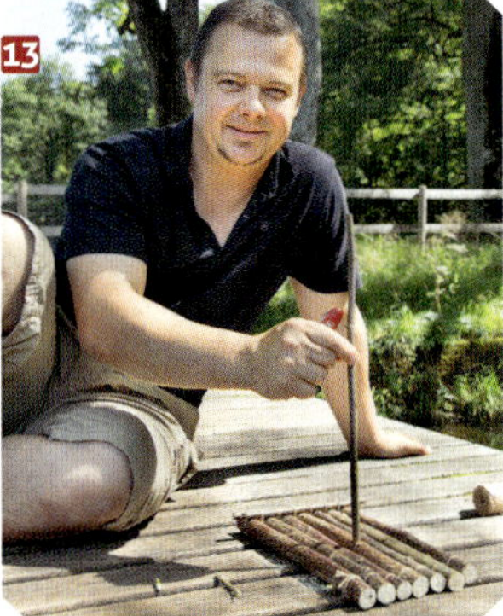
13

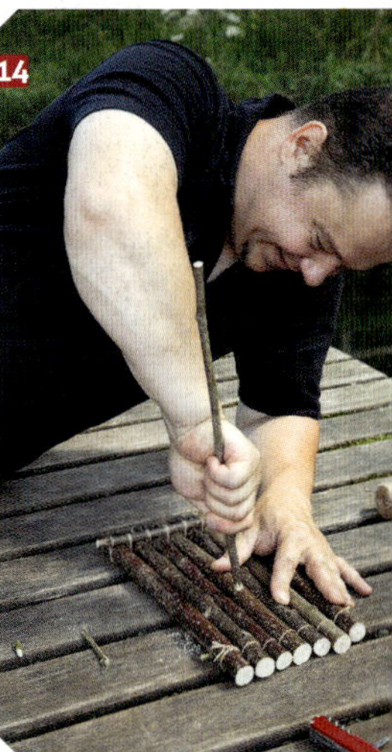
14

Nun schneide das Segel auf das gewünschte Maß 15. Das Segel kann aus Stoff, aus Plastik oder einem anderen Material bestehen. Ineinander verwobene Schilfblätter oder ein großes Pestwurzblatt wären besonders naturnahe Segel. Ist dein Segel aber aus Stoff, nähe jetzt einen Saum, durch den du später den Quermast stecken kannst. Lege dazu das Segel an der schmalen Seite circa 3 cm um und nähe mit der auf Seite 171 erklärten Taschenmesser-Nähtechnik die Naht des Saumes. Selbstverständlich kannst du für die Befestigung des Segels am Mastbaum auch eine einfachere Variante wählen. Hast du aber einen Saum genäht, schiebst du jetzt den Quermast durch den Saum 16.

Spalte danach den Mast am oberen Ende, wie auf dem Bild zu sehen ist 17. Bitte nicht so spalten 18! Schiebe dann ein Stück Schnur in den Spalt. Schlage das eine Schnurende links um den Mast und ziehe es wieder durch den Spalt. Das andere Schnurende schlägst du rechts um den Mast und ziehst es durch den Spalt. Befestige die Schnüre links und rechts außen am Querbaum. Die Knoten werden sich weniger verschieben, wenn du vorher noch an beiden Enden des Querbaums eine umlaufende Nut geschnitzt hast. Knüpfe jetzt je ein Stück Schnur an die unteren Ecken des Segels 19 und binde die Schnur locker am hinteren Querbalken fest 20.

Nun ist dein Segel-Floß bereit zur Taufe und zur Jungfernfahrt 21.

Schlage eine Flasche Sekt über das Floß und beginne nochmals bei Schritt eins. Prost!

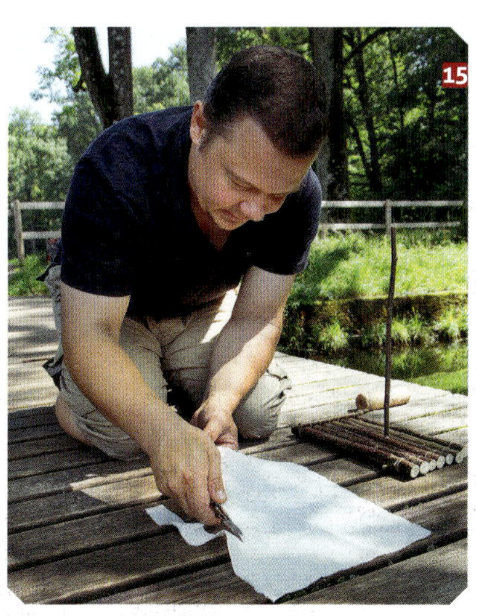

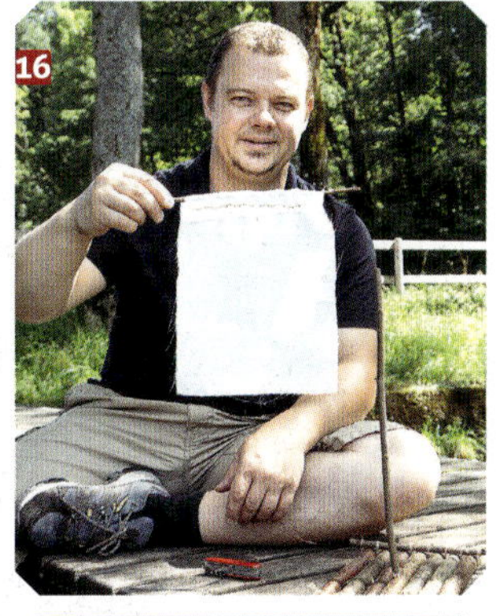

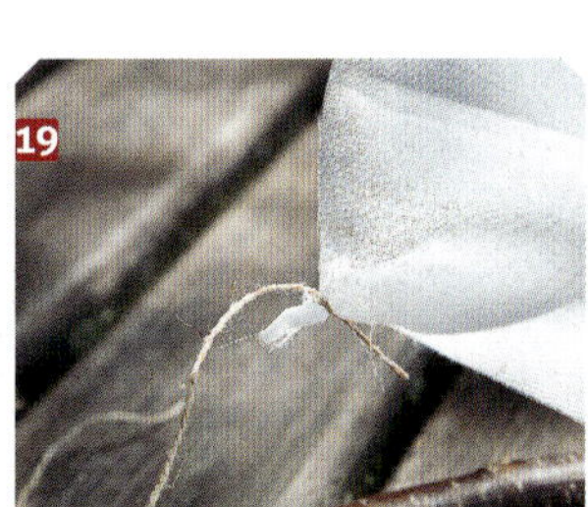

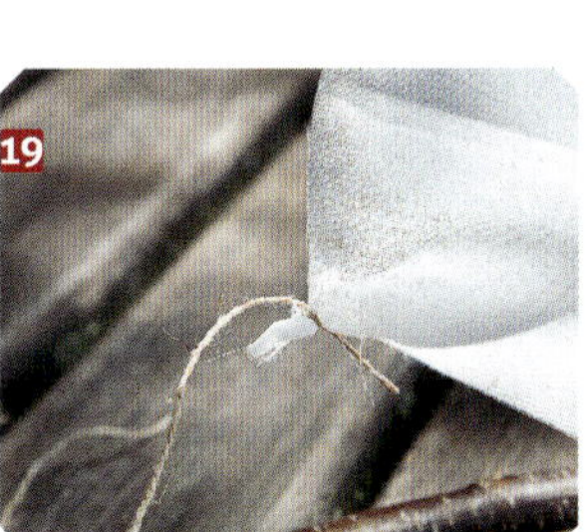

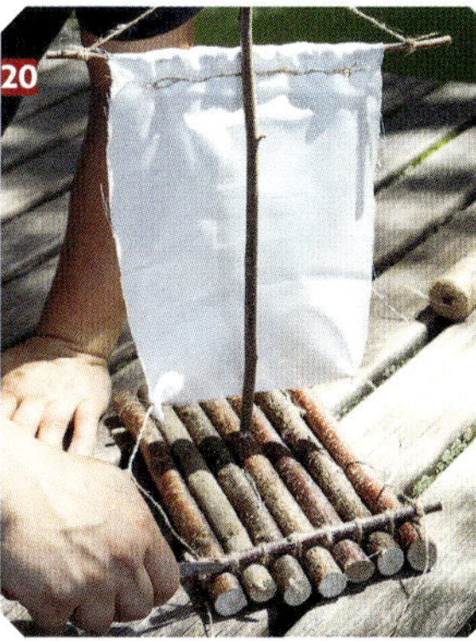

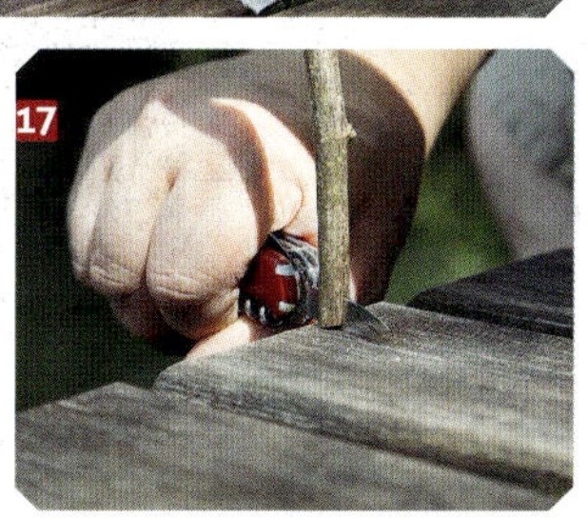

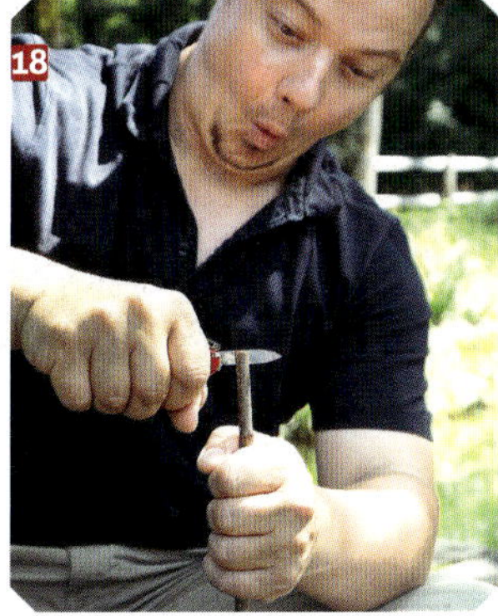

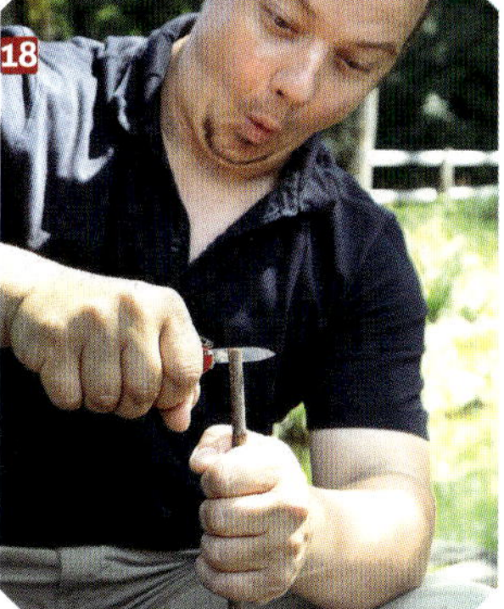

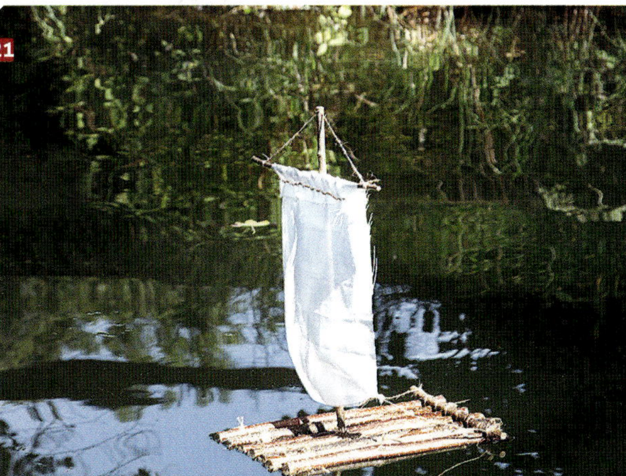

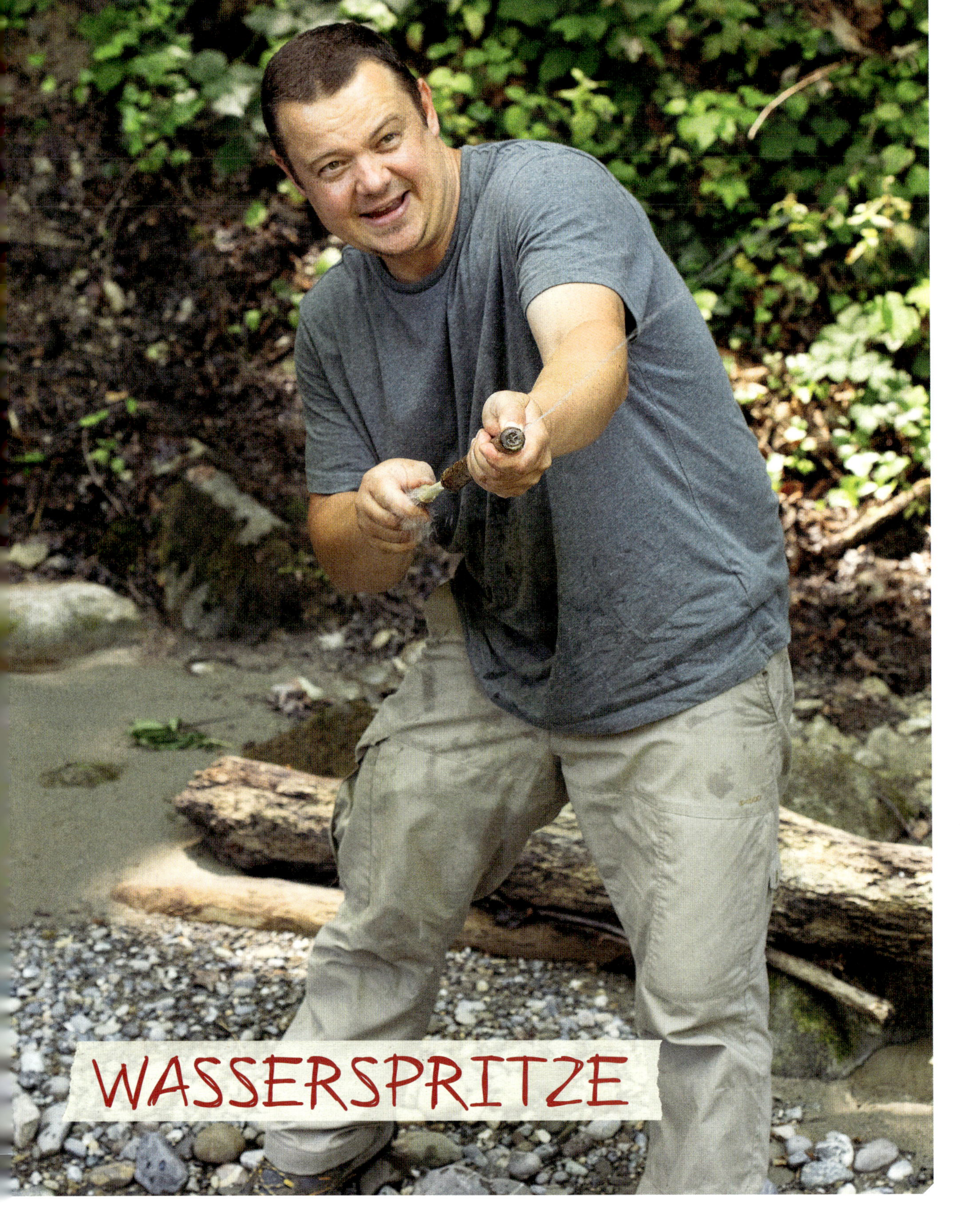

WASSERSPRITZE

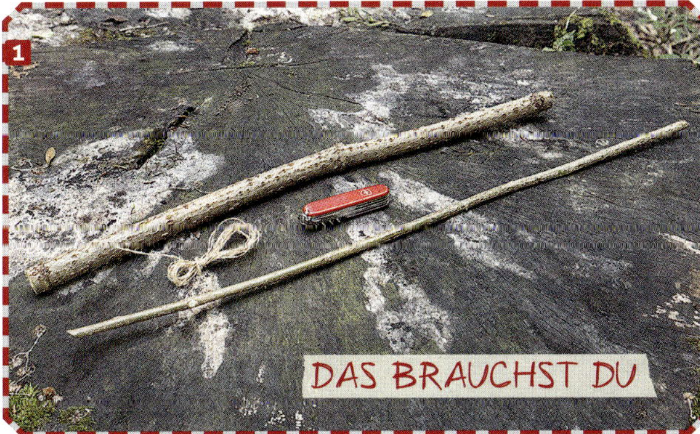

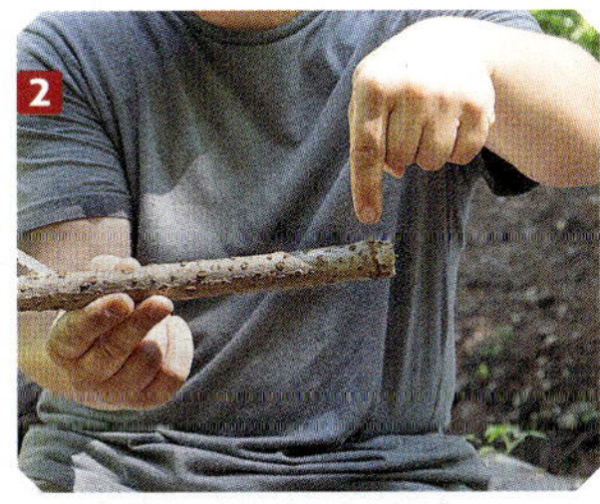

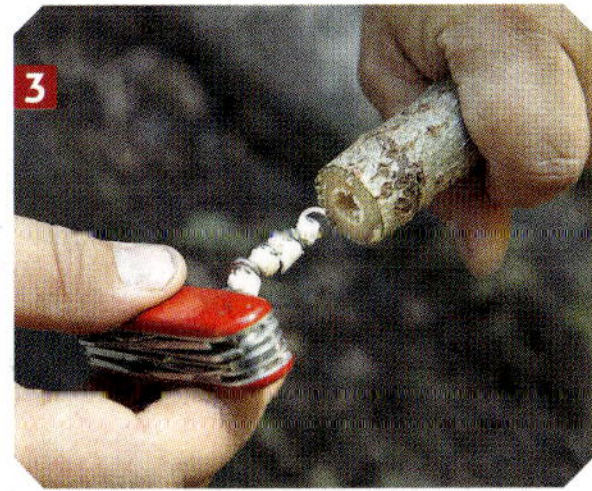

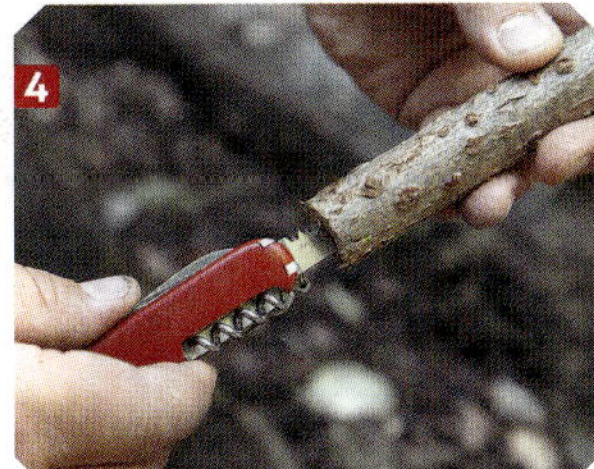

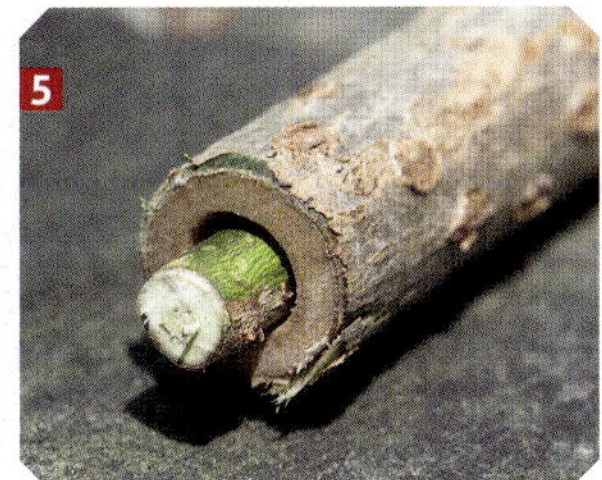

An heißen Sommertagen gibt es nichts Erfrischenderes als eine lustige Wasserschlacht. Mein Freund Mauro Spadin, ein kreativer Schnitz- und Outdoorfreak, hatte die tolle Idee, eine Wasserspritze aus einem Holunderrohr zu bauen. Danke lieber Mauro, dass ich von deiner Inspiration profitieren, die Idee weiterentwickeln und schließlich in mein Buch aufnehmen durfte.

Um eine solche Wasserspritze zu basteln, braucht man ein etwa 40 cm langes, gerade gewachsenes Holunderrohr mit einem Markdurchmesser von ungefähr 1 cm. Als Kolben dient ein Haselschößling, der im Durchmesser etwas kleiner als der Markdurchmesser des Rohres ist. Zusätzlich benötigt man etwas Schnur und ein Taschenmesser 1. Wenn du ein wenig Harz und ein Feuerzeug zur Verfügung hast, kannst du deine Spritze im Bereich der Düse zusätzlich abdichten.

Säge zuerst den Holunderast auf die gewünschte Länge. In diesem Beispiel habe ich 30 cm gewählt. Kurz vor dem hinteren Ende der Röhre sollte der Wulst einer Nodie bzw. einer Astverzweigung sein 2. Dort ist der Lochdurchmesser etwas kleiner. Diese Verjüngung verhindert, dass beim Aufziehen des Wassers der Kolben jedes Mal aus dem Rohr springt.

Entferne nun das Mark. Die ersten 4 cm auf beiden Seiten kannst du mit dem Korkenzieher herausziehen 3. Die nächsten 3 cm des Markes kannst du herausarbeiten, indem du die Holzsäge ins Mark drehst 4. Wichtig ist dabei, dass du das weiche Mark herausarbeitest und nicht im Loch zusammendrückst. Einen komprimierten Markpfropfen aus der Mitte des Rohres herauszuholen, ist ohne technische Hilfsmittel nämlich fast nicht möglich. Jetzt bleiben noch etwas mehr als 15 cm Mark, das du irgendwie heraus bekommen musst.
Am einfachsten funktioniert das natürlich mit einem langen Bohrer, einem dicken Draht oder einer überlangen Holzschraube. Da ich aber hier auf solche Hilfsmittel gänzlich verzichte, verwende ich einen trockenen Hartholzast, den ich vorne mit dem Taschenmesser anschräge. Ich versuche, den Rest des Markes herauszuholen, indem ich den Stock vorsichtig ins Mark drehe und wieder herausziehe. Dieser Arbeitsschritt ist etwas mühsam und braucht sowohl Fingerspitzengefühl als auch Geduld. Es ist aber absolut möglich. Das Mark eines frisch geschnittenen Astes ist einfacher zu entfernen als das Mark eines trockenen Astes. Wenn du ein durchgängiges Loch geschaffen hast, kannst du mit einem dünneren Ast die Innenwand des Holunderrohres sauber »kratzen«. Wenn es dann sauber ist, sollte die Kolbenstange mit etwas Spiel durch das Loch gesteckt werden können 5.

Schnitze nun 3 cm vom vorderen Ende des Rohres entfernt ein Loch. Zuerst schneidest du mit der Feinschneidetechnik eine Fingermulde 6, danach bohrst du mit der Ahle das Loch. Dieses Loch dient als Einlass beim Aufziehen des Wassers. Beim Spritzen deckst du dann das Loch mit dem Daumen zu.

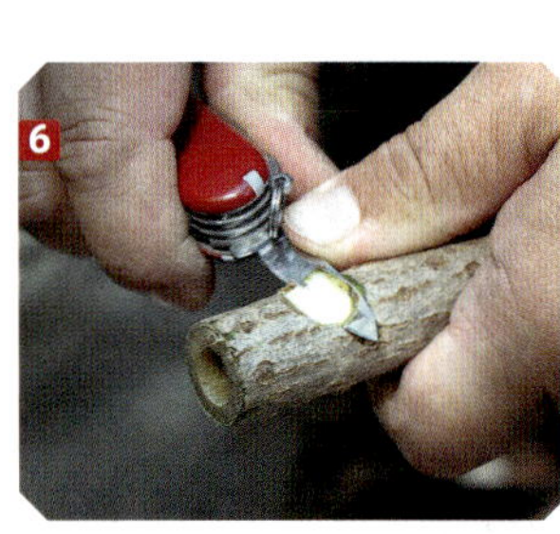

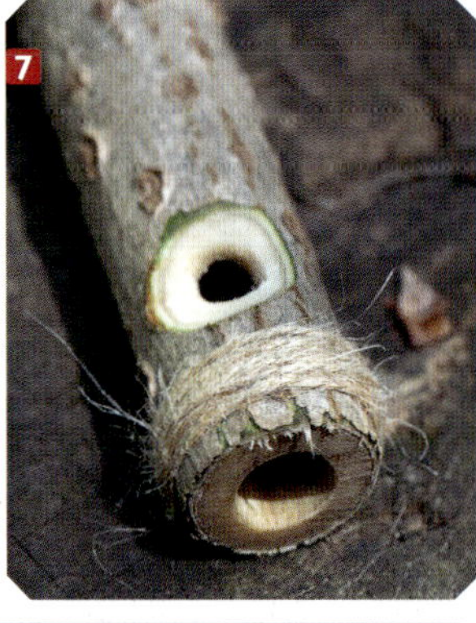

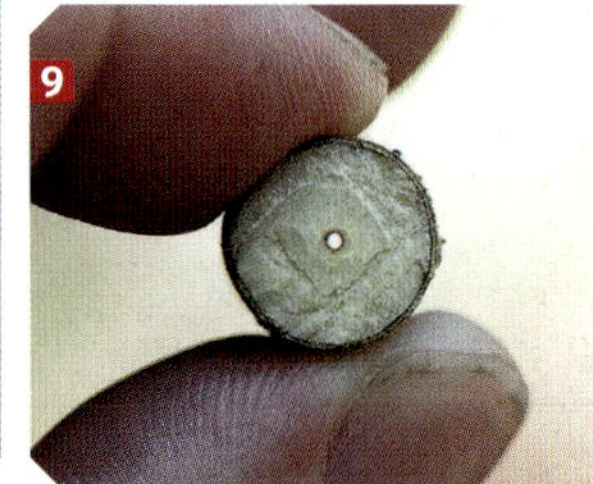

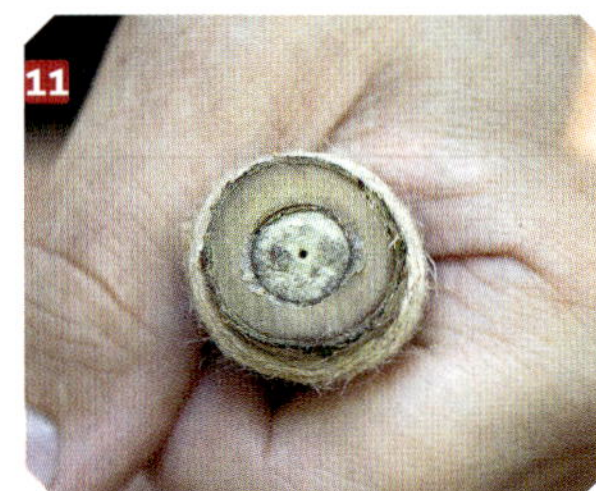

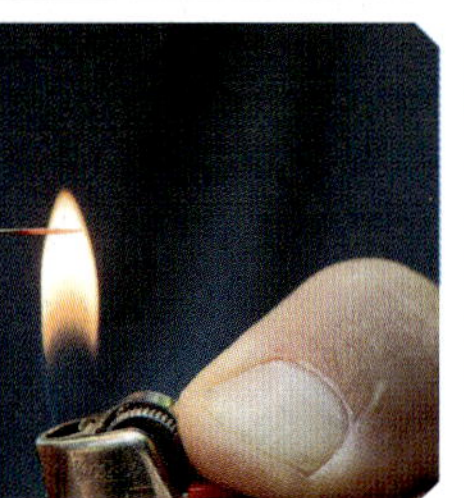

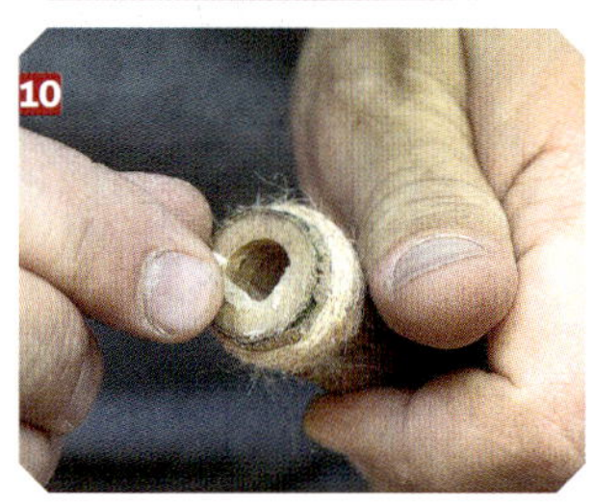

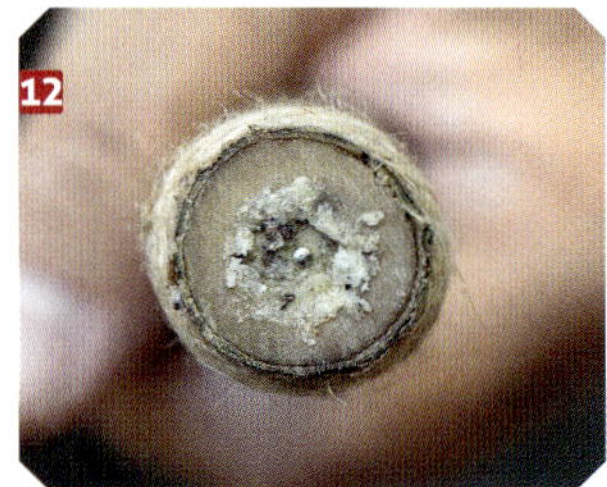

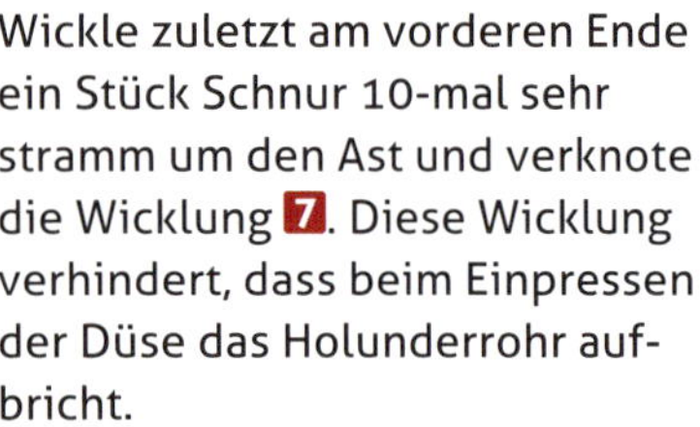

Wickle zuletzt am vorderen Ende ein Stück Schnur 10-mal sehr stramm um den Ast und verknote die Wicklung 7. Diese Wicklung verhindert, dass beim Einpressen der Düse das Holunderrohr aufbricht.

Jetzt stellst du die Düse her. Suche dazu ein Haselästchen, das ungefähr den Durchmesser und die Außenkontur des Loches hat, und länge es auf etwa 1,5 cm ab. Eventuell musst du die Düse passend schnitzen, sodass sie ins Loch eingepresst werden kann.

Nun musst du ein möglichst kleines Loch in die Düse bohren, damit das Wasser auch schön weit spritzt. Nimm dazu die Taschenmessernadel und stecke sie vorsichtig durch das Mark der späteren Düse, bis die Nadel vorne hinausschaut. Jetzt erwärmst du die Nadel mit dem Feuerzeug, bis sie glüht 8.

Mit der Pinzette greifst du dann hinter den Nadelkopf und ziehst die Nadel langsam zurück. Diesen Vorgang wiederholst du dreimal. Nun hast du ein sauberes Loch, das kleiner als 1 mm ist 9. Streiche ganz wenig Harz an die Innenseite des Loches am Rohr 10, bevor du die Düse ins Rohr einpresst 11. Es ist wichtig, genügend Kraft aufzuwenden, um die Düse hineinzupressen. Sonst hält sie später nicht und fliegt durch den Wasserdruck wieder heraus. Versenke die Düse um 1 mm im Rohr, stich die Nadel als Verstopfungsschutz ins Loch und streiche nochmals etwas Harz an die Kante 12. Dann kannst du das Harz mit dem Feuerzeug schmelzen 13, 14.

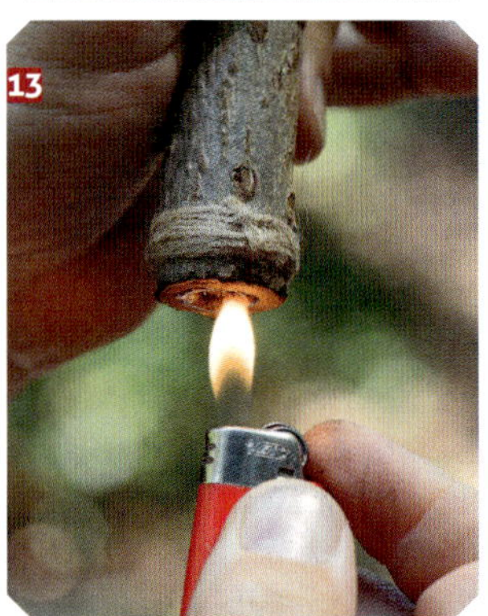

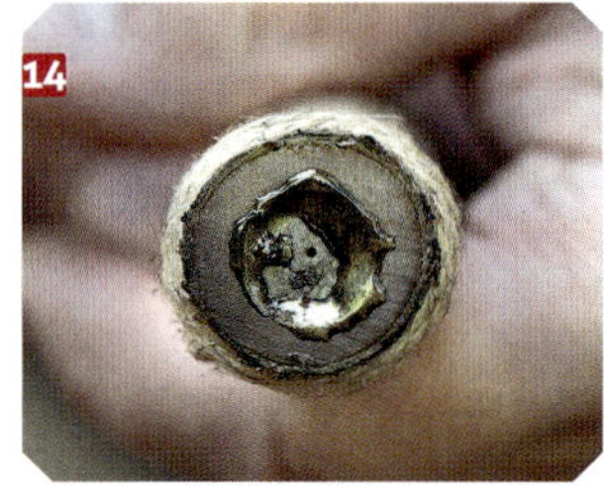

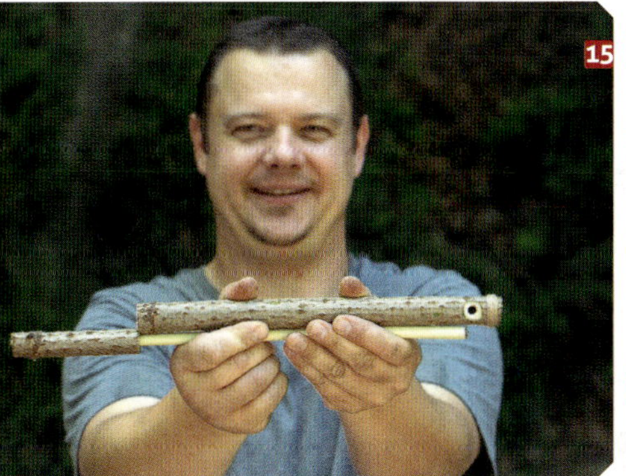

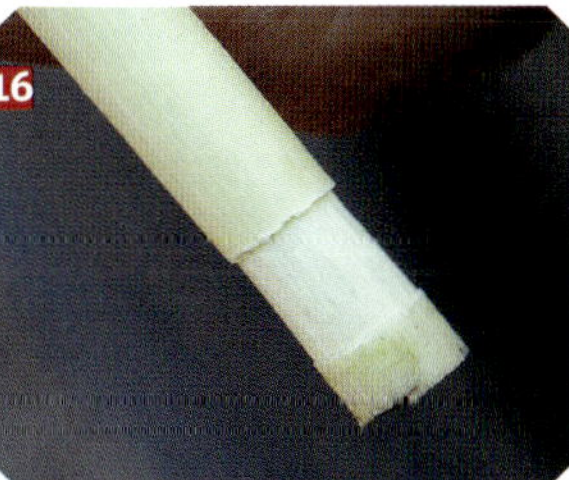

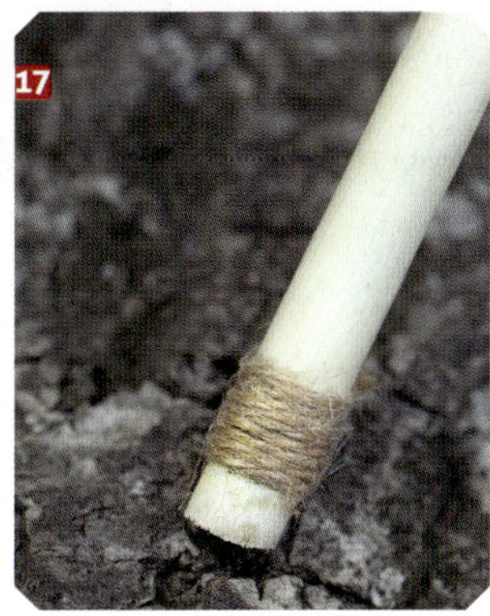

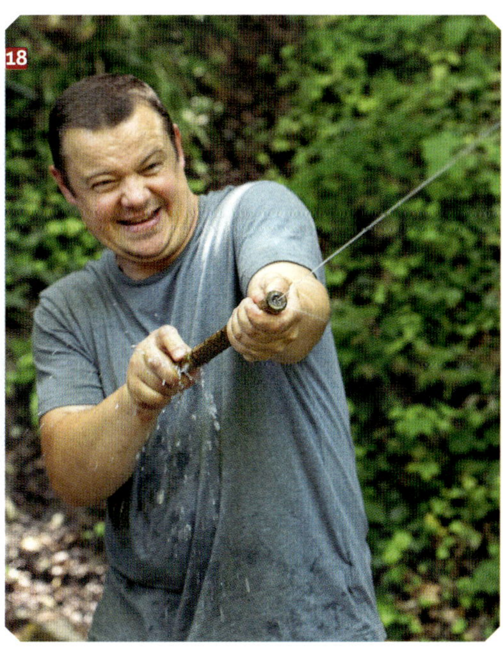

Säge jetzt vom restlichen Holunderrohr ein 10 cm langes Stück ab. Dies wird der Handgriff des Kolbens.

Länge dann die Kolbenstange ab und entferne die Rinde. Die Kolbenstange reicht vom Anfang des Aufsaugloches bis zum Ende des Handgriffs 15. Spitze die Kolbenstange etwas an und presse sie in den Handgriff, bis die Stange bündig an der hinteren Stirnseite des Handgriffes abschließt. Kolbenstange und Handgriff müssen fest miteinander verbunden sein.

Schnitze nun 5 mm vor dem Ende der Kolbenstange eine 1 cm breite, umlaufende Nut 16. Die Nut braucht nur etwa 0,5 mm tief zu sein. Jetzt wickle die Kolbendichtung. Beginne am hinteren Ende der Nut und wickle die Schnur Umwicklung neben Umwicklung so straff wie möglich um die Kolbenstange bis zum vorderen Ende der Nut. Wickle die gleiche Strecke zurück, bis du wieder zurück zum Anfang deiner Wicklung gelangst. Verknüpfe dann das Ende mit dem Anfang 17. Weil der Knoten etwas vorsteht, schnitze an der Stelle des Knotens ganz vorsichtig eine kleine Kerbe. Dort kannst du den Knoten reindrücken.

Stecke jetzt den Kolben vorsichtig ins Loch, indem du die beiden Teile gegenseitig verdrehst. Das braucht wegen der Verjüngung am Rohranfang ziemlich viel Kraft. Wenn du das geschafft hast, überprüfe, ob der Kolben einigermaßen dicht ist. Bedenke dabei, dass die Schnur noch ein wenig aufquillt, wenn sie nass wird.

Versuch's mal mit einem ersten Testsprutz. Wenn das ganze Wasser zu dir statt nach vorne durch die Düse spritzt, entferne die Schnur und mach eine neue Wicklung. Diesmal wickle aber zweimal hin und zurück. Du kannst allerdings nicht ganz verhindern, dass außer deinem Gegenüber auch du ein wenig nass wirst.

Wenn du aber noch ein bisschen tüfteln möchtest, kannst du versuchen, die Wicklung mit Butter oder Salami einzufetten. Gut möglich, dass deine Wasserspritze so noch etwas dichter wird.

Bald ist aber genug herumprobiert. Jetzt sollst du Spaß an der Wasserschlacht haben 18. Wasser marsch!

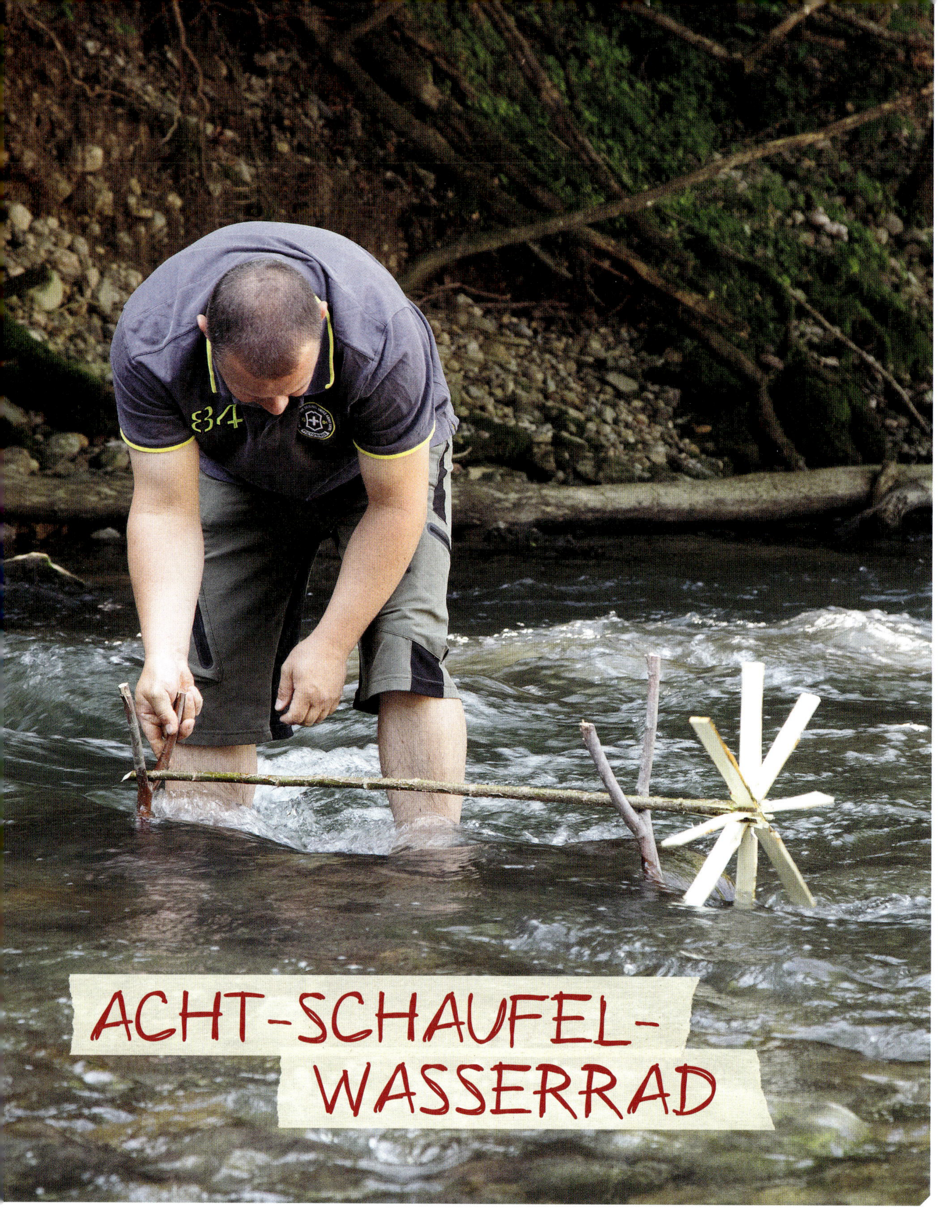

ACHT-SCHAUFEL-WASSERRAD

Der Bach war für mich schon in meiner Kindheit ein Ort, an dem ich besonders gerne war: Staudämme und Brücken bauen, fischen, baden, Steine ins Wasser werfen oder Steine auftürmen, Boote und Floße basteln, aber auch Wasserräder konstruieren. Dies alles macht mir auch heute noch riesig Spaß!

Das Acht-Schaufel-Wasserrad besticht durch seine Laufruhe. Weil immer mehrere Schaufeln gleichzeitig im Wasser sind, hat dieses Wasserrad konstant Kraft und genügend Antrieb, sodass es nicht stehen bleibt.

Die Größenangaben beziehen sich auf das Wasserrad, das ich für dieses Fotoshooting gebaut habe. Ich habe allerdings schon wesentlich kleinere, gut funktionierende Acht-Schaufel-Wasseräder gebaut. Die Größe deines Projekts kannst du – wie bei vielen anderen Projekten auch – also selber bestimmen.

Für dieses Wasserrad braucht man zwei gerade gewachsene, etwa 40 cm lange Aststücke mit ungefähr 4 cm Durchmesser für die Schaufelbretter. Als Achse verwende ich einen kräftigen, möglichst geraden Haselschößling, für die Lagerung der Achse zwei Astgabeln. Eine davon kann auch umgekehrt sein, also wie eine Eins. Natürlich verwende ich bei diesem Projekt als einziges Werkzeug ein Taschenmesser **1**.

Spalte zuerst die beiden Äste für die Schaufelbretter der Länge nach. Wie das genau funktioniert, kannst du auf Seite 164 in dem Abschnitt »Spalten mit selbst hergestellten Holzkeilen« nachlesen **2**, **3**. Ich verwende Birkenholz für die Schaufelbretter, weil Birkenholz meist sehr wenig Drehwuchs hat. Schnitze nach dem Spalten die Spaltflächen möglichst flach. Spalte jeweils auf der zweiten, runden Seite ebenfalls Material ab **4**. Setze dazu das Messer beim Spalten der zweiten Fläche irgendwo in der äußeren Hälfte an. Sonst ist das Risiko zu hoch, dass beim Spalten der Riss gegen die Mitte statt nach außen zieht. Schnitze dann die vier Brettchen auf ein Endmaß von ungefähr 6–8 mm Materialdicke **5**.

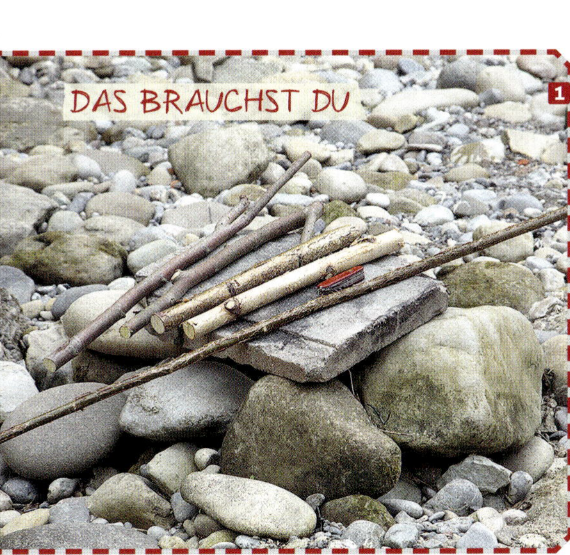

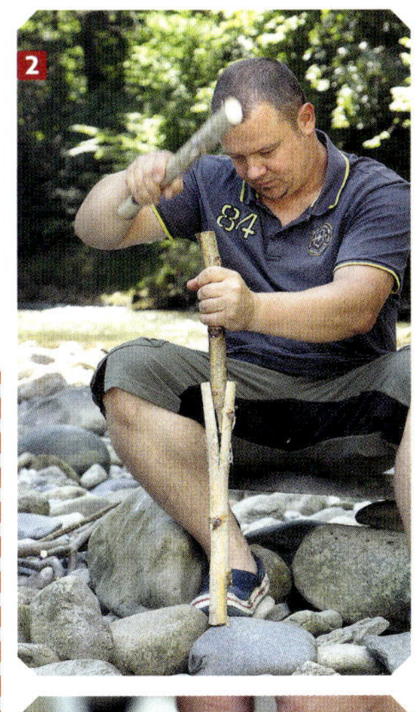

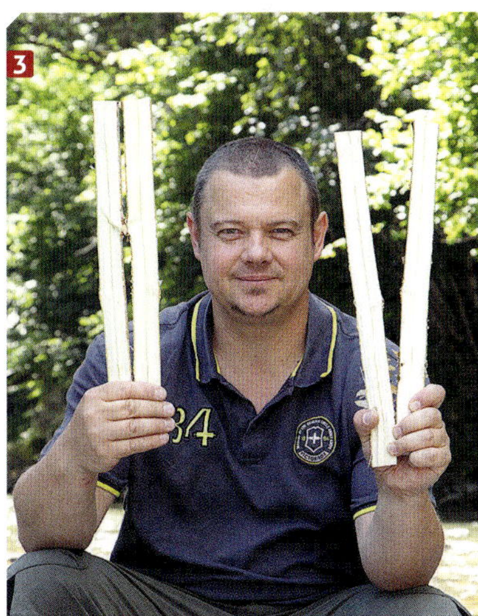

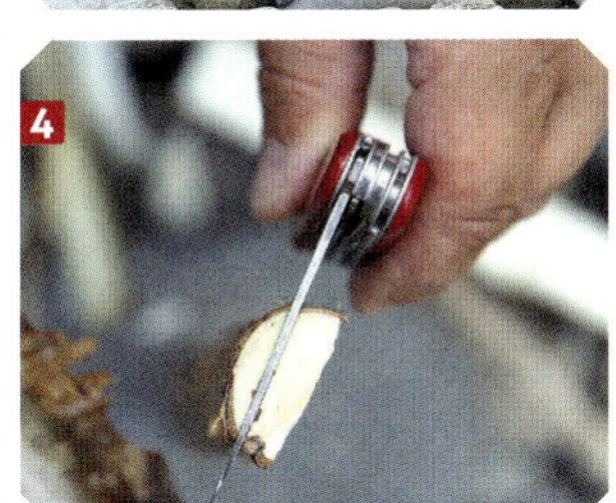

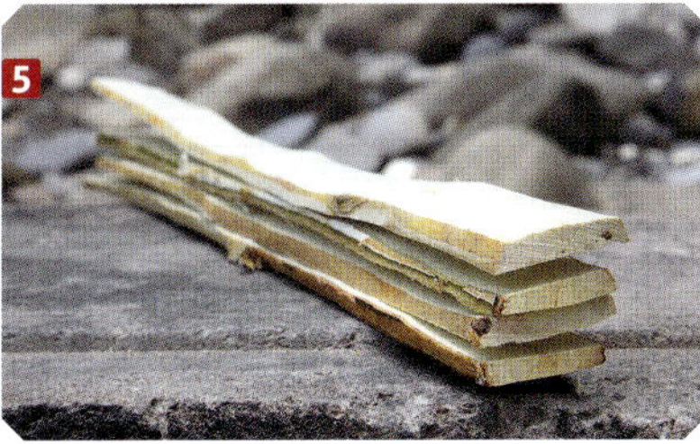

Zeichne nun die exakte Mitte ein. Wenn du kein Messinstrument hast, kannst du einen Grashalm in der gleichen Länge wie ein Brettchen abschneiden und ihn dann in der Mitte falten 6, 7. Nimm die beiden schmaleren Bretter von den vieren und zeichne mittig in der Längsachse eine Verjüngung ein. An der schmalen Stelle soll das Brett nur noch halb so dick sein wie an den Enden 8. Schnitze nun die Verjüngungen aus 9. Dann säge an beiden Teilen eine Nut bis in die Mitte der Drehachse 10. Den Steg zwischen den Schnitten kannst du einfach herausbrechen. Die Nut sollte jeweils genauso breit sein wie das andere Schaufelbrett. Jetzt können die beiden Brettchen zu einem stabilen Kreuz ineinander gesteckt werden 11. Zeichne danach die Breite der Nut bei den anderen beiden Brettchen ein. Die Nut geht etwa bis in die Mitte 12. Säge mit der Holzsäge entlang der seitlichen Markierungen und breche den Steg heraus. Weil die Nut höchstwahrscheinlich noch zu schmal ist, schnitze mit der kleinen Klinge auf beiden Seiten jeweils eine 45°-Facette an die Seitenwandung der Nut 13. Jetzt kannst du die Teile zu einem sternförmigen Gebilde zusammenstecken 14.

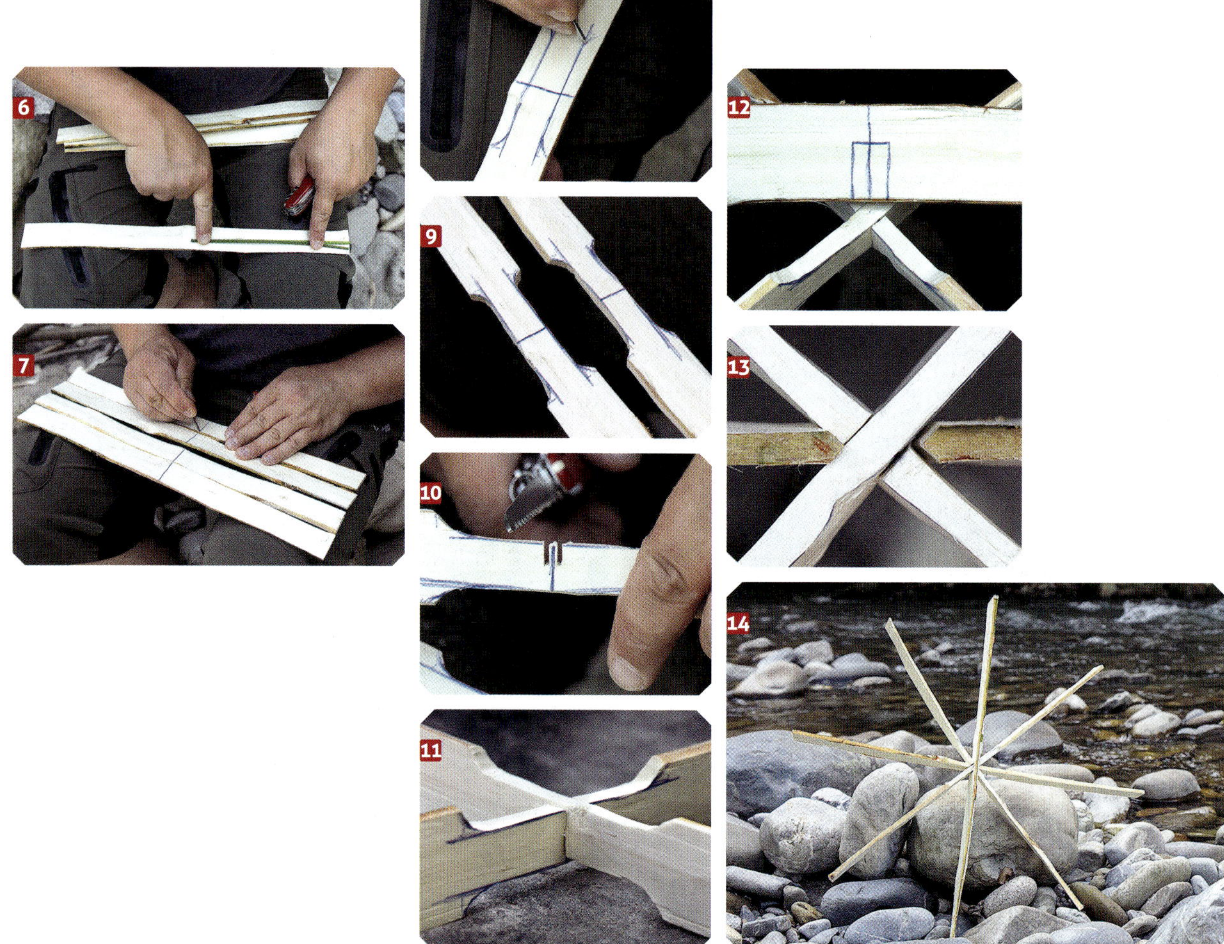

Spalte nun auf der Stirnseite am dickeren Ende der Achse mit der großen Klinge 4-mal ein. Spalte zuerst ein Kreuz 15, danach setzt du zwei weitere Spalten im 45°-Winkel dazu. Durch das Drehen der Klinge kannst du die Spalten verlängern, bis sie etwa 15 cm tief sind 16. Suche dir nun kleine Ästchen und spreize die Spalten damit auf 17. Jetzt kannst du das Schaufelrad auf die Achse aufsetzen. Drücke das Rad vorsichtig in die Spalten, sodass in jeden Zwischenraum des Schaufelrades ein 45°-Segment der Achse zu liegen kommt 18. Das ist manchmal ein bisschen anspruchsvoll. Die Stabilität dieses Wasserrades überrascht mich aber immer wieder. Wenn du magst oder wenn es nötig ist, kannst du mit einer Schnur-Wicklung vor und nach dem Wasserrad die Stabilität noch weiter erhöhen.

Platziere die beiden Astgabeln für die Lagerung der Achse im Wasser und setze nun das Wasserrad ins Wasser ein.

Du kannst mit dieser Technik auch ein Wasserrad bauen, das mittig und nicht stirnseitig an der Achse angebracht ist. Nimm dazu zwei Achsen und spalte sie jeweils nur übers Kreuz ein. Stoße dann die Achsen von beiden Seiten um 45° versetzt zueinander auf das Wasserrad und zurre die Achsenden mit Schnur zusammen 19.

Dieses Wasserrad sieht nicht nur einfach toll aus, es eignet sich auch, um etwas damit anzutreiben. Ich habe beispielsweise einmal einen Drehgrill mit einem Wasserrad angetrieben. Lasse deiner Fantasie freien Lauf. Trau dich, ein eigenes wasserradgetriebenes Projekt auszutüfteln!

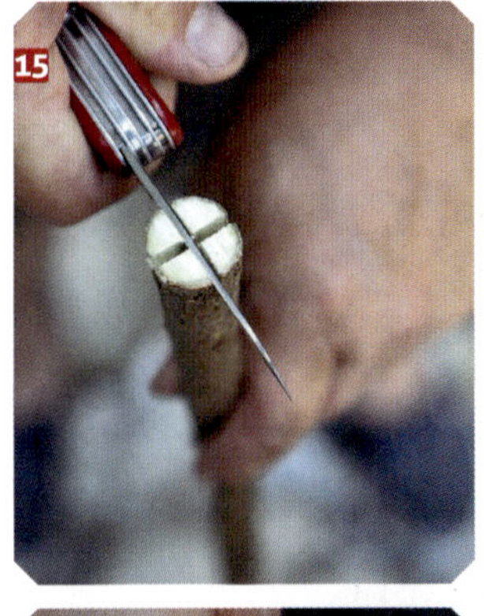

15

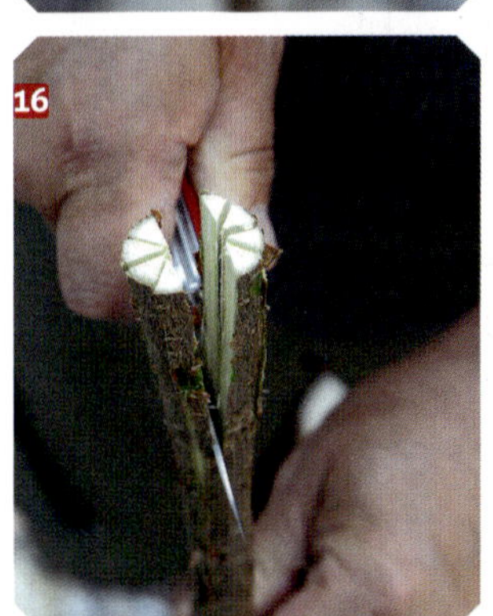

16

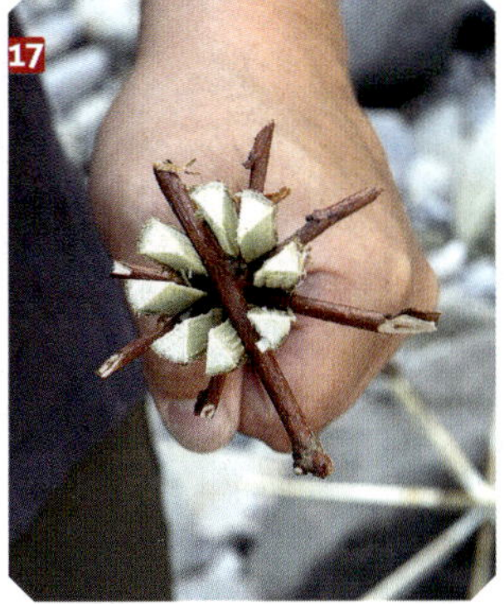

17

18

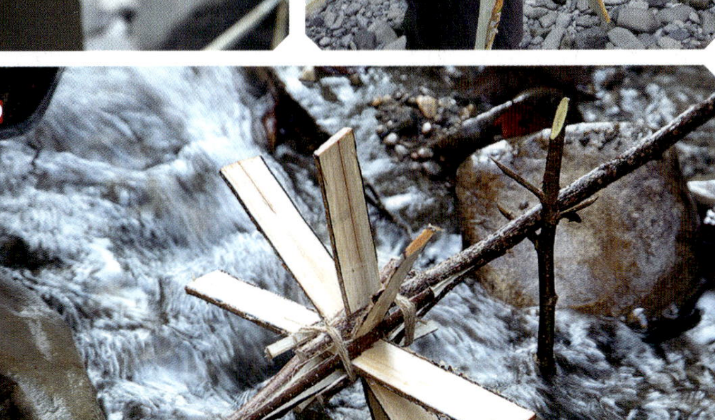

19

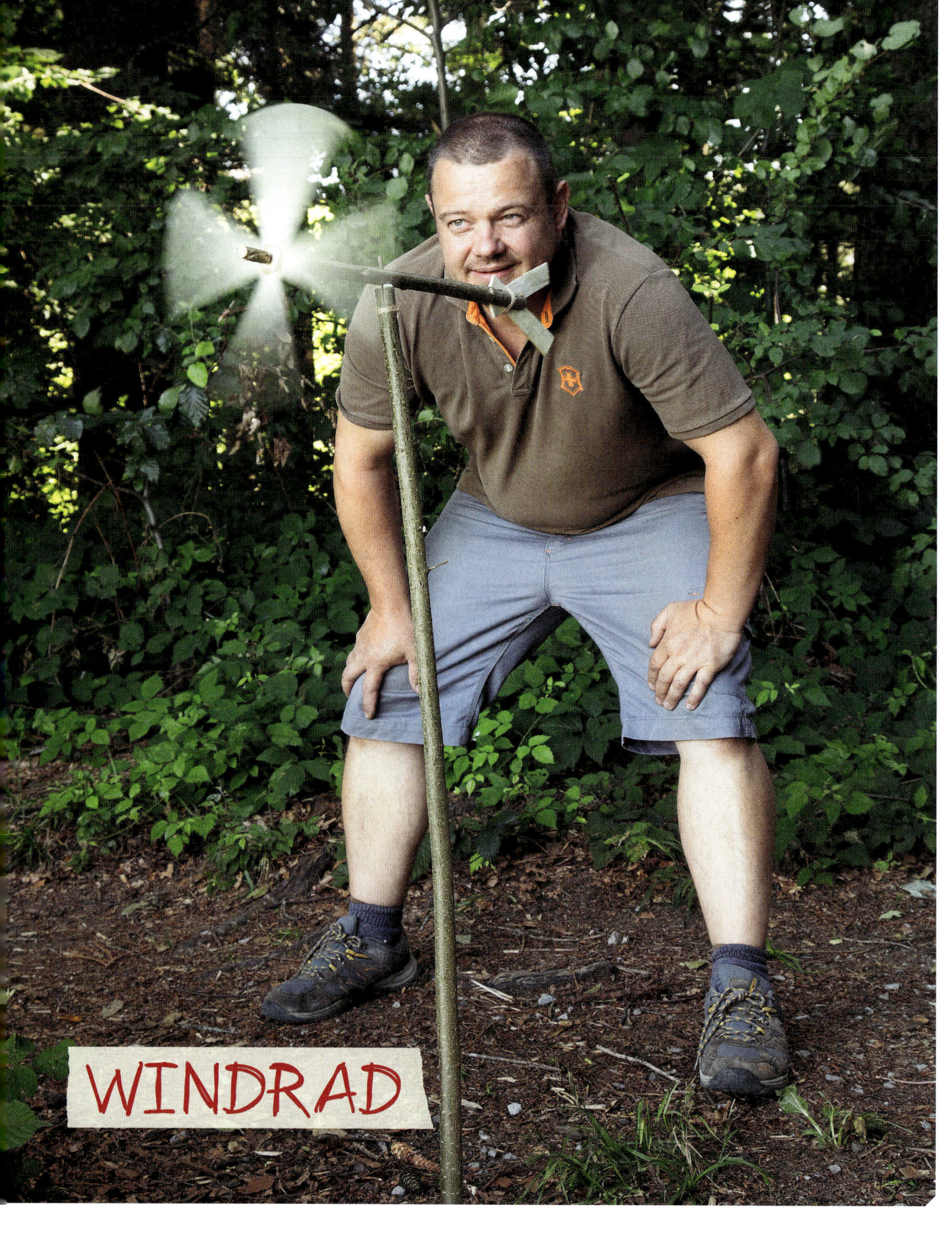
WINDRAD

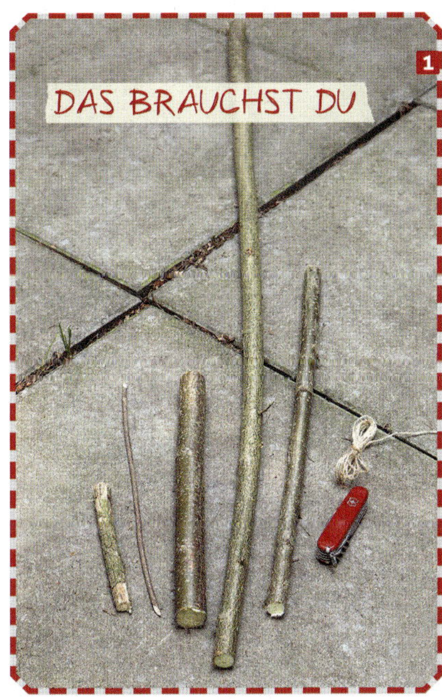

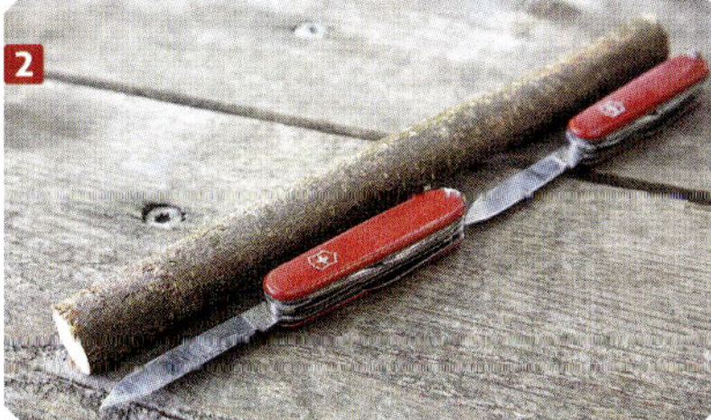

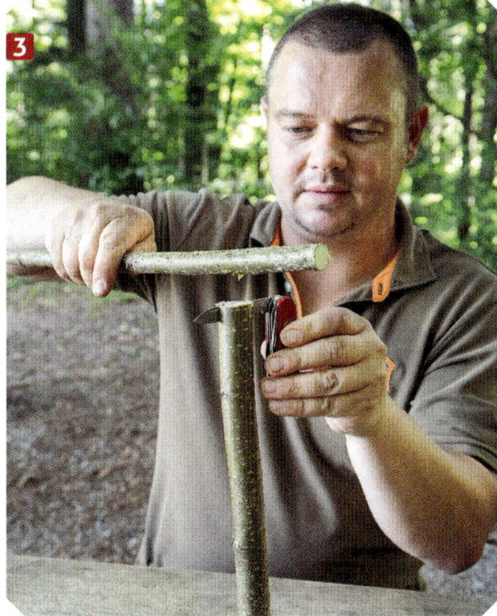

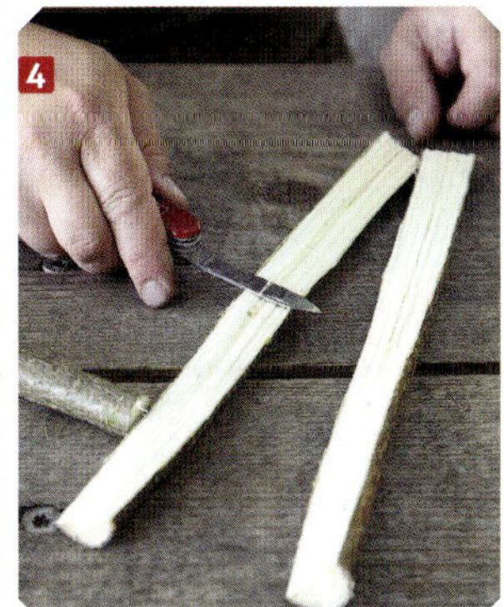

Das Windrad offenbart dir die Geheimnisse des Windes. Es macht sichtbar, aus welcher Richtung und mit welcher Intensität der Wind weht. Mit einem Windrad kann auch Strom erzeugt oder es können Maschinen und Pumpen angetrieben werden. Die Idee, Windenergie sichtbar zu machen, gefällt mir.

Bereits in meinem ersten Buch »Werken mit dem Taschenmesser« habe ich gezeigt, wie man ein Windrad schnitzen kann. Dieses Windrad aus Federn funktioniert dank des geringen Eigengewichts schon bei wenig Wind. Es hat aber auch Nachteile. Es ist zum einen sehr schwierig, im Wald genügend passende Federn zu finden. Und dann muss die Nabe sehr genau gefertigt sein, damit die Federn nicht ständig rausfallen. Schließlich brechen die Federn leicht. Sie sind eigentlich zu schwach für ein Kinderspielzeug.

In dieser Anleitung möchte ich ein Windrad zeigen, das sich selbstständig in die optimale Richtung dreht, sehr viel stabiler ist und fast überall konstruiert und mit ganz einfachem Material improvisiert werden kann. Zur Herstellung braucht man nur ein paar Äste und ein Taschenmesser.

Die angegebenen Maße beziehen sich auf das Windrad in dieser Anleitung. Ein solches Windrad kannst du aber in beliebiger Größe bauen. Nutze also das Material, das dir gerade zur Verfügung steht.

Für dieses Windrad braucht man einen 50 cm langen Stock mit einem Durchmesser von 2,5 cm für die Rotorblätter und die Windfahne, einen beliebig langen Stock als Ständer und einen etwa 1,5 cm dicken und 40 cm langen Stock als Holm. Um die Rotorblätter und den Holm beweglich zu lagern, benötigt man noch ein 5 mm dickes Stöckchen und ein kleines Stück Holunderast als Achsabschluss. Dazu noch ein wenig Schnur und natürlich ein Taschenmesser, dann geht es los 1.

Die Gesamtlänge des Propellers misst etwa 30 cm 2. Schneide diese Länge vom dicken Ast ab und spalte das Aststück dann mit dem Taschenmesser 3. Schnitze dir, wenn nötig, einen Holzkeil, um den Ast zu spalten (siehe Seite 164). Wenn du, wie ich auf dem Foto, Haselholz verwendest, wird die Spaltfläche in den meisten Fällen schon ziemlich stark verwunden sein 4.

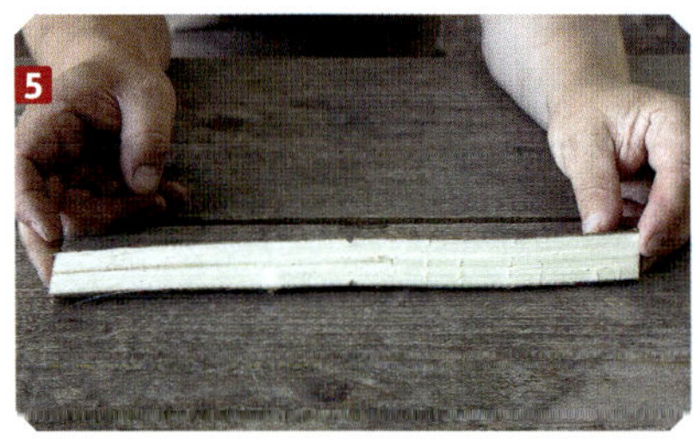

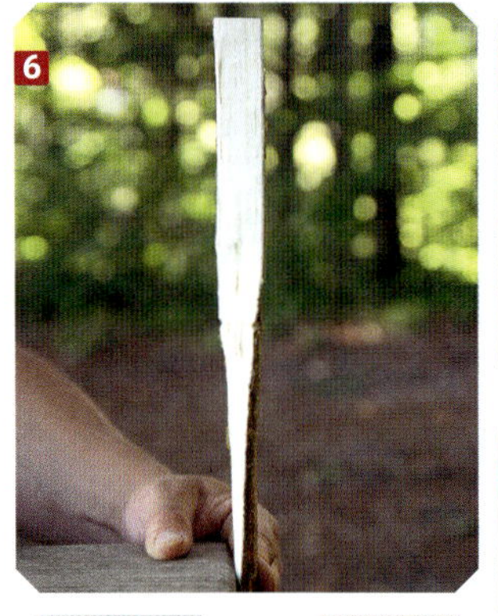

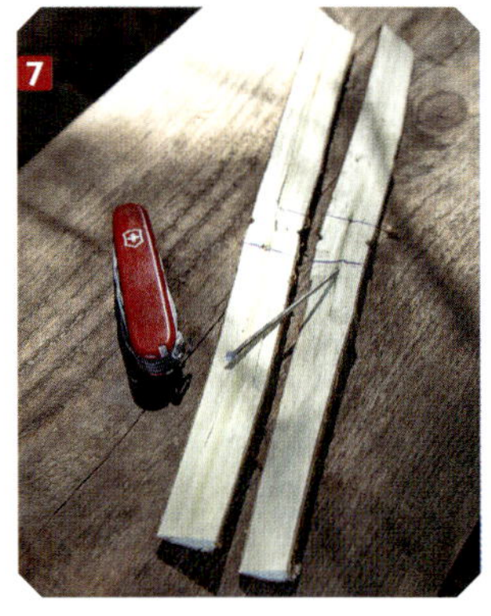

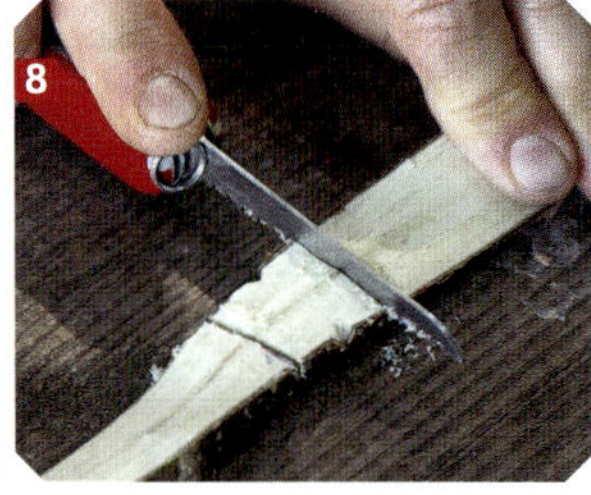

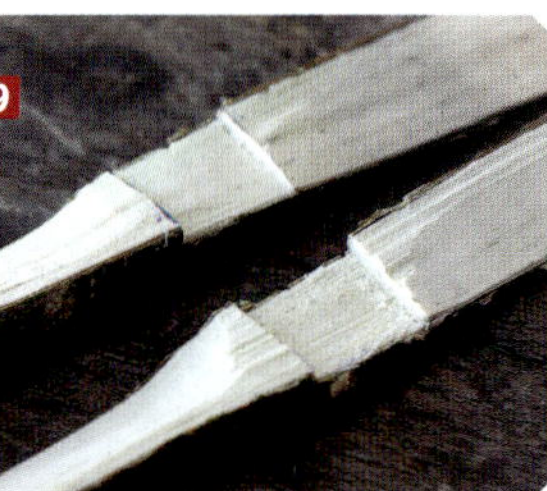

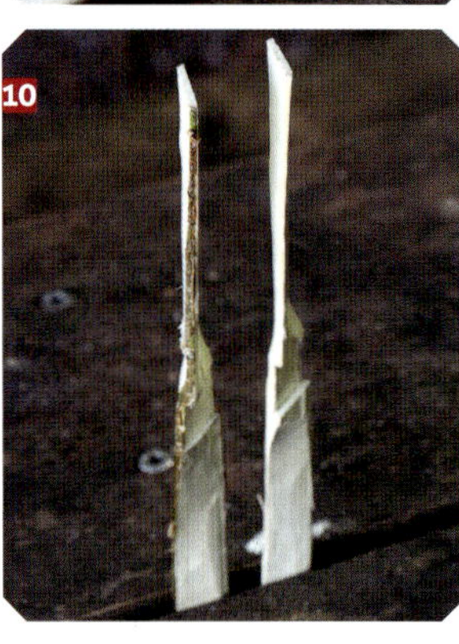

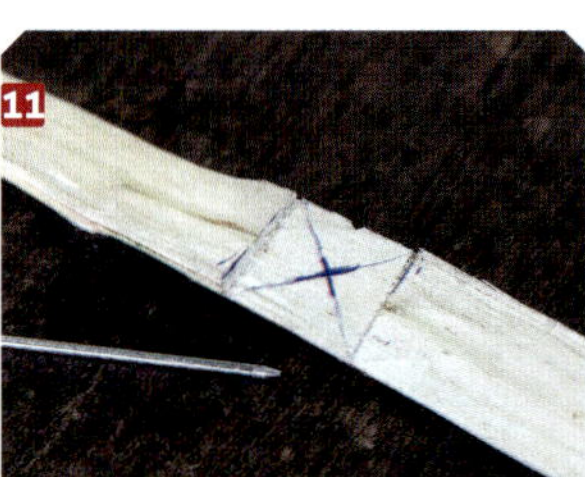

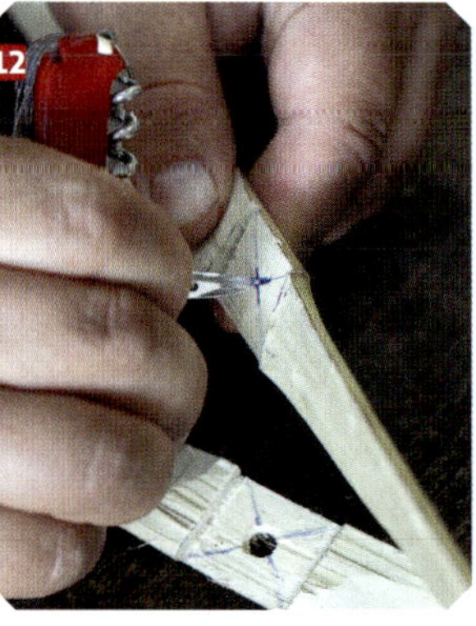

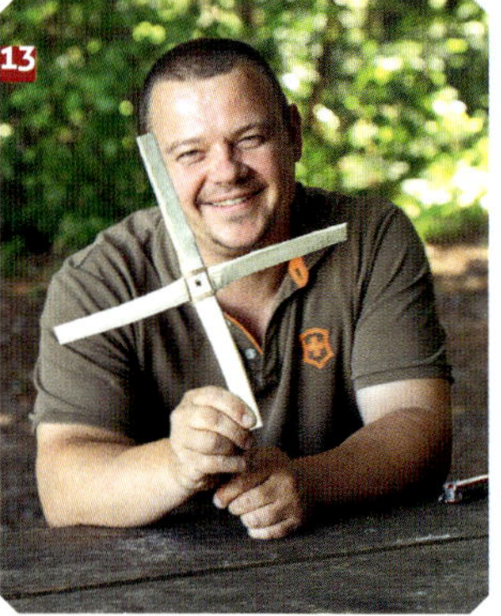

Markiere nun die Mitte der beiden Hälften respektive die Lage des Drehpunktes des Propellers mit zwei Kerben 5. Schnitze die durch den Drehwuchs hervorgerufene Verwindung der Spaltflächen noch stärker aus, sodass Anfang und Ende des Stockes in einem 90°-Winkel zueinander liegen 6. So stehen die Propellerblätter in einem Winkel von 45° im Wind. Ob das der idealste Neigungswinkel ist, weiß ich nicht. Bei meinen Versuchen war ich jedoch mit der Performance des Propellers zufrieden.

Lege nun die Propellerblätter in der Mitte rechtwinklig übereinander und zeichne die Lage der Kreuzungskanten ein 7. Säge an der Innenseite der eingezeichneten Linien jeweils einen 3 mm tiefen Einschnitt 8 und spalte und/oder schnitze die Vertiefung für die Überplattung/Verkämmung heraus 9. Wenn du jetzt die beiden Teile zusammensteckst, erhältst du schon einen Eindruck, wie dein Windrad später aussehen wird.

Schnitze nun die runden Seiten der Propellerblätter flach, sodass sie noch 2–3 mm dick sind 10. Zeichne dann die Drehpunkte der Propeller ein 11 und bohre jeweils in der Mitte mit der Ahle ein 6 mm großes Loch 12. Binde die beiden Teile nun mit Schnur zu einem fertigen Propeller 13.

Nimm jetzt den 1,5 cm dicken Ast für den Holm und spitze ihn am dickeren Ende etwas an 15.

Spalte dann ein 10–15 cm langes Reststück des 2,5 cm dicken Astes für den Propeller 16 und schnitze daraus zwei flache Brettchen 17 für die Windfahne.

Spalte nun das dünne Ende des Holms etwa 10 cm tief ein 18, stecke die Brettchen für die Windfahne hinein und sichere die Brettchen mit einer strammen Schnur-Wicklung 19.

Spalte dann vorne am zugespitzten Ende den Holm ein wenig ein und stecke ein abgeflachtes Stück des 5 mm dicken Stöckchens in die Achse hinein 20, 21. Binde das Ganze jetzt mit einer straffen Schnur-Wicklung ab. Damit die Schnur auf dem Konus nicht abrutscht, schnitze dort, wo du binden wirst, eine leichte Delle in der Nähe der Spitze. Stecke den Propeller auf die Achse und sichere ihn mit dem Stück Holunderast, indem du das Achsstöckchen in das Mark des Holunderastes drückst 22, 23.

Suche nun den Schwerpunkt auf dem Holm 24 und bohre dort in der Flucht der Windfahne ein Loch 25. Wichtig ist, dass der hintere Teil (vom Loch bis zum Ende der Windfahne) deutlich länger ist als der vordere Teil (vom Loch bis zum Propeller). Wenn das Verhältnis dieser beiden Strecken mindestens ⅔ zu ⅓ ist, sollte gewährleistet sein, dass sich das Windrad schön in den Wind stellt.

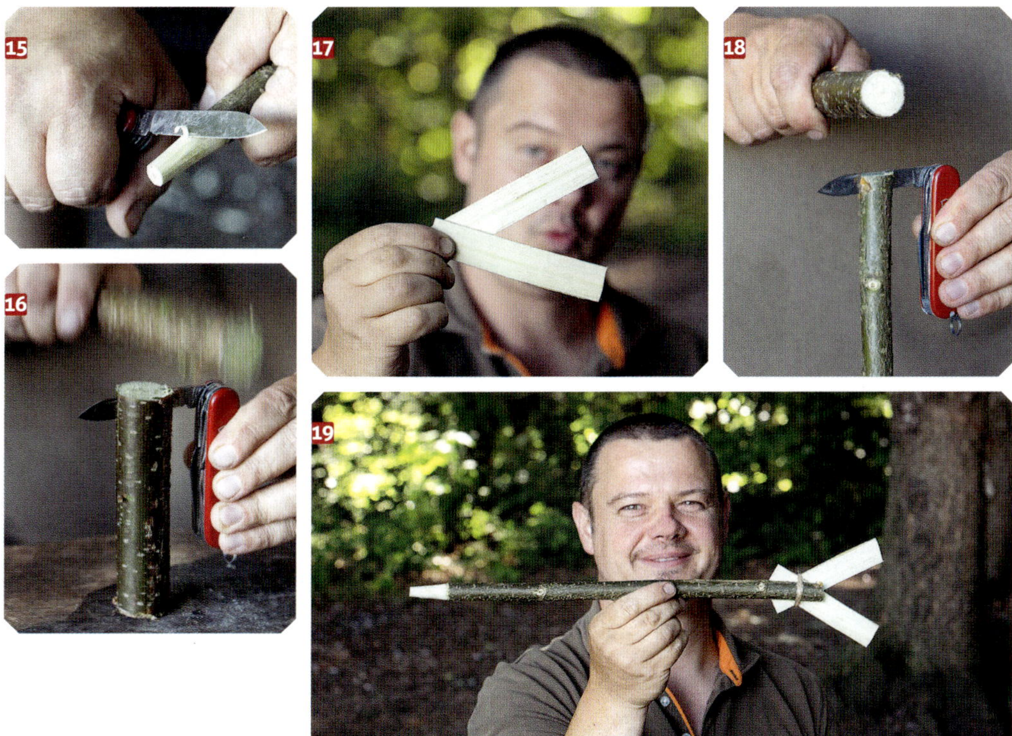

Spitze zum Schluss das untere Ende des Ständerstabs an, damit er in den Boden gesteckt werden kann, und spalte ihn am anderen Ende etwas ein. Schiebe dann wie zuvor beim Holm ein dünnes abgeflachtes Stück des 5 mm dicken Ästchens in den Spalt 26 und bringe eine straffe Schnur-Wicklung darum an.

Jetzt musst du nur noch den Holm mit dem Windrad auf den Ständerstab stecken – und dein Windrad ist betriebsbereit 27.

Zu guter Letzt musst du nur noch auf ein bisschen Wind warten. Bis es so weit ist, kannst du ja ein anderes Projekt schnitzen, zum Beispiel eine Windmaschine!

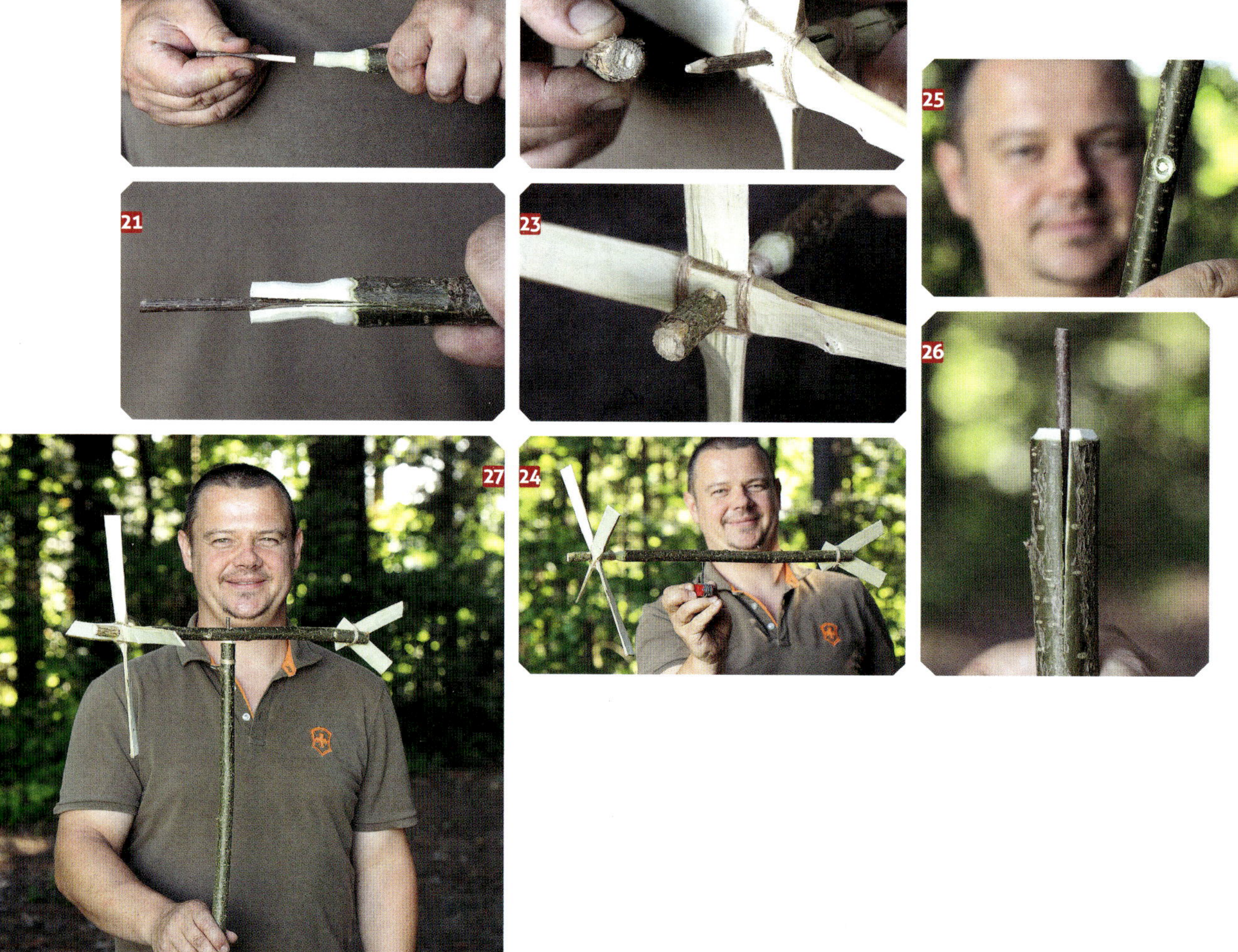

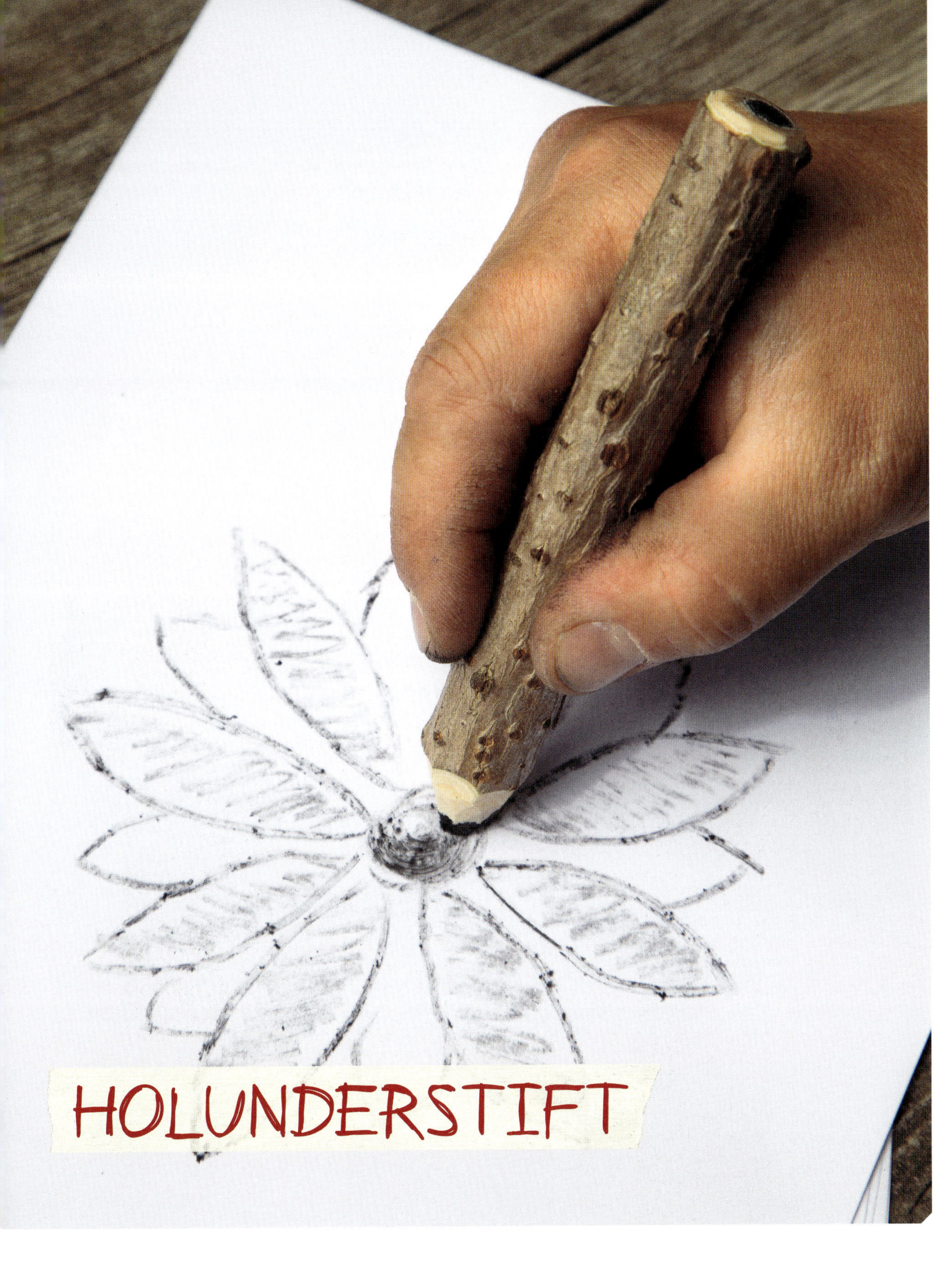
HOLUNDERSTIFT

In meinem Buch »Outdoor mit dem Taschenmesser« habe ich gezeigt, wie man mit kleinen Ästen von Weiden und anderen Laubbäumen durch Verkohlung unter Luftabschluss, Kohlestäbe zum Zeichnen und Malen herstellen kann. Diese Kohlestifte sind allerdings sehr brüchig. Darum wollte ich versuchen, eine Art Riesenbleistift anzufertigen. Schon die ersten Tests waren vielversprechend, sodass ich weiter tüftelte, bis ich mit der Performance der Stifte zufrieden war. Optisch sind die Stifte meiner Meinung nach sowieso sehr schön!

Mit fertigen Wachsmalstiften und Holunderstöcken lassen sich solche Stifte in verschiedenen Farben sehr einfach herstellen. Wer aber wie ich den Anspruch hat, die Minen selber mit einfachen Mitteln herzustellen, muss schon etwas tiefer in die Trickkiste greifen.

Für die Herstellung eines Holunderstiftes braucht man einen Holunderstock, ein Stück Kerzen- oder Bienenwachs (wenn kein Wachs zur Verfügung steht, funktioniert auch Harz), ein Stück Kohle, eine kleine Dose und auf jeden Fall ein Taschenmesser **1**.

Säge zuerst den Holunderast auf die von dir gewünschte Länge **2** und nimm auf der einen Seite das weiche Mark mithilfe des Korkenziehers heraus **3**. Das Loch sollte etwa 4–6 cm tief sein. Auf der anderen Seite des Asts bohre auch ein Loch, aber da genügt es, wenn du das Mark nur 1–2 cm tief herauslöst.

Nimm nun ein kleines Kohlestück, halte es über die Dose und zerdrücke es zuerst mit den Fingern **4** und dann mit einem Stößel zu einem feinen Pulver **5**. Für einen guten Schreibstift ist es wichtig, dass das Pulver sehr fein gemahlen ist.

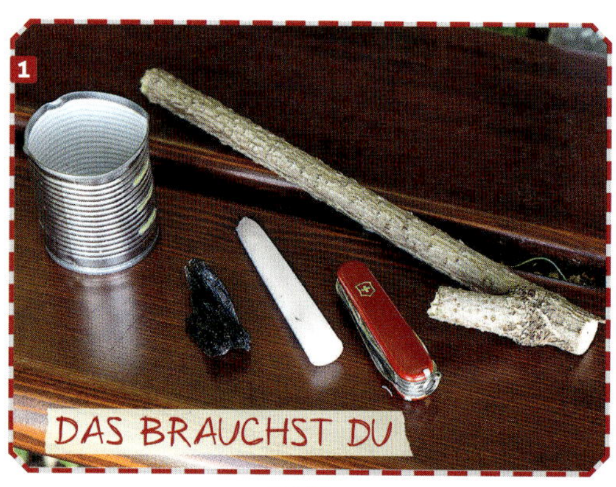
1

DAS BRAUCHST DU

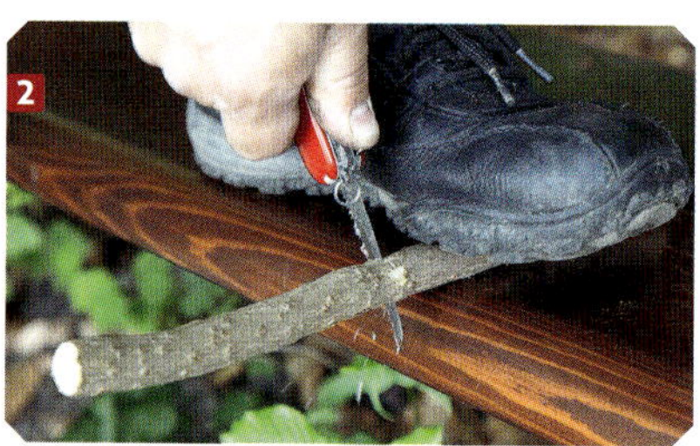
2

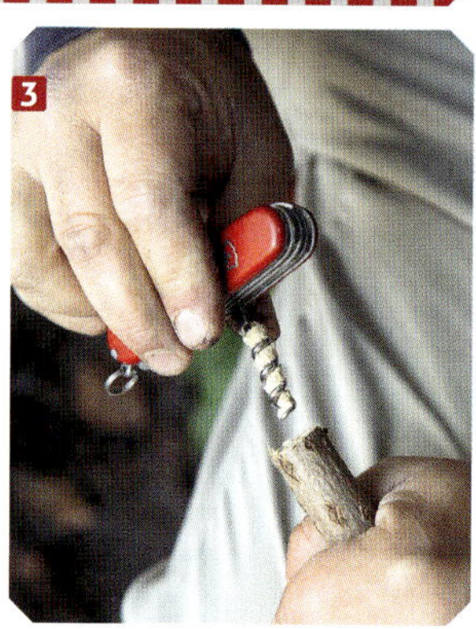
3

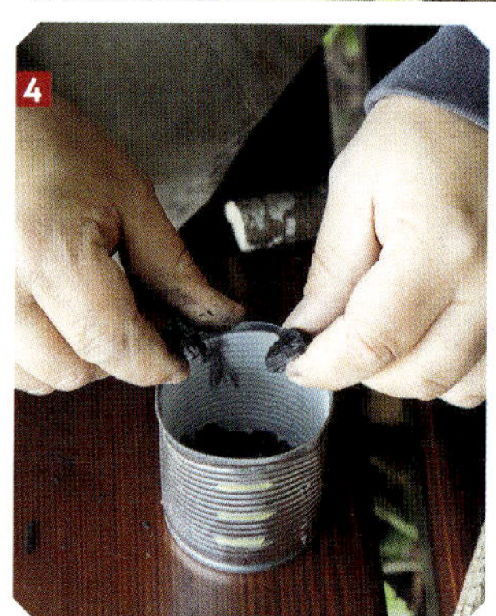
4

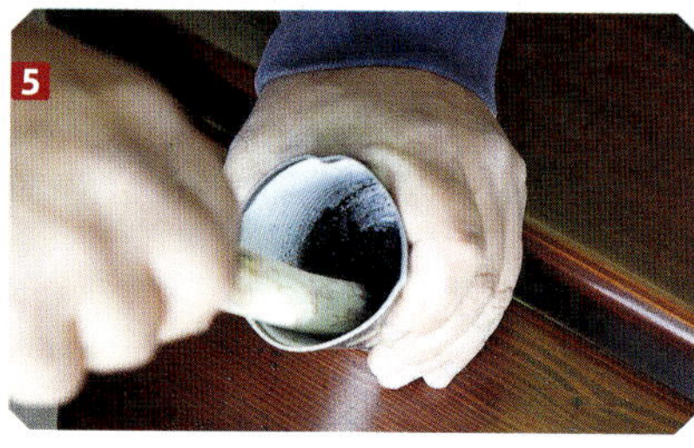
5

Jetzt brauchst du etwas Kerzenwachs (Paraffin oder Bienenwachs). Mische volumenmäßig mindestens so viel Wachs bei, wie du Kohlepulver hast 6. Ich füge sogar eher etwas mehr Wachs bei. Erwärme nun die Mischung über einer kleinen Flamme oder über etwas Glut, bis das Wachs schmilzt 7. Rühre die Mischung auf und fülle das flüssige Wachs erst in das eine, später in das andere Loch im Holunderstock 8. Lasse die Mischung jeweils etwas abkühlen 9. Beim Abkühlen zieht sich das Wachs zusammen. Wenn du in der Dose noch etwas von der Wachs-Kohle-Mischung übrig hast, kannst du diese nochmals erwärmen und die Vertiefungen damit auffüllen.

Lasse die Wachsmischung nun mindestens 10 Minuten abkühlen. Dann kannst du den Stift am oberen Ende (wo das weniger tiefe Loch ist) flach schnitzen 10. Am unteren Ende schnitze den Stift vorsichtig spitz. Achtung: Sobald du den hölzernen Teil abgeschnitzt hast und in die Mine schnitzt, solltest du auf die Feinschneidetechnik wechseln 11. Die Mine musst du besonders vorsichtig schnitzen, sie bricht sonst schnell ab.

Wenn du draußen in der Natur bist und keine Kerze oder Kerzenreste dabei hast, kannst du die Mine von diesem Schreibstift auch mit Harz herstellen. Der Stift wird dann einfach etwas härter und kratzt auf der Schreibfläche, aber er funktioniert auch gut.

Nun ist dein Holunderstift fertig 12 – und dem Zeichnen einer Schatzkarte, dem Schreiben eines Liebesbriefs oder dem Malen eines Kohlestift-Meisterwerks steht nichts mehr im Wege!

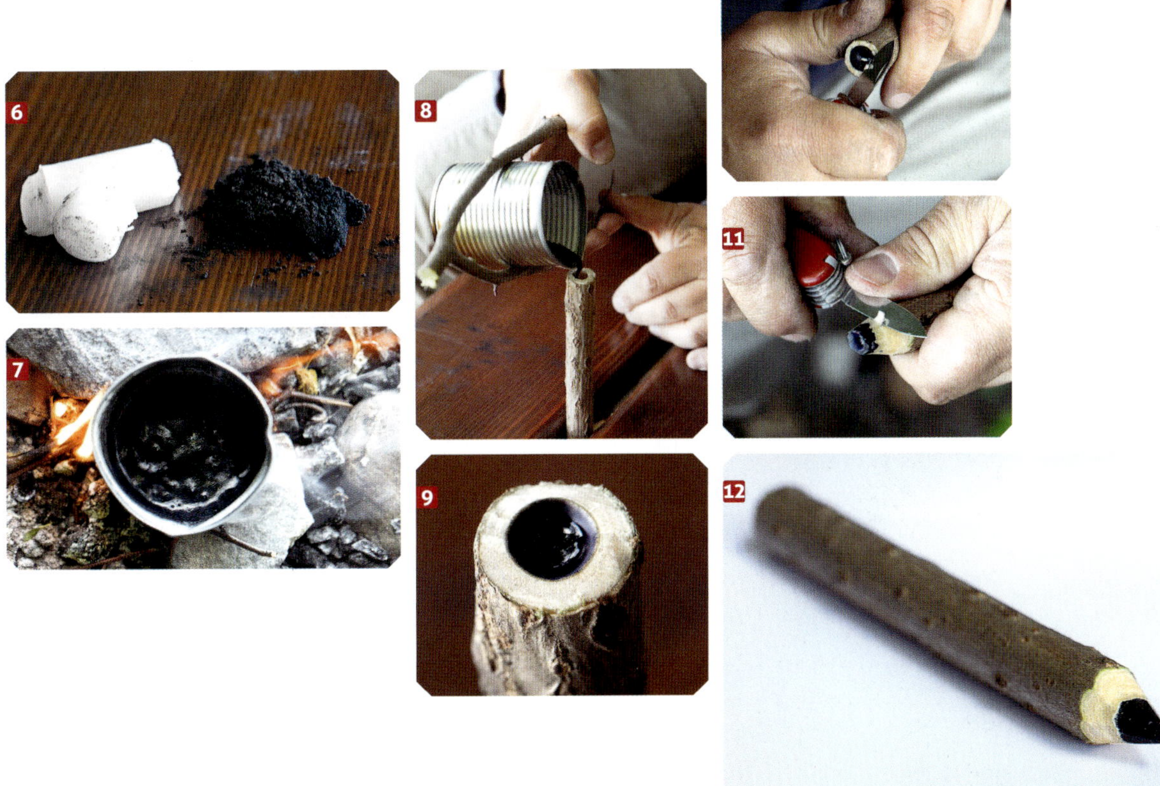

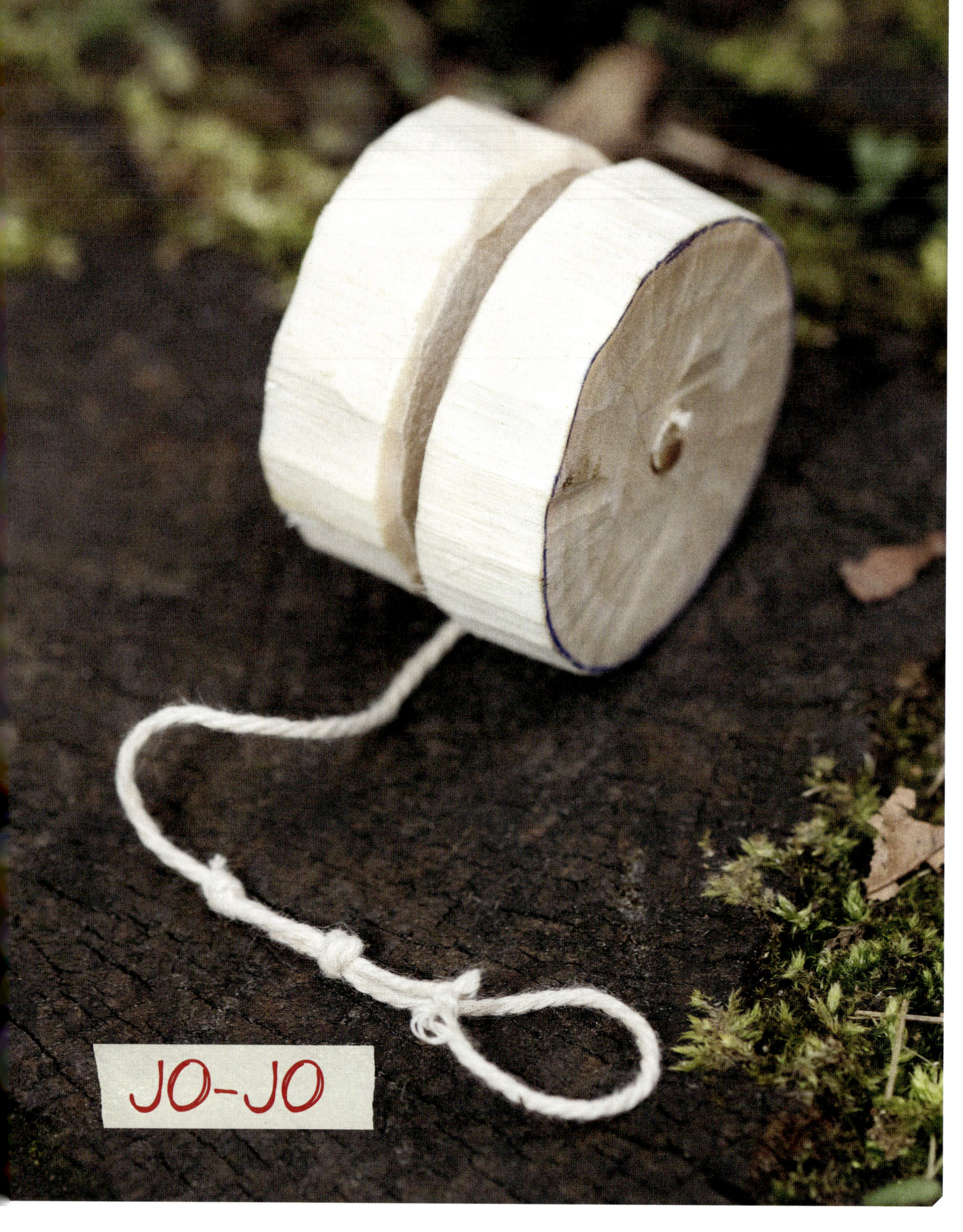
JO-JO

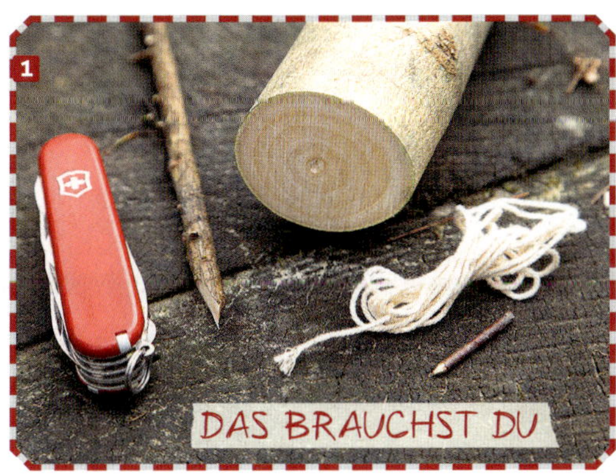

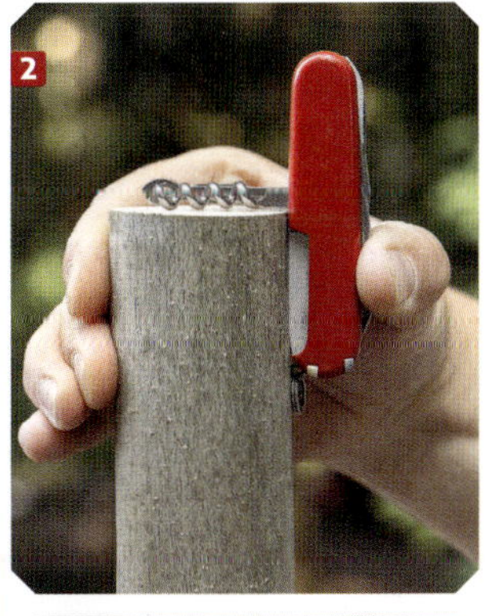

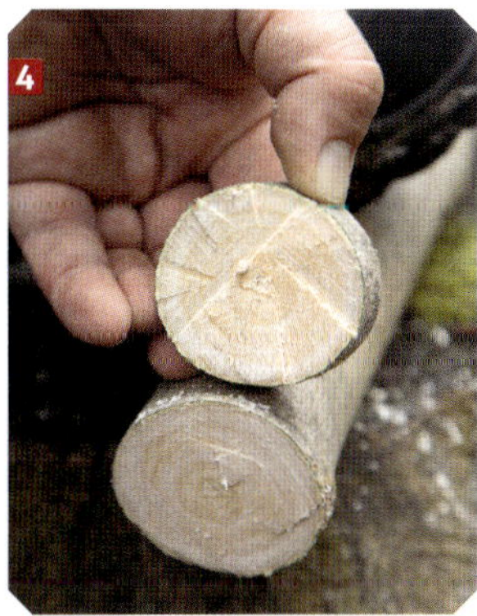

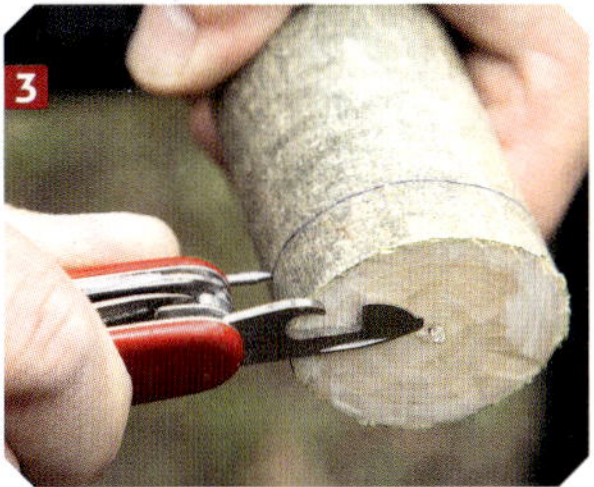

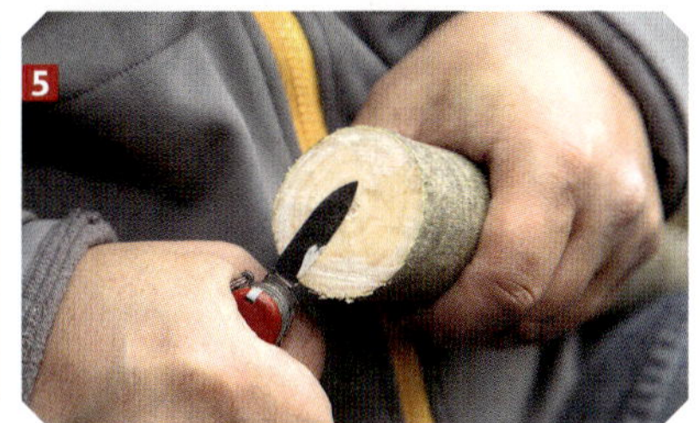

Eines gleich zu Beginn: Aus Naturmaterialien ein funktionstüchtiges Jo-Jo zu schnitzen, ist gar nicht so einfach. Damit das Jo-Jo beim Spielen nicht ins Trudeln gerät, müssen sowohl der Rundlauf als auch die Gewichtsverteilung sehr genau stimmen. Dies ist eine Herausforderung, die zwar bewältigbar ist, aber eine exakte Arbeitsweise voraussetzt. Wer diese »Challenge« erfolgreich meistert, hält danach ein tolles Spielzeug in den Händen – ein Spielgerät, das große (alte) und kleine (junge) Kinder begeistert.

Um ein Jo-Jo herzustellen, benötigt man einen möglichst runden Ast, bei dem das Mark einigermaßen im Zentrum liegt. 4 cm Durchmesser sollte der Ast im Minimum haben. Des Weiteren braucht man ein Stück dünne Schnur, ein dünnes Ästchen als Achse und ein Taschenmesser **1**.

Beginne mit den beiden Schwungscheiben.

Bereits der erste Schnitt mit der Holzsäge sollte möglichst rechtwinklig sein. Wenn du zuerst mit dem Kugelschreiber um den Ast eine Hilfslinie einzeichnest, gelingt es dir besser, beim Sägen den 90°-Winkel einzuhalten. Säge nicht von einer Seite voll durch, sondern drehe das Aststück nach ein paar Zügen immer wieder ein Stück weiter. So vermeidest du, dass der Schnitt in eine Richtung verläuft. Die Schnittfläche wird zwar mit dieser Technik meistens ziemlich holprig, aber es gelingt dir so besser, den 90°-Winkel einzuhalten. Die unebene Schnittfläche schnitzt du danach am einfachsten mit der kleinen Klinge flach. Überprüfe die Rechtwinkligkeit des Schnittes von allen Seiten. Klappe dazu auf der Rückseite des Taschenmessers Ahle, Korkenzieher und Mehrzweckhaken aus und lege das Taschenmesser am Ast an. Der Winkel zwischen den ausgeklappten Werkzeugen und der Messerkörperfläche sollte ziemlich genau 90° betragen **2**.

Zeichne danach mit dem Kugelschreiber die zweite Hilfslinie ein, an der du nun entlang sägst. Öffne dazu den Dosenöffner und lege die Kugelschreibermine auf die weiter entfernte Taschenmesser-Griffschalenfläche **3**. So eingezeichnet wird deine Schwungscheibe etwa 15 mm dick. Säge jetzt mit derselben Technik wie beim ersten Schnitt **4** und schnitze anschließend die Sägefläche flach **5**. Nun hast du die erste Scheibe. Verfahre genauso, um die andere Scheibe herzustellen.

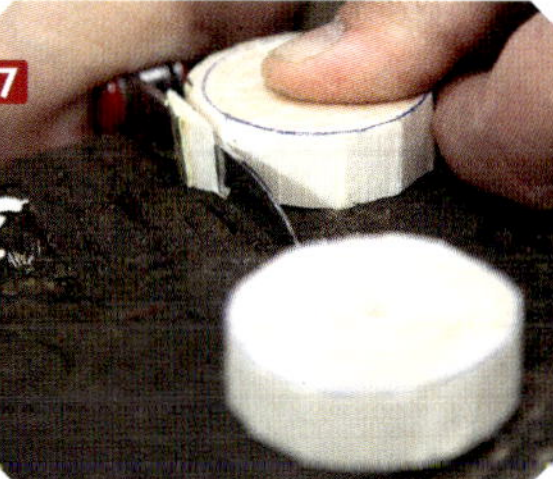

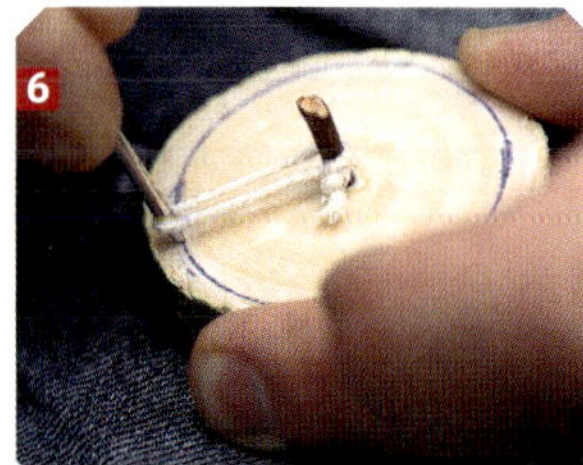

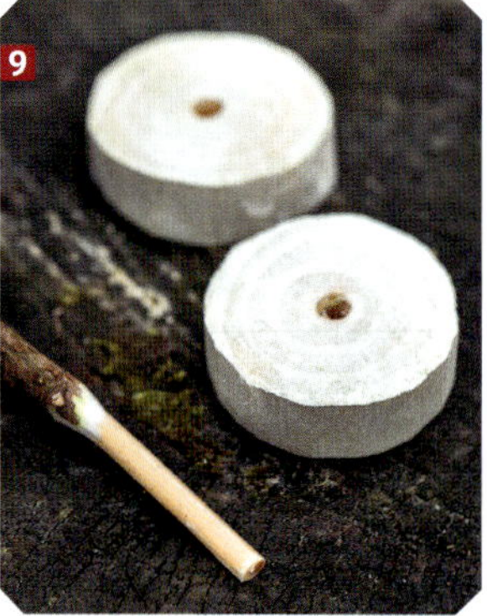

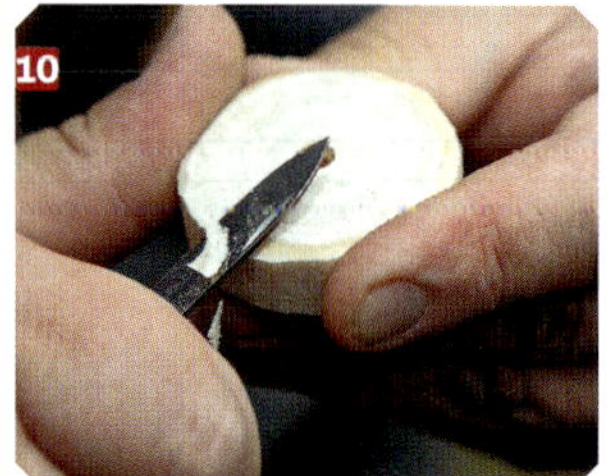

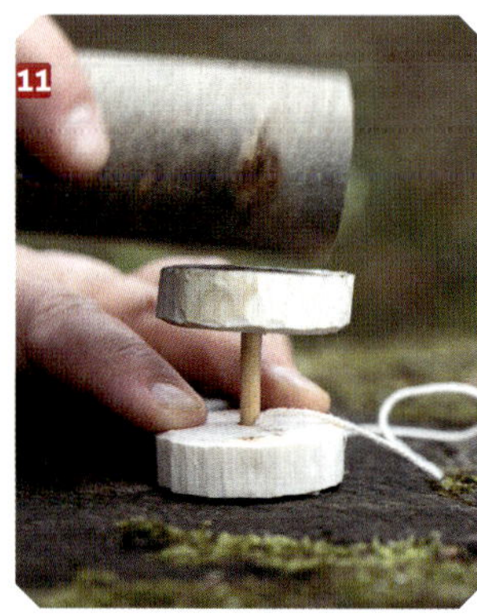

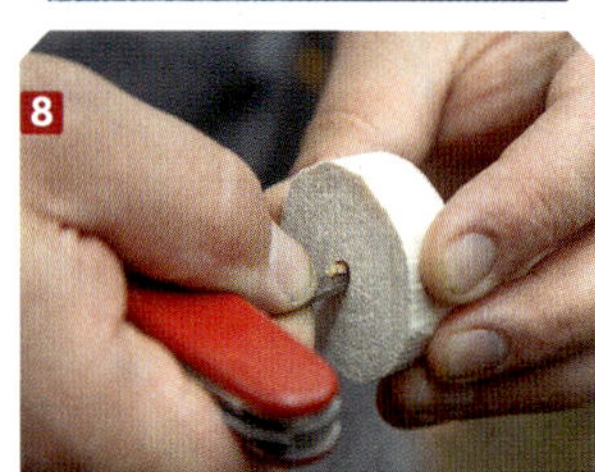

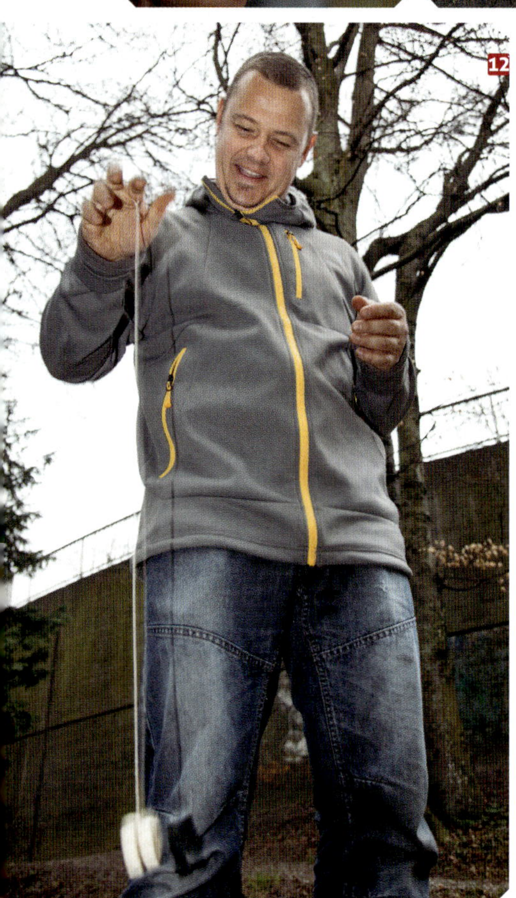

Wenn du beide Schwungscheiben abgeschnitten hast, zeichne mit einem improvisierten Zirkel auf beiden Seiten die runde Außenkontur ein. In dieser Anleitung improvisierte ich einen Zirkel mit einer geknüpften Schlaufe aus Schnur und einem Ästchen, das ich als Mittelpunkt ins Mark gesteckt habe 6. Spalte danach mit der großen Klinge den Außenrand so exakt wie möglich ab 7. Auf einer flachen, rauen Unterlage (z. B. auf einer Betonmauer) kannst du die Flächen der Schwungscheiben weiter perfektionieren, sodass sie genau gleich dick sind.

Bohre danach mit der Ahle die Löcher für die Achse ins Mark 8. Schnitze nun das gerade gewachsene Achs-Ästchen entsprechend zu 9. Es sollte ins Loch gesteckt werden können und darin festklemmen.

Schnitze dann eine flache Phase an die beiden Flächen der Schwungscheiben, die sich später gegenüberstehen, damit die Schnur ungehindert auf- und abspulen kann 10.

Schneide danach etwa einen Meter Kreiselschnur ab. Klemme die Schnur mit der Achse in der einen Schwungscheibe fest und presse die zweite Schwungscheibe auf die Achse 11. Nun drehe die Scheibe so, dass der Abstand zwischen den Scheibenflächen möglichst gleichmäßig ist und etwa 2 mm beträgt. Schneide dann den überstehenden Achsteil ab.

Knüpfe nach etwa 80 cm eine feste Schlaufe in die Schnur, durch die du den Finger stecken kannst.

Jetzt starte deine ersten Versuche mit deinem Jo-Jo 12. Sei nicht frustriert, wenn es nicht auf Anhieb wunschgemäß funktioniert. Mir ist aufgefallen, dass das Jo-Jo nicht mit jeder Schnur gleich gut funktioniert. Probiere einfach eine andere Schnur aus, perfektioniere das Gleichgewicht des Jo-Jos oder feile an deiner Jo-Jo-Technik. Übung macht den Meister!

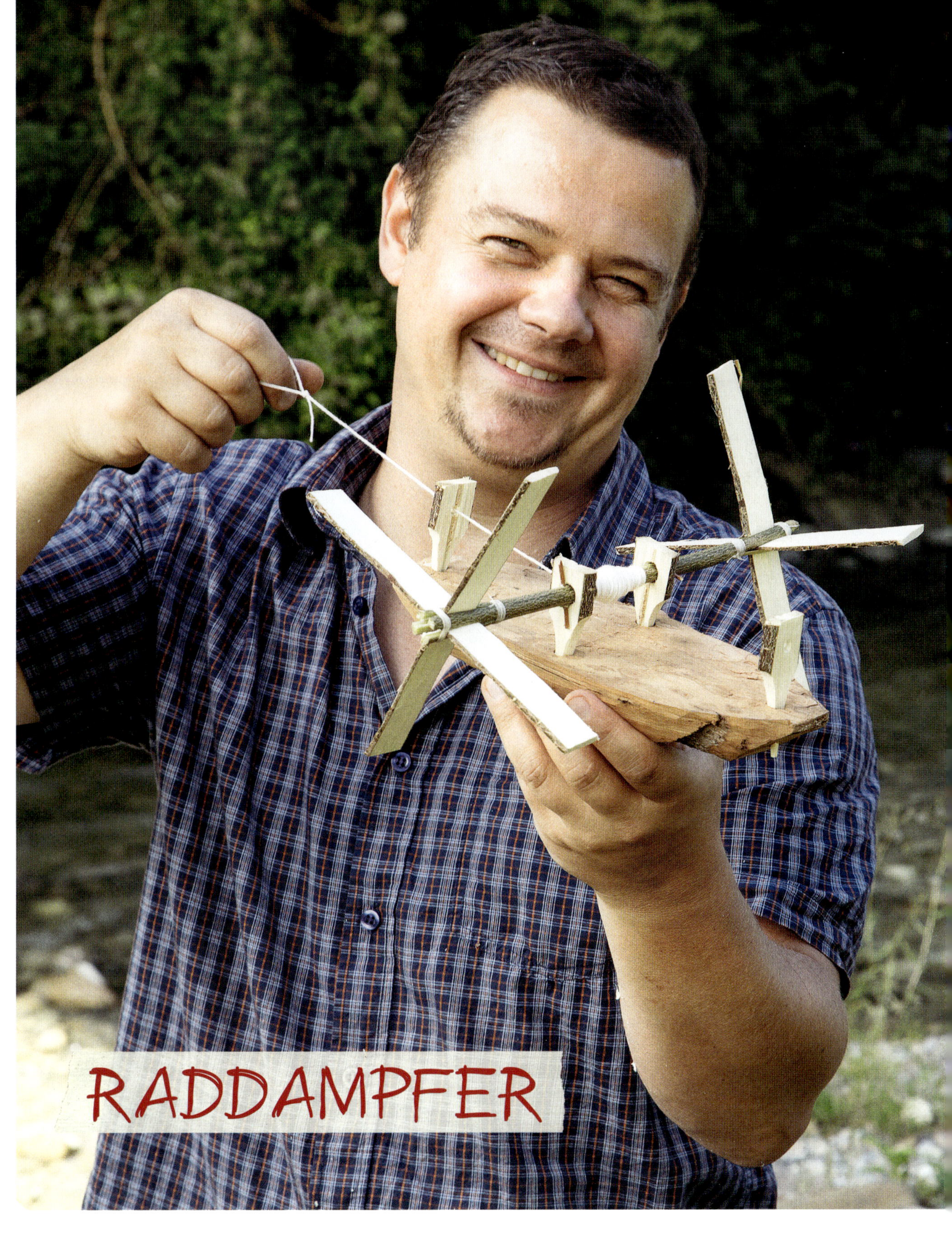

RADDAMPFER

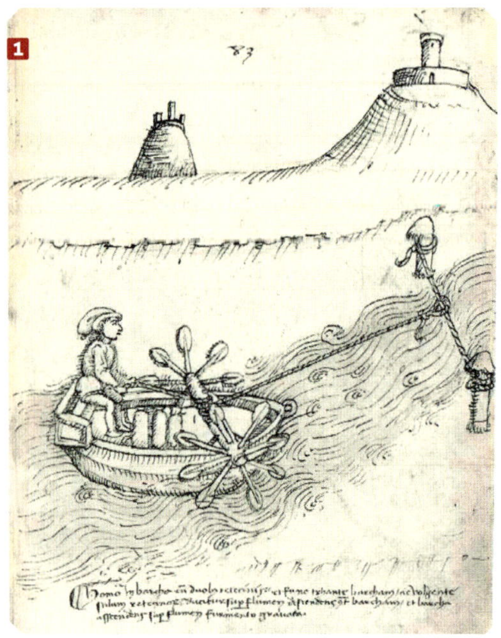

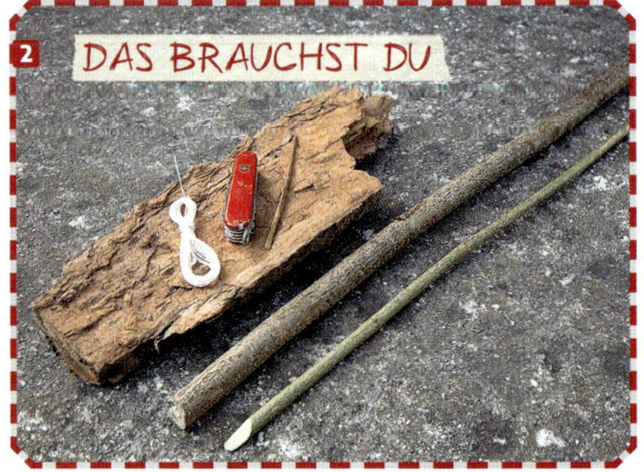

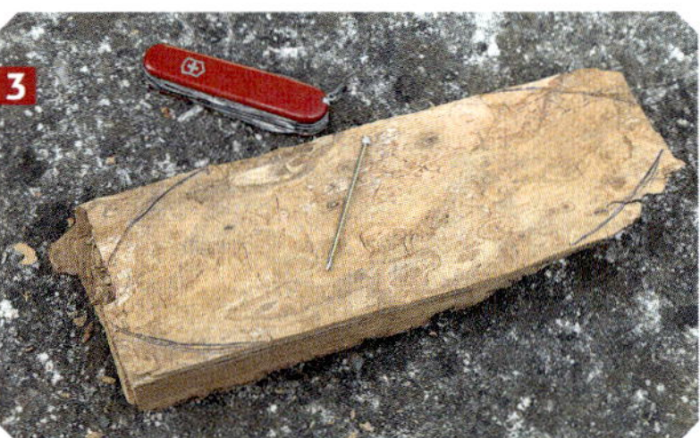

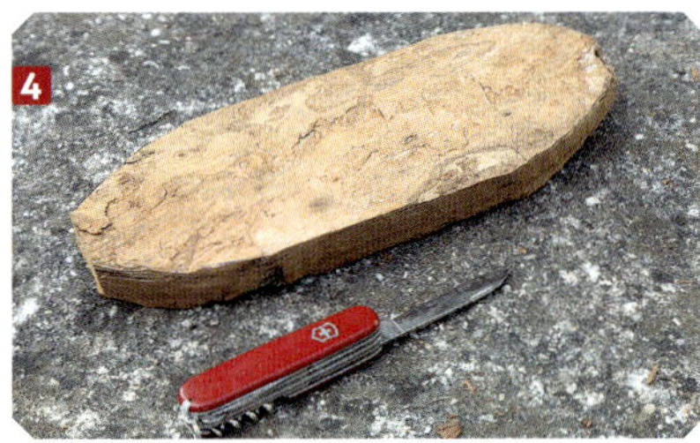

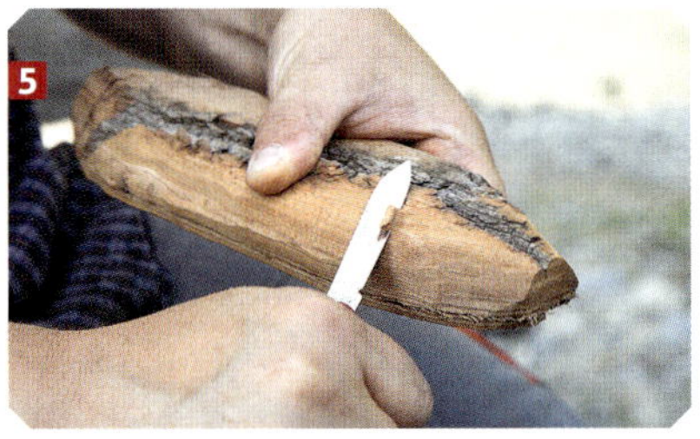

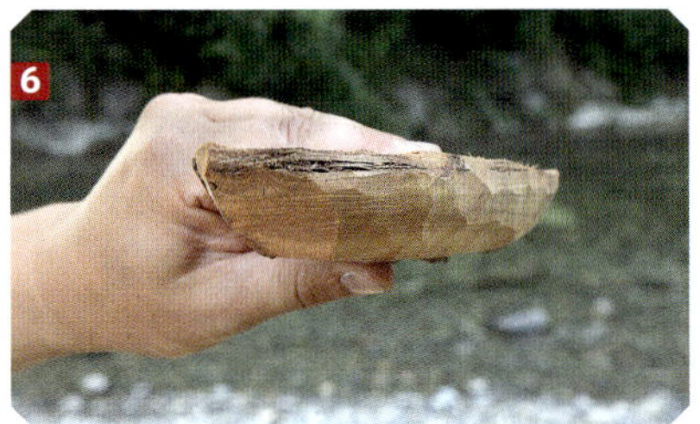

Das Funktionsprinzip dieses Antriebs ist uralt. Bei meinen Internetrecherchen zum Projekt »Raddampfer« habe ich eine wunderbare Skizze aus dem 15. Jahrhundert von Mariano di Jacopo gefunden 1. Er war ein italienischer Ingenieur, Künstler und Beamter der Stadt Siena. Später wurde dieser Antrieb und Antriebe mit ähnlichem Funktionsprinzip für den Gütertransport auf Lastschiffen und für schwimmende Mühlen und Sägewerke genutzt.

Ich habe einen solchen Raddampfer im Werkbuch »Spielen mit Wasser und Luft« von Walter Kraul entdeckt. Die Herausforderung für mich bestand darin, das Projekt so zu vereinfachen, dass es »taschenmessertauglich« wird.

Für einen Raddampfer braucht man ein großes Stück Rinde oder weiches Holz für den Bootsrumpf und einen 70 cm langen, gerade gewachsenen Haselast mit einem Durchmesser von 2 cm für die Schaufeln, die Achslager und die Schnurösen. Als Achse benötigt man einen 1 cm dicken Haselast. Dann braucht man noch ein dünnes Steckchen für die Sicherungen, ein paar Meter Schnur und ein Taschenmesser 2.

Diese Maße gelten für das Boot, das in dieser Anleitung zu sehen ist. Das Boot kann aber durchaus auch größer oder kleiner gebaut werden. Nutze diejenigen Materialien, die dir zum Bau des Bootes zur Verfügung stehen.

Beginne mit dem Bootsrumpf. Ermittle die maximalen Maße des Rumpfes, die sich aus dem verfügbaren Material herstellen lassen. In diesem Fall wird das Boot 9 cm breit und 25 cm lang werden. Weil das Schiff in beide Richtungen fahren wird, gestalte ich den Bootsrumpf symmetrisch. Es gibt also weder Bug noch Heck.

Säge und schnitze zuerst ein Rechteck mit den ermittelten Maximalmaßen. Zeichne danach die Rumpfform ein 3 und schnitze sie zurecht 4, 5, 6.

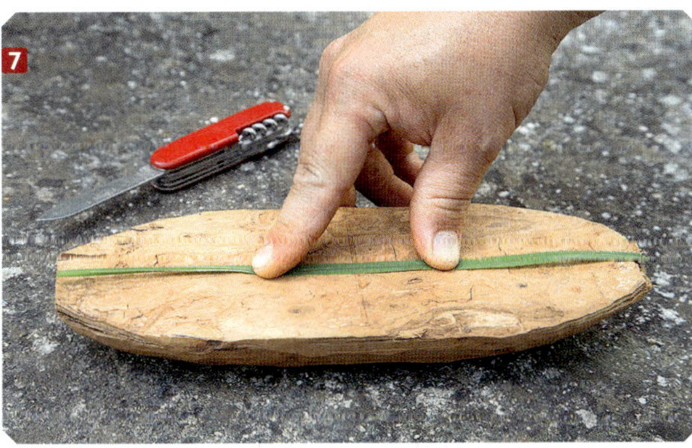
7

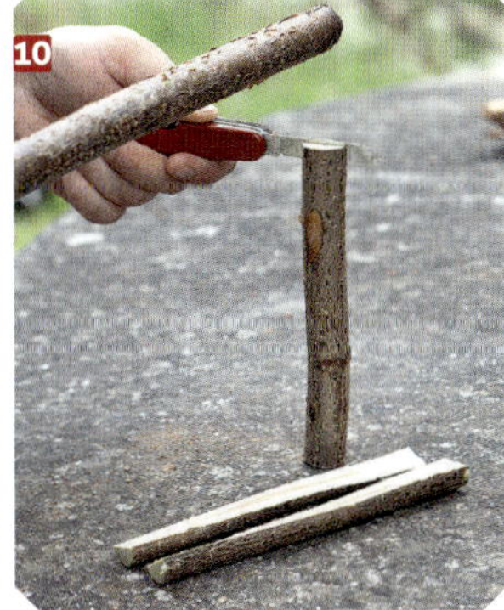
10

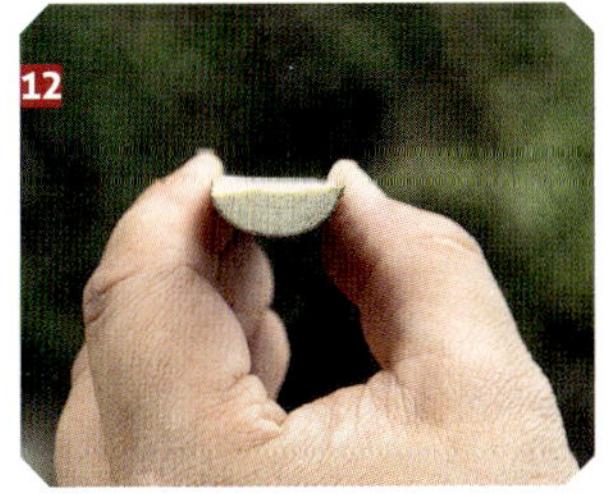
12

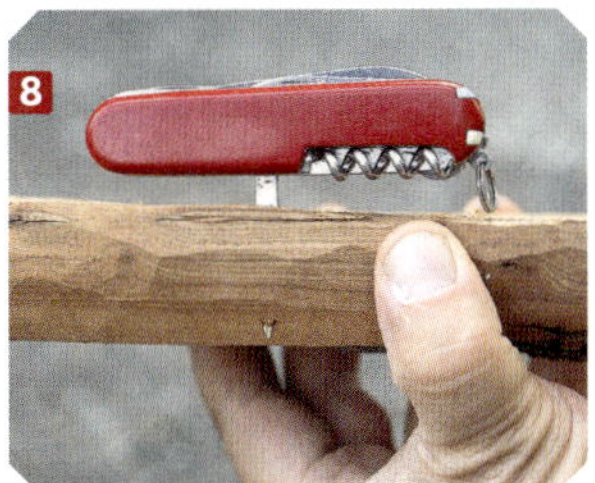
8

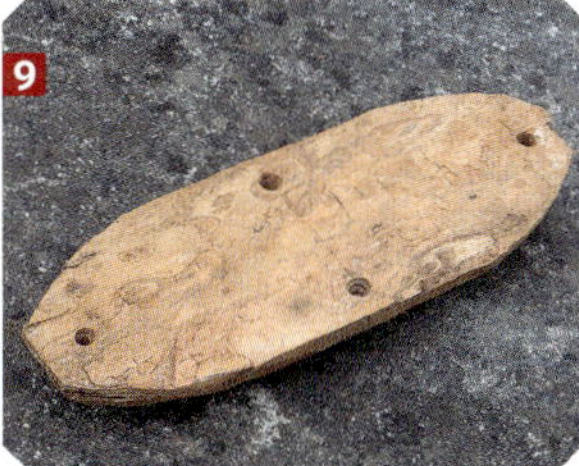
9

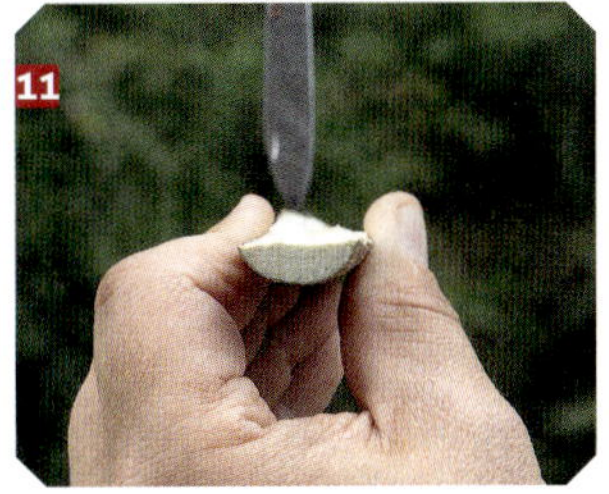
11

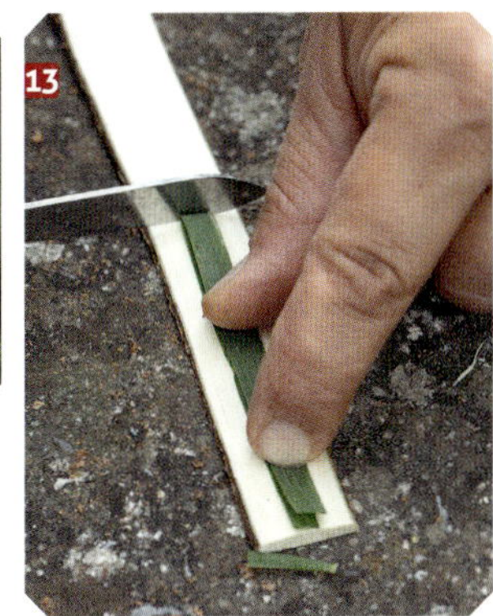
13

Ermittle nun die Mitte des Rumpfes mit Hilfe eines Grashalms 7, den du in der Mitte faltest, und markiere sie. Bohre dann auf der Mittellinie 1 cm von der Außenkante entfernt auf beiden Seiten mit der Ahle ein durchgängiges Loch 8. Bohre auch an den Längsenden jeweils ein durchgängiges Loch 9. Nun ist der Bootsrumpf soweit fertig.

Jetzt werden die Schaufelräder geschnitzt. Die Länge der Schaufeln beträgt je zwei Taschenmesserlängen, also rund 18 cm. Du brauchst zwei solcher Aststücke. Spalte nun die beiden Aststücke in vier Hälften 10. Schnitze den Drehwuchs so gut es geht flach 11, 12. Schnitze dann auch jeweils an der gegenüberliegenden runden Seite Material ab, sodass du vier etwa 4 mm dicke Brettchen erhältst.

Markiere dann die Mitte der Schaufelbretter 13, wiederum mithilfe eines zur Hälfte gefalteten Grashalms. Säge dort mit der Säge eine Nut jeweils bis zur Mitte ein und arbeite sie auf die erforderliche Breite aus 14. Nun kannst du je zwei Schaufelbretter zu einem Kreuz zusammenstecken 15, 16. In der Fachsprache nennt man diese Verbindung eine »Überplattung« oder »Verkämmung«.

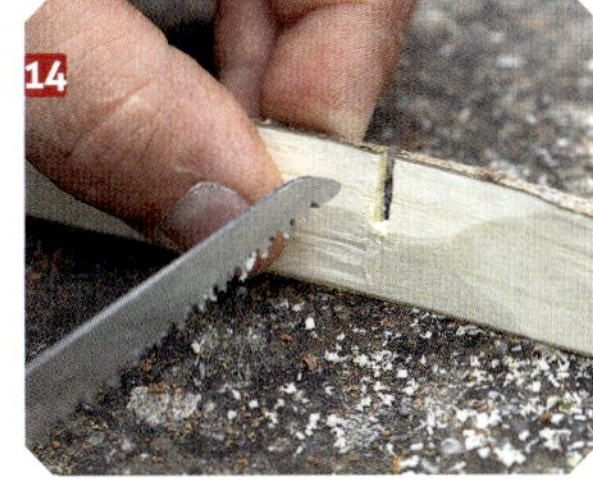
14

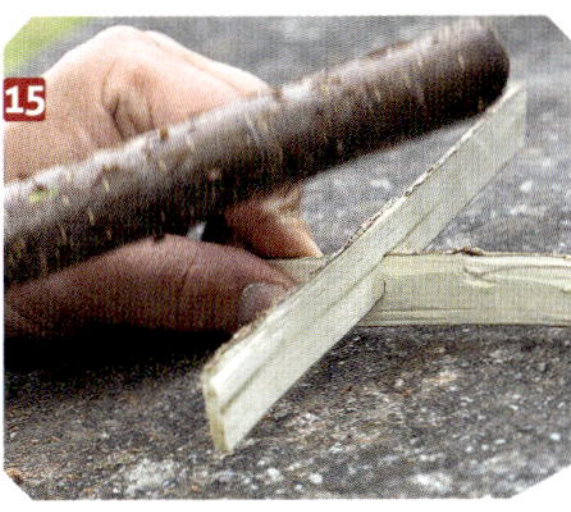
15

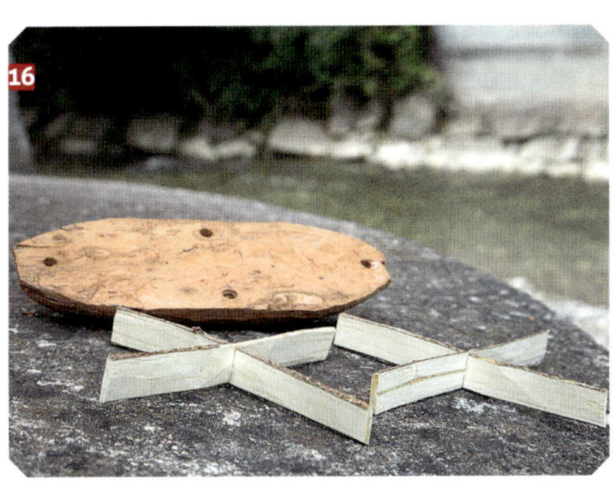
16

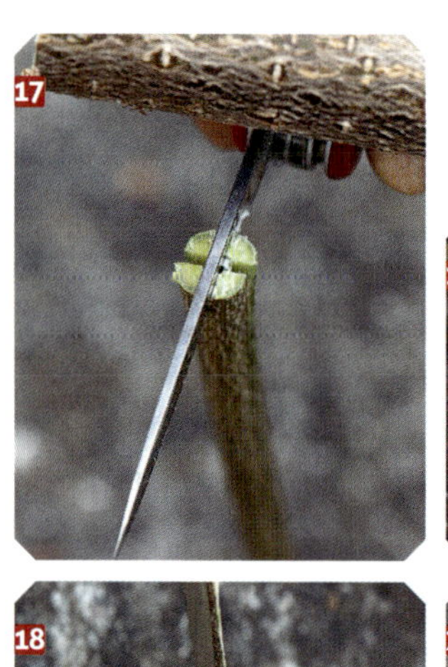

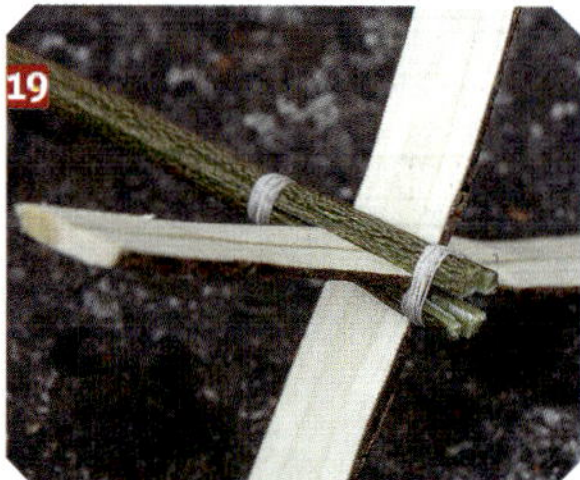

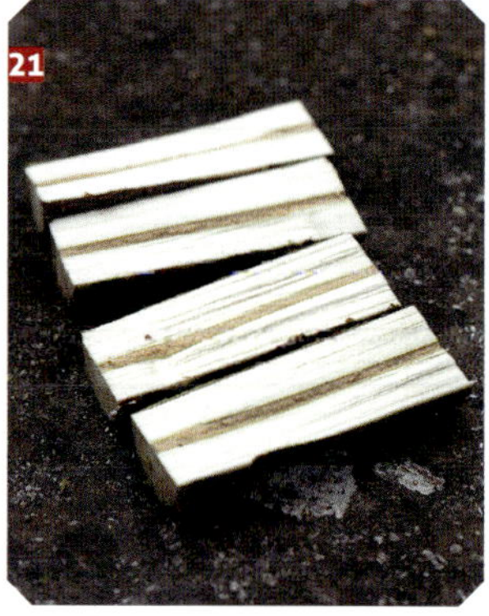

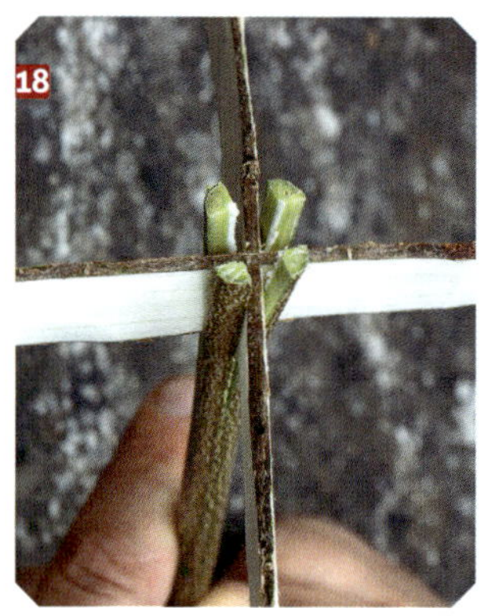

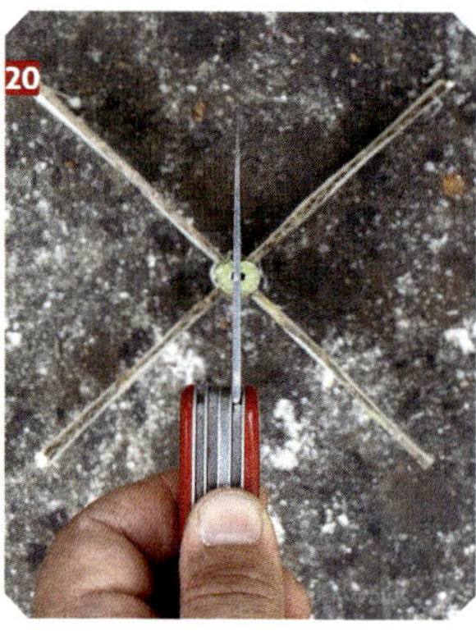

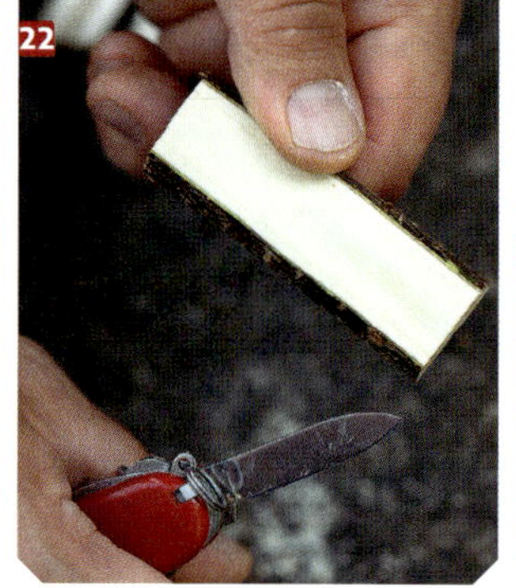

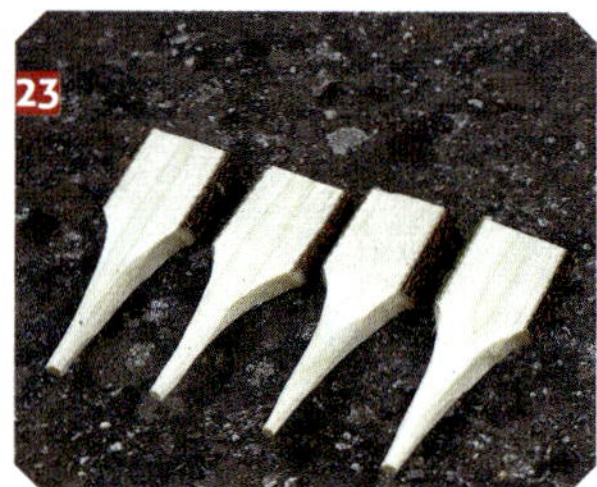

Im nächsten Arbeitsschritt längst du den Ast für die Achse auf 27 cm ab. Spalte auf der einen Stirnseite ein Kreuz ein 17 und stecke das eine Schaufelrad in die Schlitze 18. Fixiere das Schaufelrad mit zwei straffen Schnurwicklungen 19. Spalte dann auf der gegenüberliegenden Seite 45° versetzt zum ersten Kreuz ein weiteres Kreuz 20. Warte noch mit dem Einsetzen des zweiten Schaufelrades.

Jetzt stellst du vier formgleiche Steckeinsätze her: Zwei Achshalterungen und zwei Ösen für die Halteschnur. Säge dazu vom dicken Haselast zwei etwa 7 cm lange Stücke ab und spalte diese in Hälften 21. Schnitze die Rückfläche jeweils flach 22, sodass du wieder vier Brettchen (diesmal aber mit einer Dicke von etwa 5 mm) erhältst. Schnitze die Brettchen dann auf einer Seite so konisch an, dass sie in die konischen Löcher im Bootsrumpf passen 23. Die Brettchen, die vorne und hinten in den Bootsrumpf gesteckt werden, erhalten jeweils oben ein etwa 3 mm großes Loch 24. Bei den Brettchen für die Seiten des Rumpfs werden auch Löcher gebohrt, die dann aber so groß sein sollen, dass die Achse locker durch passt 25.

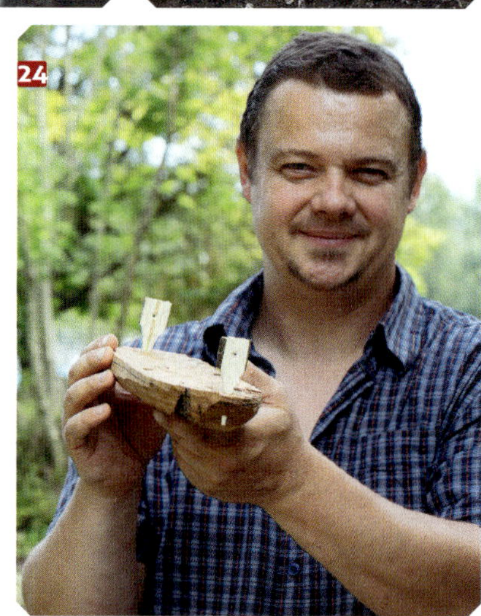

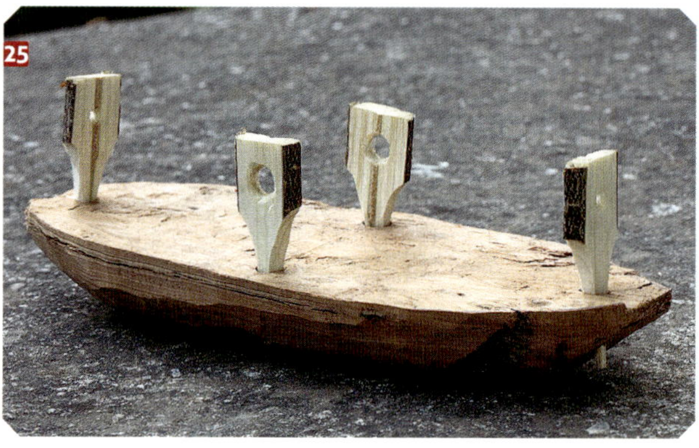

Nun kann die Achse eingefahren und das zweite Schaufelkreuz montiert werden 26, 27.

Bohre jetzt mit der Ahle knapp außerhalb der Achslager jeweils ein kleines Loch 28, in das dann die Sicherungsstifte gesteckt werden 29. Nun kannst du die Halteschnur durch die Öse an einem Brettchen vorne oder hinten am Bootsrumpf einfädeln 30 und an der Achse in der Mitte mit einem Würgeknoten festbinden 31. Wickle 4–5 m Schnur auf der Achse auf 32 und knüpfe am Ende der Schnur eine Schlaufe.

Jetzt kann der Spaß beginnen: Wenn du das Boot in die Strömung setzt, sollte sich die Schnur abwickeln. Sollte dies nicht der Fall sein, muss die Schnur durch die Öse am anderen Teil des Bootsrumpfs gesteckt werden. Das Boot entfernt sich, bis die gesamte Schnur abgewickelt ist. Danach beginnt sie sich auf die andere Seite herum aufzuwickeln, und das Boot schwimmt gegen die Strömung zu dir 33. Je stärker die Strömung ist, desto schneller schwimmt dir dein Raddampfer entgegen. Wenn das Boot bei dir ist, musst du die Schnur durch die Öse auf der anderen Bootsseite stecken, das Boot wenden, und der Spaß beginnt erneut!

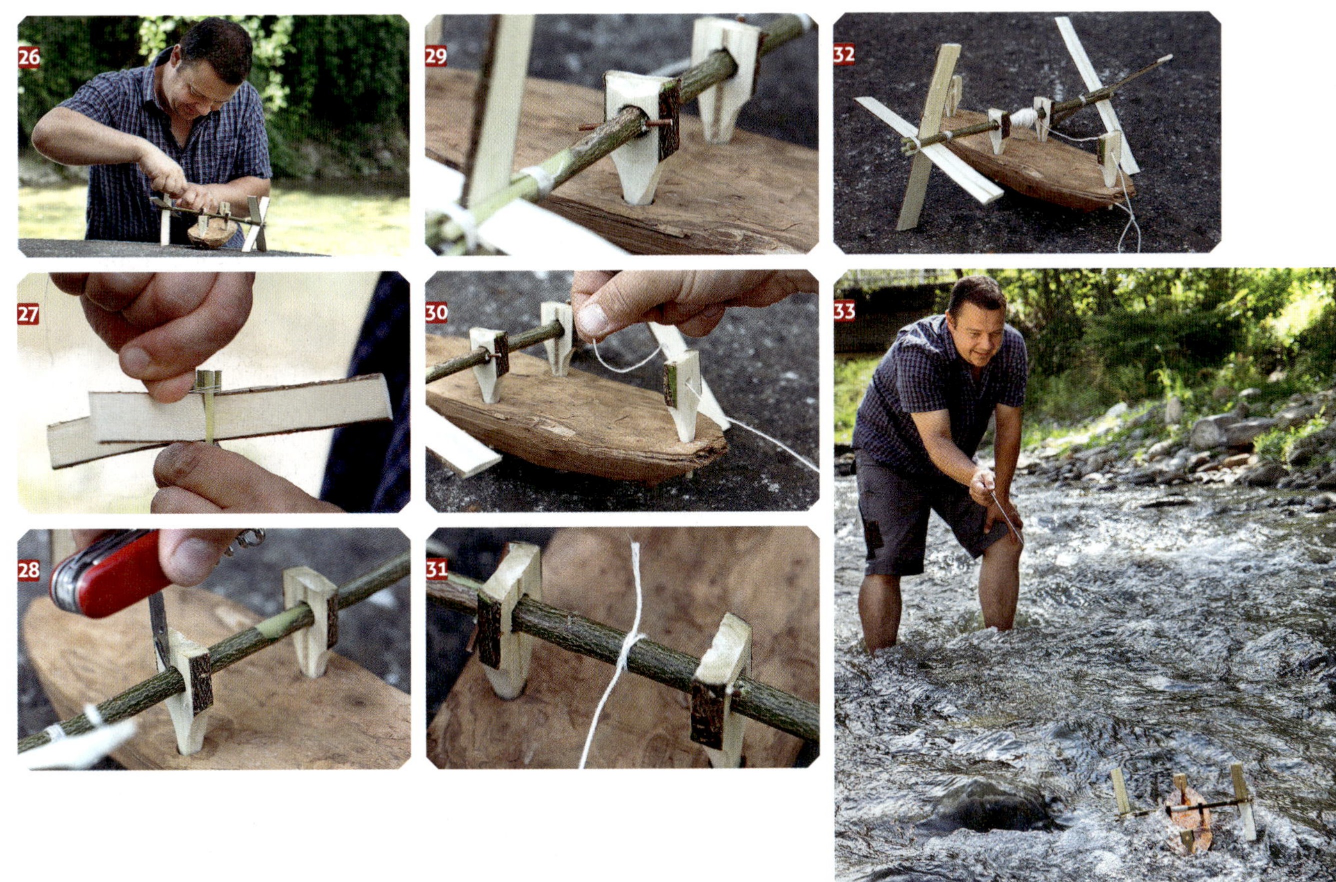

WAS SCHLEUDERT, SCHIESST UND FLIEGT

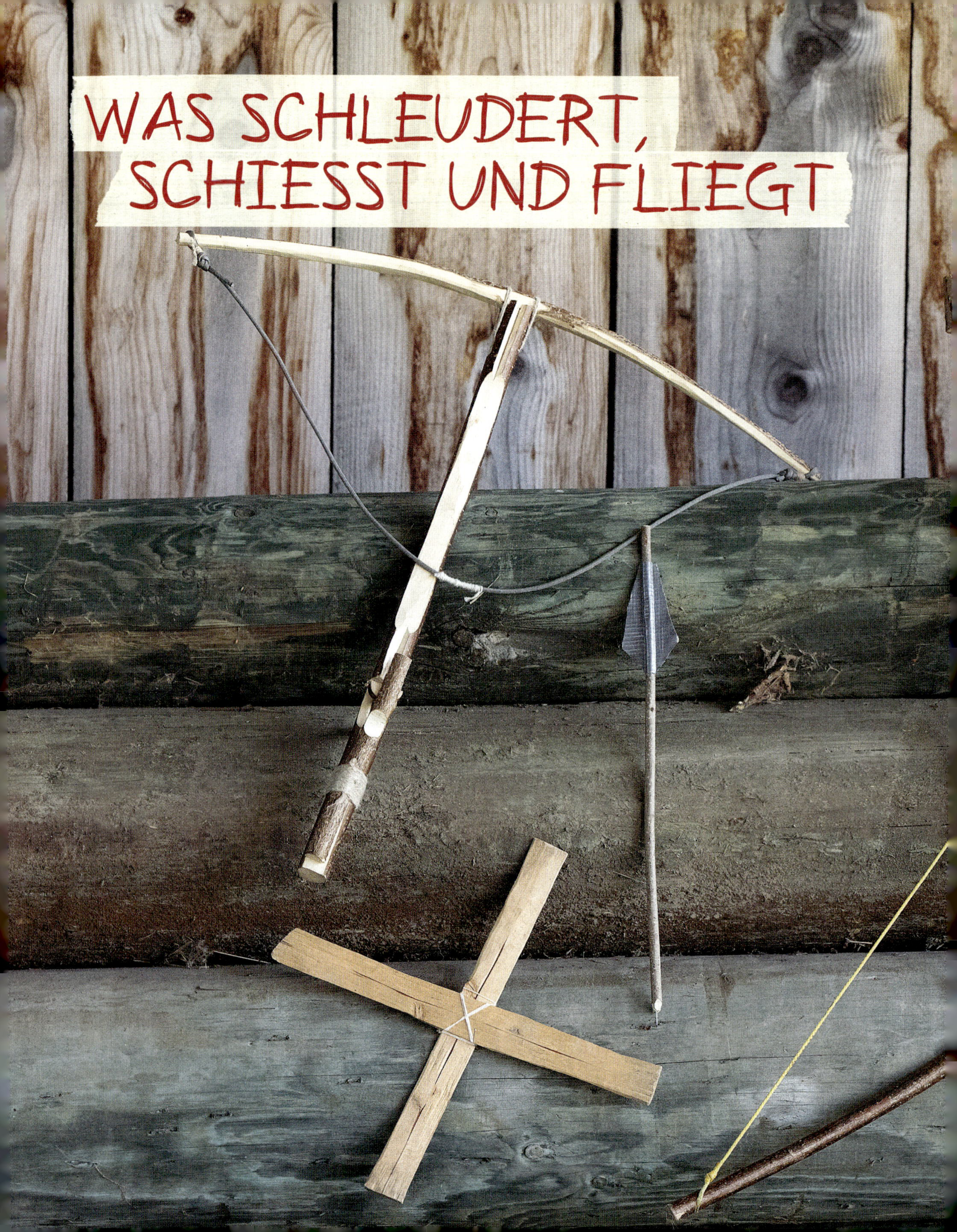

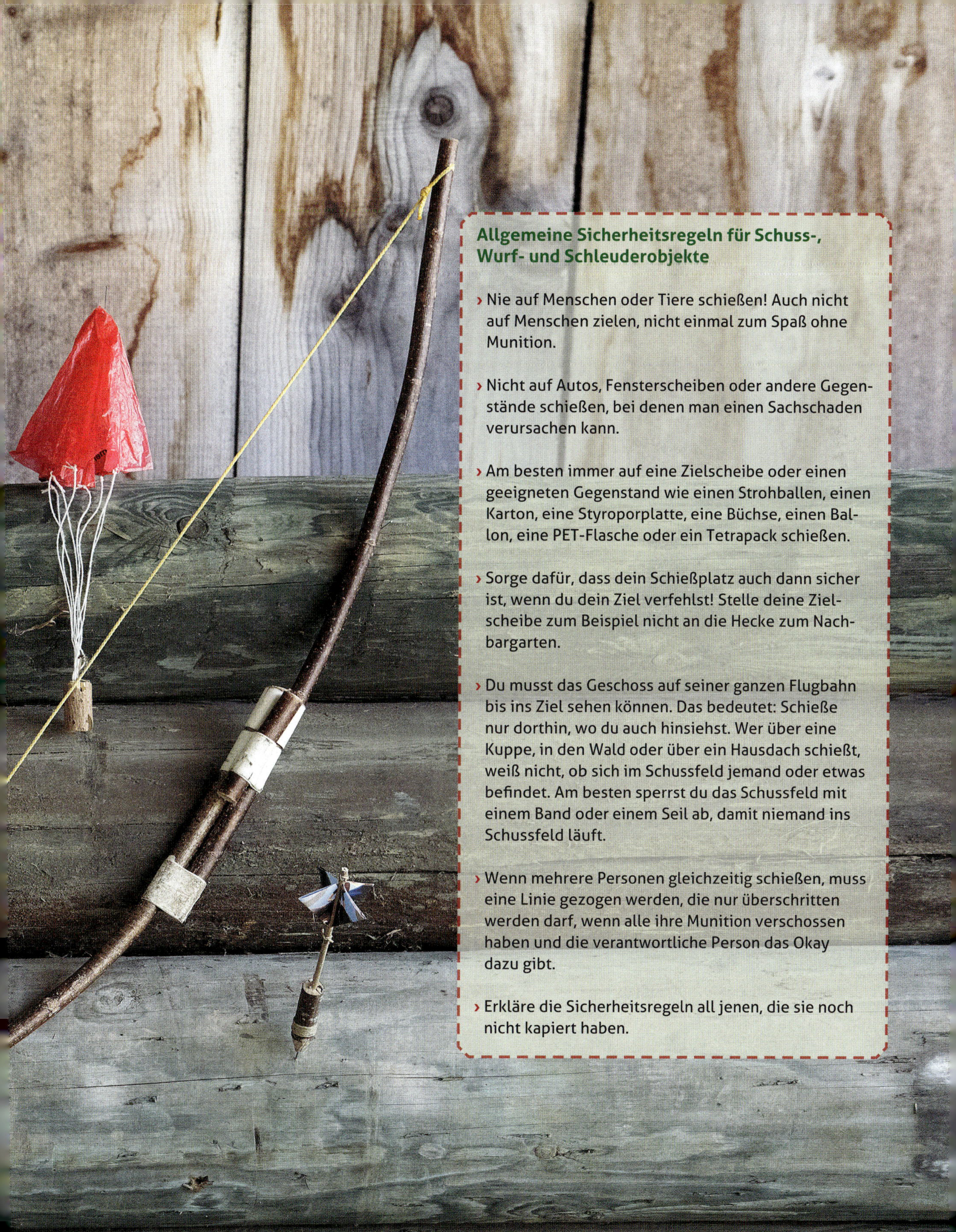

Allgemeine Sicherheitsregeln für Schuss-, Wurf- und Schleuderobjekte

- Nie auf Menschen oder Tiere schießen! Auch nicht auf Menschen zielen, nicht einmal zum Spaß ohne Munition.
- Nicht auf Autos, Fensterscheiben oder andere Gegenstände schießen, bei denen man einen Sachschaden verursachen kann.
- Am besten immer auf eine Zielscheibe oder einen geeigneten Gegenstand wie einen Strohballen, einen Karton, eine Styroporplatte, eine Büchse, einen Ballon, eine PET-Flasche oder ein Tetrapack schießen.
- Sorge dafür, dass dein Schießplatz auch dann sicher ist, wenn du dein Ziel verfehlst! Stelle deine Zielscheibe zum Beispiel nicht an die Hecke zum Nachbargarten.
- Du musst das Geschoss auf seiner ganzen Flugbahn bis ins Ziel sehen können. Das bedeutet: Schieße nur dorthin, wo du auch hinsiehst. Wer über eine Kuppe, in den Wald oder über ein Hausdach schießt, weiß nicht, ob sich im Schussfeld jemand oder etwas befindet. Am besten sperrst du das Schussfeld mit einem Band oder einem Seil ab, damit niemand ins Schussfeld läuft.
- Wenn mehrere Personen gleichzeitig schießen, muss eine Linie gezogen werden, die nur überschritten werden darf, wenn alle ihre Munition verschossen haben und die verantwortliche Person das Okay dazu gibt.
- Erkläre die Sicherheitsregeln all jenen, die sie noch nicht kapiert haben.

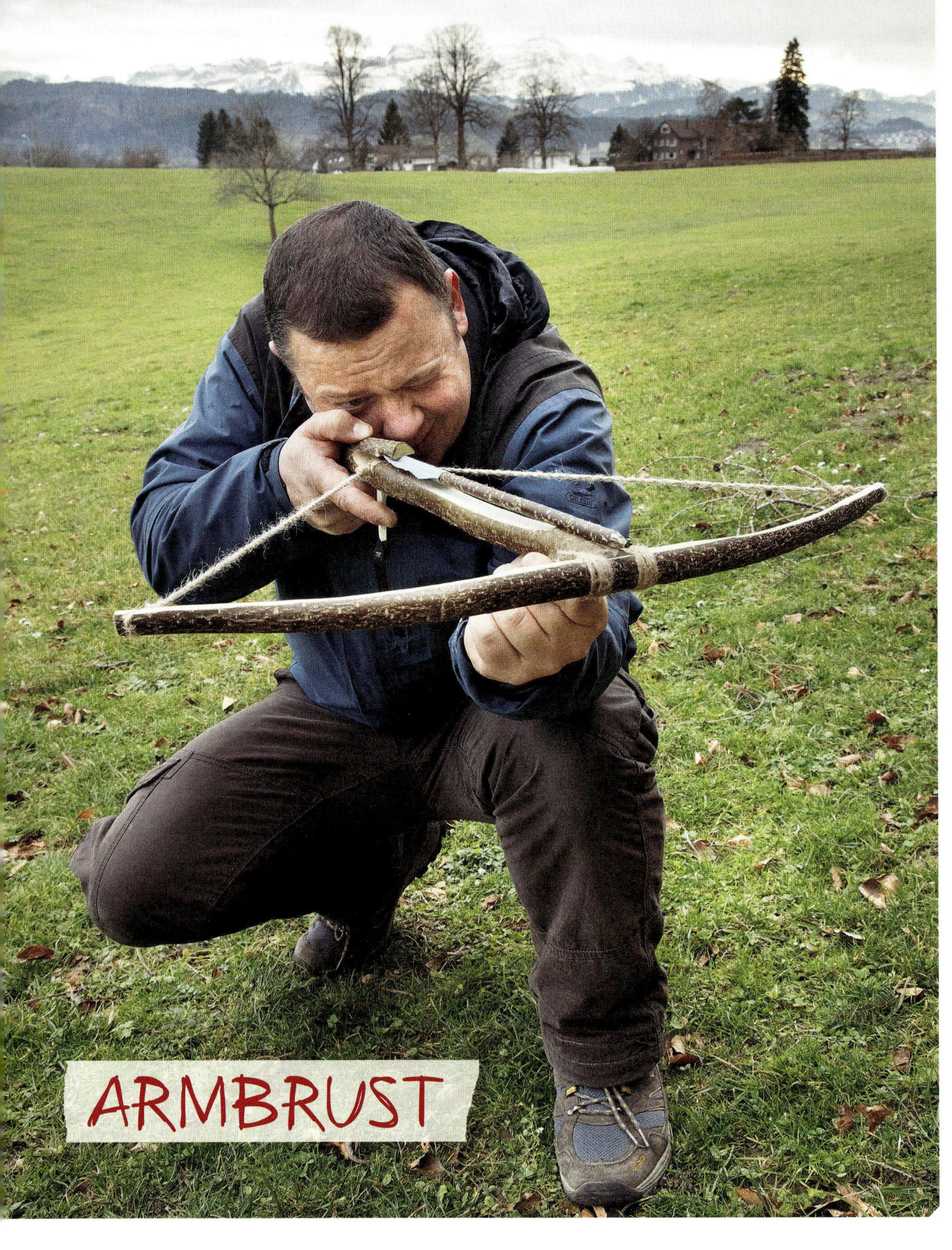

ARMBRUST

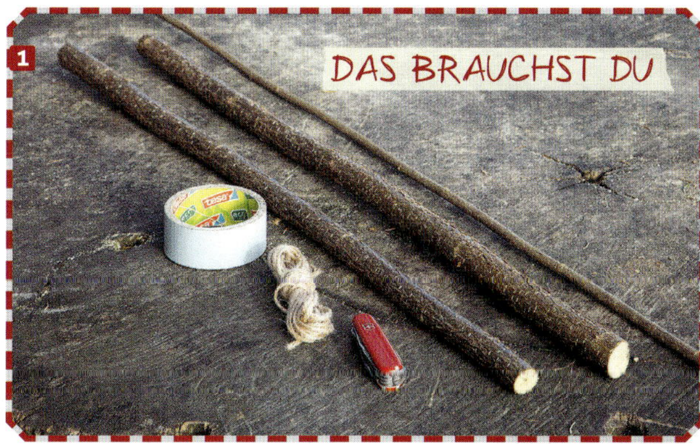

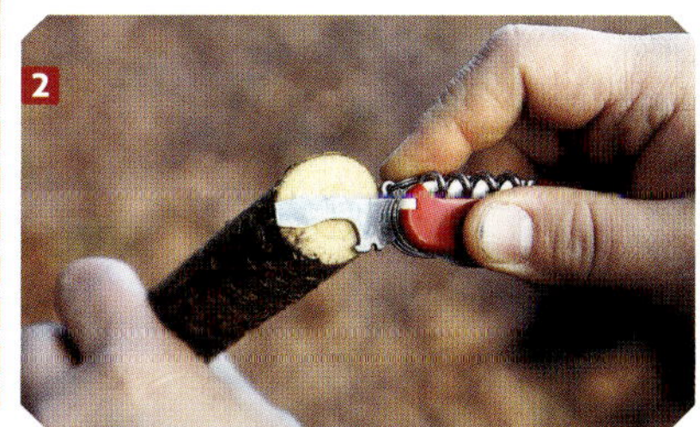

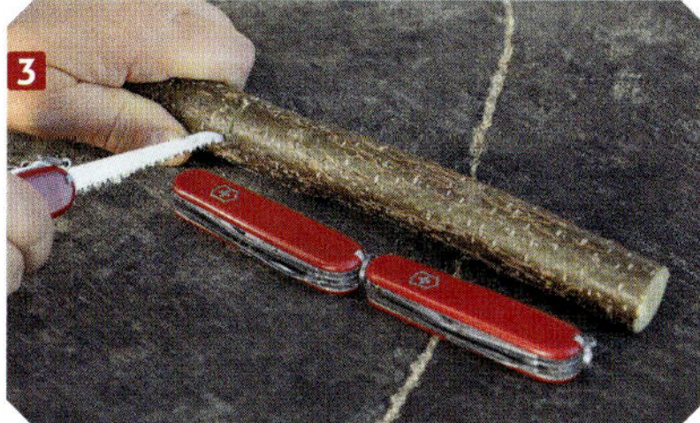

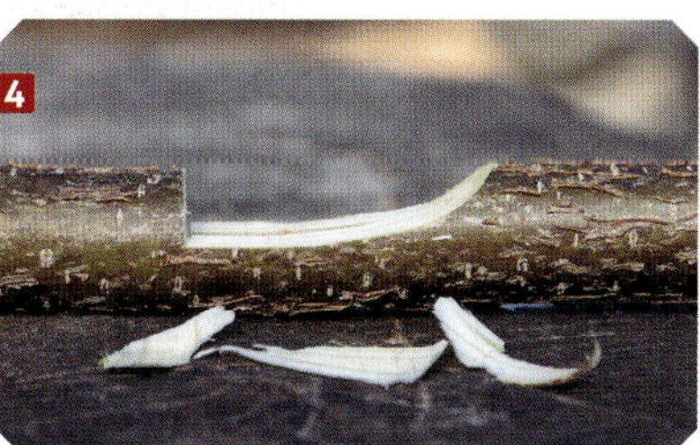

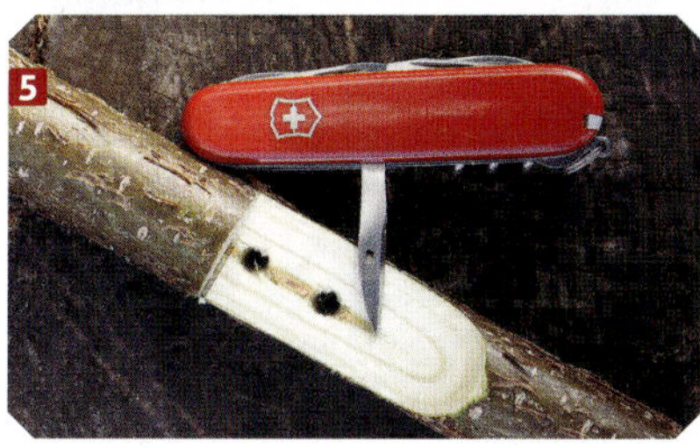

Als Inspiration für die Teilnehmer meiner Schnitz-Workshops stelle ich jeweils einige fertige Schnitzobjekte auf einen Tisch. Die Armbrust ist standardmäßig bei dieser Auswahl dabei. Fast jedes Mal höre ich mehrere Kinder sagen: »So eine schnitze ich heute!« Die Armbrust fasziniert aber nicht nur Kinder, auch die Eltern sind erstaunt, dass man allein mit dem Taschenmesser eine funktionierende Armbrust schnitzen kann.

Ich baue hier eine Armbrust komplett aus Haselholz. Natürlich kann man für den Bogen auch geeignetere Holzarten verwenden: Eiben-, Robinien- oder Ulmenholz haben eine stärkere Rückfederkraft als Haselholz. Dennoch hat ein Haselbogen eine ziemlich überzeugende Performance, vor allem, wenn er nach ein/zwei Wochen etwas trockener und dadurch härter wurde. Gleichzeitig trocknet auch der Pfeil, er wird dadurch leichter, kann deshalb stärker beschleunigt werden und fliegt dementsprechend schneller und weiter.

Das Schnitzen dieser Armbrust ist etwas für talentierte Handwerker und Tüftler. Das Feintuning am Abzug kann ich beispielsweise nicht bis ins letzte Detail beschreiben, der Abzug verhält sich nämlich jedes Mal ein bisschen anders. Technisches Verständnis und genug Ausdauer sind darum wichtige Voraussetzungen für das Gelingen dieses Projekts.

Auf dem YouTube-Kanal feliximmler findest du unter dem Titel »How to make a crossbow« ein Video (ohne Ton), wo du mir beim Schnitzen zusehen kannst.

Die Armbrust besteht aus vier Teilen: Schaft (mit Griff, Pfeilführung und Bogenaufnahme), Bogen, Abzug und Pfeilhalter. Natürlich braucht es dazu noch einen Pfeil.

Als Rohmaterial benötigt man lediglich zwei möglichst gerade gewachsene Haselstöcke von je etwa 60 cm Länge. Die Stöcke sollten einen Durchmesser von rund 3 cm haben. Zusätzlich braucht man einen 8–10 mm dicken Stock für den Pfeil, ein bisschen Klebeband für die Befiederung und Schnur 1. Ich verwende Paketschnur aus Hanffasern; es geht aber auch eine Kunststoffschnur.

Die Armbrust kann größer oder kleiner gebaut werden als in der folgenden Beschreibung. Wichtig ist, dass die Proportionen einigermaßen stimmen.

Aus dem dickeren der beiden Stöcke schnitzen wir den Schaft. Der Schaft sollte am dicken Ende ungefähr den Durchmesser eines Flaschenöffners aufweisen 2. Die Länge des Schafts beträgt 55–60 cm.

Säge den Stock rund zwei Taschenmesserlängen vom dünneren Ende entfernt bis in die Durchmessermitte ein 3. Schnitze dann vom dünneren Ende her eine lange Kerbe in den Stock 4. Bohre anschließend mit der Ahle in die Fläche der Kerbe zwei Löcher; das eine Loch nahe an der senkrechten Sägefläche, das andere etwa 2 cm davon entfernt 5.

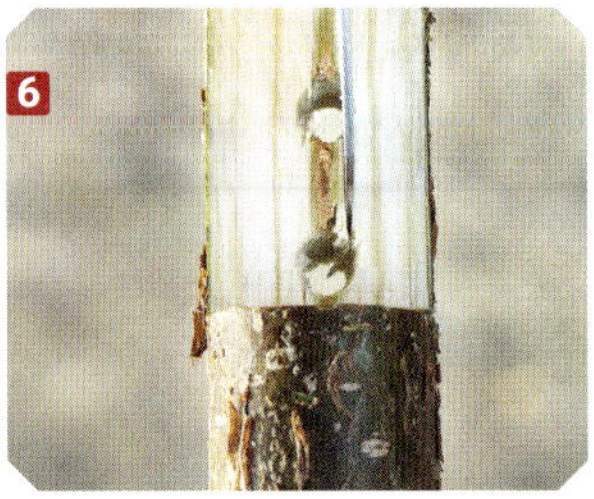

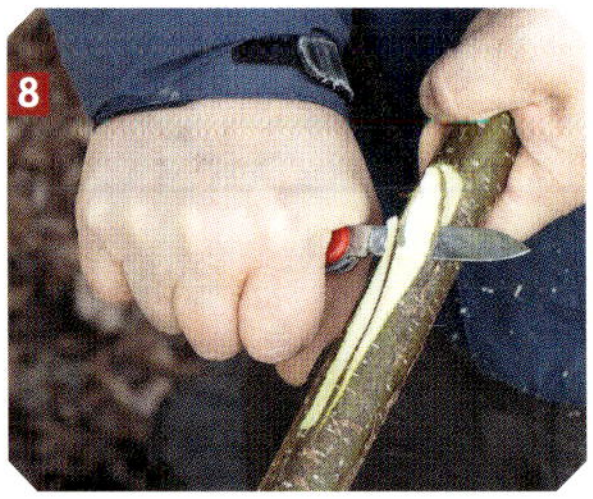

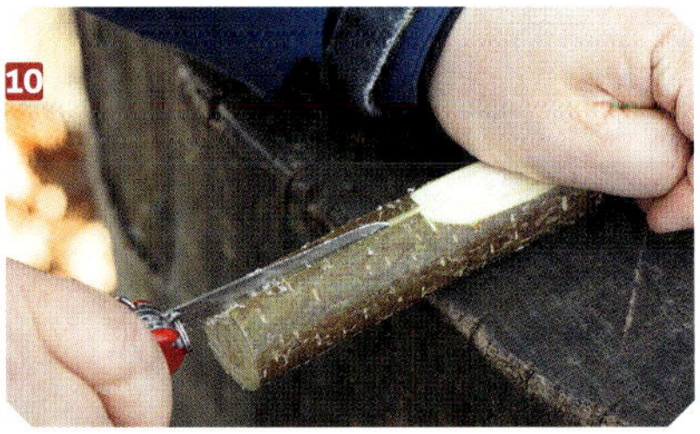

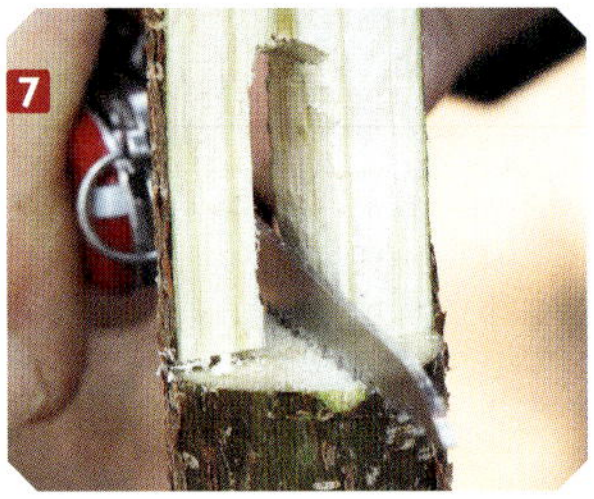

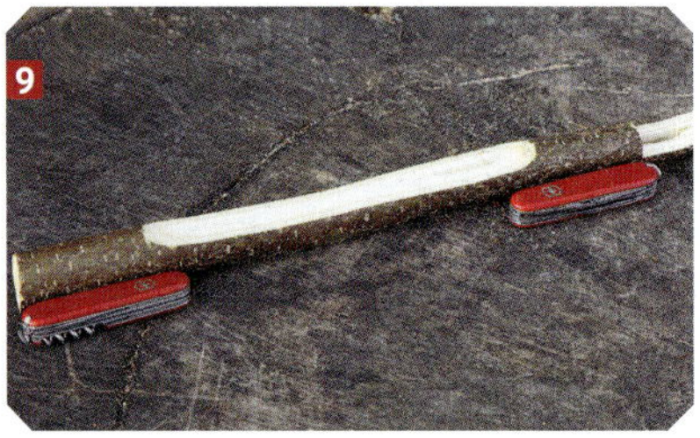

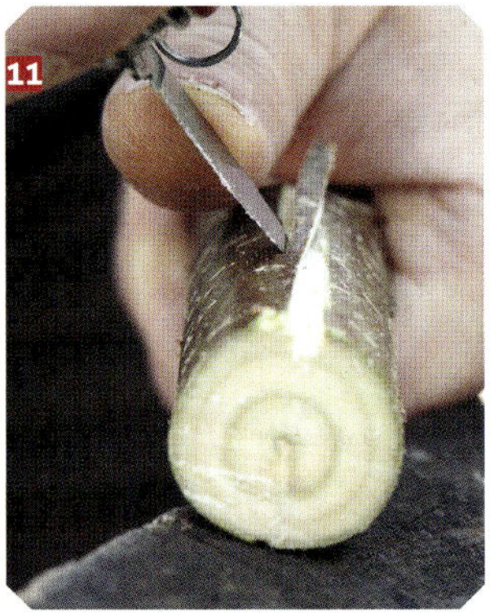

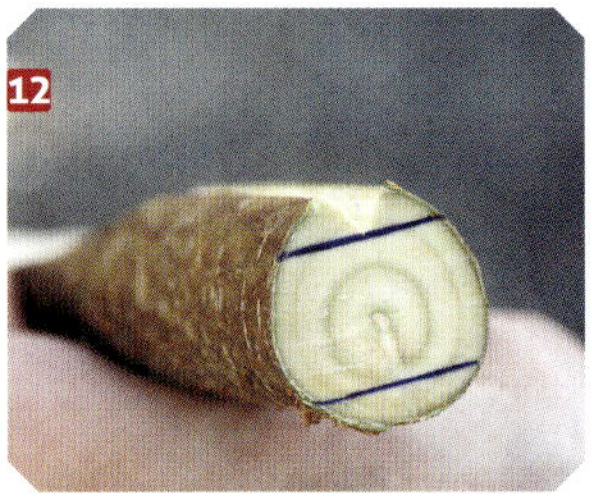

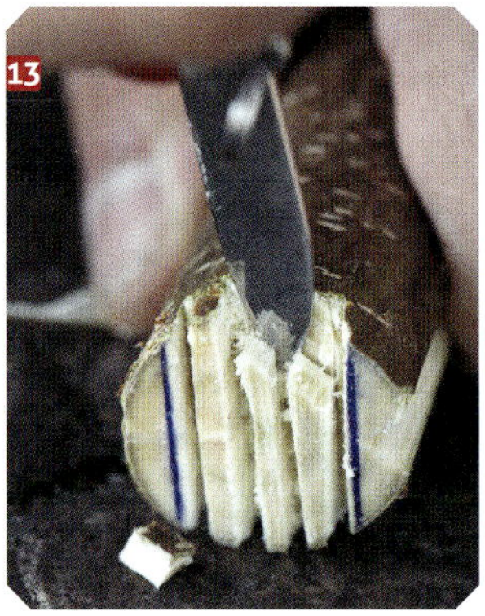

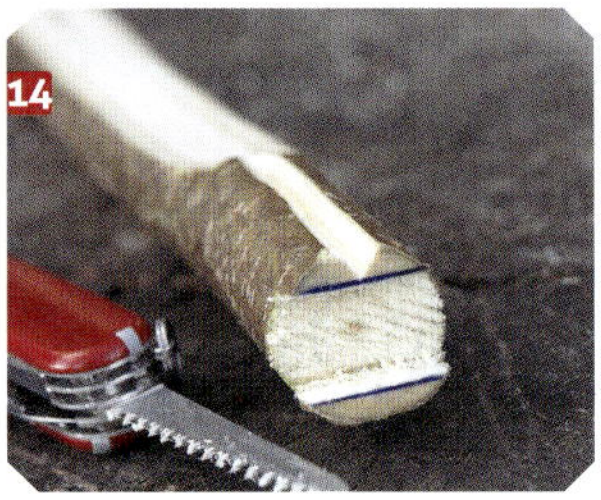

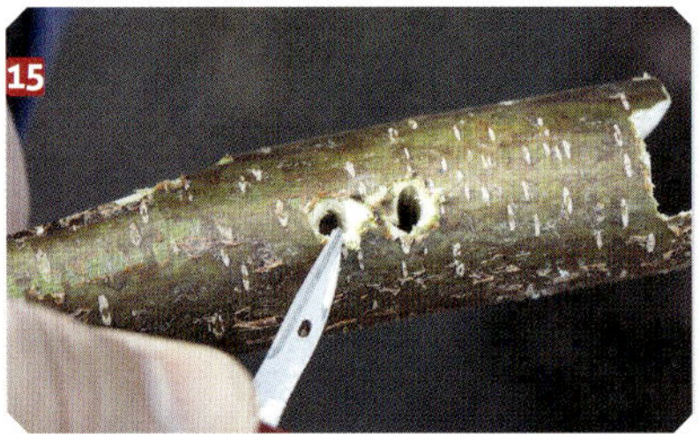

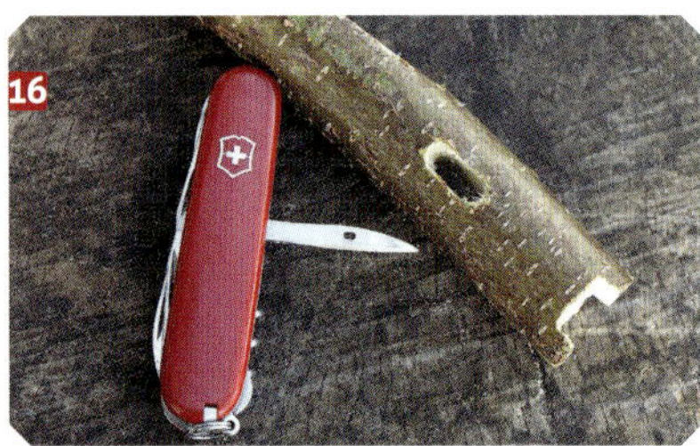

Schneide nun mit der kleinen Klinge den Steg zwischen den Löchern vorsichtig durch, sodass ein Langloch entsteht 6. Pass auf bei diesem Arbeitsschritt! Mit der Säge und der kleinen Klinge wird nun das Langloch so weit verbreitert 7, dass man den großen Schraubenzieher quer ins Loch stecken kann.

Schnitze danach auf der Oberseite des Schafts eine lange Vertiefung 8, 9, damit später der Pfeil nur am Anfang und am Ende aufliegt.

Schnitze nun an beiden Enden der Vertiefung die Kerbe für die Pfeilführung. Damit die Kerben in derselben Fluchtlinie liegen, kannst du eine Schnur spannen, um die Kerbenmitte zu markieren. Säge mit der Holzsäge, so gut es geht, je eine Mittelnut, die das Schnitzen der Kerbe vereinfacht 10. Stelle mit Hilfe der Feinschneidetechnik die Kerbe fertig 11.

Zeichne auf der vorderen Stirnseite des Schafts, eine horizontale, möglichst breite Nut ein, in die später der Bogen eingepasst wird. Zeichne die Nut so breit, dass der obere und der untere Steg der Nut noch mindestens 4 mm Materialstärke haben 12. Mache für die Nut mit der Holzsäge mehrere Einschnitte, sodass sich die Zwischenstege mit der kleinen Klinge abspalten lassen 13. Indem man die Säge wie eine Feile benutzt und diagonal über die Fläche streift, glättet man nun den Grund der Nut (siehe Tipp 1, Seite 169) 14.

Den Bogen muss man später in der Bogenmitte in der Breite etwas dünner schnitzen, damit er in die Nut passt. Weil der Bogen dort die maximale Stärke hat, macht das nichts aus.

Schneide nun mit der Ahle eine Ahlenlänge vom vorderen Ende der Nut entfernt auf der Unterseite des Schafts zwei horizontale Löcher durch den Schaft 15. Mit Hilfe der kleinen Klinge und der Säge verbinde dann die nebeneinander liegenden Löcher zu einem Langloch 16. Die Schnur zur Befestigung des Bogens lässt sich so später mehrmals durch das Langloch ziehen.

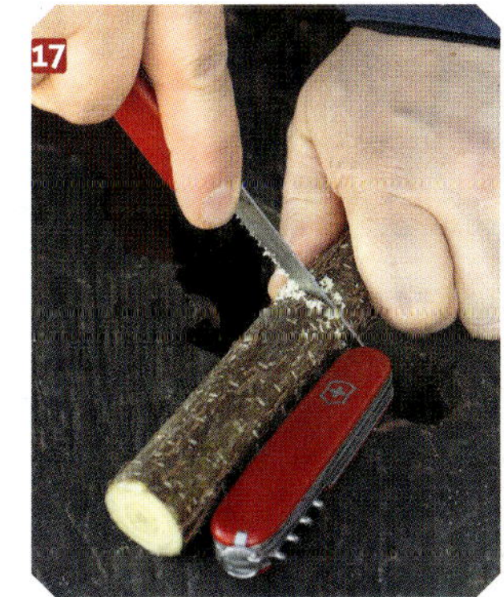
17

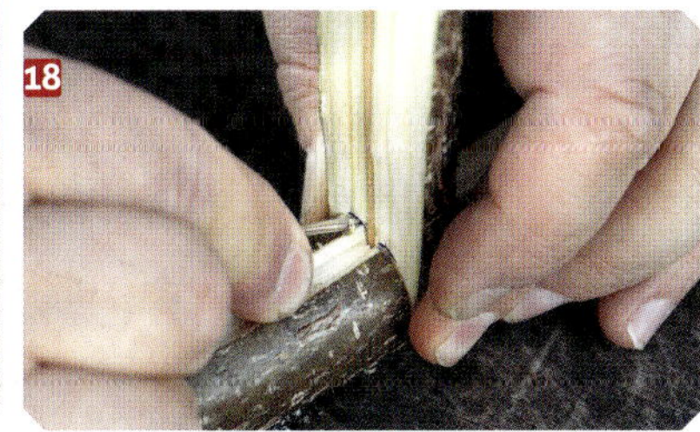
18

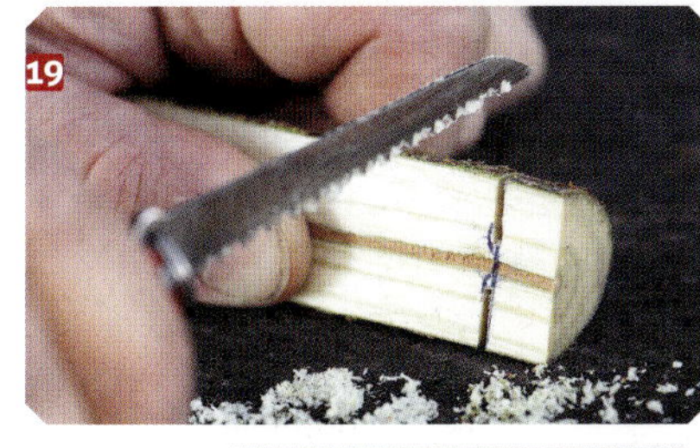
19

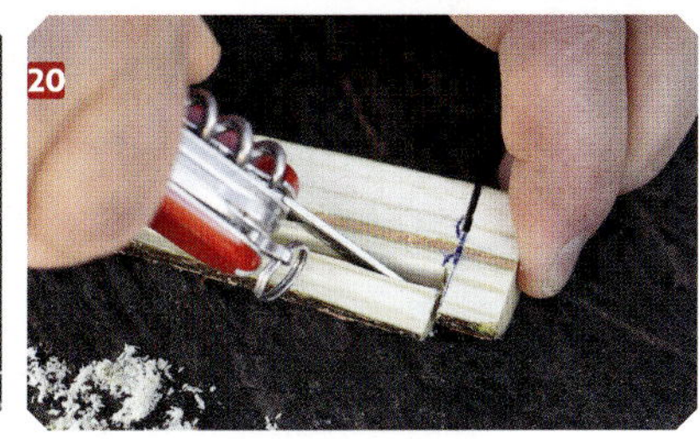
20

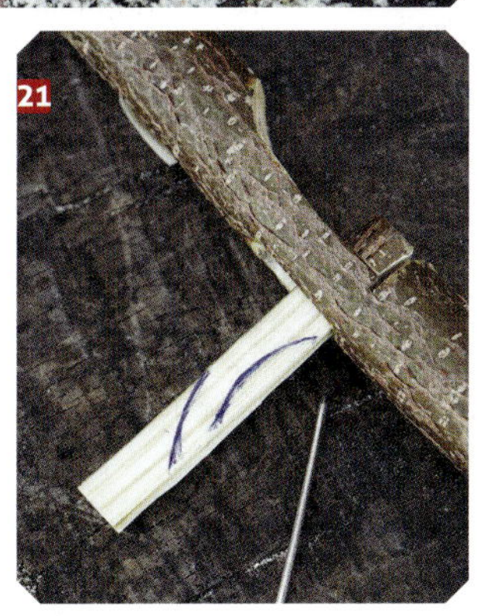
21

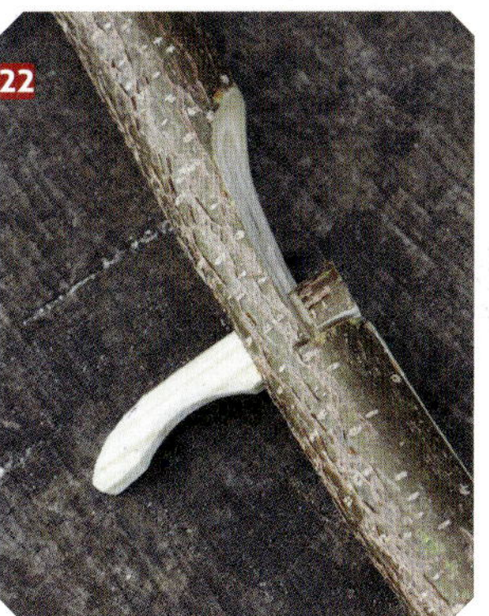
22

Schnitze als Nächstes den Abzug: Verwende ein Reststück des Schaftes oder des Bogens, das in etwa die Länge eines Taschenmessers hat 17. Spalte zuerst das Stück der Länge nach in zwei Teile. Zeichne dann auf einer Hälfte die Höhe des Abzugskopfes ein 18. Der Abzugkopf ist ein bisschen weniger hoch als die senkrechte Wand der Kerbe im Schaft. Schneide nun mit der Säge an beiden Seiten bei der Markierung bis kurz vor die Mitte ein 19 und spalte die langen Seitenteile ab 20. Schnitze mit der kleinen Klinge den Abzughebel zurecht, sodass er in das Langloch im Schaft passt. Zeichne nun die Kontur mit der Fingermulde am Abzughebel ein 21 und schnitze den Abzug vorsichtig fertig 22.

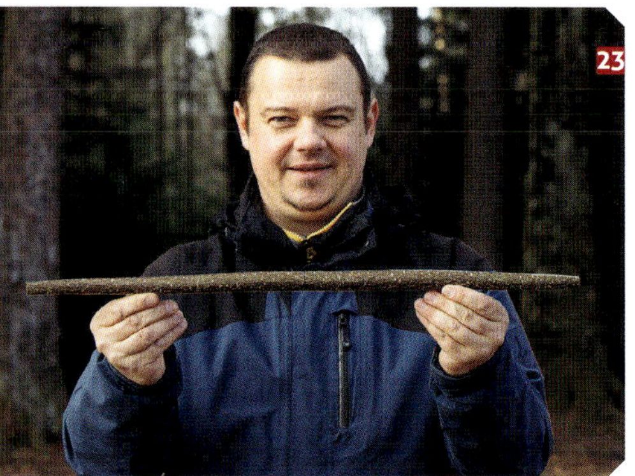
23

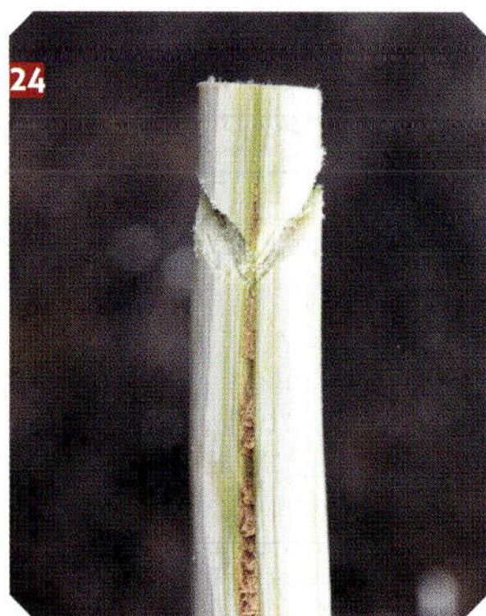
24

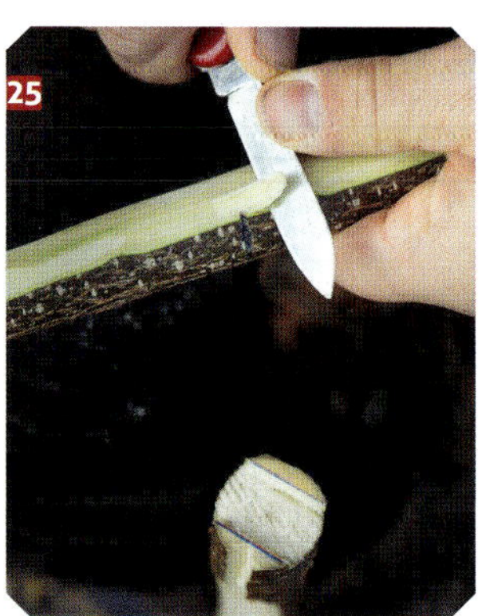
25

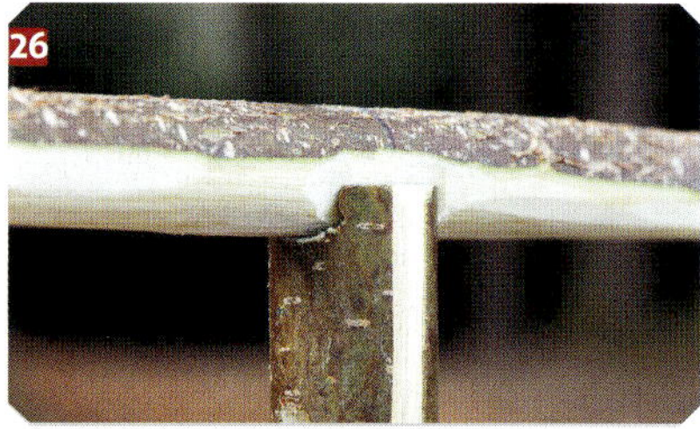
26

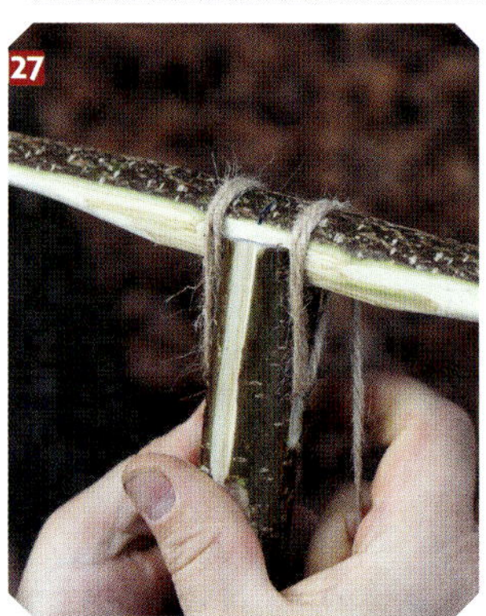
27

Nun folgt der Bogen: Die Länge des Bogens beträgt etwa 60 cm, der Durchmesser des Astes rund 2,5 cm. Wichtig ist, dass der Bogenrücken beim Schnitzen unversehrt bleibt! Der Bogenrücken ist die beim Schießen mit der Armbrust von uns abgewandte Seite des Bogens. Der Bogenrücken darf niemals geschnitzt werden, denn sobald man am Bogenrücken einen Jahrring durchschneidet, entsteht eine Schwachstelle bzw. eine potenzielle Bruchstelle. Sogar die Rinde wird darauf belassen.

Schnitze dann den Bogenbauch: Als Erstes bestimme die Mitte des Bogens und zeichne diese rundherum ein.

Schnitze nun, ausgehend von der Mitte, die Innenseite der beiden Bogenarme. Die Innenseite eines Bogenarmes nennt man in der Fachsprache den »Bogenbauch«. Der Bogenbauch ist also die Seite des Bogens, die gegen dich gerichtet ist, wenn du mit der Armbrust schießt. Lasse zunächst links und rechts von der Mitte 3 cm in der vollen Materialstärke stehen. Verjünge dann die Bogenarme am Bogenbauch kontinuierlich, ausgehend von der Mitte bis zu den Bogenenden. An den Bogenenden soll die Materialdicke nach diesem Arbeitsschritt nur noch etwa 1 cm betragen. Danach verjünge die Bogenarme an den Seiten, bis die Breite an den Enden noch rund 1,5 cm beträgt 23.

Runde anschließend die Übergänge der geschnitzten Seiten etwas ab.

Halte nun den Bogen links und rechts an den Enden und drücke die Bogenmitte gegen dein Knie. Das vermittelt einen ersten Eindruck, wie viel Kraft man braucht, um den Bogen zu biegen. Falls man sehr viel Kraft braucht, um den Bogen überhaupt ein bisschen zu biegen, verjünge die Bogenarme an der Bogeninnenseite und an den Seiten stärker. Die Enden sollten sich mit mittlerem Kraftaufwand biegen lassen. Schneide danach mit der Säge an den Bogenarmenden die Sehnenkerben ein. Säge dazu die Sehnenkerben zuerst an den Seiten der Bogenarme ein. Ziehe danach die Nut in einem 45°-Winkel auf den Bogenbauch 24.

Nun wird die Bogenmitte der Nut an der Vorderseite des Schafts angepasst 25, sodass man den Bogen in die Nut pressen kann 26. Binde jetzt Schaft und Bogen zusammen, benutze dabei das Langloch, das du vorher gebohrt hast 27. Spanne jetzt eine provisorische Sehne ein. Falls nur eine Schnur in der Dicke einer Paketschnur zur Verfügung steht, fertige dir eine Kordel an. Die provisorische Sehne ist etwa eineinhalb mal so lang wie der Bogen. Wenn man nun an der Sehne zieht oder die Sehne

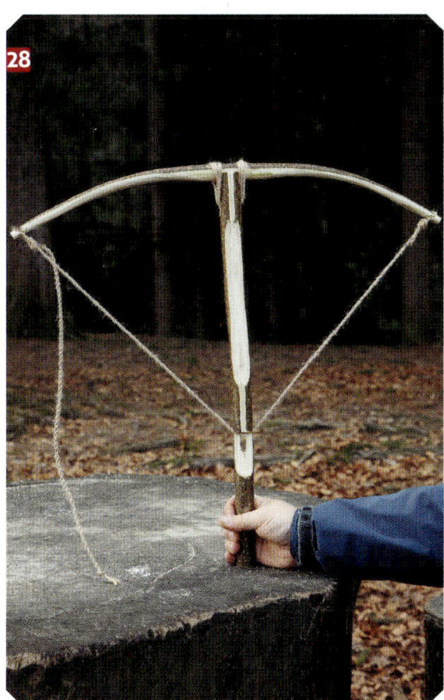

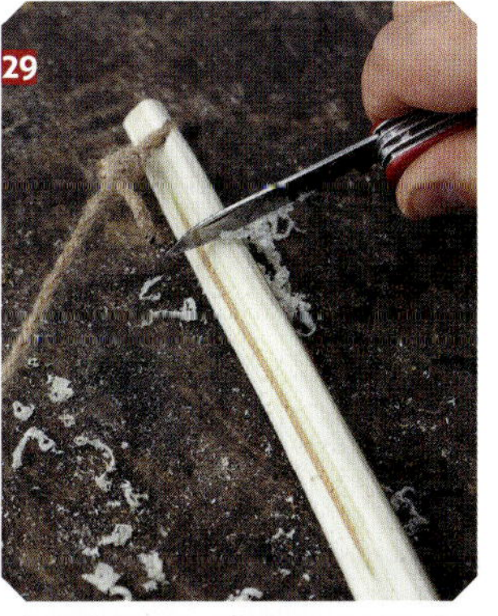

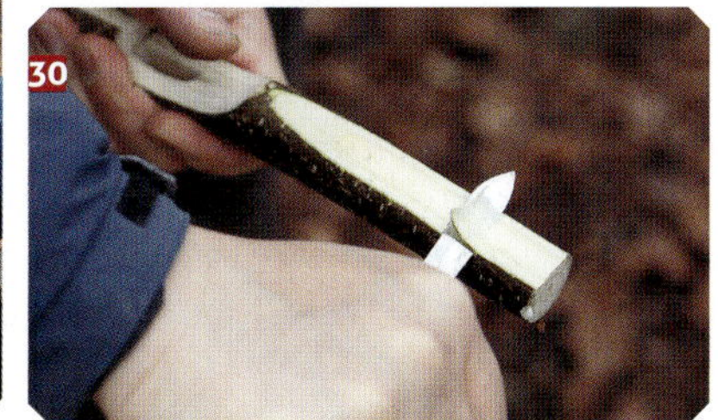

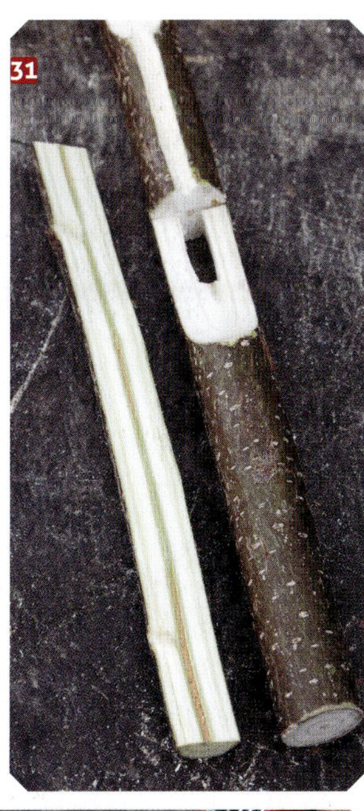

sogar bei der Kerbe im Schaft einhängt, sieht man, ob sich die Bogenarme gleichmäßig biegen 28. Korrigiere die Bogenenden, sodass sie sich auf beiden Seiten gleichmäßig biegen. Wenn die Arme noch zu stark sind, schnitze sie etwas dünner. Wenn es nur noch ganz wenig zu korrigieren gibt, schnitze das Holz nicht mehr, sondern stelle die Schneide auf und schabe das Holz nur noch ab 29. So lösen sich nur ganz kleine Späne, und man kann sehr kontrolliert Material abtragen (siehe »Schaben« Seite 165).

Am Schluss wird der Pfeilhalter hergestellt und eingepasst. Damit der Pfeilhalter auf dem Schaft befestigt werden kann, muss man beim Griff auf dem hintersten Teil des Schafts eine gegen das Ende hin abfallende Fläche anschnitzen 30. Der Pfeilhalter sorgt dafür, dass der Abzughebel nicht aus der Nut herausfällt. Er fixiert den Pfeil und führt die Sehne, damit diese beim Schuss nicht über den Pfeil schnellt. Spalte den Ast, aus dem du den Pfeilhalter herstellst, der Länge nach. Die Länge des Pfeilhalters reicht von der hinteren Stirnfläche des Schafts bis in die Mitte der Führungskerbe 31. Auf der Höhe der Kerbe im Schaft schnitze einen kleinen Absatz in den Pfeilhalter 32, 33.

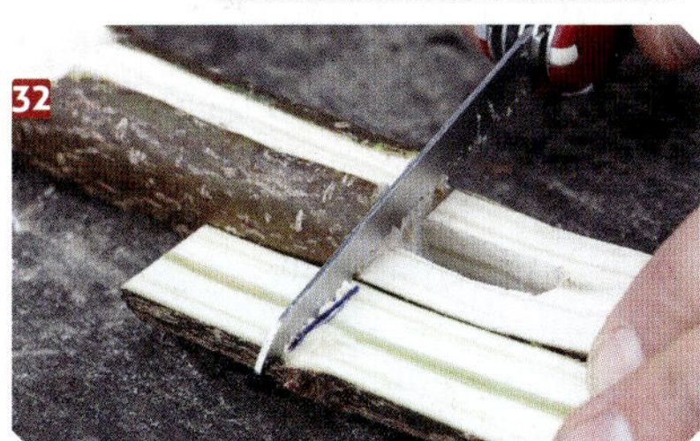

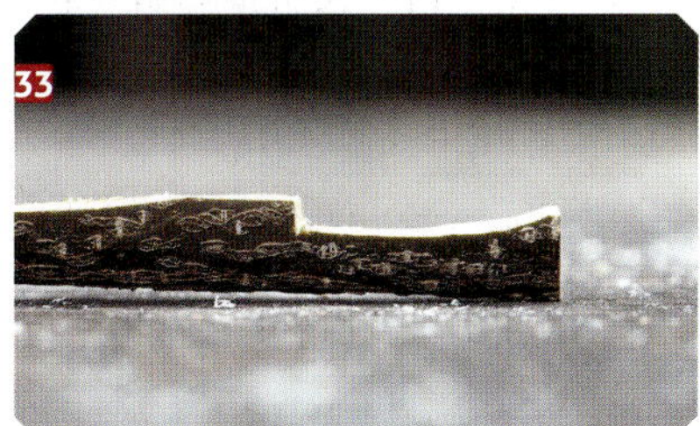

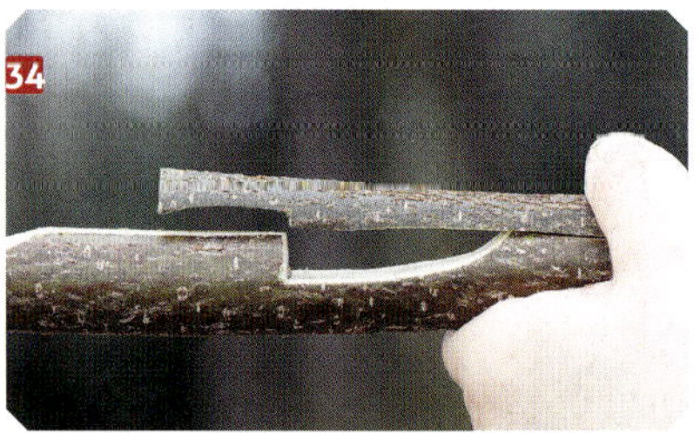

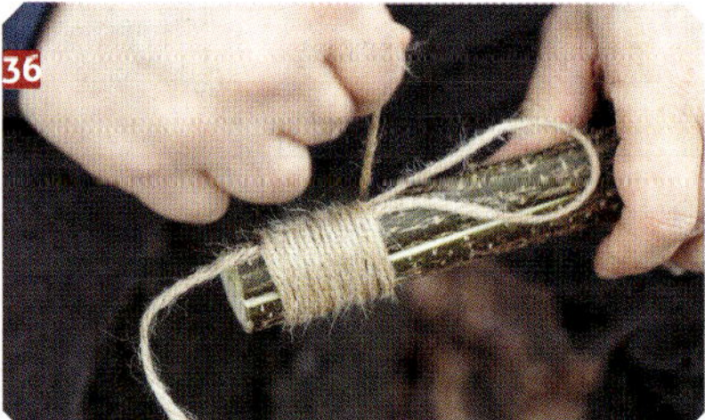

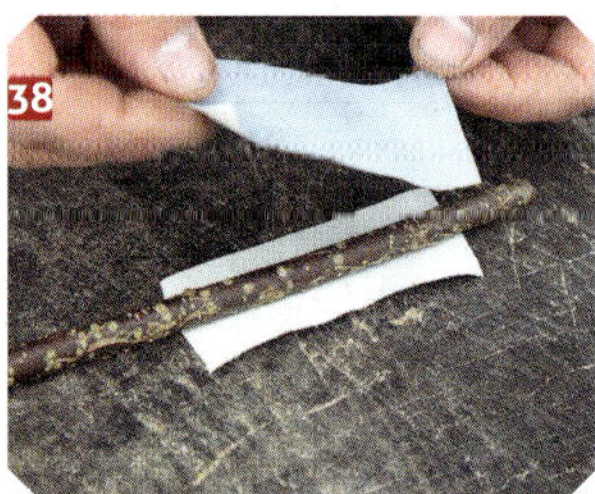

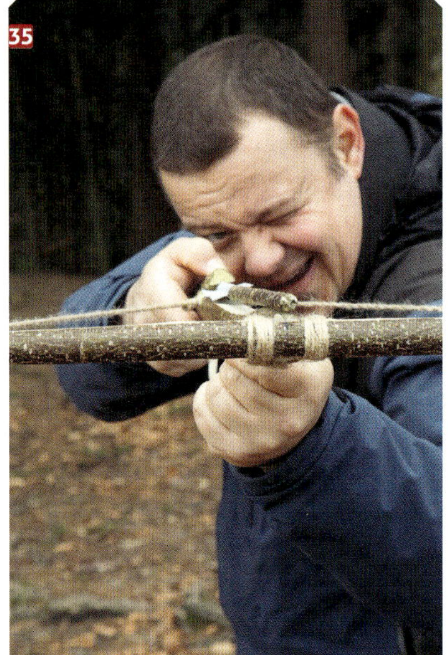

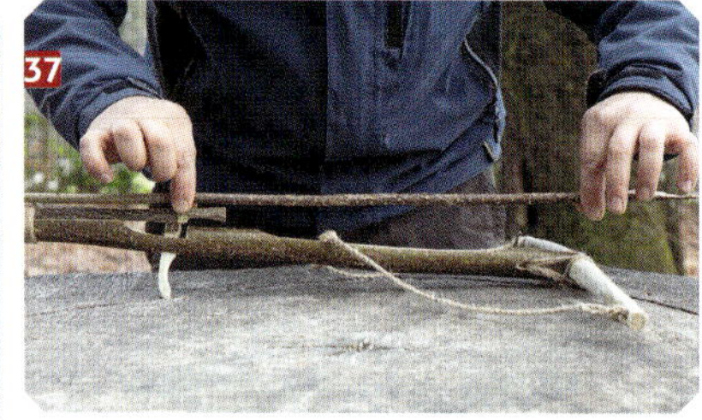

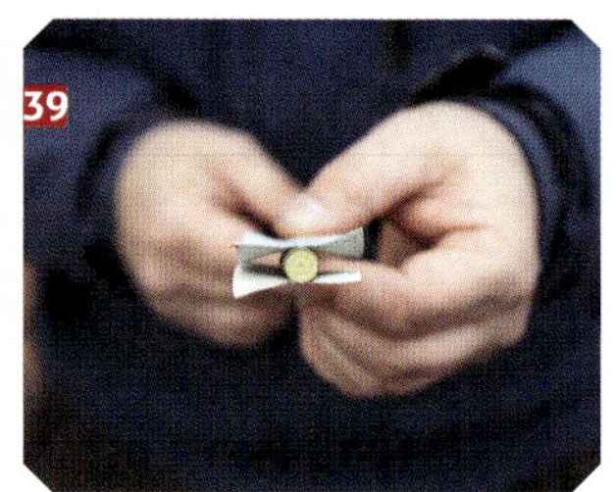

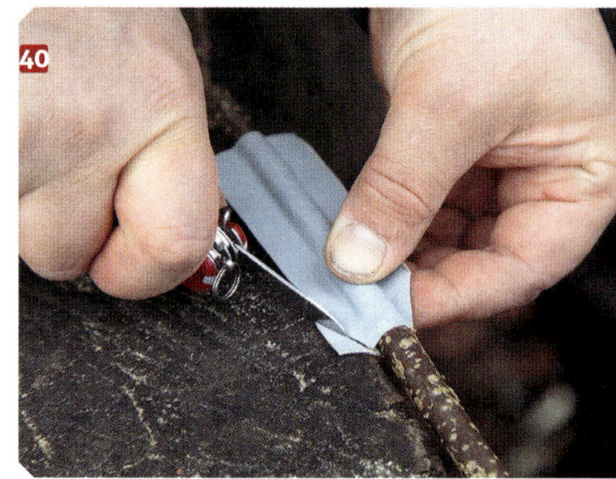

Nun müssen der Abzug und die Bogenstärke feinjustiert werden, damit alles so funktioniert, wie es sollte. Dieser Vorgang lässt sich nicht genau beschreiben, weil es sehr viele Einflussfaktoren gibt, die möglicherweise korrigiert werden müssen. Hier gilt es einfach auszuprobieren und seine Intuition und sein technisches Verständnis einzusetzen.

Dieser Absatz verhindert, dass beim Schuss die Sehne über den Pfeil schnellt. Vorne am Pfeilhalter schnitzt man einen nach unten gekrümmten Schnabel 34, sodass der Pfeil nicht aus der vorderen Kerbe gehoben wird, wenn beim Schießen mit dem Daumen Druck auf den Pfeilhalter ausgeübt wird 35. Der Pfeilhalter wird mit einer Wicklung bündig mit der hinteren Stirnfläche des Schafts befestigt 36.

Als Pfeil verwenden wir einen gerade gewachsenen 8–10 mm dicken Haselstock. Die Länge des Pfeils reicht vom Abzug bis zum Bogen 37. Die Befiederung am dünneren Ende des Pfeils kann man mit zwei Stücken Klebeband improvisieren, die man aufeinander klebt 38, 39 und anschließend zurechtschneidet 40. Jetzt muss nur noch die Spitze am dickeren Ende des Pfeils angeschnitzt werden.

Für das Schießen mit dieser Armbrust gelten die allgemeinen Sicherheitsregeln auf Seite 53.

Richtig schweizerisch fühlt es sich an, wenn wir wie bei Wilhelm Tell einen Apfel als Ziel nehmen … Diesen stellen wir aber natürlich nicht auf den Kopf eines Kindes, sondern auf eine feste Unterlage, einen Baumstamm oder einen großen Stein!

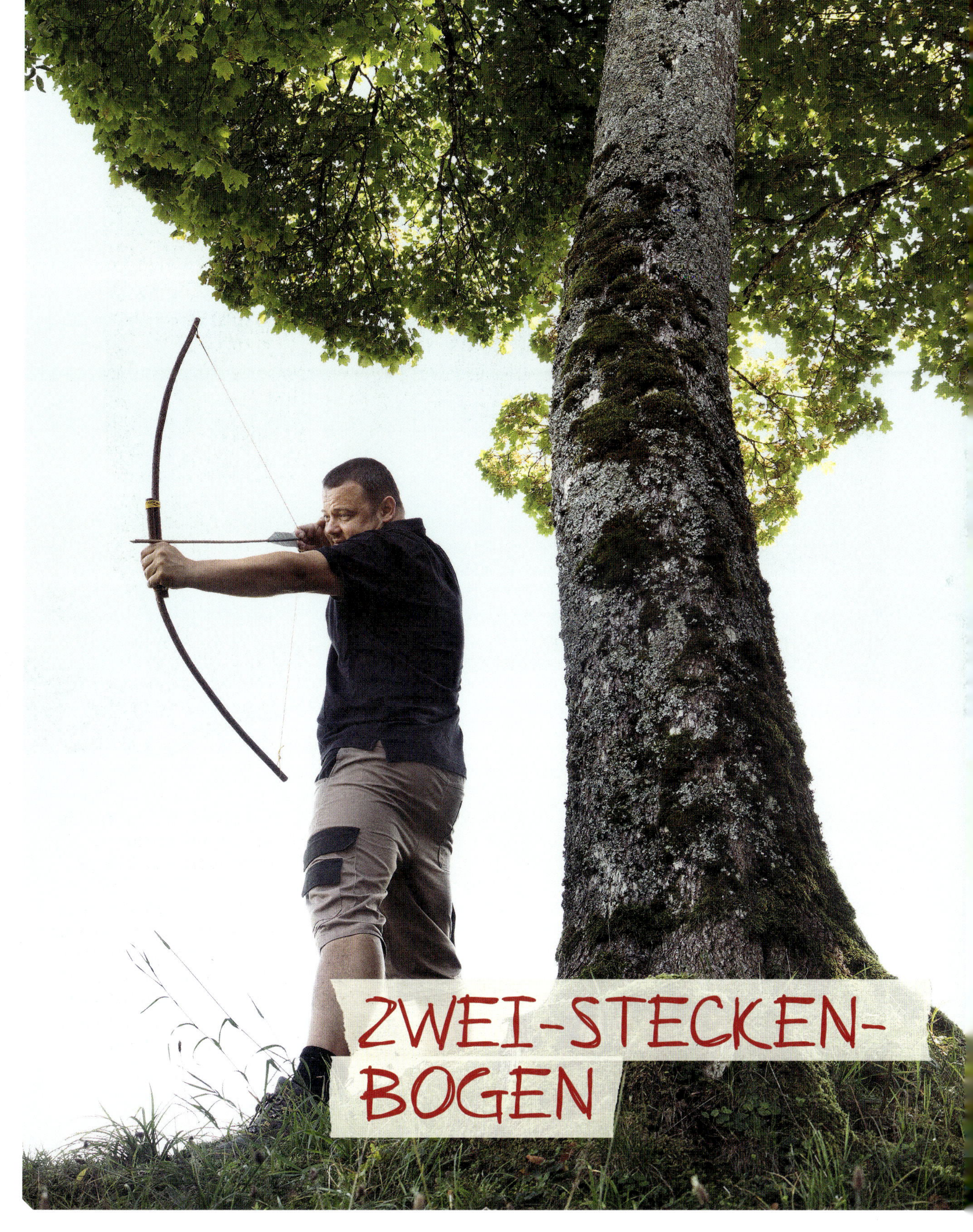

ZWEI-STECKEN-BOGEN

Einen einfachen Flitzebogen aus einem unbearbeiteten Ast und einer Schnur haben wahrscheinlich die meisten von uns in der Kindheit schon einmal gebastelt. Um die bescheidene Wurfkraft eines solchen Bogens zu steigern, gilt es, den dickeren Wurfarm dem dünneren Bogenarm anzugleichen. Man muss dabei sehr genau arbeiten, weil man sonst unweigerlich Schwachstellen schnitzt, bei denen sich die Kräfte beim Spannen potenzieren und der Bogen dadurch brechen kann. Im Idealfall arbeitet der ganze Bogen mit, wenn die Sehne ausgezogen wird: Er biegt sich dabei gleichmäßig, und die Kräfte verteilen sich auf die gesamte Bogenlänge. Damit dies möglich ist, muss sich der Wurfarm vom Griffstück in der Mitte ausgehend bis zur Spitze verjüngen. Beim Zweistecken-Bogen nutzen wir die natürliche Verjüngung eines Astes und müssen darum am Ast kein Material abtragen.

Um einen Zwei-Stecken-Bogen zu bauen, braucht man zwei gleich starke, gerade gewachsene Äste für die Wurfarme, einen dünnen Trieb für den Pfeil, Klebeband für die Befiederung des Pfeils, stabile Schnur für die Sehne und ein Taschenmesser **1**. Ich verwende für den ZweisteckenBogen meistens Haselholz. Haselsträucher wachsen fast überall, und oft findet man auch gerade gewachsene Äste mit wenig Seitenästen. Natürlich gibt es besseres Bogenholz, aber das ist normalerweise auch schwieriger zu finden.

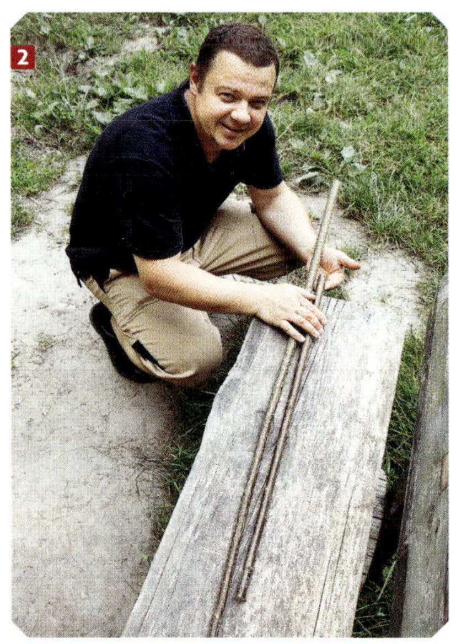
2

Die beiden Äste für die Wurfarme sollten am dickeren Ende ca. 2 cm Durchmesser aufweisen. Schneide ein ca. 70–75 cm langes Aststück zu. Dieses Aststück verjüngt sich durch den natürlichen Wuchs um 3–5 mm.
Lege nun das abgeschnittene Aststück neben den zweiten Ast und suche durch Verschieben das identische Teilstück im zweiten Ast **2**. Schneide auch diesen Ast auf die nötige Länge zu. Nun hast du zwei möglichst identische Wurfarme. Wenn du sie jetzt auf einen Tisch legst, kommen die Äste automatisch so zu liegen, dass die größte Krümmung flach liegt. Ich versuche, die natürlichen Biegungen jeweils so zu nutzen, dass der Bogen schon ein wenig in die Richtung der Krümmung beim Spannen der Sehne gebogen ist. Wer diese Biegung als Vorspannung nutzen möchte, hat möglicherweise einen stärkeren Bogen, aber dafür auch ein größeres Risiko, dass der Bogen bricht.

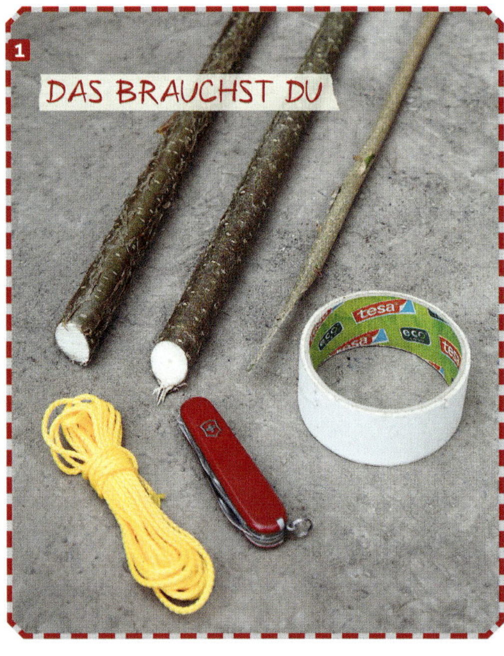

1

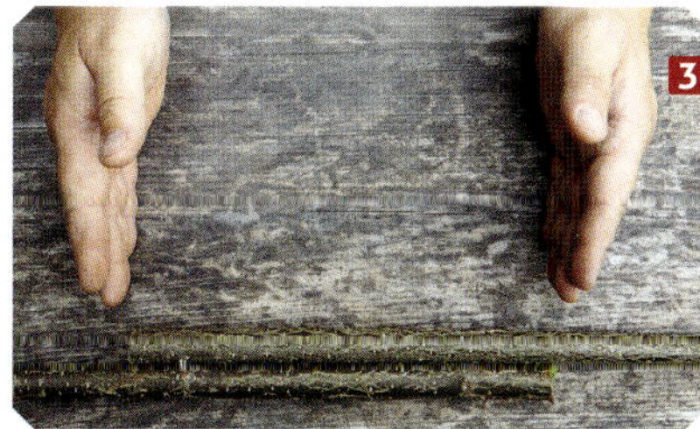

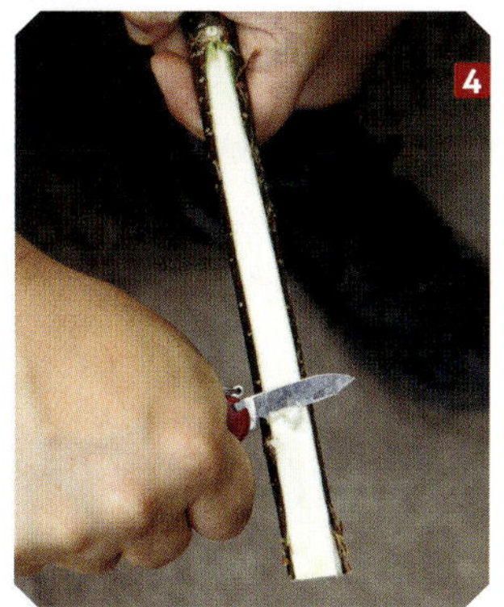

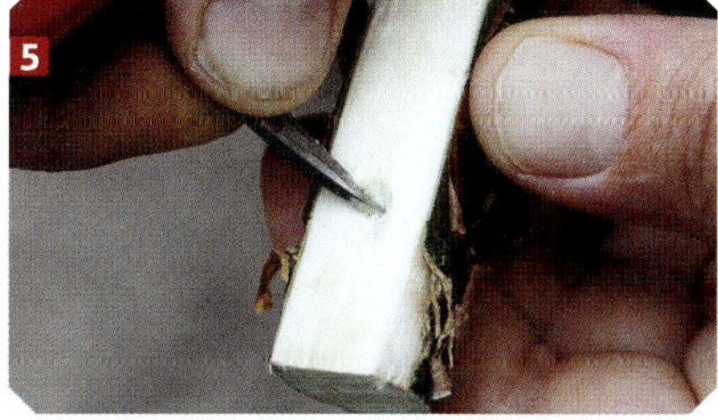

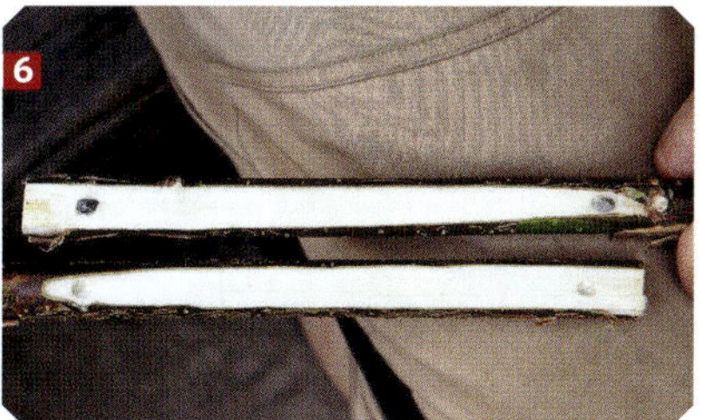

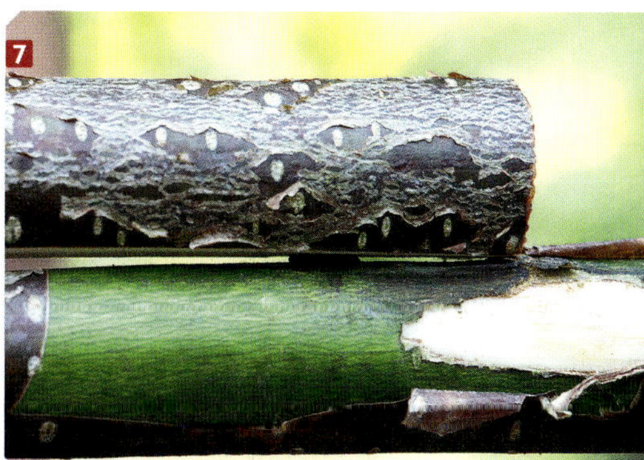

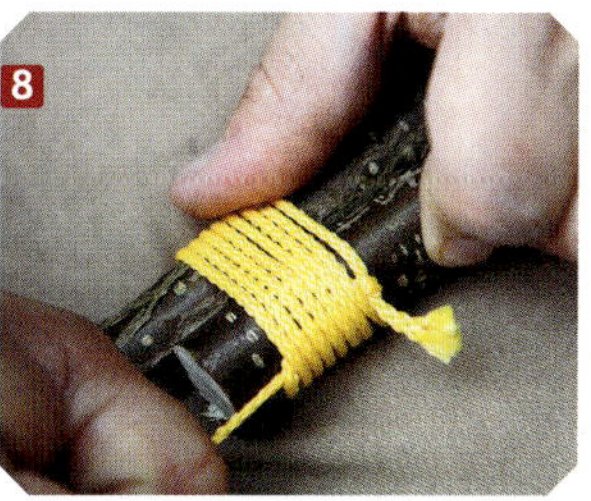

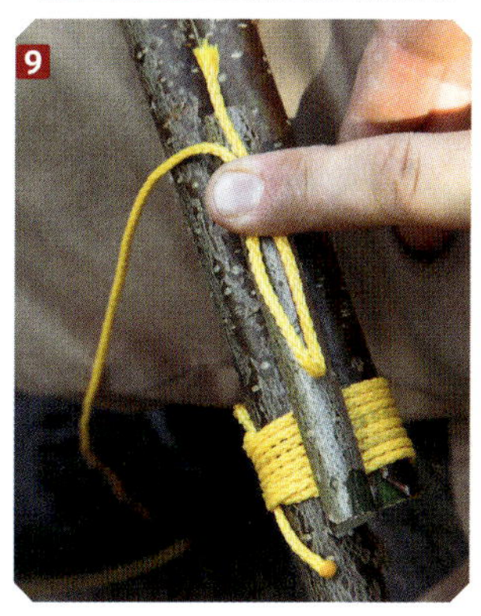

Die dicken Astseiten sollen sich beim Zusammenbinden ca. 20–25 cm überlappen 3. Suche also eine Position, bei der die beiden überlappenden Äste gut zusammenpassen und bei der auch der restliche Bogen möglichst symmetrisch aussieht. Markiere die Stellen, bis wohin sich die Äste überlappen. Schnitze nun an beiden Bogenarmen in der Länge der Überlappung jeweils auf der Seite, an der beide zueinander sehen, eine abfallende Fläche 4. Fange dabei ganz fein an und schnitze nicht über die Markierung hinaus, sonst entsteht dort eine Schwachstelle. Gegen das dicke Ende des Bogenarmes darf die Fläche bis fast zur Hälfte des Durchmessers abgezogen werden. Ungefähr 3 cm vom Anfang und vom Ende der Fläche entfernt bohrst du beim ersten Bogenarm mit der Ahle mittig je eine Mulde 5. Damit die Steinchen nicht so leicht aus der Mulde fallen, ist es vorteilhaft, wenn du in die Mulden ein wenig Harz streichst. Drücke jeweils ein kleines, möglichst rundes Kieselsteinchen in die Mulden, sodass noch die Hälfte der Steinchen hervorsteht. (Statt mit Schnur und Steinchen kann man die Bogenarme auch mit Klebeband und zwei Nägeln stabil verbinden. Das ist deutlich einfacher, benötigt aber zusätzliches Werkzeug.)

Nimm den zweiten Bogenarm und positioniere die Flächen so gegeneinander, dass die Anfänge der geschnitzten Flächen jeweils einen Zentimeter überdeckt werden. Jetzt drückst du die beiden Flächen gegeneinander. Die beiden hervorstehenden Steine übertragen ihre Position auf den zweiten Wurfarm. Dort schneidest du mit der Ahle ebenfalls noch zwei kleine Vertiefungen heraus, damit die Steine darin Platz finden 6, 7. Nun bindest du die beiden Wurfarme zusammen. Mache das jeweils zuerst provisorisch in der Mitte und erst danach an den beiden Überlappungen. Dann knote an beiden Griffenden einen Henkersknoten 8. Der Trick mit den beiden Steinchen gibt den Bogenarmen seitliche Stabilität zueinander. Wer über eine Pfeilauflage und nicht über den Handrücken schießen möchte, darf gerne ein Aststück als Pfeilauflage dazu binden. Auch hier kommt wieder der Henkersknoten zum Einsatz 9.

Schneide nun mit der Taschenmessersäge jeweils etwa 1 cm vom Ende entfernt die Sehnenkerben in den Bogenrücken 10.

Als Sehne kannst du eine starke Schnur verwenden oder aber du drehst aus Paket- oder Naturfaserschnur eine Kordel. Mache am Ende der Schnur eine ganz gewöhnliche Überhandschlaufe 11. Die Schlaufe sollte dabei so groß sein, dass sie gerade noch über das Bogenende in die Kerbe gelegt werden kann 12. Die Sehne ist bei mir jeweils 7–10 cm kürzer als der Bogen 13. Binde am anderen Ende der Sehne nochmals eine enge Schlaufe mit demselben Knoten.

Vielleicht musst du den zweiten Knoten erneut öffnen und ein wenig verschieben, sodass du einen Sehnenabstand zum Bogen von der Größe eines ausgestreckten Daumens erhältst 14. Wenn sich der Bogen in eingespanntem Zustand ungleichmäßig biegt, kannst du ihn durch Nachdrücken über das Knie etwas richten 15. Um die Sehne ein- und auszuspannen, verwende die »Einstiegstechnik« 16. Falls dir das Bild nicht anschaulich genug ist, findest du auf YouTube mehrere Videos zu diesem Thema.

Entspanne den Bogen immer, wenn du nicht mehr damit schießt. Wenn du den Bogen zwei bis drei Wochen trocknen lässt, hat er danach eine deutlich gesteigerte Schusskraft als in »erntefrischem« Zustand.

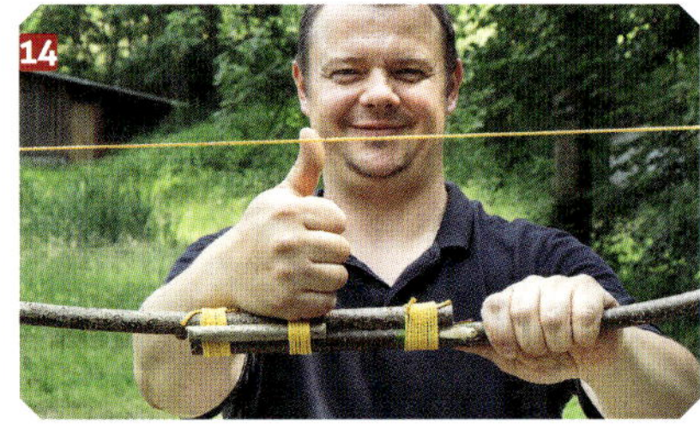
14

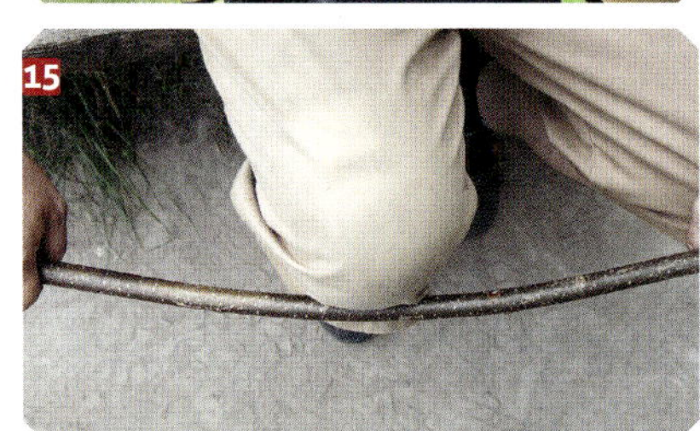
15

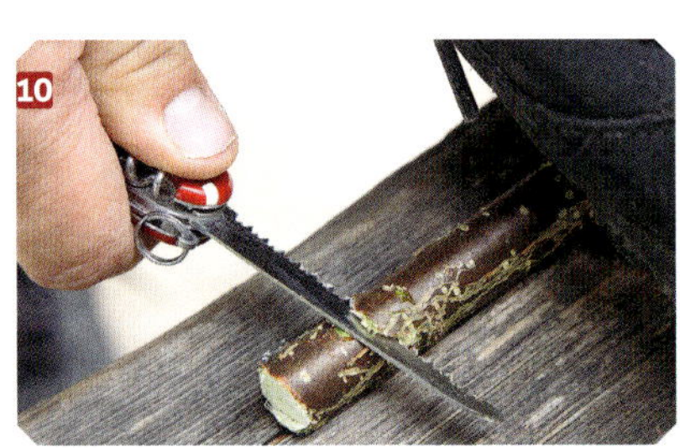
10

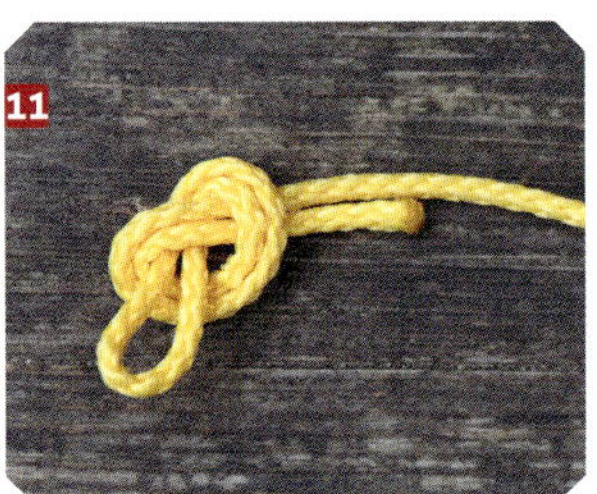
11

12

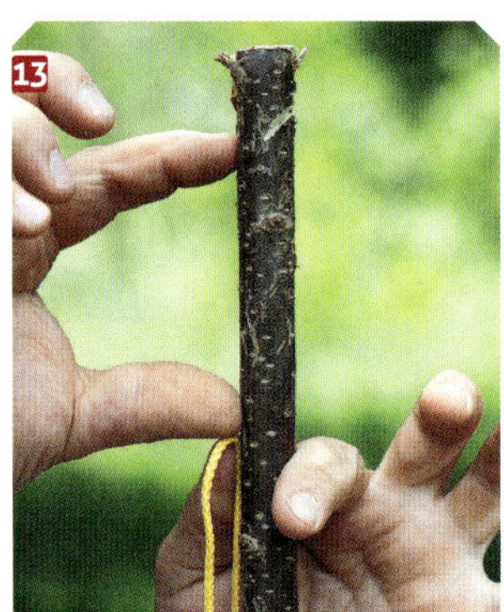
13

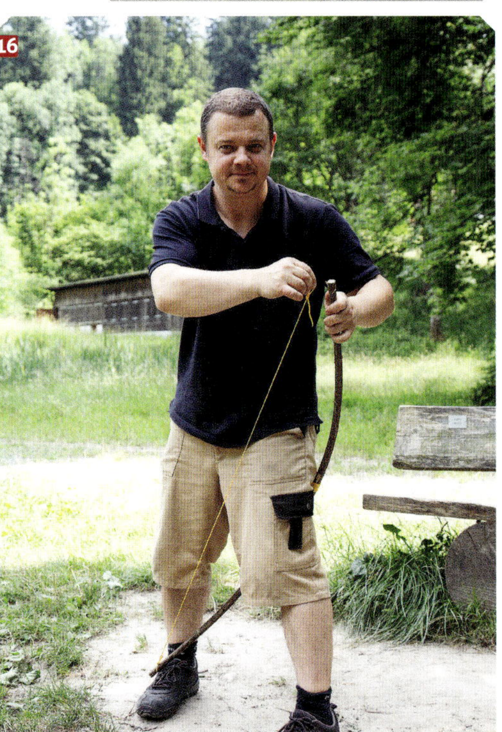
16

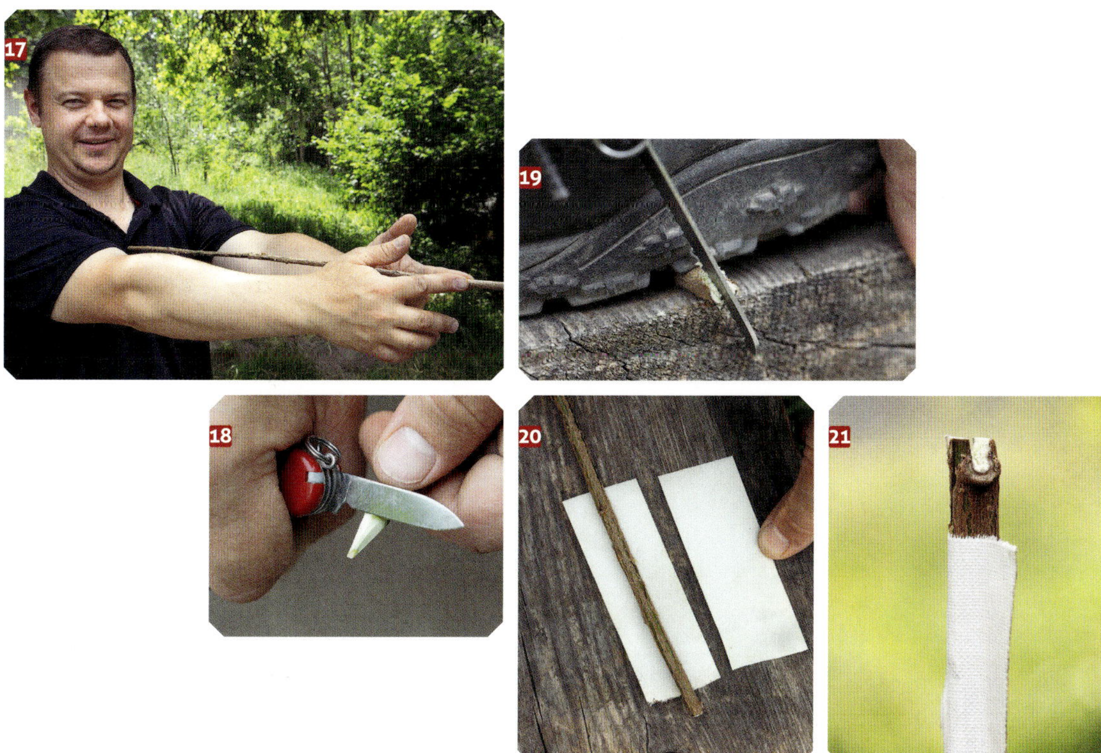

Für den Pfeil verwende ich als Ausgangsmaterial einen möglichst gerade gewachsenen Haselschößling. Je leichter der Pfeil ist, desto größer ist die Beschleunigung und die Schussweite, die mit diesem Bogen erreicht werden kann. Deshalb versuche ich, jeweils möglichst dünne und leichte Pfeile zu bauen. Die Pfeillänge entspricht etwa der Distanz zwischen deiner Brust und deinem ausgestreckten Zeigefinger 17. Kürzer als 50 cm würde ich den Pfeil aber nicht machen. Auch sollte der Durchmesser des Pfeils 0,5 cm nicht unterschreiten. Am dicken Ende haben solche Pfeile einen Durchmesser von 8–10 mm.

Schnitze am dicken Ende des Pfeils eine Spitze 18. Säge am dünnen Ende mit der Taschenmessersäge eine Sehnenkerbe 19. Ich empfehle, bei dieser Arbeit den Schößling mit dem Fuß festzuklemmen, weil man gegen den Körper sägt. Falls man mit der Säge abrutscht, ist der Fuß durch den Schuh geschützt.

Auch der Pfeil verliert nach zwei bis drei Wochen Trocknungszeit deutlich an Gewicht und fliegt viel weiter als ein Pfeil aus frischem Holz. Damit der Pfeil stabiler fliegt, kannst du ihn am hinteren Teil befiedern. Die einfachste Art, einen Pfeil zu befiedern, ist mit Klebeband. Schneide dafür zwei etwa 10 cm lange Stücke Klebeband zu. Ein Stück klebst du mittig auf den hinteren Teil des Pfeils 20. Das Klebeband sollte parallel zur Kerbe ausgerichtet sein 21.

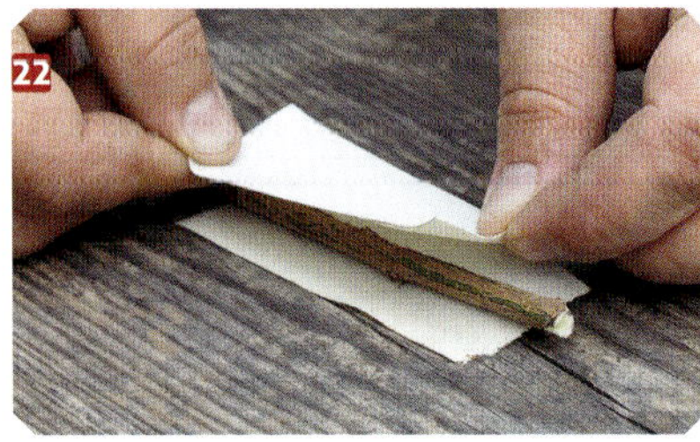

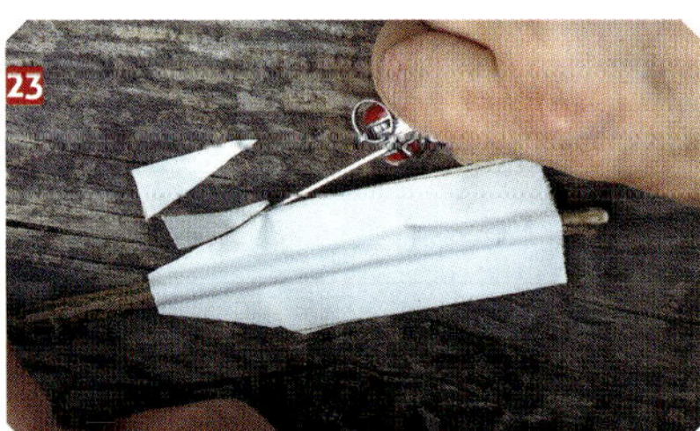

Nun legst du den zweiten Klebebandstreifen möglichst exakt über den ersten 22. Drücke die Klebebänder mit den Fingern fest. Danach kannst du mit der Schere oder mit der Klinge die Befiederung in die gewünschte Form schneiden 23.

Nun sind Pfeil und Bogen fertig 24. Bitte lies die Sicherheitshinweise auf Seite 53, wenn du mit den Sicherheitsregeln für Wurf- und Schleuderprojekte nicht vertraut bist.

Auf dem YouTube-Kanal feliximmler findest du unter dem Suchbegriff »Zwei-Stecken-Bogen« ein Video, wo du mir beim Herstellen eines solchen Bogens zusehen kannst. Viel Spaß!

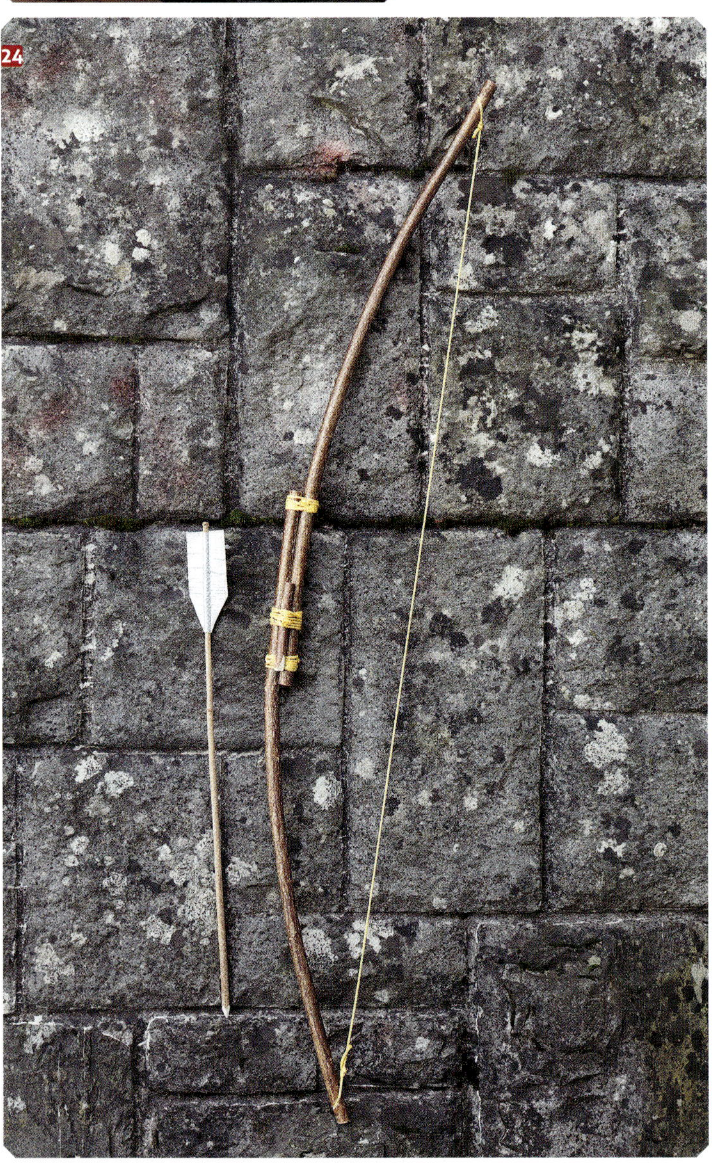

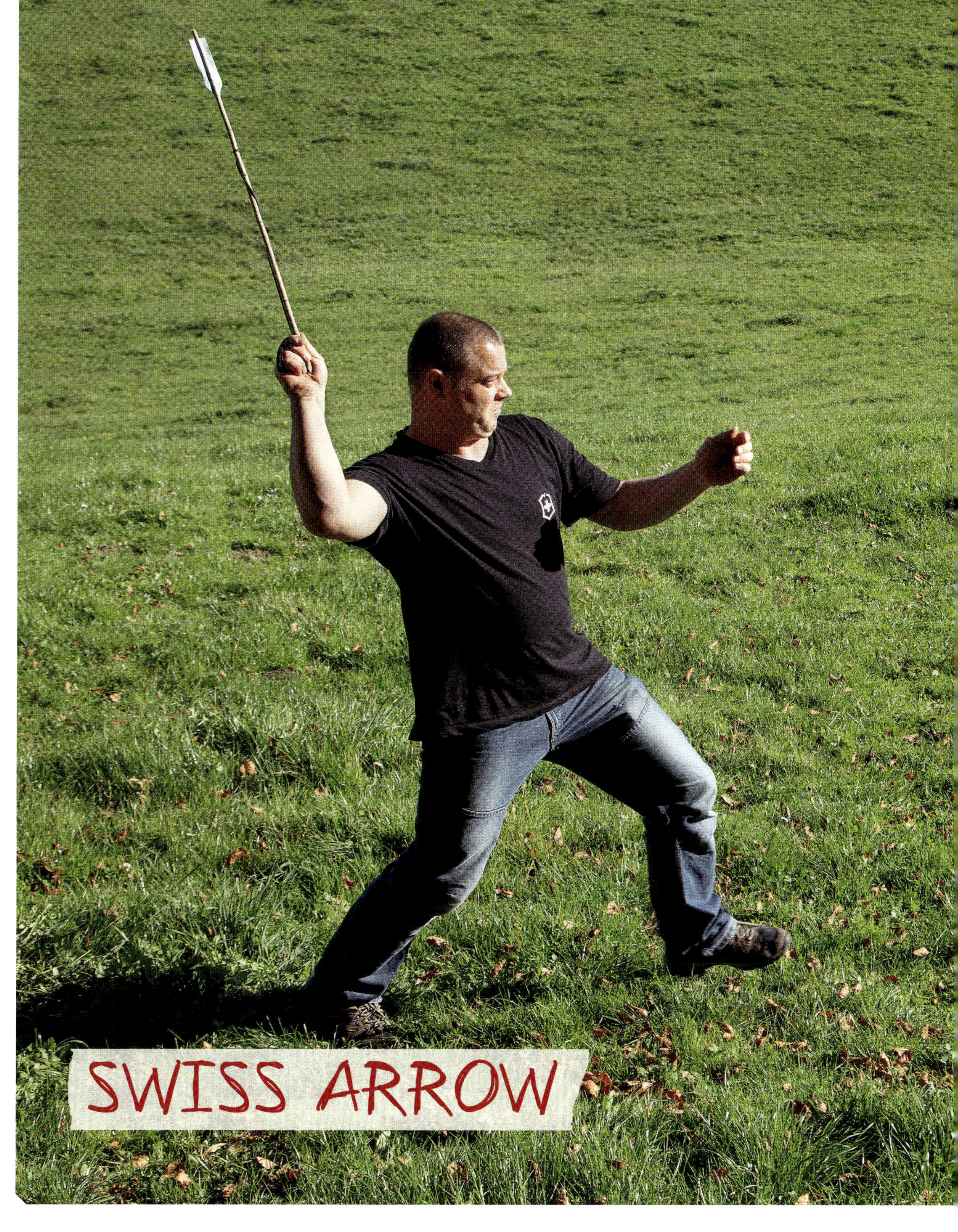

SWISS ARROW

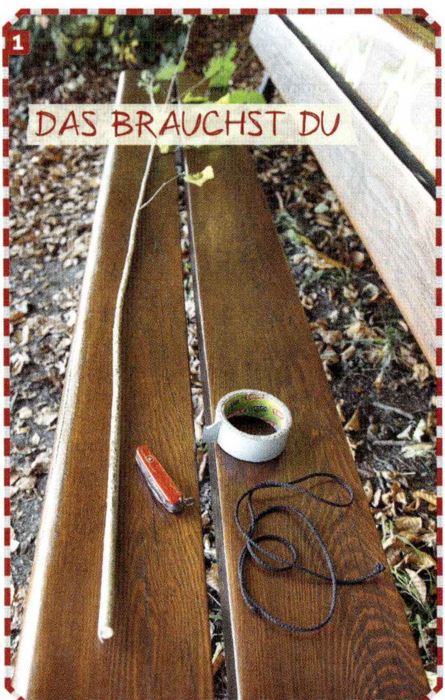

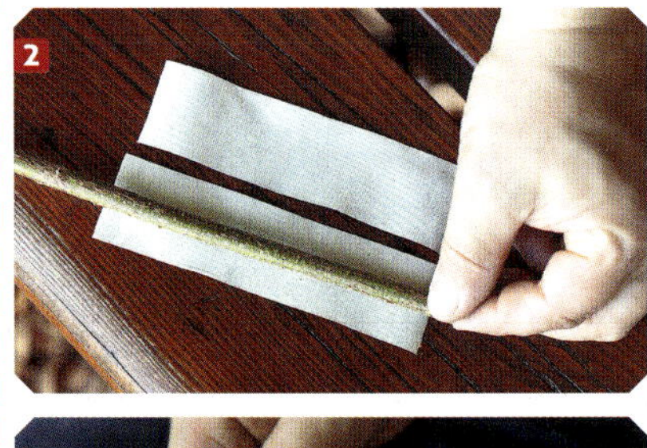

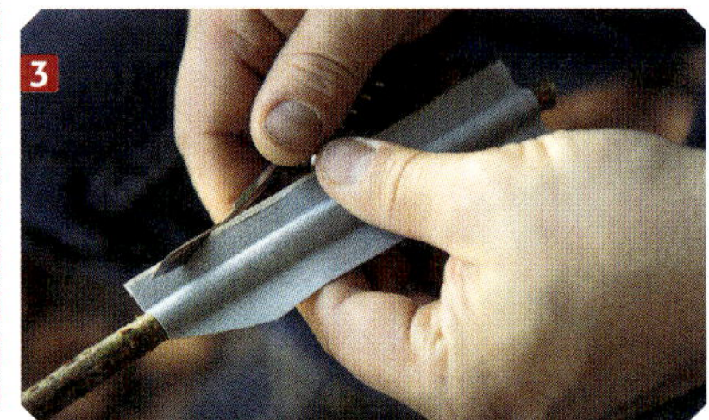

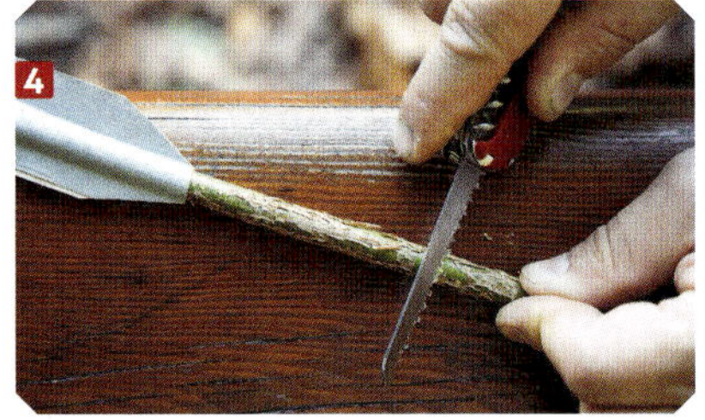

Der Swiss Arrow sieht auf den ersten Blick aus wie ein etwas zu groß geratener Pfeil für einen Bogen. Auf den zweiten Blick sieht man eine kleine Kerbe vor der Befiederung. Wofür diese Kerbe gut ist, verrate ich im folgenden Text.

Auf der Suche nach Speerschleudervideos stolperte ich vor ein paar Jahren durch Zufall über ein Video mit dem Titel »Swiss Arrow«. Weil ich Schweizer bin, wollte ich natürlich erfahren, was dahinter steckt. Das Video faszinierte mich, und ich versuchte den Pfeil nachzuschnitzen. Die Schussversuche waren jedoch enttäuschend. Der Pfeil flog nicht weiter, als wenn ich ihn aus der Hand schoss. Ich vergaß dieses Projekt wieder, bis mir Jahre später eine Teilnehmerin eines Workshops erzählte, dass ihr Cousin, der mit ihr zusammen im Nordwesten Englands aufgewachsen war, solche Pfeile baute und sie mithilfe einer Schnur durch die Lüfte schleudern konnte. Er nannte diese Pfeile »Dutch Arrow«. Silvia konnte sich nur noch schwach an Details erinnern, trotzdem versuchte sie noch am selben Vormittag, den Prototypen eines solchen Pfeils zu bauen. Danke, Silvia, für den tollen Input!

Für dieses Projekt benötigst du einen armlangen, gerade gewachsenen Haselast, ein Stück Schnur, Klebeband für die Befiederung und natürlich ein Taschenmesser 1.

Der Pfeil kann unterschiedlich lang gebaut werden. Ich beschreibe in der folgenden Bauanleitung einen Pfeil, mit dem ich besonders gut umgehen konnte. Dabei habe ich ein etwa 70 cm langes Teilstück eines Haselastes verwendet. Der Durchmesser vorne betrug 12 mm und hinten 8 mm.

Schnitze vorne, am dickeren Ende, eine Spitze , dann bring hinten eine 12 cm lange Klebebandbefiederung an 2, 3.

Dann sägst du nun zwei Taschenmesserlängen (etwa 18 cm) vom dünnen Ende entfernt eine zur geschnitzten Spitze schauende Kerbe 4. Je nach Schnurdurchmesser setzt du noch einen zweiten Sägeschnitt daneben an. Mit der kleinen Klinge öffnest du die Kerbe ein wenig und versuchst, diese fein zu schnitzen, sodass die Schnur beim Schießen sauber aushängen kann 5. Achtung: Die Kerbe sollte nicht tiefer sein als der halbe Astdurchmesser an dieser Stelle.

Die Schnur, die du als »Schleuder« verwendest, sollte etwa 1 m lang sein. Mache auf einer Seite einen Knoten, dessen Ende du mit dem Feuerzeug anschmelzt 6.

Hier kurz zur Schleudertechnik: Ähnlich wie bei einer Speerschleuder wird auch beim Swiss Arrow ein Pfeil durch eine Wurfarmverlängerung mit erhöhter Wurfkraft und Beschleunigung Richtung Ziel katapultiert.

Während bei einer Speerschleuder die Schleuder aus einem bearbeiteten Holzstück besteht, ist die Schleuder beim Swiss Arrow ein Stück Schnur mit einem Knoten an einem Ende.

Lege nun das Schnurende in die Kerbe und ziehe den Knoten an den Pfeilschaft. Schlage die Schnur einmal um den Pfeil und lege sie hinter dem Knoten durch 7. Spanne die Schnur nach vorne und wickle sie 1-2-mal um den Pfeil. Lasse die Spannung nicht mehr los. Schlage am anderen Ende die Schnur um die Hand oder um die Finger, bis die Schnurlänge stimmt und halte mit deinem Wurfarm die Spitze 8.

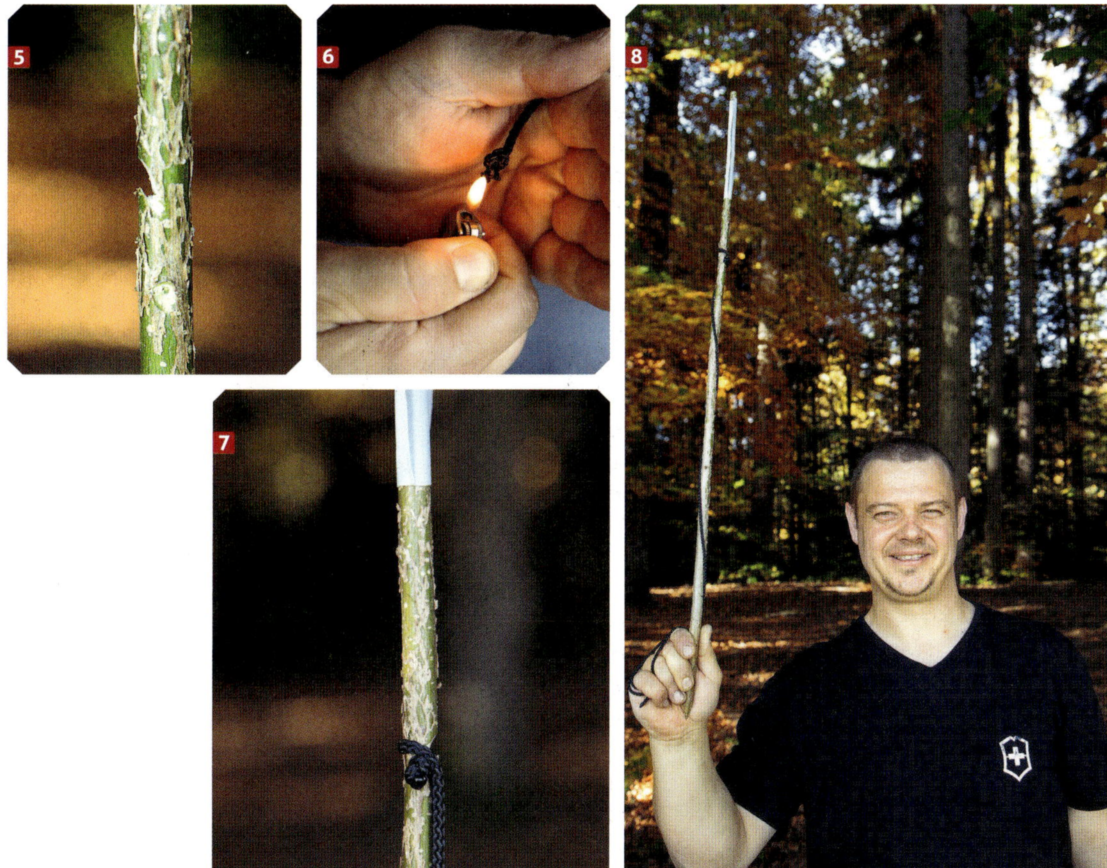

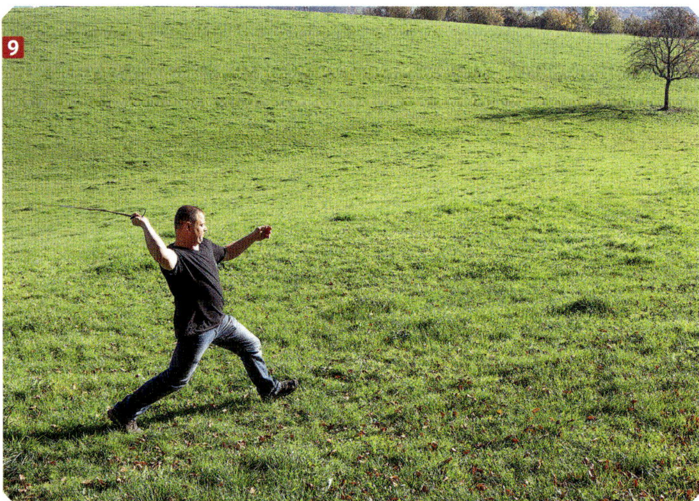

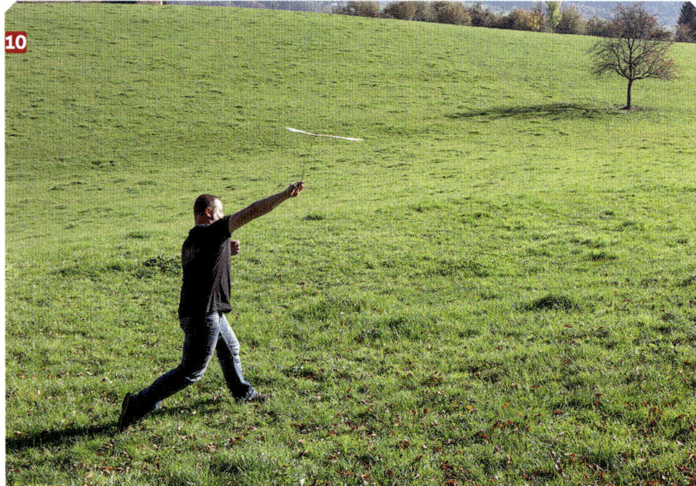

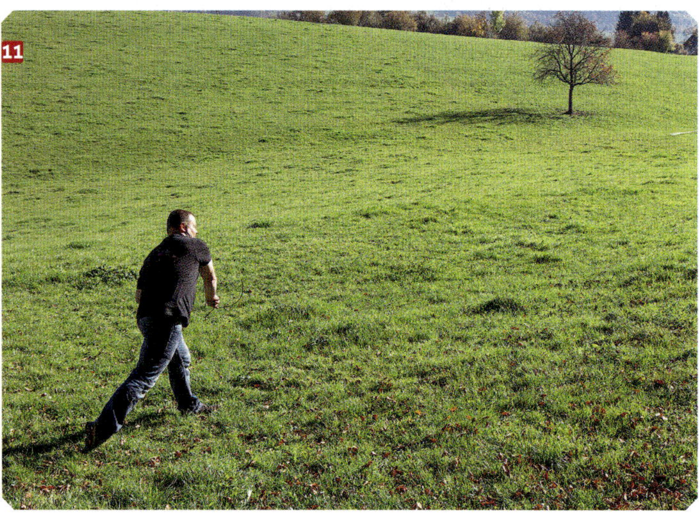

Meine Schleudertechnik ist etwas seltsam, aber für mich funktioniert sie ziemlich gut: Ich visiere mit dem Pfeilende mein Ziel an und werfe den Pfeil so, als ob ich ihn mit dem Ende voran ins Ziel werfen möchte. Zuerst hole ich aus und beginne mit der Wurfbewegung 9. In dem Moment, in dem der Pfeil in der Wurfbewegung senkrecht steht, lasse ich ihn intuitiv los und mache die Schussbewegung mit dem Arm fertig 10, 11. Ich musste lange üben, bis der Pfeil zum ersten Mal so richtig weit flog.

Verschiedene andere Schleudertechniken findest du im Internet unter »Dutch Arrow« oder »Swiss Arrow«. Probiere selber aus, welche Technik für dich die richtige ist.

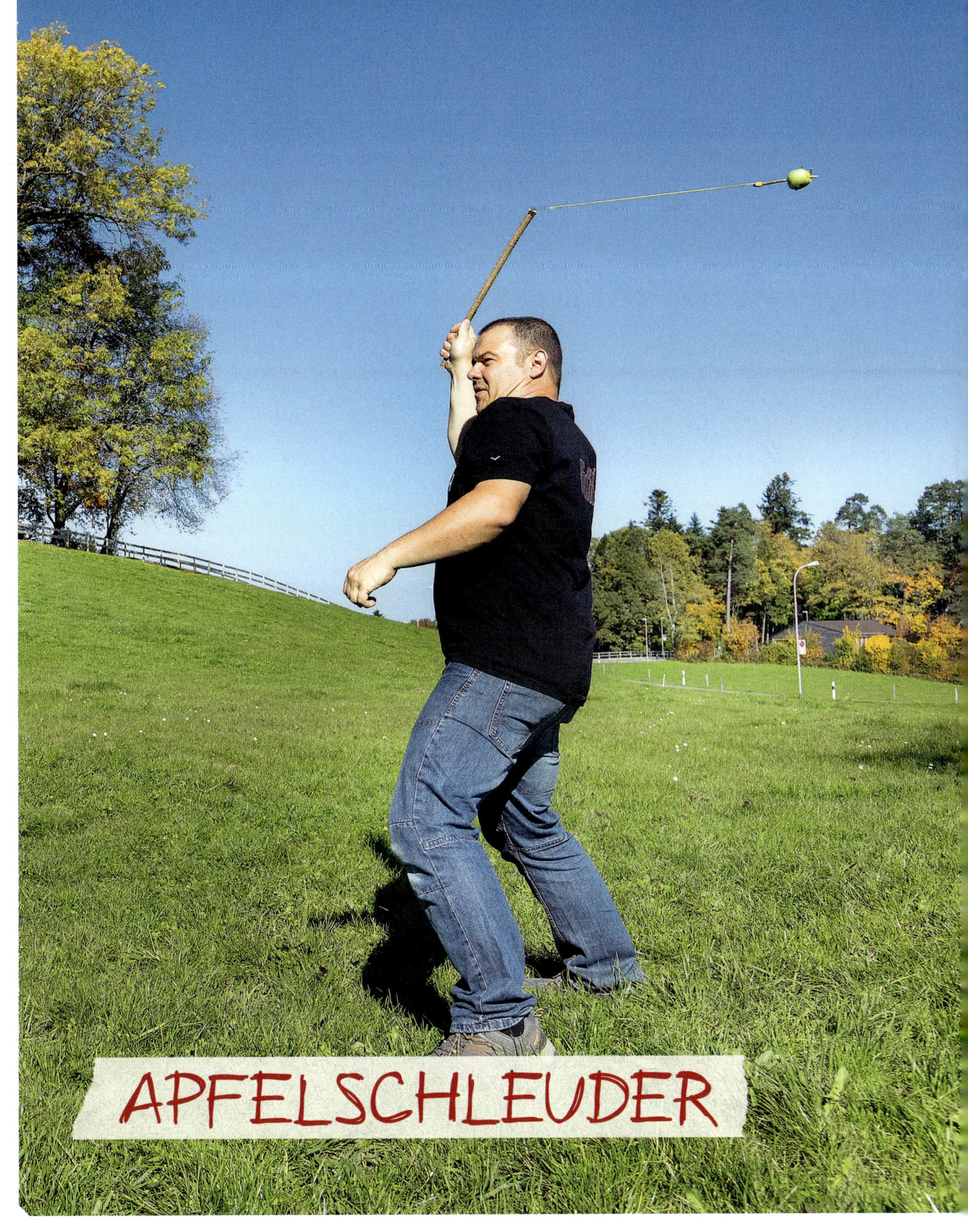

APFELSCHLEUDER

Ein Teilnehmer eines Schnitzworkshops hat mir von einer Apfelschleuder erzählt, mit der er als Kind faule Äpfel in die Felder hinaus katapultiert hat. Er schickte mir später sogar ein Video, in dem er seine Schleuder präsentierte. Die Idee fand ich lustig und hatte sofort Spaß an diesem für mich neuen Projekt.

Für das Schießen mit der Apfelschleuder braucht man etwas Übung, vor allem wenn man nicht nur möglichst weit, sondern auch möglichst genau schießen und dabei ein Ziel treffen möchte. Der Punkt, an dem sich der Apfel durch die Schwerkraft vom Dorn löst, ist je nach Faulheitsgrad bzw. Weichheit der Frucht immer ein wenig anders. Darum muss jederzeit damit gerechnet werden, dass der Apfel auch in eine unerwartete Richtung fliegen kann. Genügend Platz für das Ausprobieren dieses Projekts ist deshalb eine Grundvoraussetzung! Natürlich funktioniert die Schleuder auch mit Birnen, Quitten oder anderem faulen Obst.

Bitte verwende für dieses Projekt wirklich nur Früchte, die so faul oder schimmlig sind, dass sie für den Verzehr nicht mehr geeignet sind. Alles andere wäre eine unverantwortbare Verschwendung von Lebensmitteln!

Für den Bau einer Apfelschleuder brauchst du einen etwa 2–3 cm dicken Stock als Stiel, einen ca. 5 mm dicken, stabilen kleinen Ast als Dorn und 1 m stabile Schnur **1**. Kürze den Stock auf die Länge deines Unterarmes **2** und schnitze oder säge eine umlaufende Nut ca. 1 cm vom Stockende entfernt **3**.

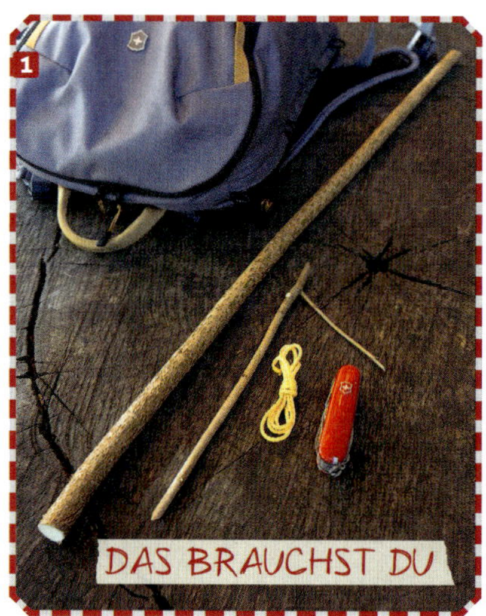

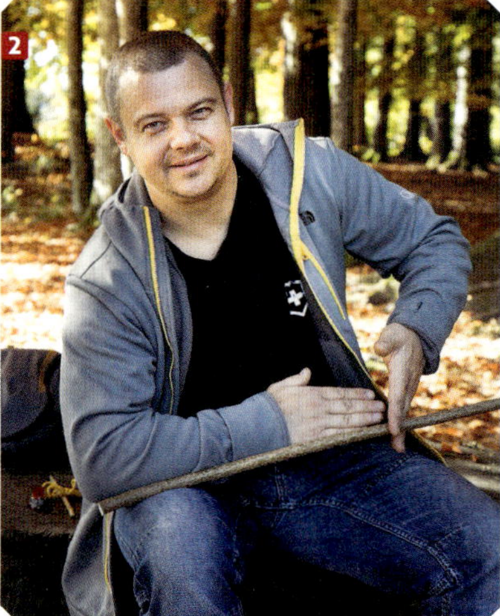

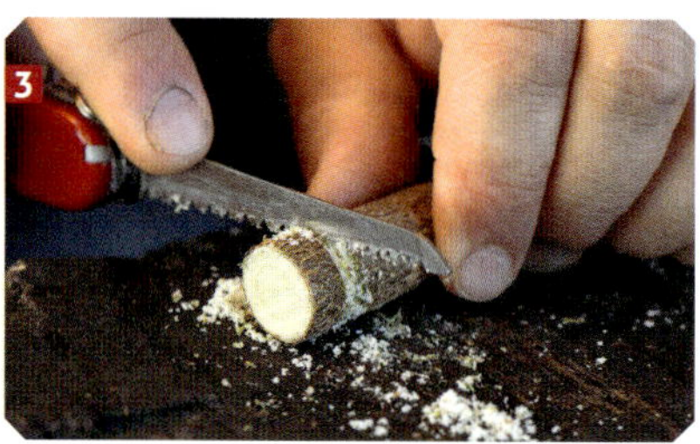

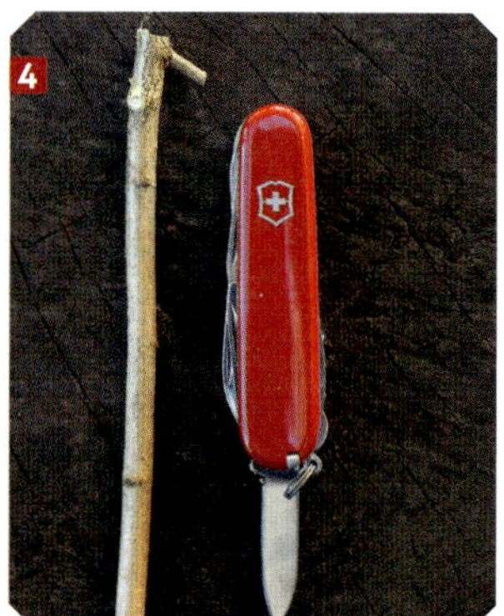

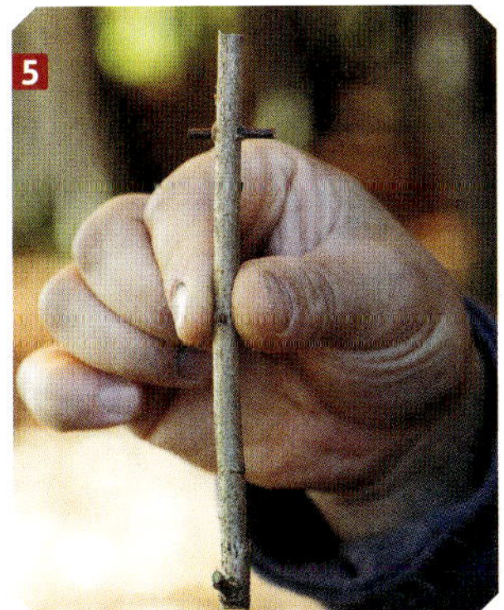

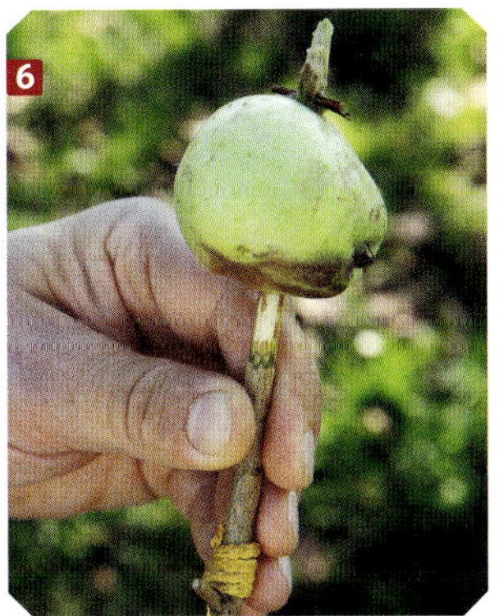

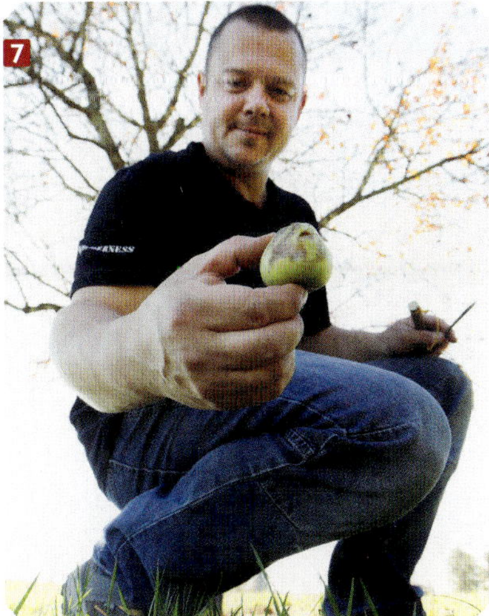

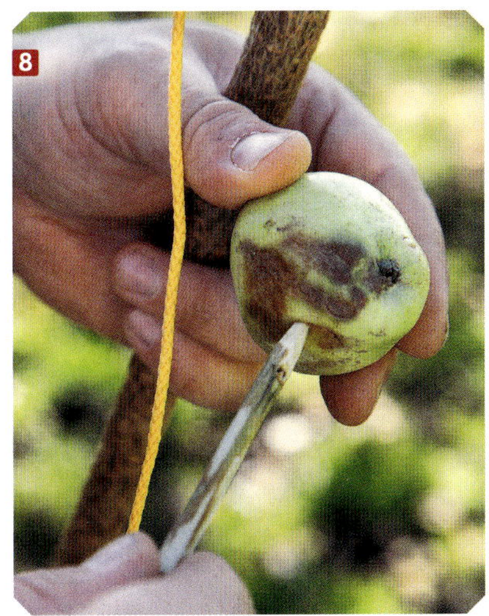

In dieser Nut dreht sich später die Schlaufe an der Schnur. Nimm nun den 5 mm dicken, kleinen Ast für den Dorn und länge ihn auf ca. 10–15 cm ab. Damit sich beim Schleudern der Dorn nicht von der Schnur lösen kann, ist es von Vorteil, wenn er am Ende ein kleines Seitenästlein hat 4. Bohre auf der gegenüberliegenden Seite 2–3 cm vom Ende entfernt ein feines Querloch. In dieses Löchlein steckt man ein kleines Stückchen Ast, das als Abrutschsicherung für den Apfel dient 5. Wenn sich beim Schießen der Apfel durch die Schwerkraft vom Dorn löst, bricht dieses Sicherungsästlein oder der Apfel ist so weich, dass das Sicherungsästlein durch den Apfel flutscht. Schnitze unterhalb der Sicherung eine Spitze 6.

Verbinde nun mit der Schnur den Stiel und den Dorn. Am besten, du verwendest auf der Seite des Dorns bei dem kleinen Seitenast den Henkersknoten (siehe 6) und auf der Seite des Stiels bei der Nut einen Kreuzknoten, aber da gibt es mit Sicherheit geeignetere Knoten. Die Schnur ist nach dem Verknüpfen etwa so lang wie der Stiel.

Suche nun einen faulen Apfel 7 oder eine faule Birne, eine faule Quitte oder eine andere faule Frucht. Entferne den Sicherungsstift und presse den Dorn durch die Frucht 8. Stecke den Stift zurück ins Loch und stoße die Frucht zurück, bis sie am dem Sicherungsstift anliegt 6. Nun kann es losgehen!

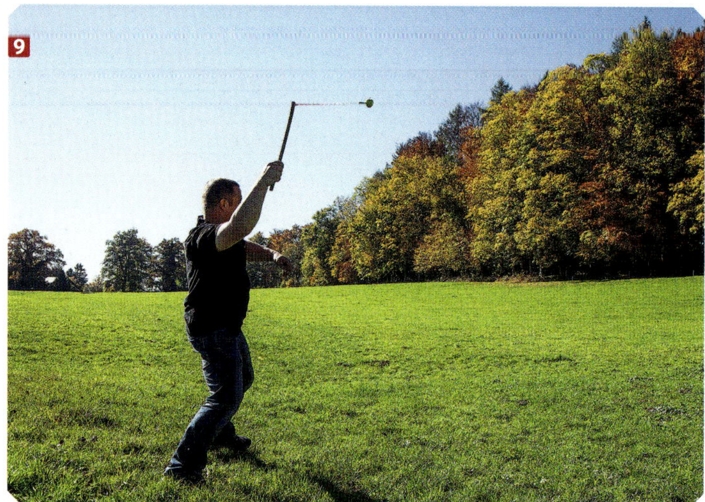

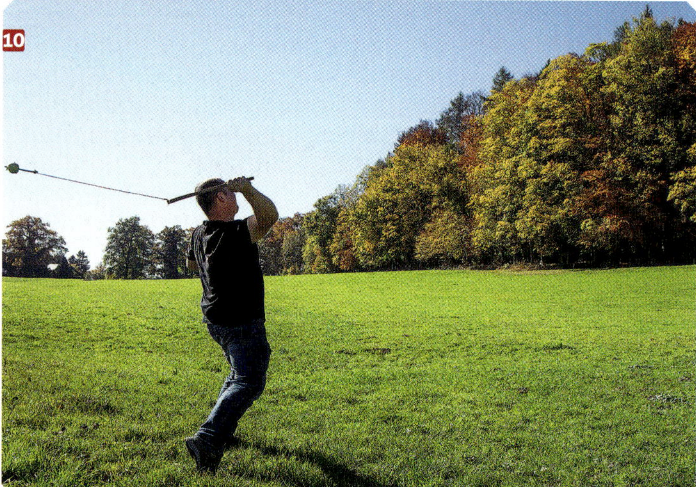

Schwinge den Stiel, sodass die Frucht über deinem Kopf kreist und visiere das Ziel an. Wenn du ein gutes Gefühl hast, löst du den Schuss aus, indem dein Arm eine Bewegung macht, wie wenn du einen Ball werfen würdest. Durch die große Beschleunigung löst sich die Frucht vom Dorn und fliegt weg.

Bei mir fliegen die so geschleuderten, faulen Äpfel gut und gerne 50 bis 80 Meter weit 9, 10, 11, 12 … ein Riesenspaß!

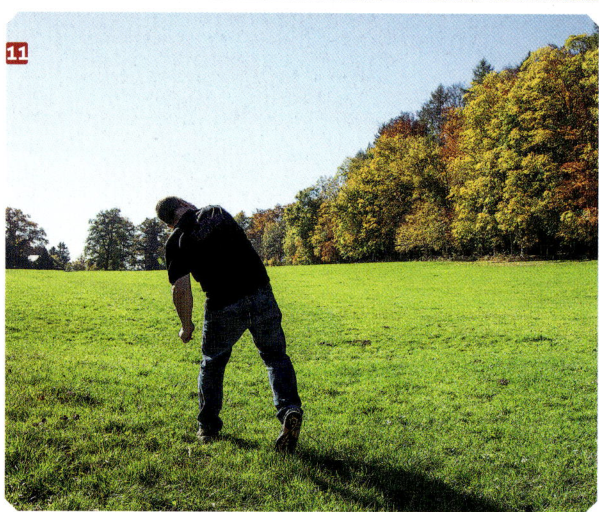

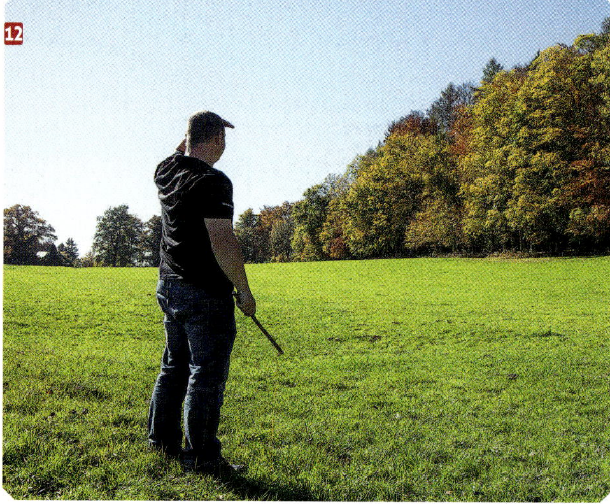

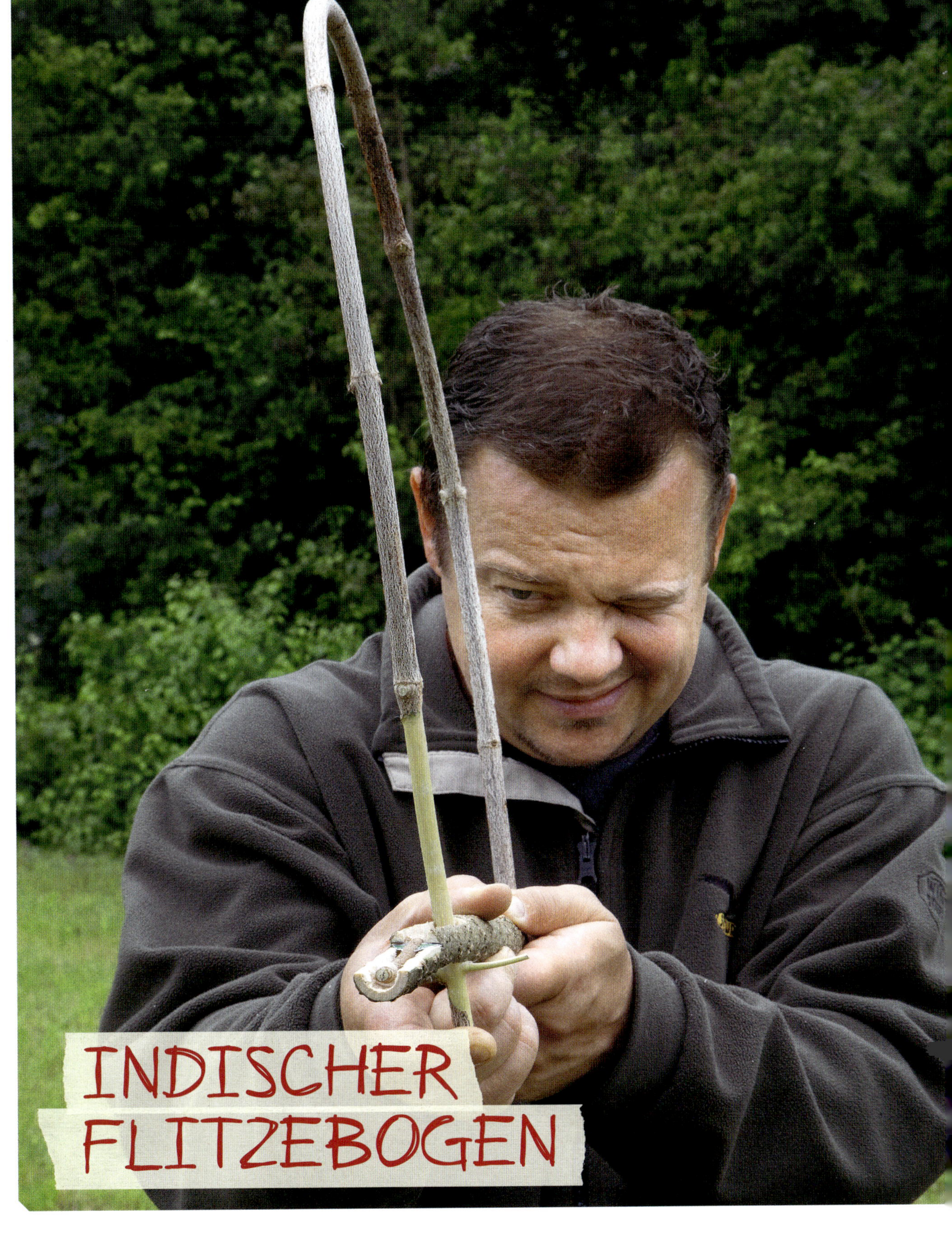

INDISCHER FLITZEBOGEN

Frank Egholm ist ein Werklehrer und Buchautor aus Dänemark. Ich besitze einige seiner Schnitzbücher. Von einem seiner Projekte war ich so angetan, dass ich ihn kurzerhand fragte, ob ich eine abgeänderte Version seines »Indischen Flitzebogens« in mein neues Buch aufnehmen darf. Vielen Dank für deine positive Antwort lieber Frank! Frank lernte dieses Projekt durch einen Freund kennen, der seine Kindheit im indischen Teil des Himalayas verbracht und dort solche Bögen gebaut hat. Daher der Name »Indischer Flitzebogen«.

1 DAS BRAUCHST DU

Für dieses Projekt brauchst du einen etwa 2 cm dicken Holunderstock als Schaft (Griffholz) und einen 1 m langen, gerade gewachsenen Hartholzstock mit zwei Astverzweigungen am Ende als Bogen. Für den Pfeil benötigst du ein circa 10 cm langes, gerade gewachsenes, 4–5 mm dickes Haselästchen. Außerdem brauchst du die Nadel im Taschenmesser, ein Stück Schnur und ein Stück Karton oder Klebeband für die Befiederung **1**.

Beginne mit dem Schaft aus Holunderholz. Länge den Schaft auf circa 50 cm ab. Dies entspricht etwa der Länge von drei ausgeklappten Taschenmessern **2**. Bohre mit der Ahle an einem Ende circa 4 cm (ungefähr eine Ahlenlänge) vom einen Rand entfernt ein Loch durch den Schaft. Vergrößere das Loch, indem du die Holzsäge bis zum Anschlag ins Loch drehst (siehe Tipp 2 Seite 169) **3**. Das Loch sollte so groß sein, dass der Hartholzstock für den Bogen durchgesteckt werden kann. Bohre dann auf der anderen Seite des Schaftes 10 cm und 23 cm vom Astende entfernt zwei weitere Löcher durch den Schaft. Sie bilden die Endpunkte des Langlochs, das den Bogen führt. Achtung: Alle drei Löcher sollen in derselben Richtung durch den Schaft gebohrt sein!

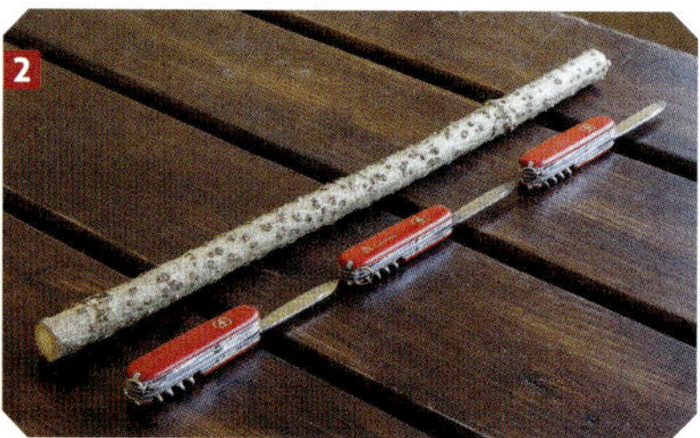

Beginne nun mit der Ausarbeitung des Langlochs, indem du zwischen den beiden Löchern eine Fläche abschnitzt **4**. Setze dann die kleine Klinge auf der Außenseite eines Loches an und drücke sie in das Holz, bis sich das Astmaterial spaltet. Durch seitliches Verdrehen der Messerklinge kannst du den entstandenen Spalt bis zum zweiten Loch weiterziehen **5**.

Das Gleiche machst du auf der anderen Lochseite. Nun kannst du das Material zwischen den Spalten mit der Ahle ausheben **6**.

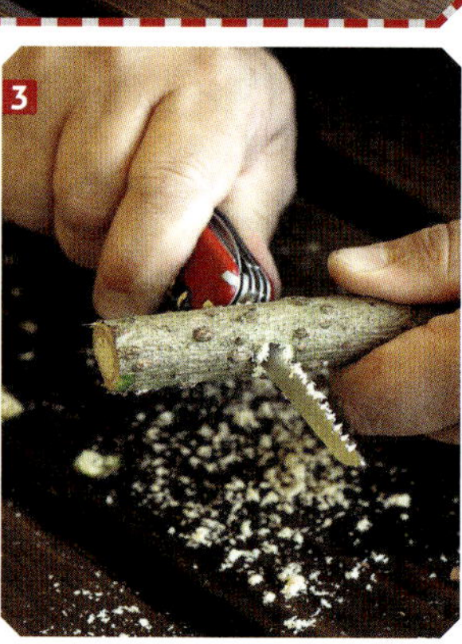

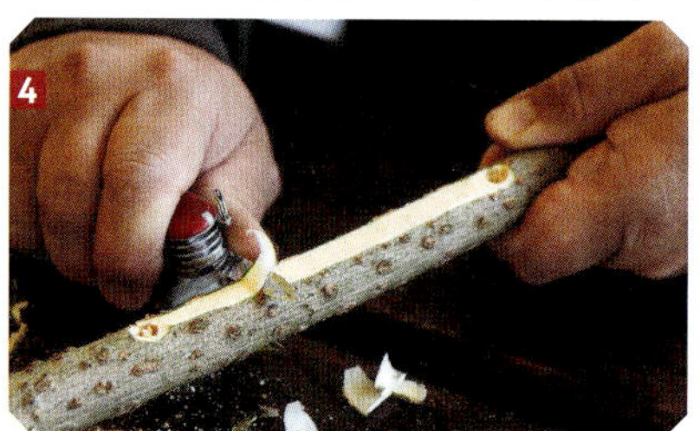

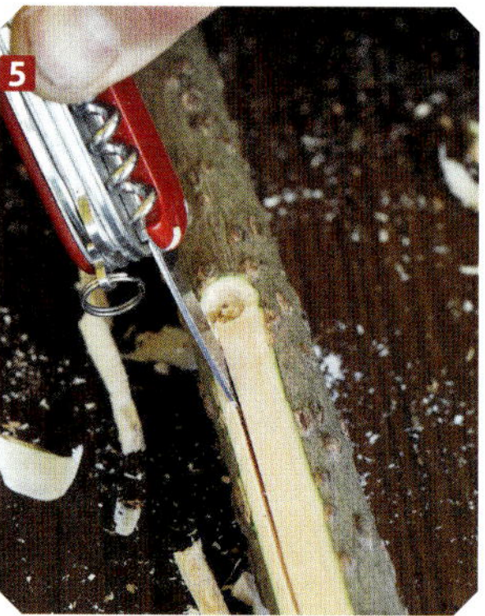

Dasselbe machst du auch auf der Rückseite des Stocks 7. Nun kannst du mit der kleinen Klinge das Langloch vorsichtig ausarbeiten und auf die gewünschte Breite schnitzen 8.

Nimm nun den Hartholzast, mit dessen Rückfederkraft der Pfeil später abgefeuert wird. Die besten Resultate habe ich erreicht, wenn der Bogen aus Hartriegel oder Kornelkirsche war. Es gibt bestimmt noch andere Hartholzarten, die auch gute Resultate liefern. Ich habe auch Bögen aus frischem Haselholz ausprobiert, damit hat mir das Schießen keinen Spaß gemacht. Die Performance von frischem Haselholz ist bescheiden. Ein trockener Haselast bringt schon deutlich mehr Leistung. Aber damit ich wirklich Freude hatte und aus 7 Metern auf ein Ziel schießen konnte, brauchte ich einen Hartholzbogen.

Der Bogenast sollte am Ende einen oder zwei Seitenäste haben 9. So kann der Bogen nicht aus der Führung springen. Damit der Bogen in der Führung etwas mehr Platz hat, kannst du die Rinde am Bogenende vor den Seitenästen etwas abschnitzen 10.

Bevor man den Bogen in den Schaft einsetzt, empfiehlt es sich, den Bogen vorzubiegen. Suche dir dafür einen möglichst runden Baumstamm mit etwa 30 cm Durchmesser und biege den Hartholzast etwas mehr als 180° um den Stamm. So verteilen sich die Biegekräfte besser und der Ast bricht nicht schon beim Vorbiegen. Nun kannst du den Bogen einsetzen. Fahre zuerst mit dem dünneren Bogenende mit den Seitenästen in das Langloch ein 11. Erst im zweiten Schritt steckst du das dickere Bogenende durch das andere Loch 12.

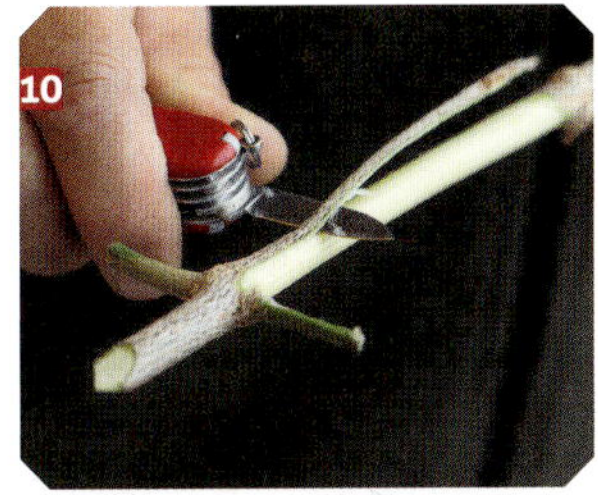
10

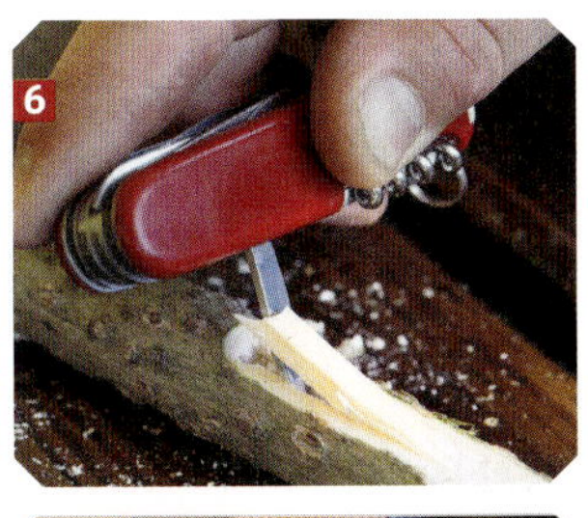
6

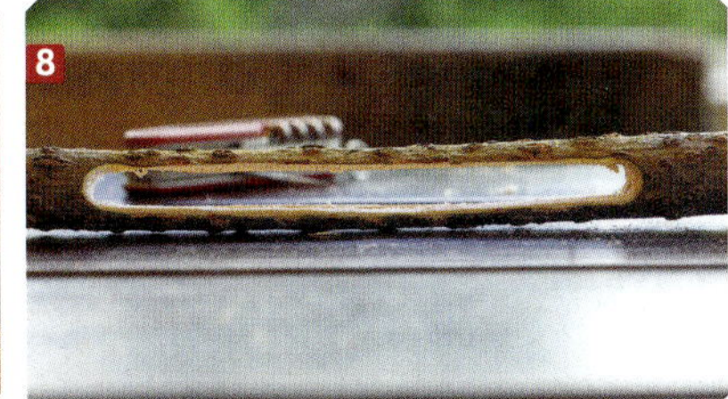
8

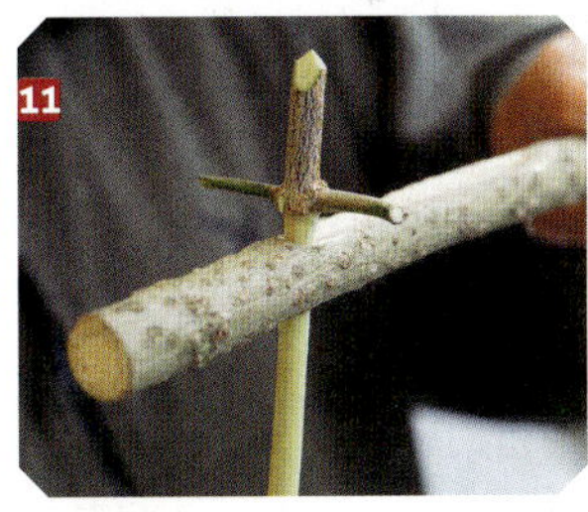
11

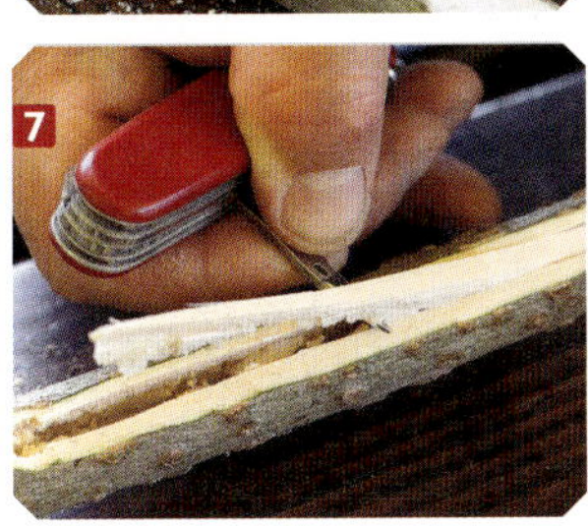
7

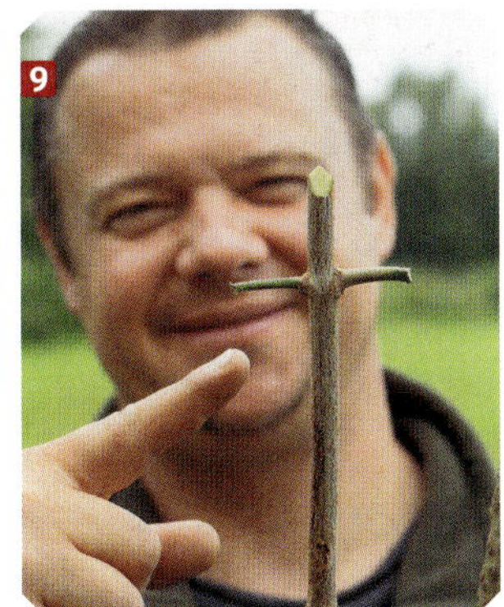
9

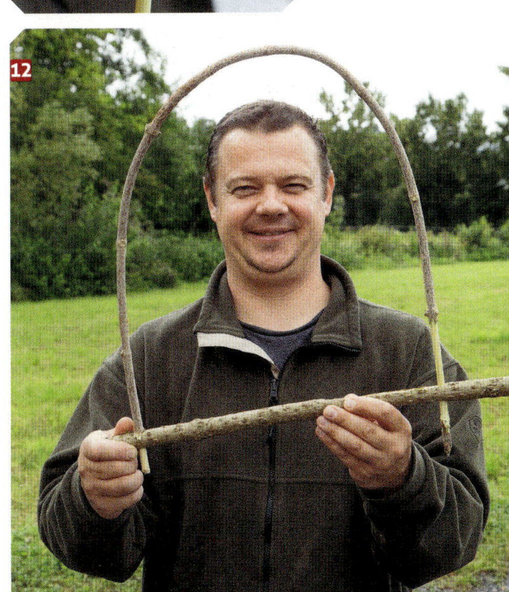
12

In den folgenden Schritten schnitzt du eine Rampe mit Führung für den Pfeil in den Schaft. Säge dazu einen 1 cm tiefen Einschnitt 2–3 cm eingerückt vom Langlochende 13. Spalte dann ein 1 cm dickes Segment vom Schaft ab 14. Schnitze dann mit der Feinschneidetechnik diese Auflage flach 15 und entferne das Mark des Holzes 16. Lege nun die Holzsäge flach auf die Auflage und säge ein paar Millimeter tief in den Schaft Richtung Langloch. In diese Nut schiebst du später die Pfeilflügel 17. Jetzt kannst du den Hartholzbogen wieder einsetzen.

Zum Schluss schnitzt du den Pfeil. Als Flügel hat sich ein dünner Karton oder, noch besser, ein Stück dünnes Plastik bewährt. Schneide dir die Flügel zurecht, in Form und Dimension, wie es dir gefällt 18. Spalte nun den Schaft des Pfeils an der dünnen Seite etwas tiefer ein, als dein Flügel lang ist, und stecke den Flügel in den Spalt 19. Binde dann die Spaltflächen mit etwas Schnur zusammen 20. Nimm jetzt die Nadel aus dem Nadelschacht deines Taschenmessers 21.

Falls du in deinem Messer keine Nadel hast, kannst du auch einen dünnen Nagel oder ein Stück Draht von einer Büroklammer oder etwas anderes als harte, dünne Spitze verwenden. Spalte wie beim Flügel nun die dicke Seite des Pfeil-Schaftes ein paar Zentimer tief ein, und schiebe die Nadel mit der Spitze nach außen rein 22. Binde auch hier die Spaltflächen mit Schnur wieder fest zusammen 23.

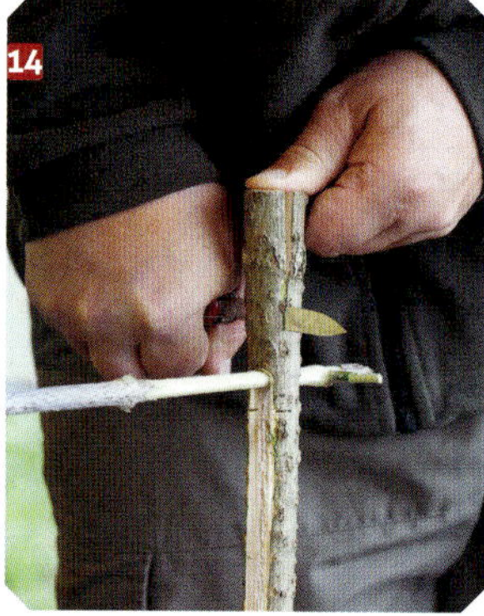
14

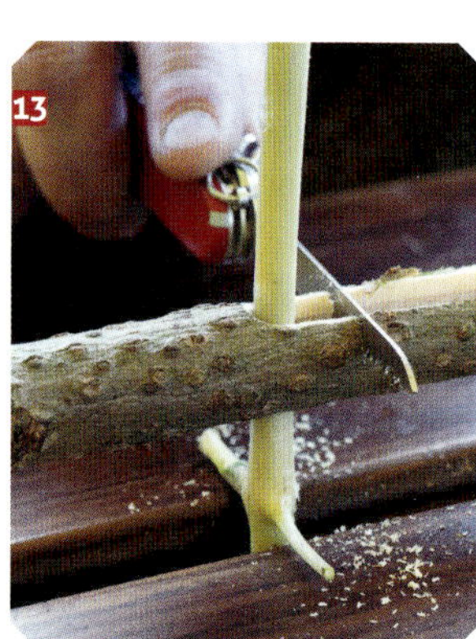
13

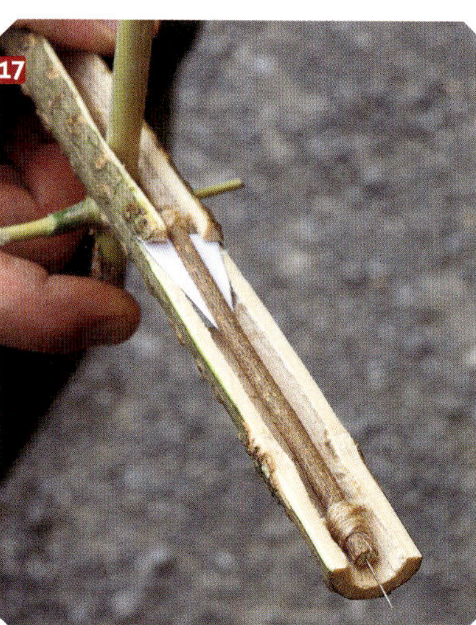
17

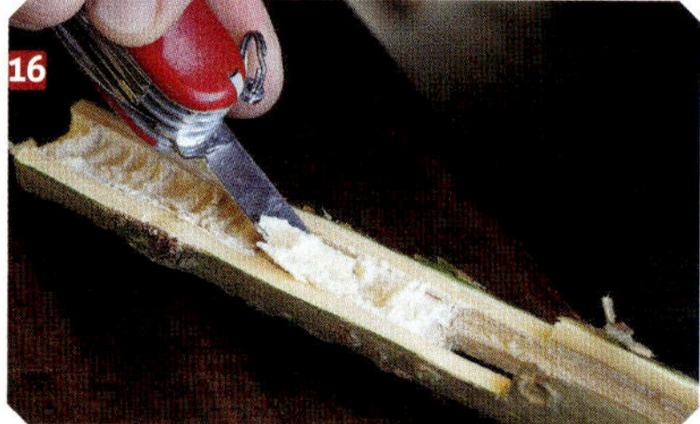
16

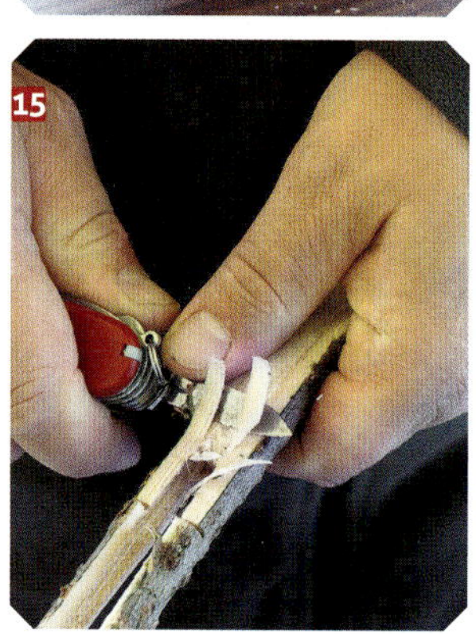
15

Das Schießen mit dem Indischen Flitzebogen braucht etwas Übung 24. Ich nehme gerne eine alte Styroportafel als Ziel, der Pfeil steckt aber auch gut in Holz fest. Beim Schießen mit dem Flitzebogen musst du die üblichen Sicherheitsregeln beachten, die du auf Seite 53 nachlesen kannst. Ob Inder, Schweizer oder wer auch immer … ich denke, es macht allen Leuten Spaß, mal mit so einem Flitzebogen auf einen aufgeblasenen Ballon oder ein anderes Ziel zu schießen.

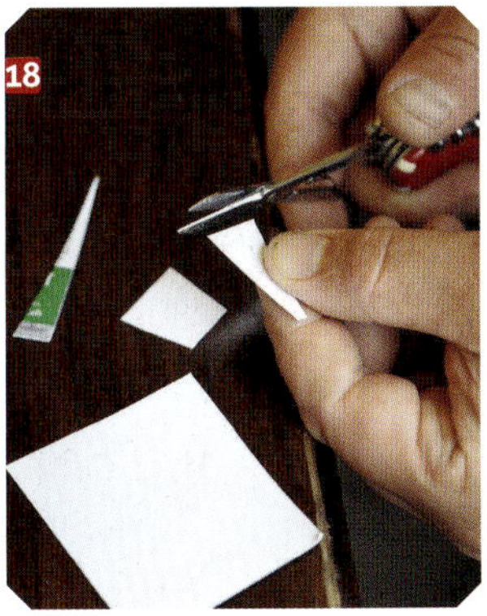

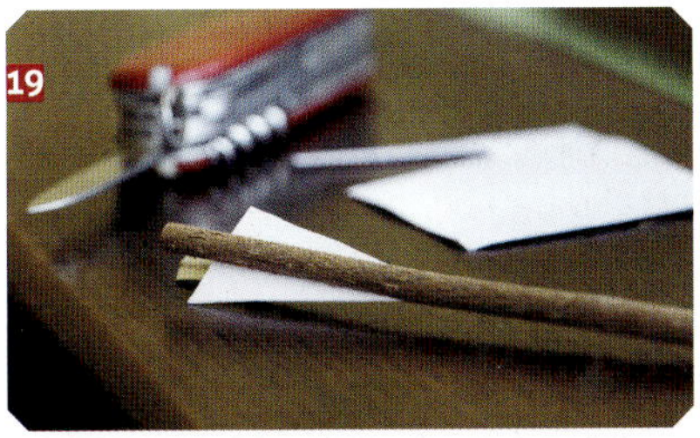

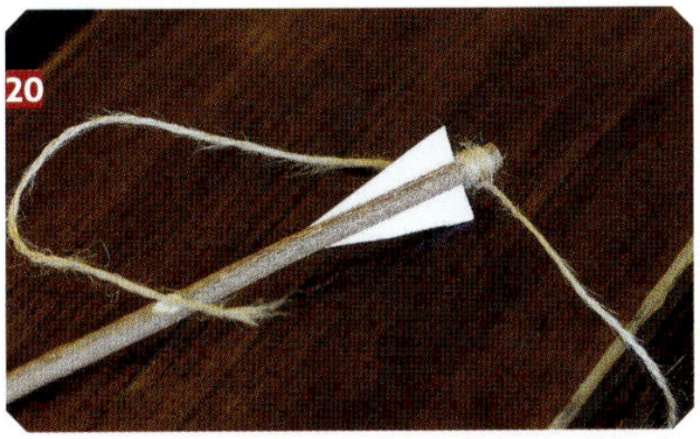

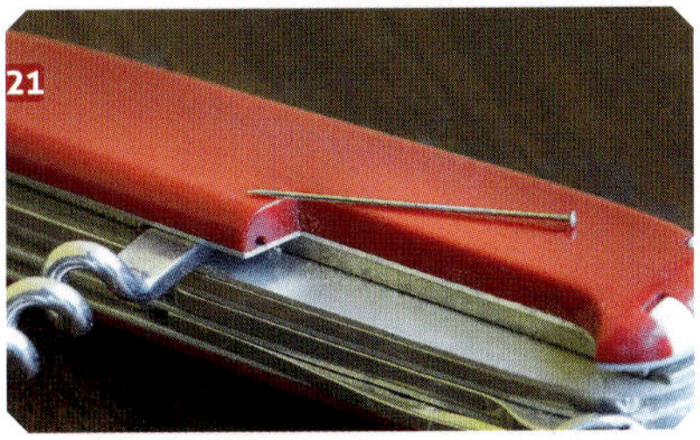

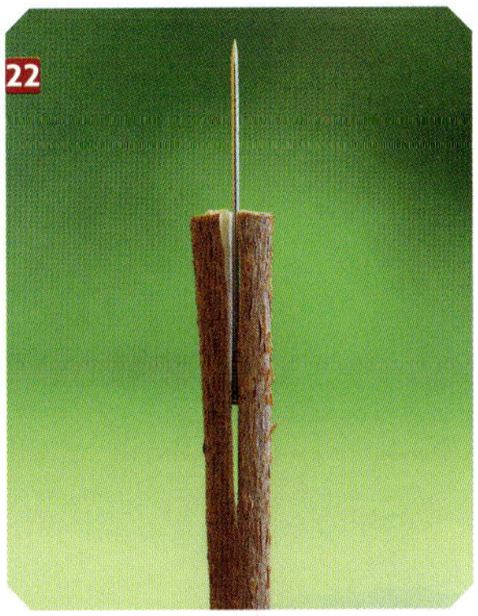

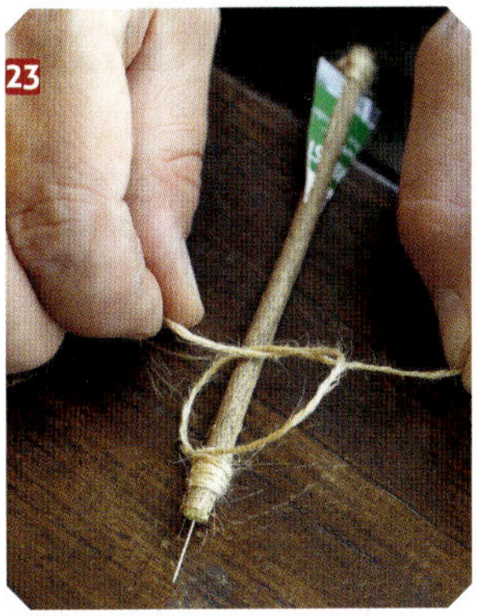

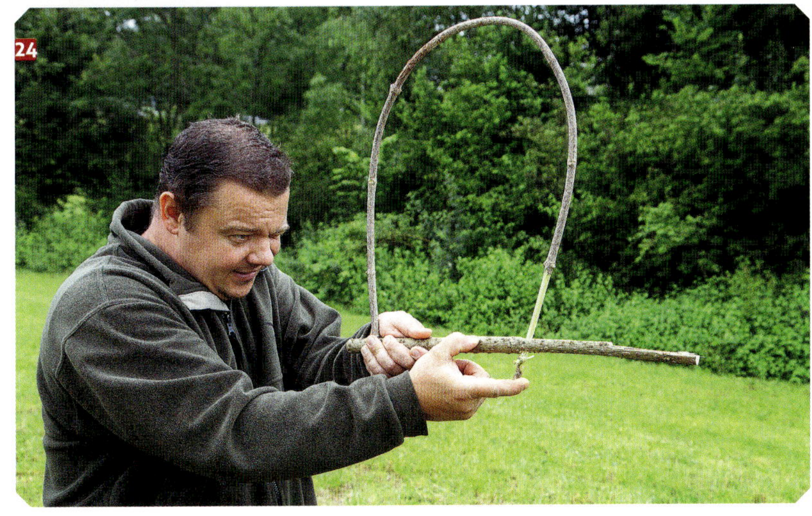

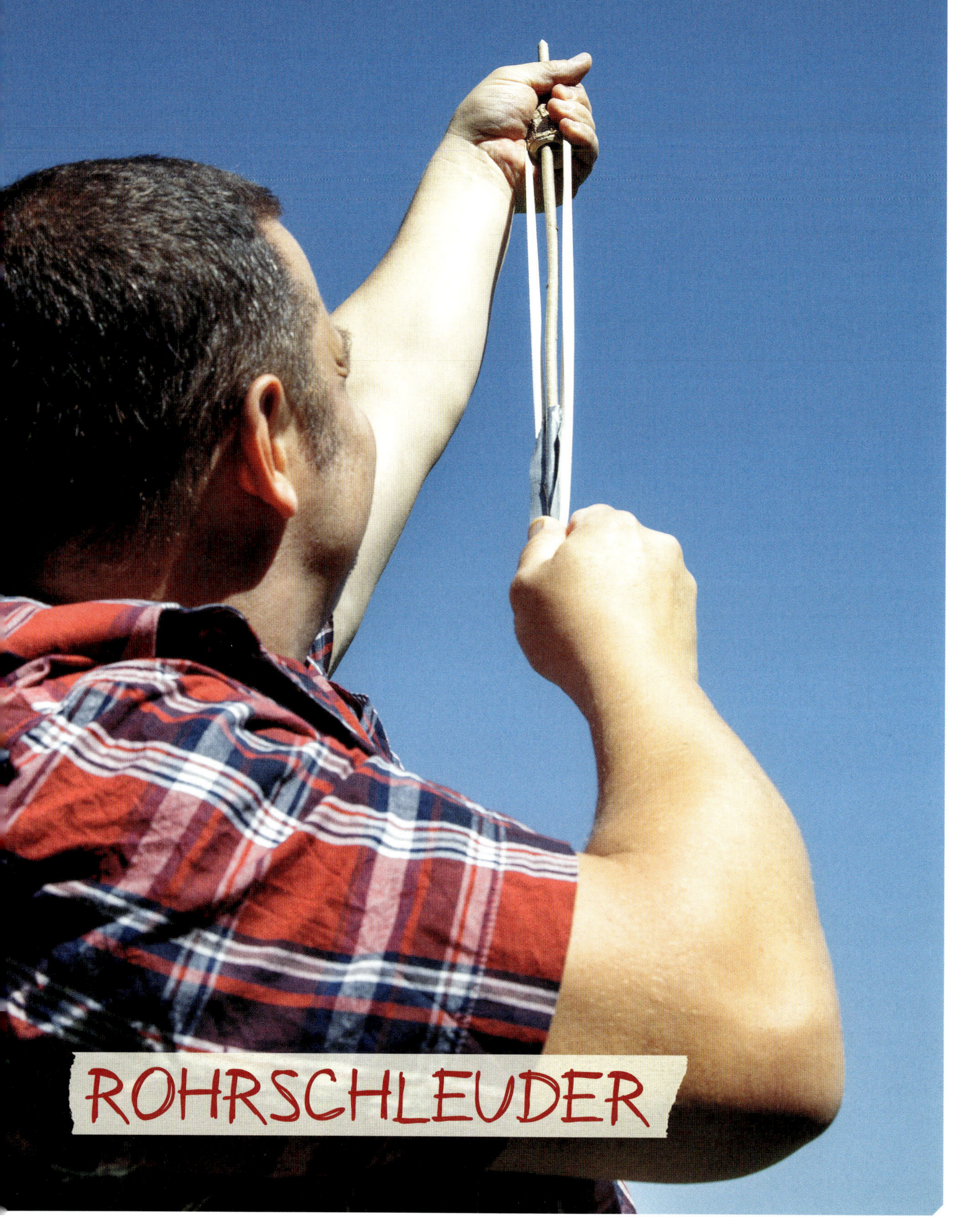

ROHRSCHLEUDER

Im Jahre 2014 veröffentlichte Stefan Hinkelmann auf seinem YouTube-Kanal »Survival Deutschland« ein Video mit dem Titel »Kondom des Grauens«. Mit einem Kondom, dem Verschluss einer PET-Flasche und einem Schaschlikspieß baute er eine Schleuder, die mich für dieses Projekt inspiriert hat.

Für die Rohrschleuder benötigt man ein Stück Holunderast mit einer Länge von 8–10 cm und einem Durchmesser von 3 cm oder mehr; dazu ein Stück Schnur, zwei starke Gummibänder und ein Taschenmesser **1**. Für den Pfeil braucht man ein gerade gewachsenes Haselästchen, das so lang ist wie die Länge von deinem Brustbein bis zu deinem ausgestreckten Zeigefinger **2**. Außerdem wird ein Nagel, die Taschenmessernadel oder ein Stück Draht als Pfeilspitze und etwas Klebeband für die Befiederung benötigt **1**.

Starte mit dem Rohr. Entnimm zuerst dem Stück Holunderast das Mark mit dem Korkenzieher **3** und der Säge **4**. Weite das Loch auf, indem du von beiden Seiten die Säge ins Loch drehst. Nun kannst du das Loch mit der kleinen und der großen Klinge weiter ausschnitzen **5**, bis es mindestens einen Durchmesser von 2 cm hat **6**. Schnitze mit der kleinen Klinge dann eine Phase an die Kanten **7** und säge eine umlaufende Nut etwa ein Drittel von dem vorderen

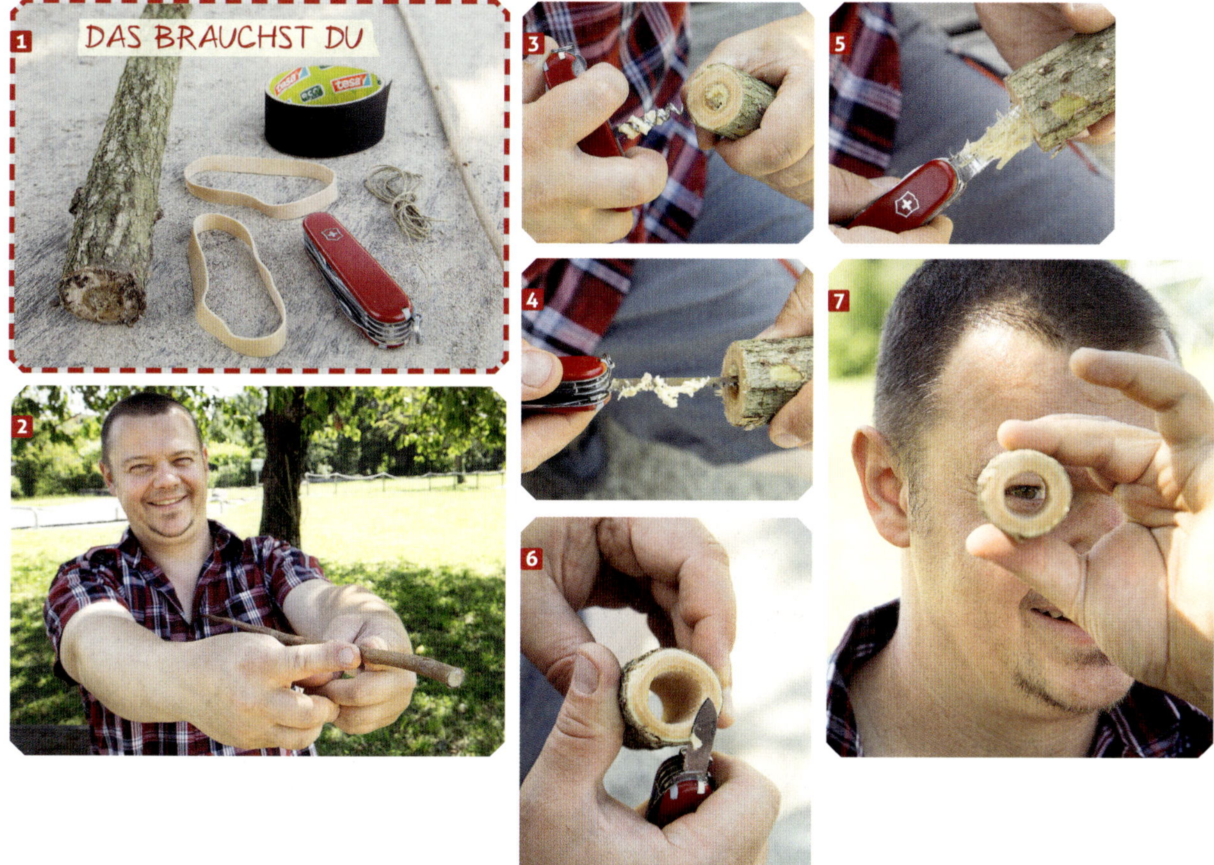

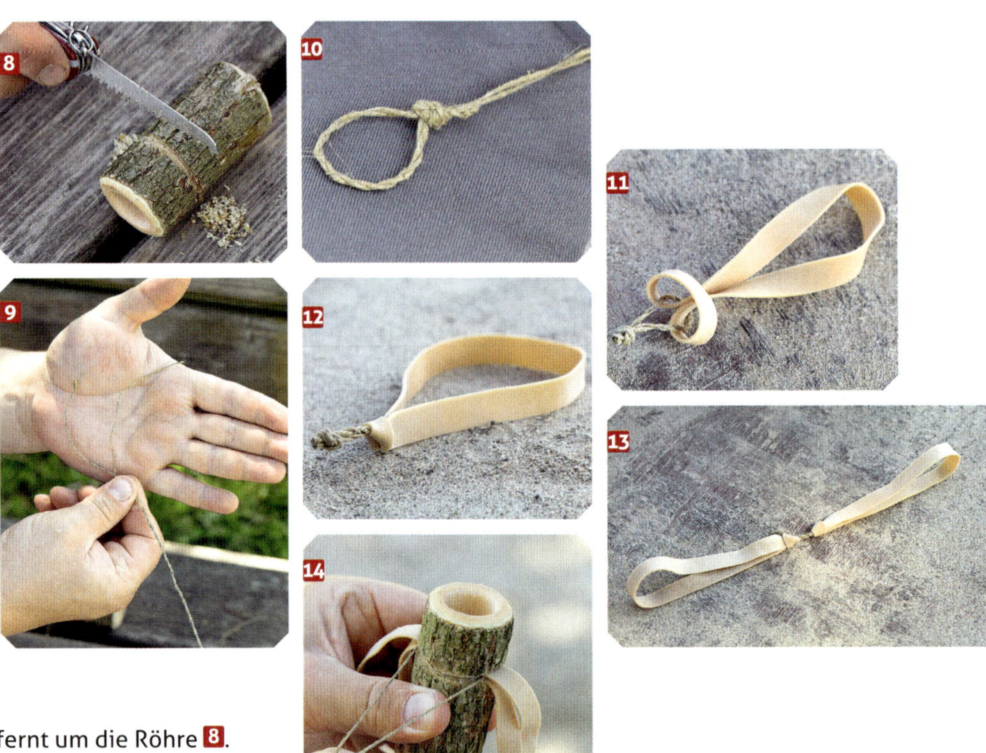

Ende entfernt um die Röhre 8. Nimm dann eine dicke Schnur oder verzwirne eine dünne Schnur zu einer Kordel 9 und knüpfe eine feste Schlaufe 10. Knote nun die beiden Gummis, wie es auf dem Bild gezeigt wird, in diese Schlaufe so ein 11, 12, dass du dann jeweils auf einer Seite der Schlaufe einen Gummi hast 13. So erhältst du das Spannelement bestehend aus zwei Gummis und einem schlanken Mittelteil aus Schnur, in welches später die Pfeilkerbe eingehängt werden kann. Befestige nun die beiden Gummienden an der Röhre, indem du vorher eine Schnur durch die Gummis schlaufst und in der Kerbe am Rohr festbindest 14.

Die Schleuder ist jetzt fertig 15, nun fertigst du den Pfeil an. Säge durch die dünne Seite des Pfeils mit der Säge vorsichtig eine Nut. In diese Nut kann die Schnur eingehängt werden 16. Weil man bei dieser Arbeit gegen den Körper sägt, empfehle ich, den Stock mit dem Fuß festzuklemmen. Der Schuh schützt den Fuß, falls man abrutschen sollte. Schnitze nun auf der anderen Seite des Pfeils eine Spitze an 17. Mit zwei Stück Klebeband, das du dann von unten und von oben möglichst exakt übereinander klebst, improvisierst du eine Befiederung 18. Diese muss nun mit der Schere oder mit einer Klinge schlank geschnitten werden, sodass sie problemlos durch das Loch im Rohr hindurchpasst 19.

Nun ist deine Rohrschleuder fertig 20. Bitte beachte beim Schießen die üblichen Sicherheitsregeln, die du auf Seite 53 findest. Nun wünsche ich dir viel Spaß beim Schleudern mit dem Rohr … oder eben beim Rohrschleudern!

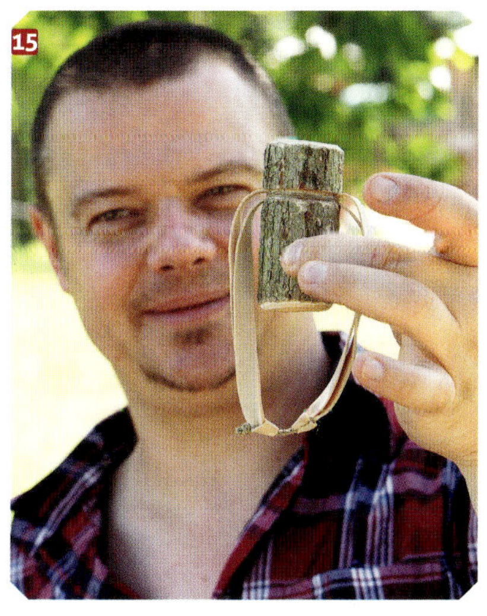
15

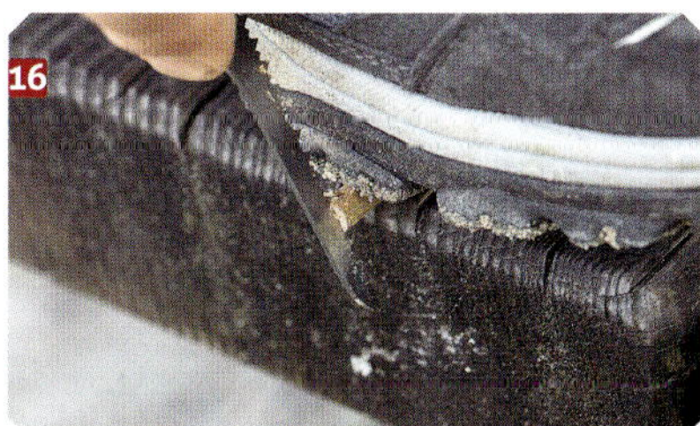
16

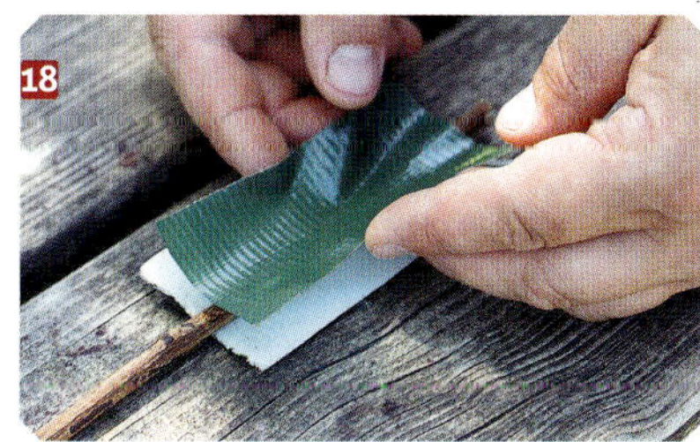
18

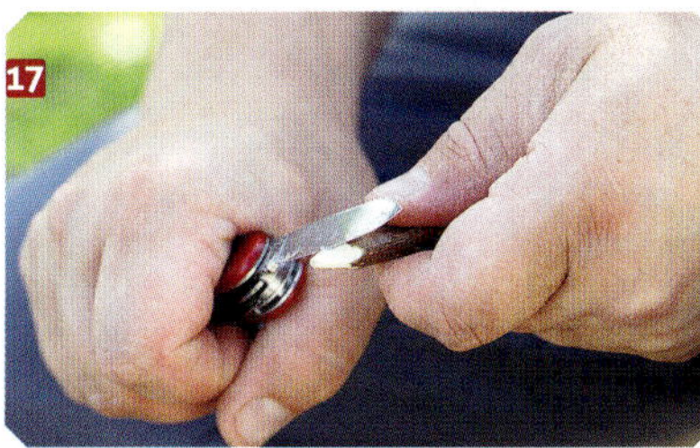
17

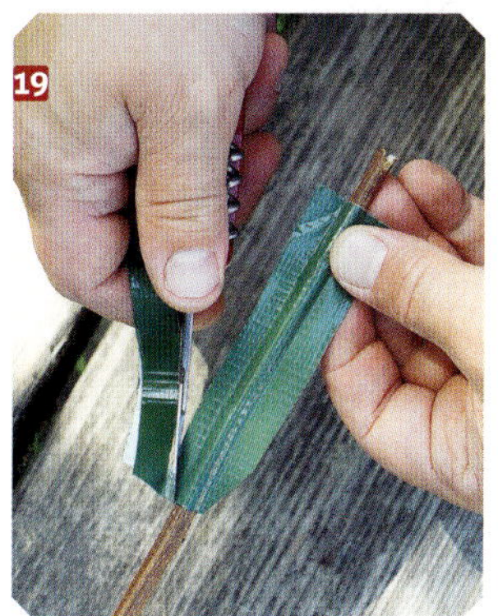
19

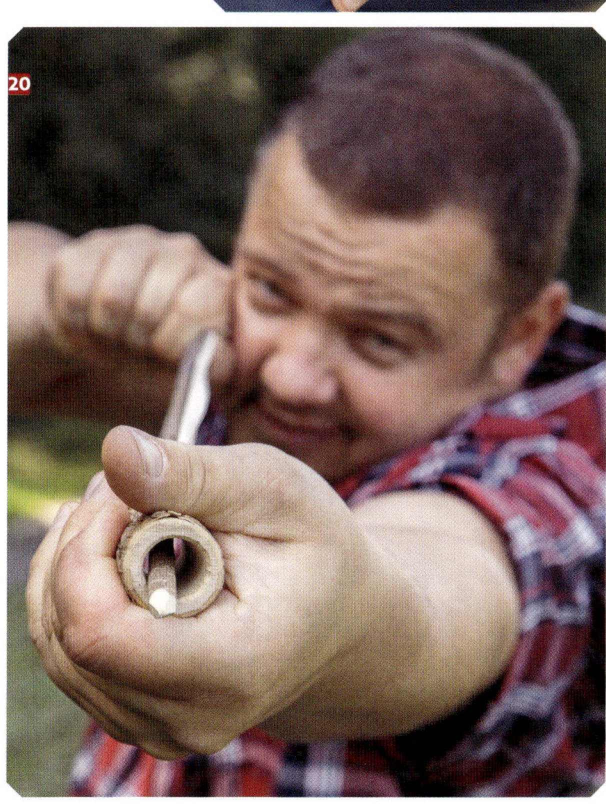
20

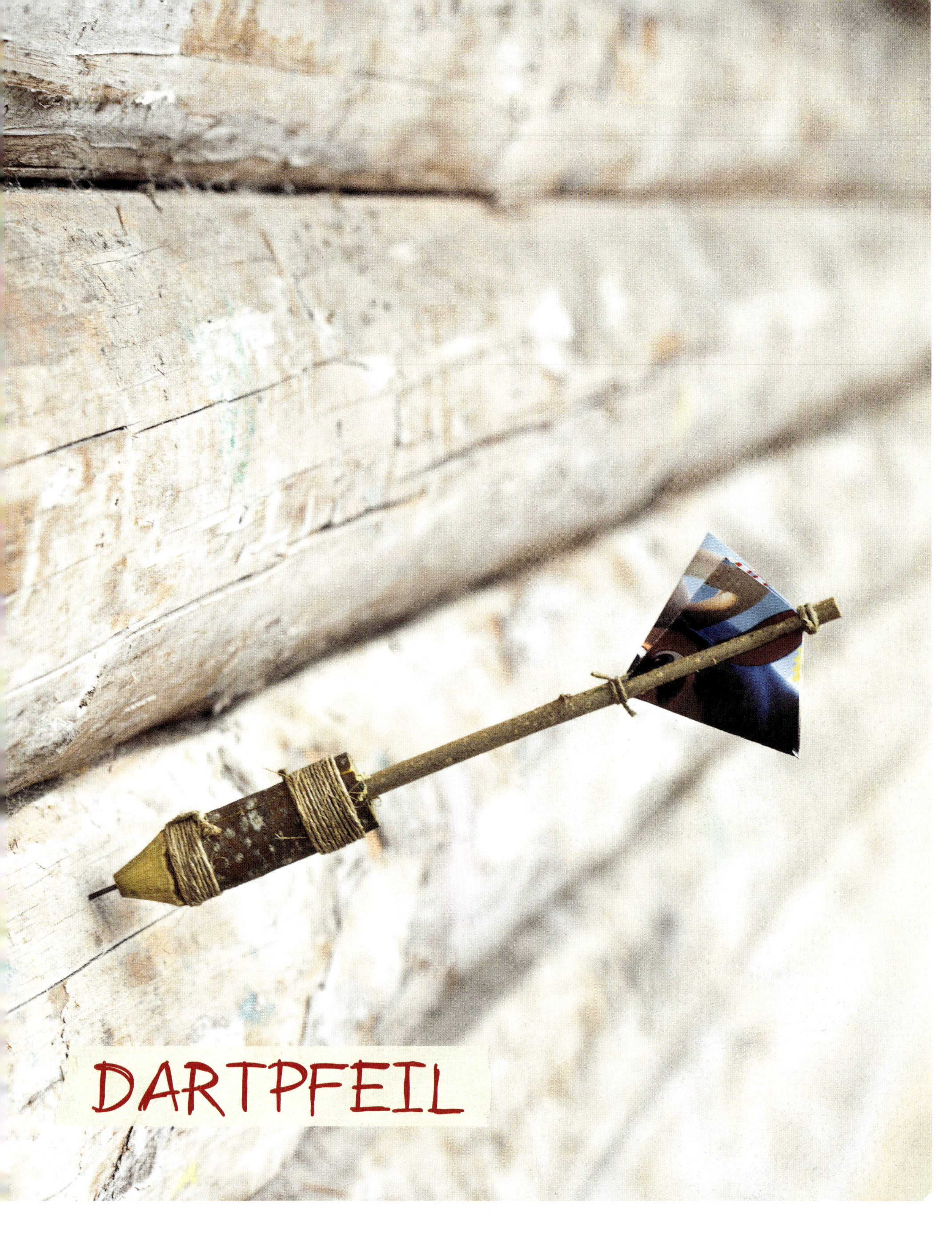

DARTPFEIL

Einen selbst geschnitzten Dartpfeil aus Holz habe ich vor meinen Dartpfeil-Schnitzversuchen noch nie gesehen. Nach den ersten Wurftests mit ihm hatte ich so viel Freude am Projekt »Dartpfeil«, dass ich es unbedingt weiterentwickeln und in diesem Buch vorstellen möchte.

Ein Dartpfeil kann in verschiedenen Größen gebaut werden. In der folgenden Anleitung schnitze ich einen Pfeil von etwa 16 cm Länge. Diese Größe hat sich in meinen Versuchen als ideal erwiesen.

Um einen Dartpfeil zu bauen, brauchst du: ein Taschenmesser; als Dartpfeil-Schaft einen 5–6 mm dünnen, gerade gewachsenen, 13 cm langen Ast; als Griff ein etwa 2 cm dickes, circa 10 cm langes, gerade gewachsenes Aststück aus möglichst schwerem Holz wie Kornelkirsche, Hartriegel, Buchs oder Hainbuche; ein 10 x 10 cm großes Stück beschichtetes Papier für die Flügel; und einen Nagel oder einen anderen spitzen Metallgegenstand als Spitze **1**.

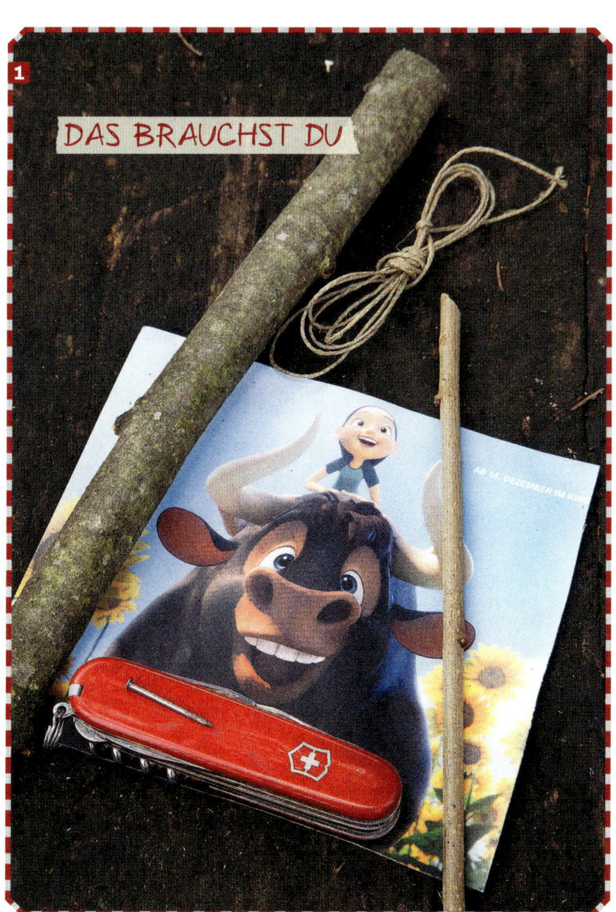

Ein Dartpfeil besteht aus vier Teilen: Flügel, Pfeilschaft, Griff und Spitze.

Beginnen wir mit der Spitze: Am einfachsten ist es, wenn du einen kleinen Nagel als Spitze verwendest. Du könntest auch die Taschenmessernadel verwenden. Diese würde aber sehr schnell verbogen sein. Aus einem Stück Draht oder aus einer Büroklammer kannst du ebenfalls eine prima Spitze herstellen, schleife einfach eine Seite spitz zu. Wenn du nichts anderes zur Verfügung hast, geht das auch mit Hilfe eines Steins.

Falls du gegen einen verrotteten Baum oder gegen ein anderes weiches Ziel schießen willst, kannst du als Spitze auch einen Dorn (zum Beispiel vom Weißdorn-Strauch) verwenden.

Für die Flügel benötigst du ein Stück dickes Papier oder dünnen Karton. Wenn das Papier wie bei einem Hochglanzmagazin beschichtet ist, dann ist es etwas weniger anfälliger gegen Feuchtigkeit. Auch Packpapier eignet sich ziemlich gut.

Falte das Papier über Kreuz zweimal in der Hälfte 2 und zweimal über Kreuz diagonal, sodass du danach einen Stern als Falzmuster hast 3. Falte nun das Papier so zusammen, dass vier Flügel entstehen 4, 5. Klappe die vier Flügel übereinander und schneide auf der offenen Seite ein Reststück ab, sodass ein gleichseitiges Dreieck entsteht 6. Dann kannst du die Flügel wieder aufklappen 7.

Jetzt der Schaft: Spalte den Ast am dünneren Ende über Kreuz so ein, dass der angefertigte Flügel eingeschoben werden kann 8, 9. Ich mag es, wenn ich den Flügel so weit einschieben kann, dass ich vor und hinter dem Flügel noch eine Sicherungsbindung anbringen kann 10.

Zuletzt der Griff: Bei einem gekauften Dartpfeil macht der Griff etwa 90 % des Gesamtgewichts aus. Schneide von dem Ast ein etwa 7 cm langes Stück ab. Das entspricht etwa der Länge der großen Klinge 11. Schnitze dem Griff nun eine Spitze an und spalte ihn 12. Nimm nun den Nagel, den du als Spitze verwendest, lege ihn zwischen die beiden Holzhälften und drücke diese kräftig zusammen 13. Nun hast du auf beiden Hälften die Abdrücke des Nagelkopfes am richtigen Ort.

Mit der kleinen Klinge arbeitest du jetzt entlang des Marks beider Hälften. Schnitze in der Mitte jeweils eine kleine Nut heraus 14.

Auch beim Abdruck des Nagelkopfes schnitzt du eine kleine Vertiefung, jedoch nur so groß, dass der Nagel beim Zusammenfügen der Hälften noch eingeklemmt wird 15. Auf der gegenüberliegenden Seite der Spitze schnitzt du auf beiden Hälften eine etwa 2 cm lange Vertiefung ein, in die der Schaft geklemmt wird 16. Füge nun alles zusammen und bringe um den Griff zwei straffe Schnurwicklungen an 17.

Nun ist der Dartpfeil fertig. Bravo! Aber Achtung: Es gelten auch hier die Sicherheitsregeln auf Seite 53 wie bei allen Schleuder-, Wurf- und Schießprojekten. Good darts!

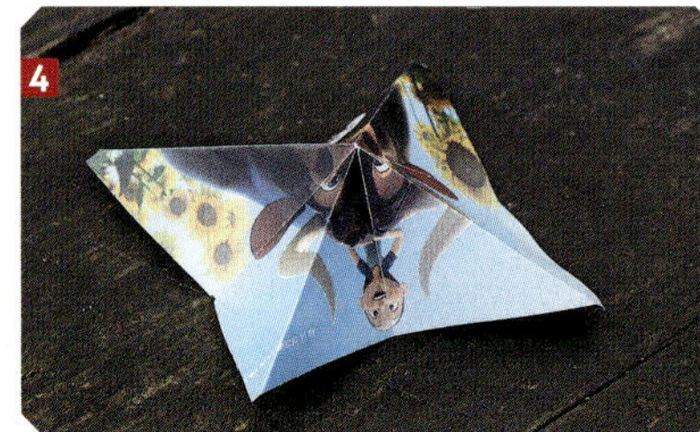
4

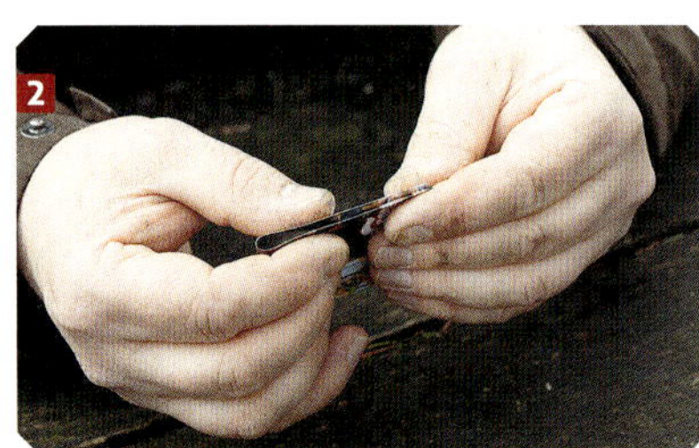
2

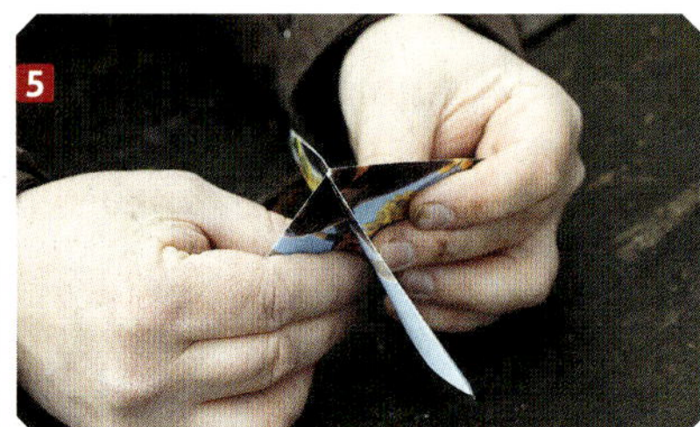
5

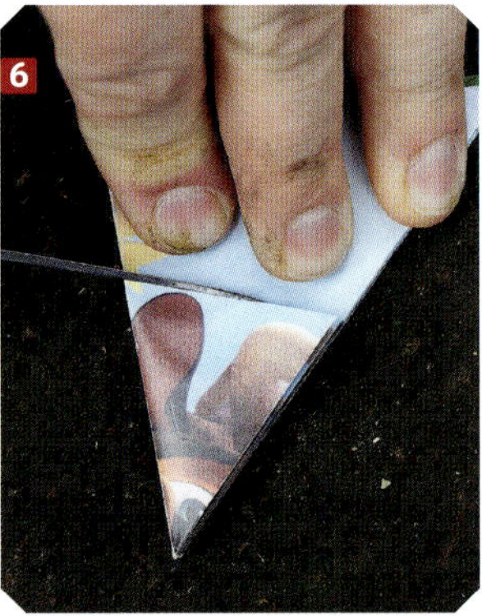
6

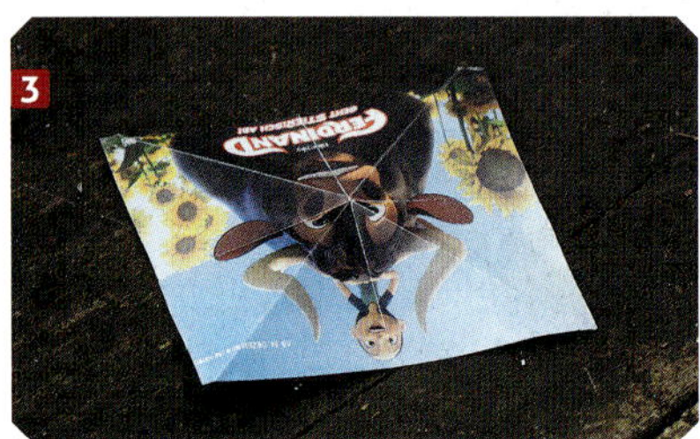
3

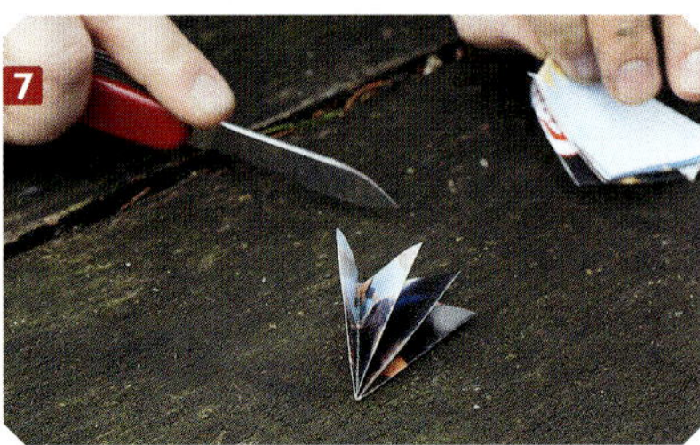
7

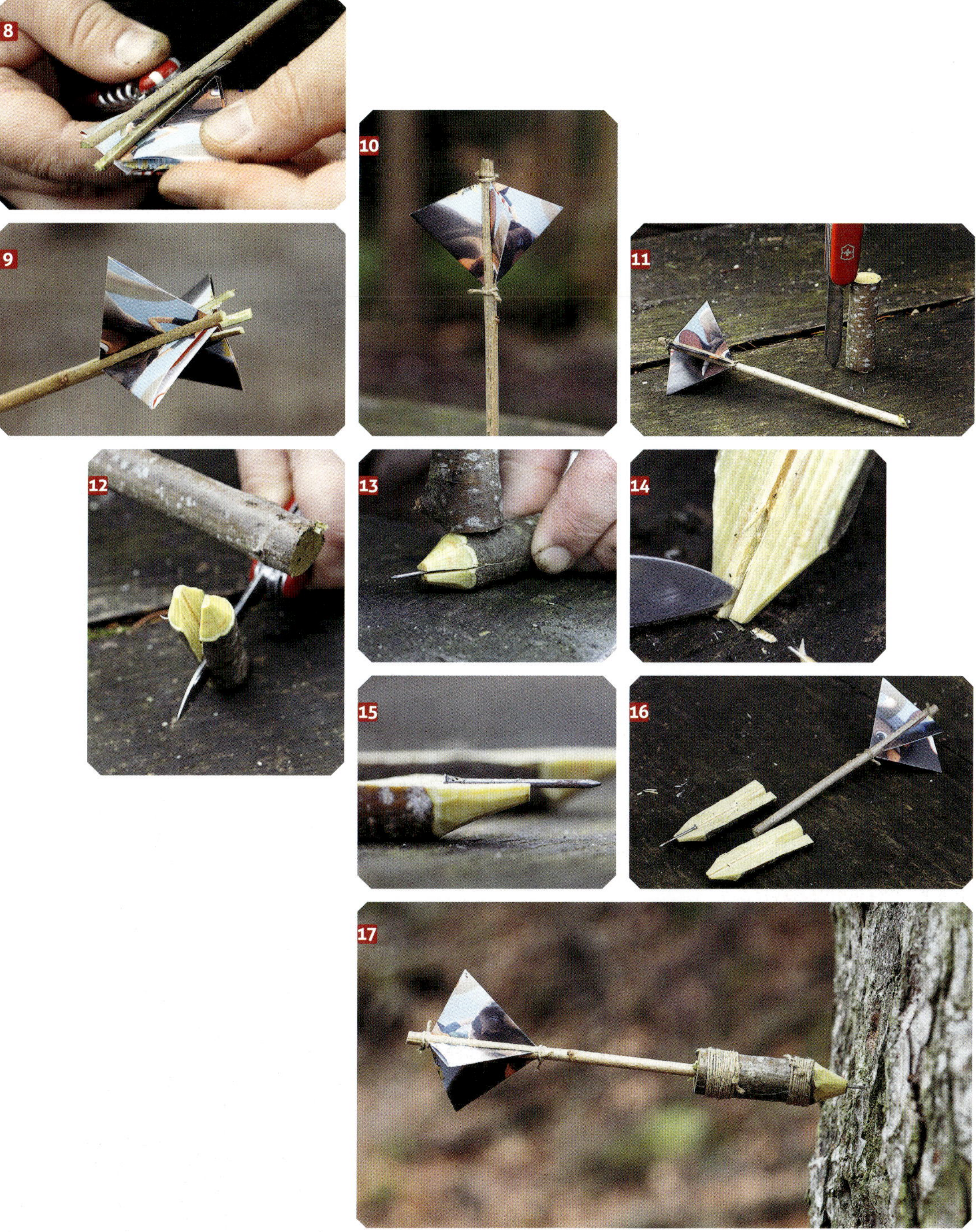

8
9
10
11
12
13
14
15
16
17

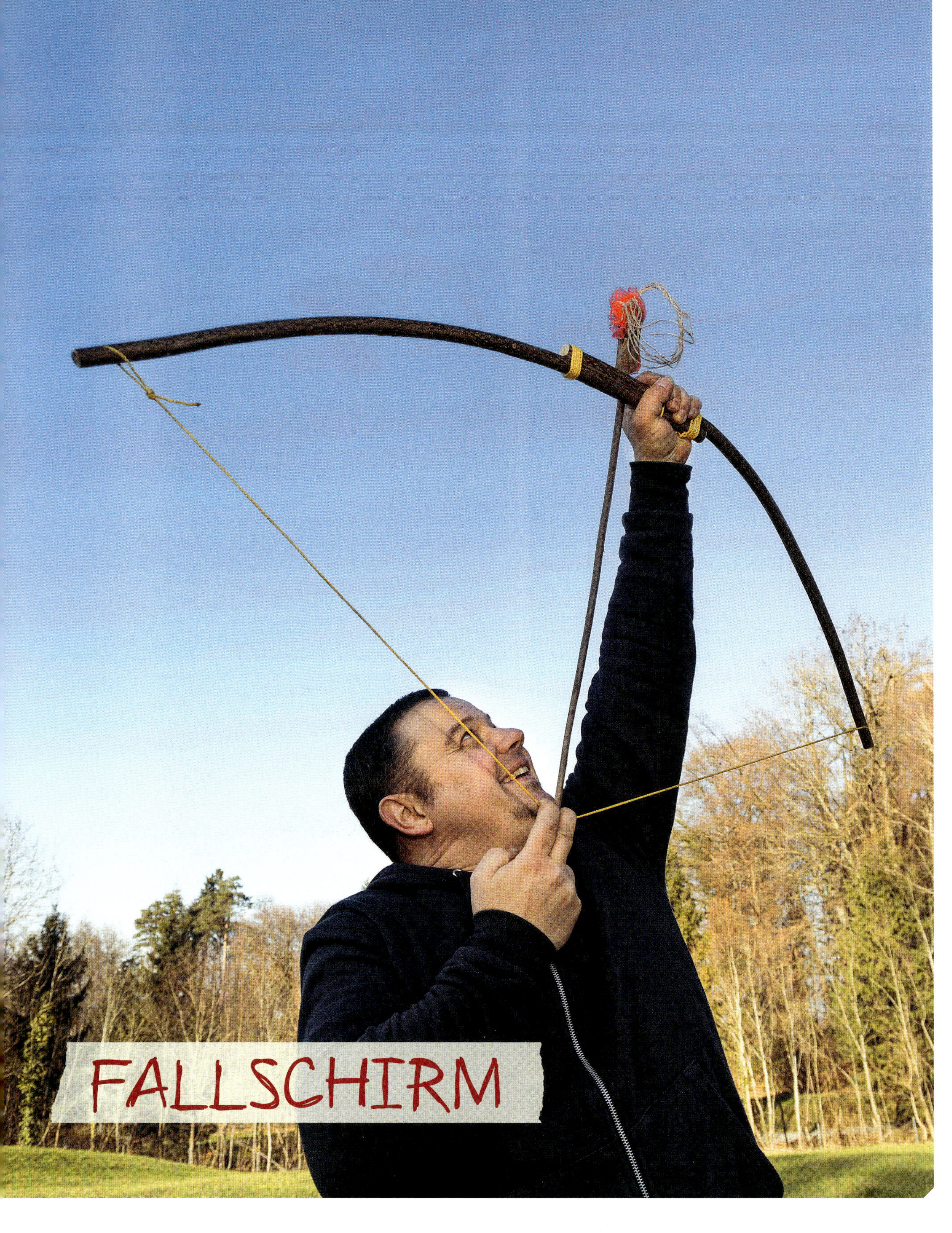

FALLSCHIRM

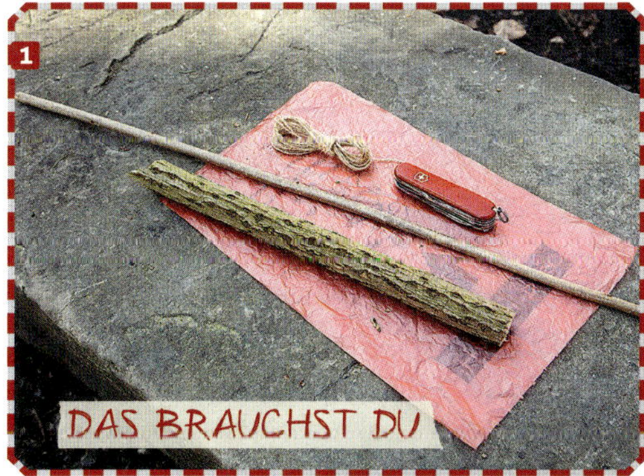

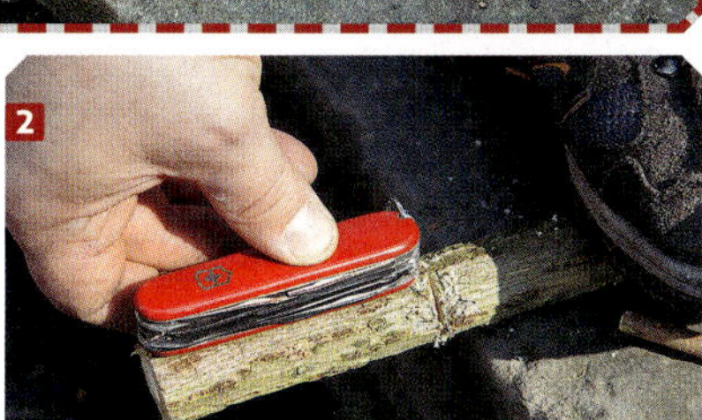

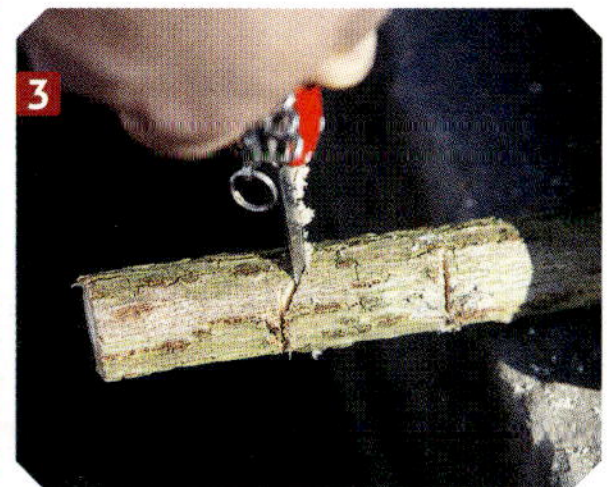

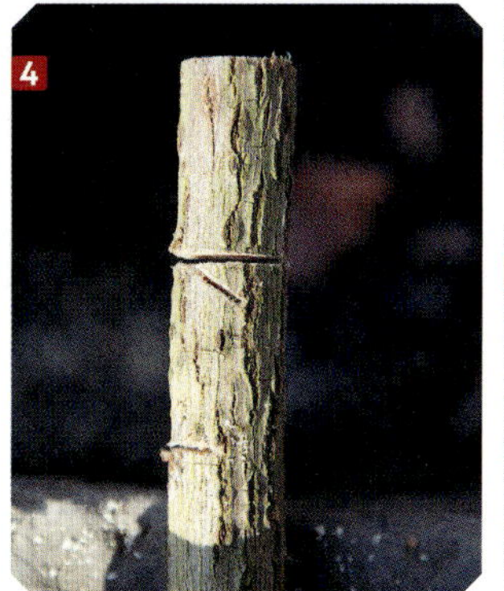

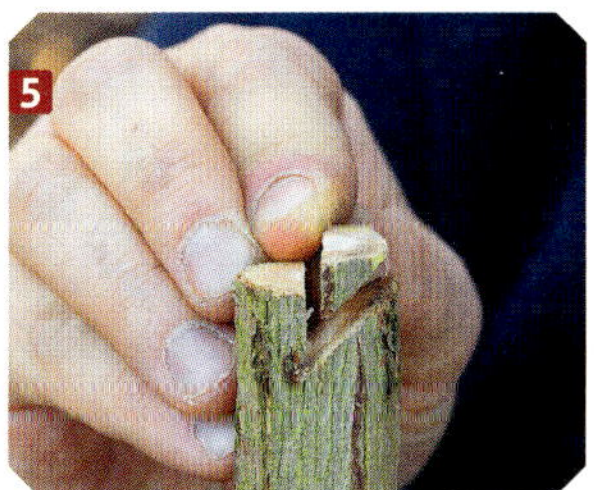

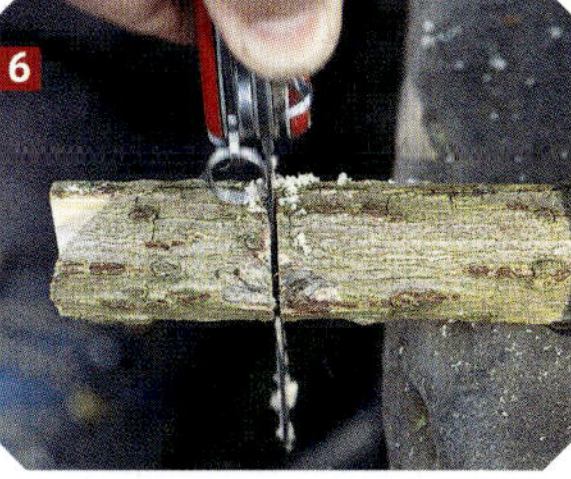

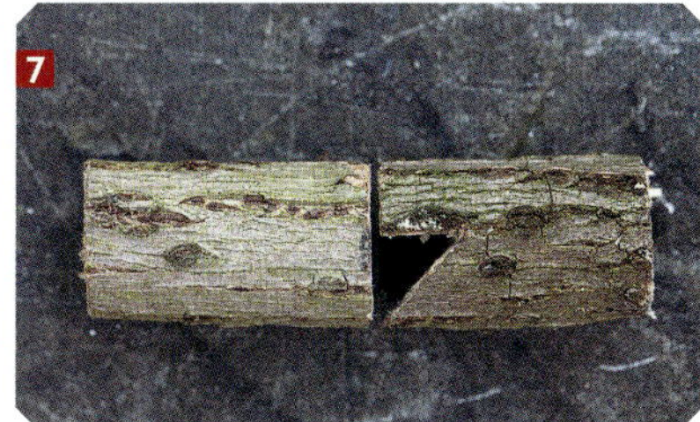

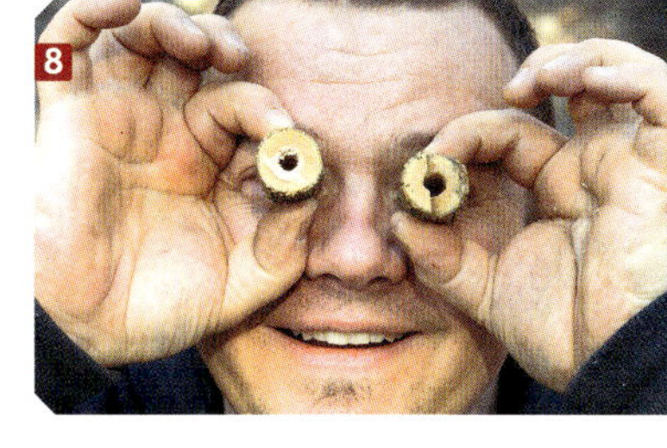

Einen Fallschirm zu bauen, war die großartige Idee meines Fotografen Matthew Worden. Er hatte als Kind einen Spielzeugfallschirm, den er mit einer Art Rakete in die Luft katapultieren konnte und der sich dann beim Absinken öffnete und sanft auf der Erde landete. Seine Idee war es nun, einen Fallschirm mit einem Pfeilbogen oder einer Steinschleuder in die Luft zu befördern. Also baute er einen Prototypen mit Bremsfallschirm und allem Drum-und-Dran. Leider funktionierte dieses Fluggerät (wie so oft bei Prototypen) nicht auf Anhieb. Also tüftelten wir beide daran weiter. Schließlich stießen wir auf eine einfache Lösung, die uns überzeugte.

Wie man einen für den Fallschirm geeigneten Bogen baut, kannst du ab Seite 61 nachlesen.

Für den Pfeil brauchst du einen gerade gewachsenen Haselschößling, für Pfeil und Fallschirm benötigst du ein Stück Holunderast mit einem Durchmesser von etwa 2,5 cm. Für den Fallschirm brauchst du außerdem eine Plastiktüte (zum Beispiel ein Hundekotsäcklein), einige Meter feine Schnur und ein Feuerzeug **1**.

Säge am Holunderast eine Taschenmesserlänge von einem Ende entfernt einen Markierungsschnitt **2**. Setze dann in der Mitte des markierten Holunderstückes die Säge an und schneide in einem Winkel von circa 45° bis ein wenig über die Mitte des Astdurchmessers ein **3**. Setze danach die Säge erneut in der Mitte des Holunderstückes an und schneide den Ast durch **4**.

Spalte beim Stück mit dem 45°-Winkel ein Dreieck heraus **5**. Säge nun beim Markierungsschnitt den Ast vollständig durch **6**. Du hast jetzt zwei etwa 4,5 cm lange Stücke vor dir: eines mit einer Kerbe, das andere ohne Kerbe **7**. Mit Ahle und Korkenzieher kannst du nun das Mark beider Teile herausarbeiten **8**.

Nimm dann den Haselast für den Pfeil und schnitze die ersten 10 cm der dicken Seite dünner, sodass der abgeschnittene Holunderast ohne Kerbe übergestülpt und zurückgestoßen werden kann, bis er klemmt 9. Schneide jetzt den vorstehenden Haselschößling 3 cm vor dem geklemmten Holunderstück ab. Das zweite Stück (das mit der herausgespaltenen Kerbe) muss nun auf die überstehende Spitze gesteckt werden können, ohne dass es klemmt 10, 11. Es ist enorm wichtig, dass das zweite Stück genügend Spiel (Bewegungsspielraum) hat. Säge auf der anderen Seite des Pfeils eine Kerbe, die beim Schießen als Aufnahme für die Bogensehne dient 12, 13.

Für den Fallschirm verwende ich ein Hundekot-Säckchen 14. Solche Säckchen findet man häufig gratis dort, wo Hunde mit ihren Menschen spazieren gehen. Klappe die offene obere Kante des Säckchens nach unten auf die Schweißnaht 15. Klappe nun von unten eine Ecke nach oben an den neu entstandenen Falz, sodass ein Dreieck mit einem 45°-Winkel entsteht 16, und falte das Dreieck nochmals zur Hälfte, sodass ein Winkel von 22,5° entsteht. Schneide dann mit dem Messer oder mit der Schere das Plastik auf der unteren, offenen Seite ab, sodass du ein gleichschenkliges Dreieck vor dir hast 17. Schneide ebenfalls an der Spitze ein kleines Stück ab 18 und falte das Säcklein wieder auf 19. Nimm die Taschenmessernadel 20 und stecke diese mit dem Nadelkopf voran in das Mark eines kleinen Ästleins. Erhitze jetzt die Nadelspitze mit dem Feuerzeug. Brenne dann mit der glühenden Taschenmessernadel bei jedem zweiten Falz am Rand ein kleines Löchlein in das Plastik 21, sodass am Fallschirm 8 Leinen befestigt werden können. Die 8 dünnen Schnüre sind etwa 1,5-mal so lang wie der Durchmesser des Fallschirms 22. Fädle die Schnüre durch die Löcher ein und knote sie fest 23. Wenn du Klebeband zur Verfügung hast, empfiehlt es sich, die Stellen, wo die Löcher in die Plastikfolie gebrannt werden sollen, vorher mit Klebeband zu verstärken.

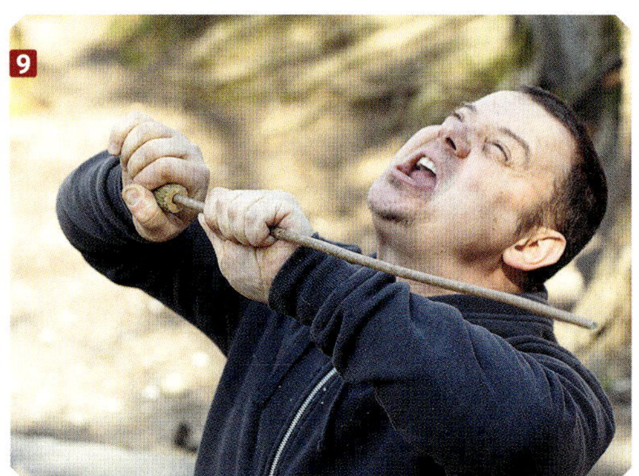
9

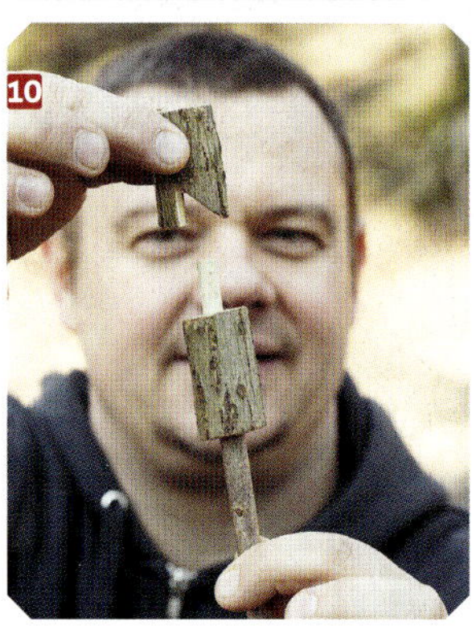
10

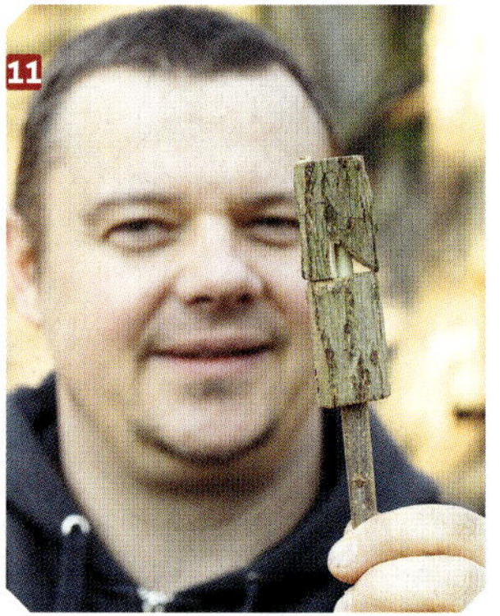
11

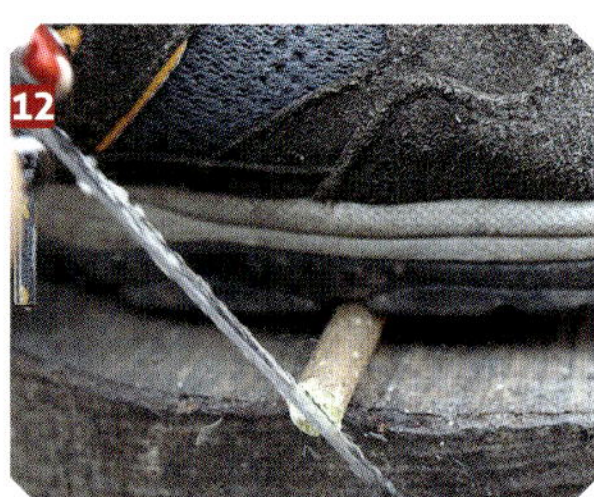
12

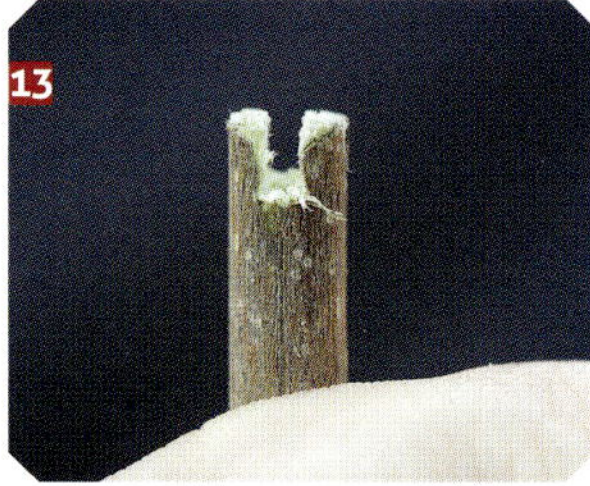
13

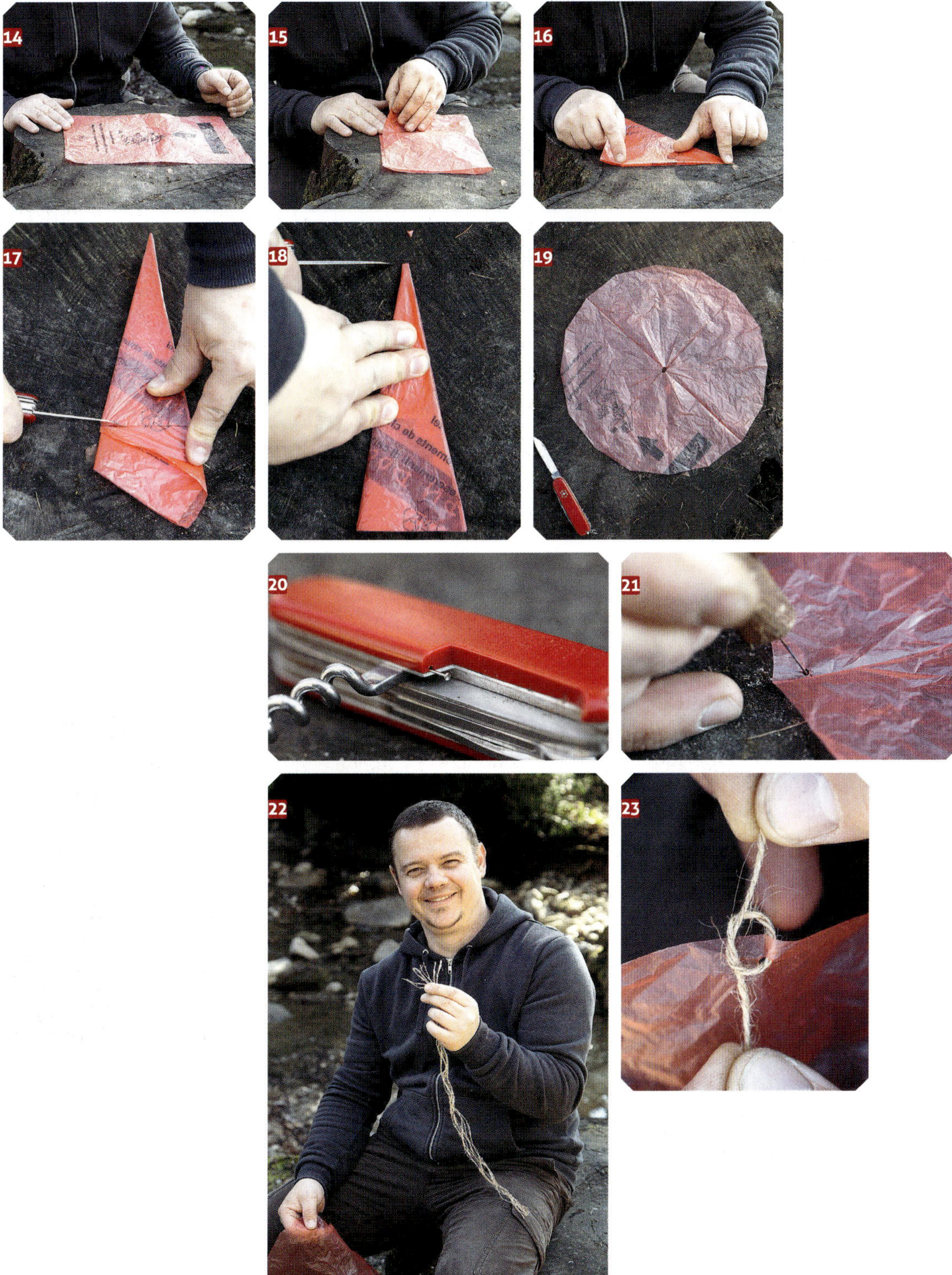
14
15
16
17
18
19
20
21
22
23

Lege nun einen schweren, möglichst runden Gegenstand (zum Beispiel einen Stein) in die Mitte des Fallschirms 24, straffe alle Leinen 25 und knote diese am Ende der Schnüre zusammen 26. Schneide die überstehenden Restschnüre ab 27 und presse den Knoten ins Loch des zuvor angefertigten Holunderstückes mit der Kerbe 28. Nun ist der Fallschirm fertig 29.

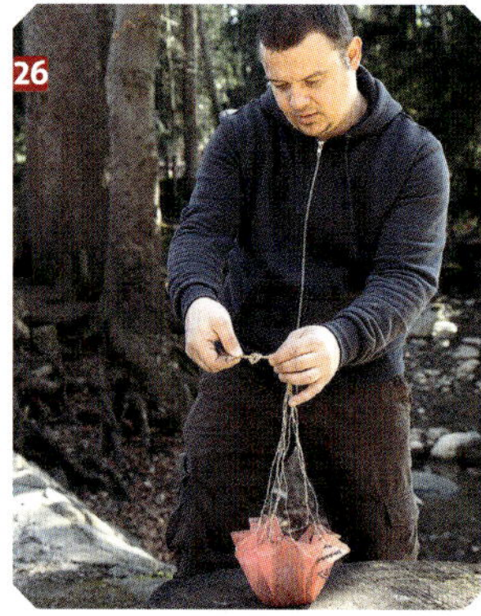
26

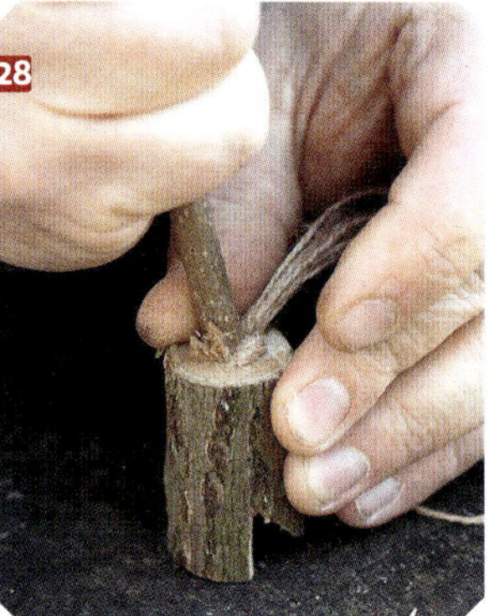
28

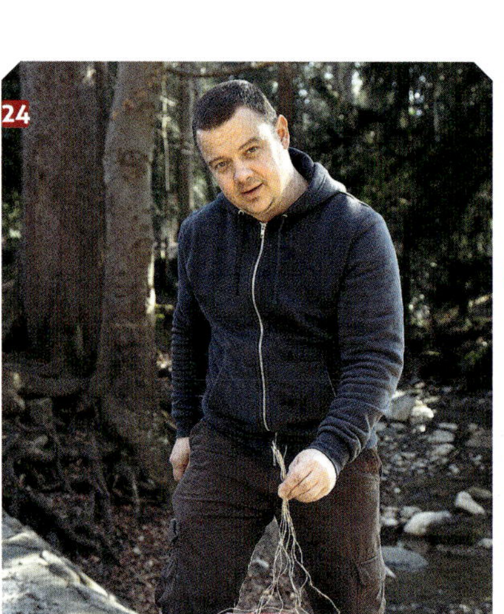
24

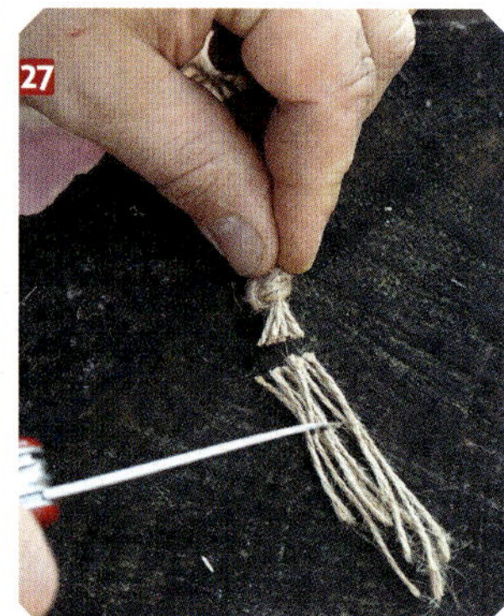
27

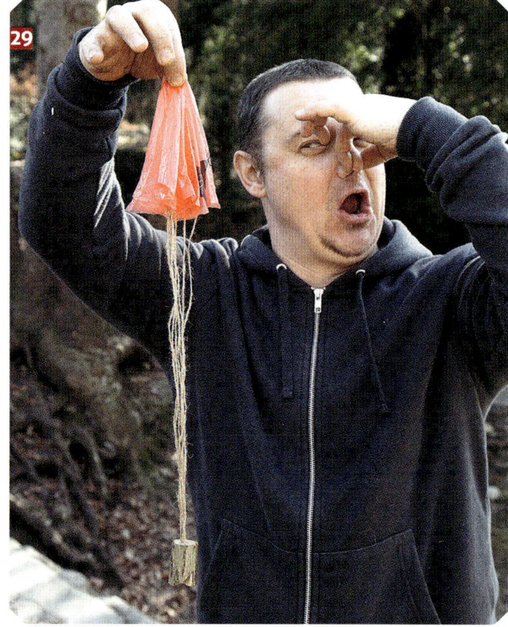
29

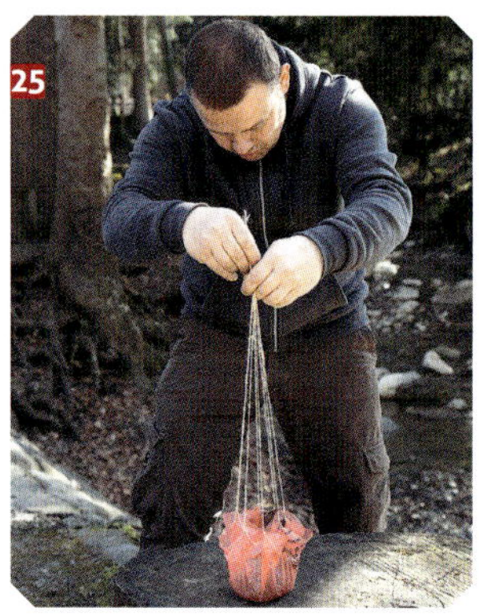
25

Um den Fallschirm auf den Pfeil zu packen, hältst du mit einer Hand den Fallschirm ganz oben und streifst ihn mit der anderen Hand glatt 30. Jetzt legst du den Fallschirm mittig um das vorstehende Pfeilende und steckst das Holunderstück, das am Fallschirm hängt, über den Fallschirm, sodass dieser in der Kerbe festgehalten wird 31. Nun schießt du den Pfeil mit dem Pfeilbogen senkrecht in die Luft. Der Pfeil stoppt am höchsten Punkt, und weil der schwere Teil des Pfeils immer voraus fliegt, dreht er sich, sodass nun die schwere Spitze gegen den Boden zeigt. Dabei sollte sich das locker sitzende Holunderstück vom Pfeil lösen und der Fallschirm sich somit öffnen 32.

Bei etwa 6 von 10 Versuchen hat sich bei mir der Fallschirm in schätzungsweise 15–20 m Höhe geöffnet und ist langsam zu Boden geschwebt. Bei den anderen 4 Versuchen blieb der Fallschirm auf dem Pfeil stecken oder er öffnete sich aus einem anderen Grund nicht.

Das Fallschirmprojekt ist etwas für Tüftler und Leute, die nicht gleich beim ersten Misserfolg den Kopf in den Sand stecken. Wenn es dann aber funktioniert, ist das Erfolgserlebnis umso schöner.

Matthew und ich hatten jedenfalls Freude an diesem Projekt und hielten uns an Neil Armstrong: »Ein kleiner Schritt für die Menschheit, aber ein großer Schritt für zwei Menschen!«

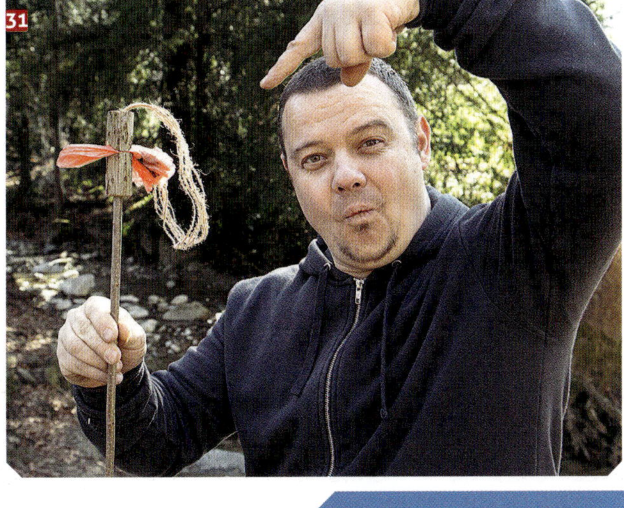
31

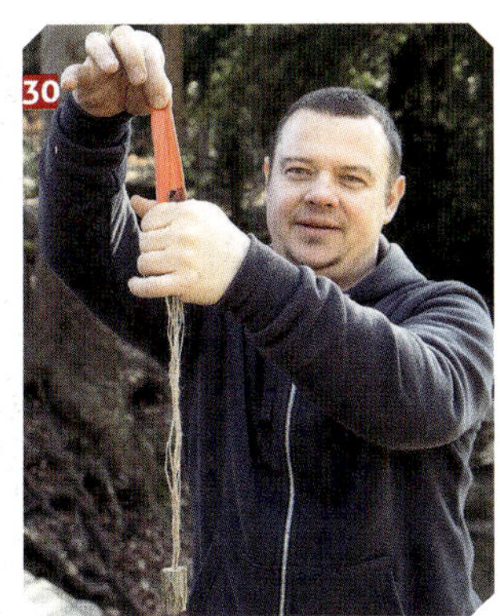
30

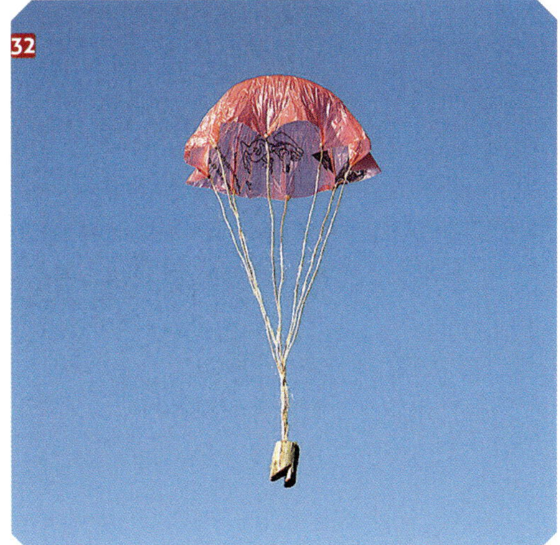
32

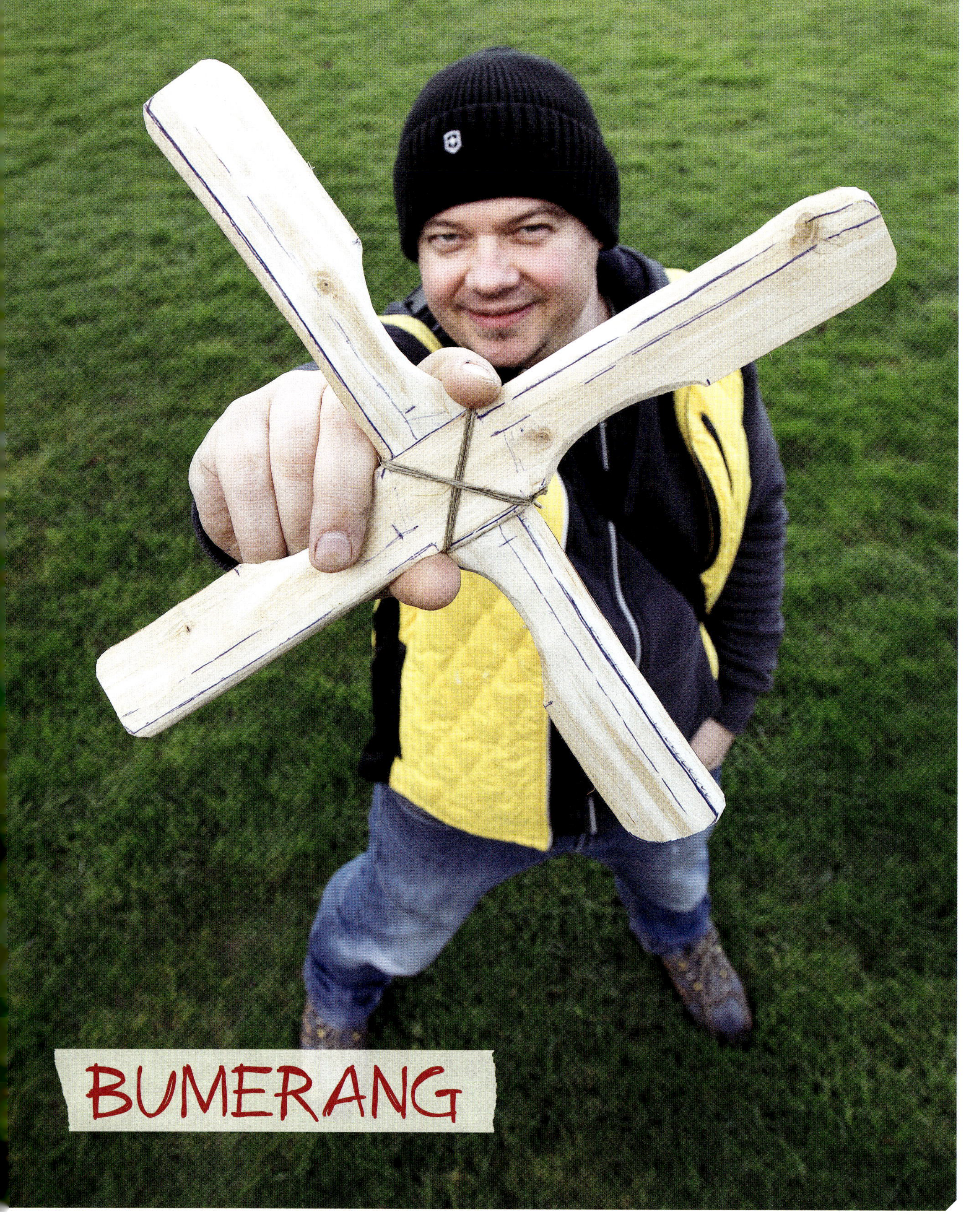

BUMERANG

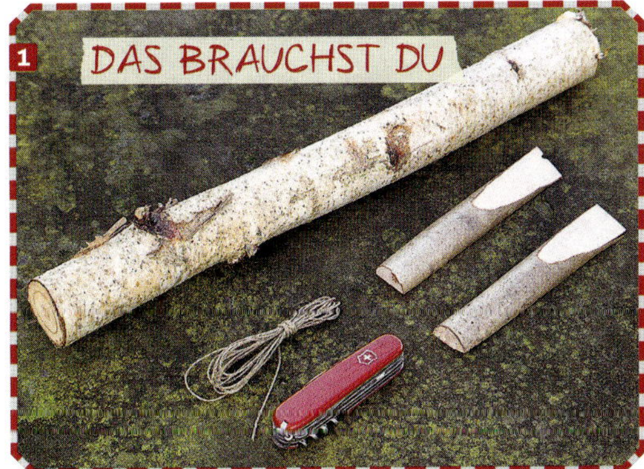

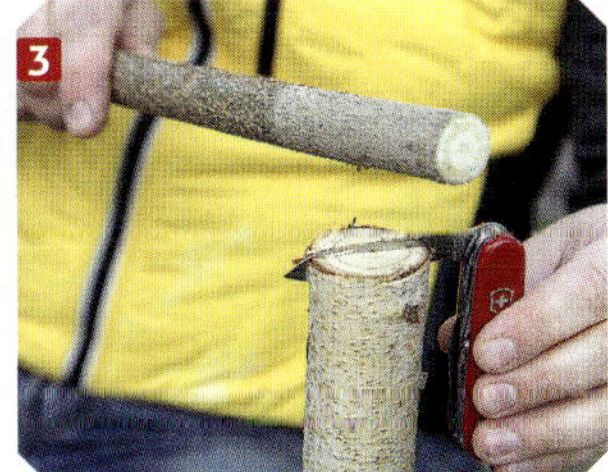

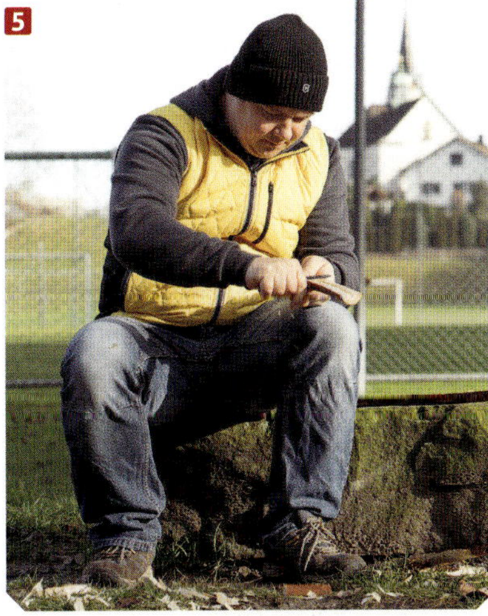

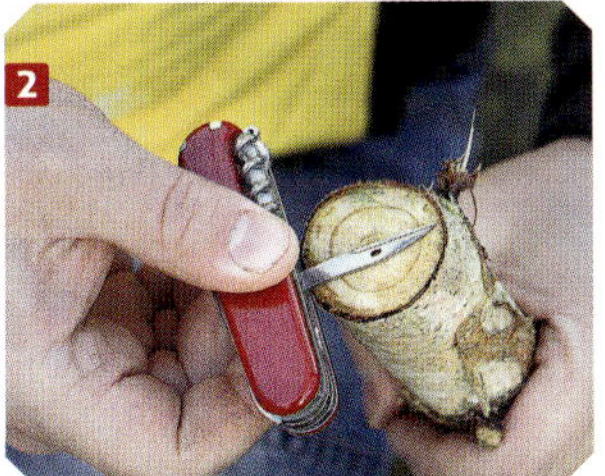

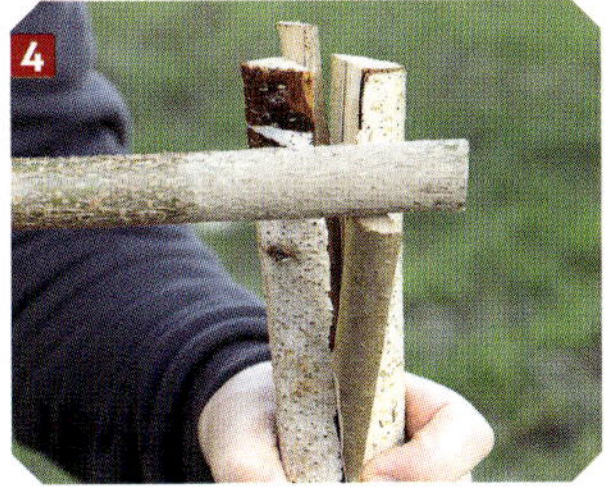

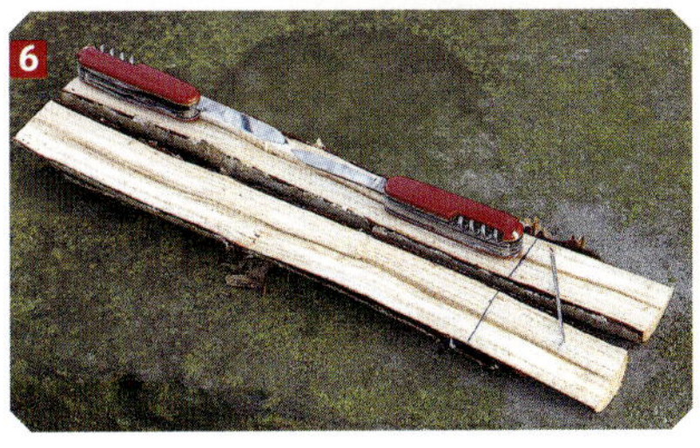

Im Alter von etwa zehn Jahren habe ich im Werkunterricht meinen ersten Bumerang selbst hergestellt. Es war ein Vierflügler mit einem Loch in der Mitte. Den Bumerang habe ich damals mit einer Laubsäge aus einer Sperrholzplatte ausgeschnitten und mit einer Raspel und mit Schleifpapier die Konturen herausgearbeitet.
Ich kann mich noch gut an die ersten Würfe auf dem Fußballplatz neben dem Schulhaus erinnern: Unser Werklehrer drehte fast durch, weil wir seine Anweisung nicht befolgt hatten, nacheinander und nicht alle zur gleichen Zeit unsere Bumerangs zu werfen. Er hatte uns vor den ersten Wurfversuchen eindringlich davor gewarnt, dass das gleichzeitige Werfen mehrerer Bumerangs extrem gefährlich sei.

Mein Bumerang funktionierte schon damals nach den Arbeiten mit der Raspel ziemlich gut. Nicht alle Kinder haben einen Vierflügler gewählt. Einige stellten einen Bumerang in der klassischen L-Form her. Es war offensichtlich, dass diese Kinder mehr Mühe hatten, damit ihr Bumerang auch wirklich funktionierte, denn die Performance ist bei einem L-förmigen Bumerang nicht so gut.

Weil ich mir vorstellen konnte, wie man einen Vierflügler mit dem Taschenmesser herstellen kann und weil ich so gute Flugerfahrungen mit dieser Bumerang-Form gemacht hatte, habe ich es vor einigen Jahren einfach mal versucht. Dabei ist dieses Bumerang-Projekt entstanden.

Ich zeige hier die Herstellung eines vierflügligen Bumerangs aus Birkenholz. Birke hat meiner Erfahrung nach wenig Drehwuchs, wenn man das Aststück der Länge nach spaltet. Immer wenn ich anderes Holz, wie beispielsweise Haselnuss oder Esche, verwendete, hatte der starke Drehwuchs beim Spalten negative Auswirkungen. Der Drehwuchs macht es fast unmöglich, die Unterseite des Bumerangs flach zu schnitzen. Immer aber, wenn die Unterseite des Bumerangs flach war, hatte ich mit ihm die besten Resultate erzielt.

Um dieses Projekt zu realisieren, brauchst du einen etwa 40–50 cm langen, gerade gewachsenen Ast mit möglichst wenigen Seitenästen, ein Stück Schnur, ein Taschenmesser und zwei Keile, um den Ast spalten zu können 1. Der Ast sollte einen Durchmesser von 3,5–4 cm aufweisen, das entspricht in etwa der Länge der Taschenmesserahle 2.

Spalte den Ast vorsichtig. Wie du das machen musst, ist im Abschnitt »Spalten mit selbst hergestellten Holzkeilen« auf Seite 164 beschrieben 3, 4. Glätte dann die Spaltflächen 5, und länge die Asthälften, sprich die »Flügel«, auf die richtige Länge von circa 32 cm ab – das entspricht zweimal der gesamten Taschenmesserlänge mit ausgeklappter großer Klinge 6.

Spalte und schnitze danach auf der noch unbearbeiteten Seite der Asthälften das Material weg 7, bis du zwei Brettchen von jeweils 5–6 mm Dicke hast 8.

Zeichne nun mit dem Kugelschreiber die Konturen gemäß Foto möglichst genau ein 9 und beginne die Konturen zu schnitzen.

Damit die Flügel ineinandergesteckt werden können, arbeiten wir auf der Oberseite des einen Flügels und auf der Unterseite des anderen Flügels je eine Vertiefung heraus, ähnlich wie dies beim Blockhausbau geschieht. Lege dazu die Flügel in der richtigen Position übereinander 10 und zeichne von oben und von unten die Überkreuzungslinien ein. In der Seitenansicht sollte jedes Flügelende die Form eines Flugzeugflügels haben 11, 12. Schneide an diesen Linien mit der Säge jeweils bis zur Hälfte der Materialdicke 13. Setze dabei den Sägeschnitt 0,5 – 1 mm näher zur Mitte an 14. Das Ziel ist, dass die ineinandergesteckten Flügel klemmen. Das Gegenstück auf der dünnen Seite etwas schmaler zu schnitzen, wenn das nötig ist, ist super schnell gemacht. Arbeite nun das Material zwischen den Einschnitten vorsichtig heraus. Dazu gibt es verschiedene Methoden ... und alle Methoden sind in Ordnung. Eine Vorgehensweise ist, dass du das Material vorsichtig mit der Feinschneidetechnik herausschnitzt. Ein andere Methode ist, dass du alle 2–3 mm eine Nut bis zur Hälfte der Brettstärke sägst, um danach die Stege zwischen den Nuten durch Abdrehen der Säge herausbrechen zu können. Wenn du die Säge wie eine Feile führst, kannst du den Grund der Vertiefung glätten. Die dritte Variante ist die schnellste, aber auch die risikoreichste: Lege dabei die große Klinge in die Nut und drehe die Klinge ab 15. So kannst du das abzutragende Material herausspalten. Danach musst du die beiden Vertiefungen nur noch etwas ausschnitzen 16, 17.

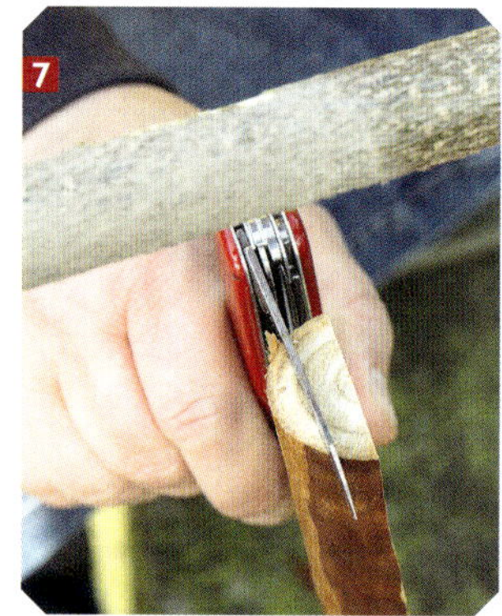
7

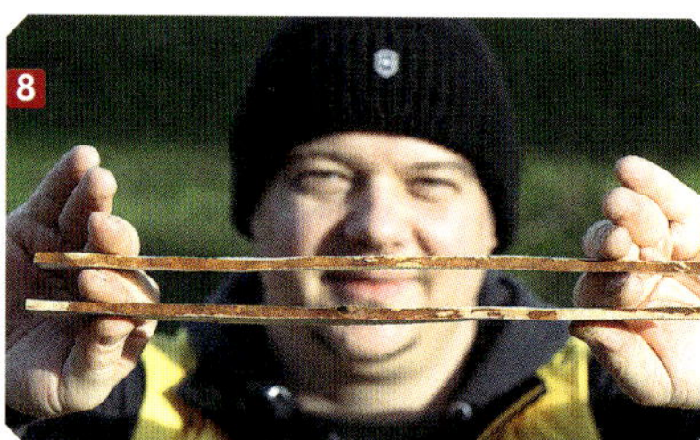
8

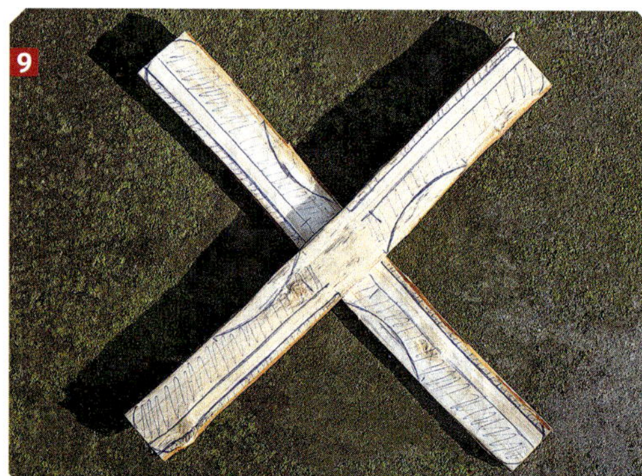
9

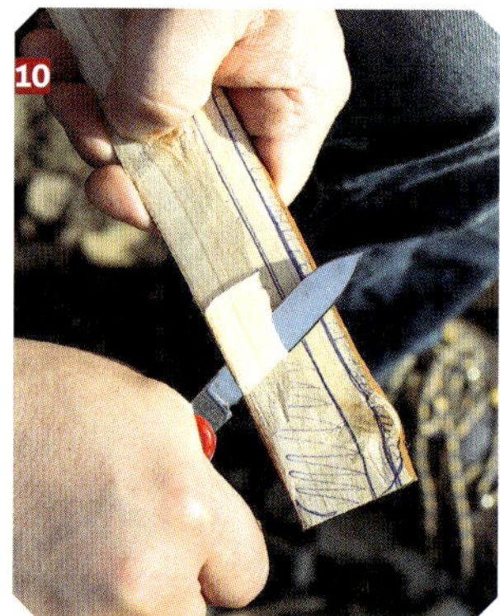
10

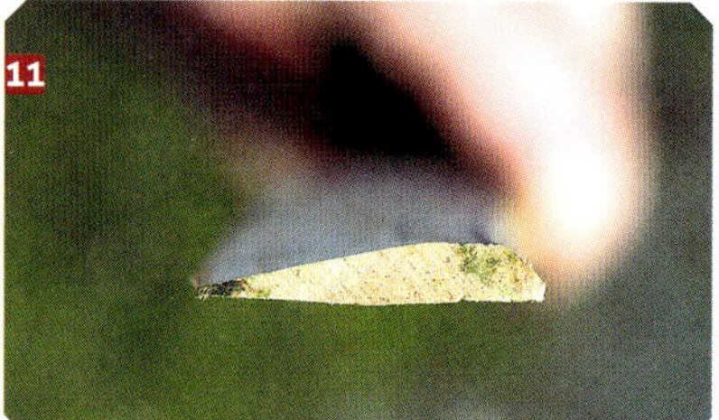
11

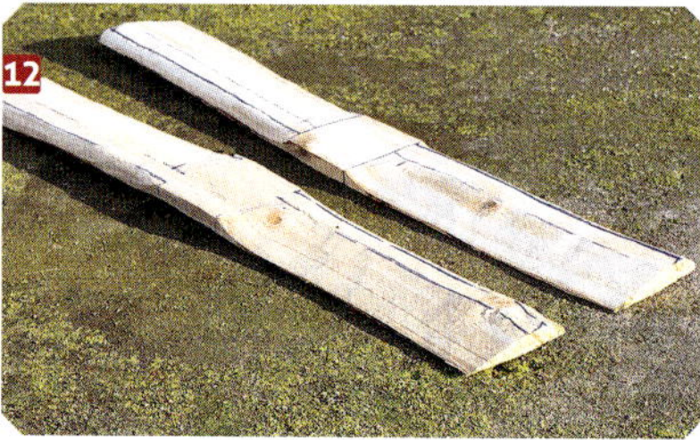
12

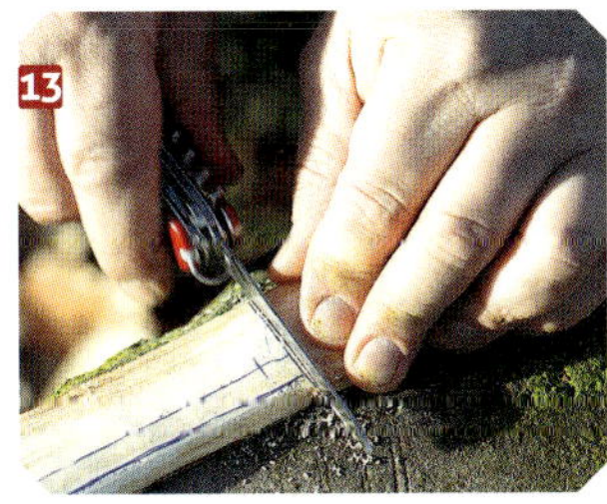
13

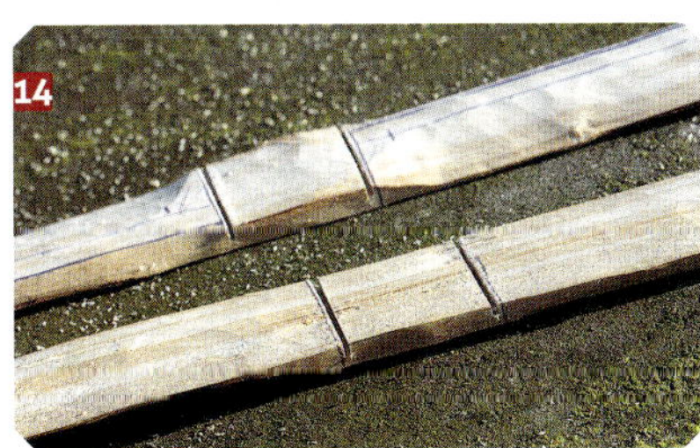
14

Zeichne jetzt die Einbuchtungen bis jeweils zur Flügelmitte ein und schnitze diese aus 18. Diese Einbuchtungen dienen dazu, dass der Schwerpunkt jedes Flügels weiter gegen die Flügelenden verlagert wird und der Bumerang dadurch stärker und länger rotiert.

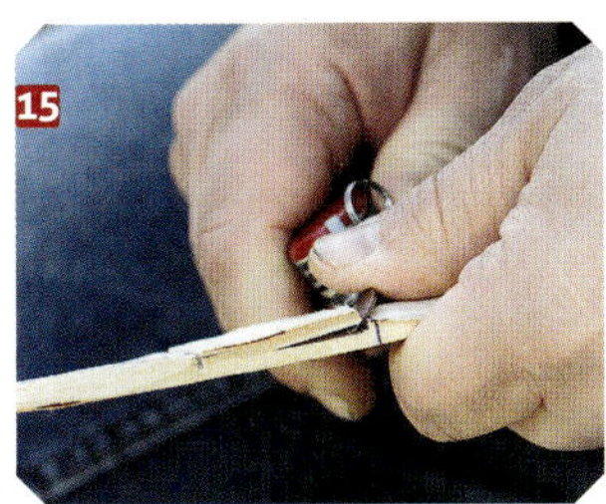
15

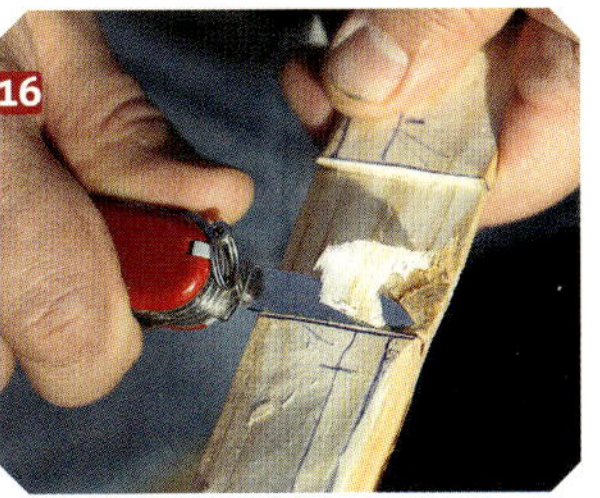
16

Stecke dann die Flügel ineinander und fixiere sie mit einem Kreuzbund 19. Stattdessen kann natürlich auch Holzleim verwendet werden. Runde die Ecken zu guter Letzt noch ein bisschen ab, damit kann das Risiko von Absplitterungen bei harten Landungen etwas reduziert werden 20. Nun ist der Bumerang fertig 21.

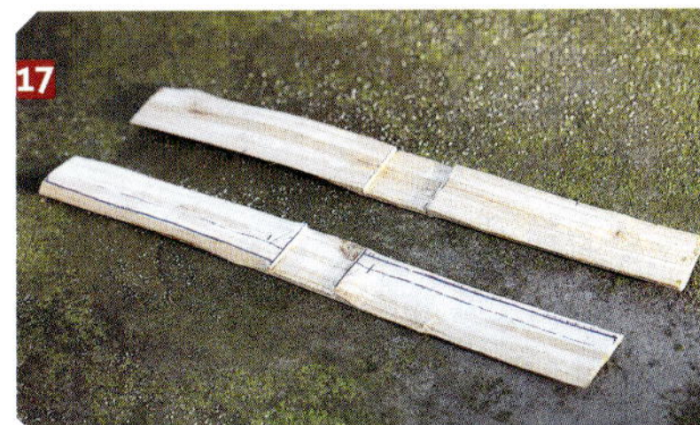
17

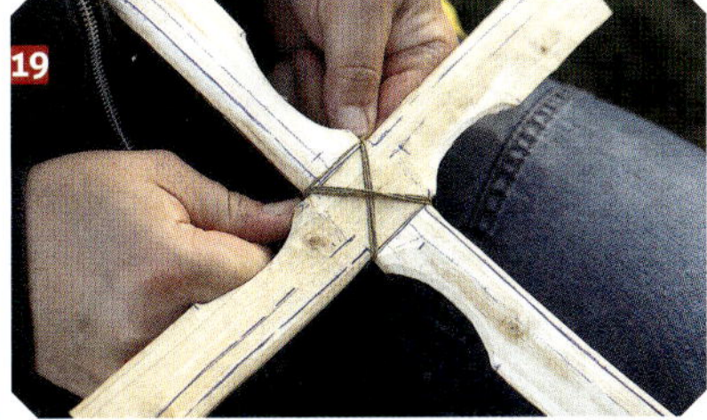
19

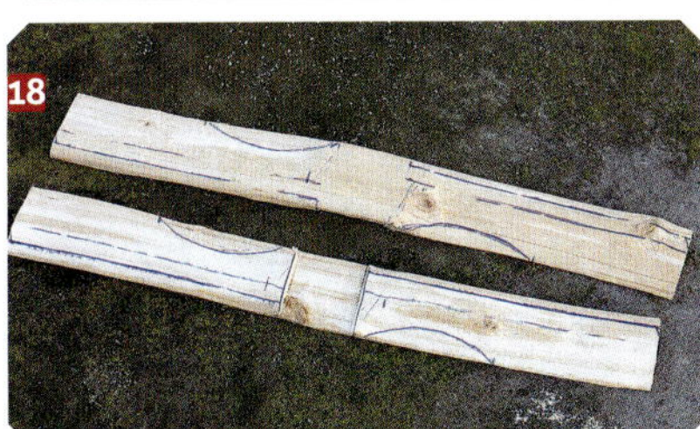
18

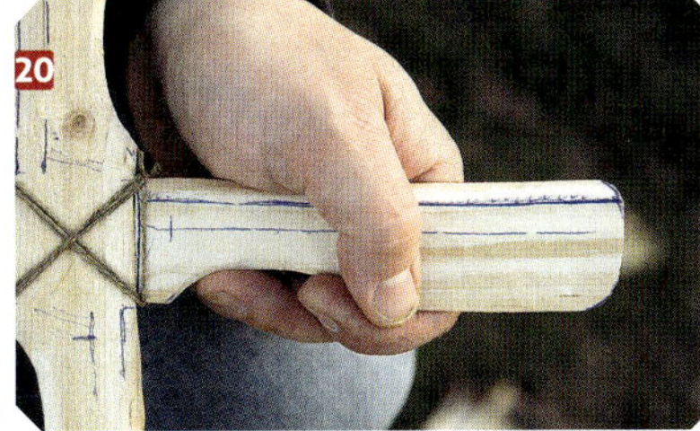
20

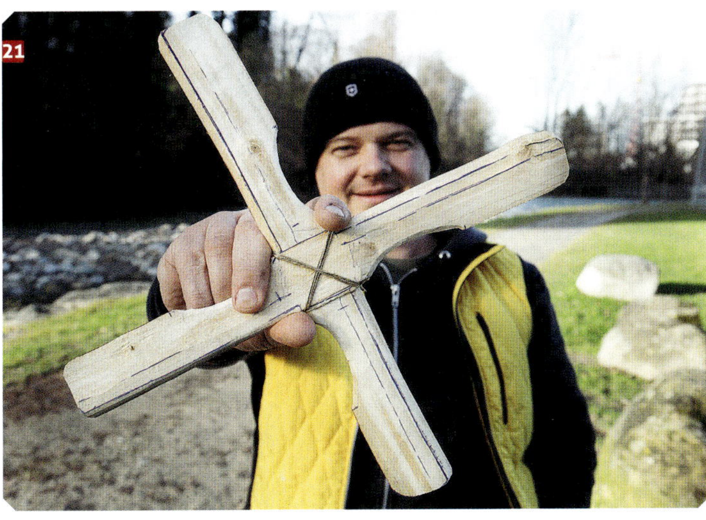
21

Nimm nicht gleich das Messer zur Hand, wenn der Bumerang nach dem ersten Probewurf nicht ganz zurückkommt. Versuche zuerst, deine Wurftechnik zu verbessern 22, 23, 24: Wurfkraft, Rotation, Windrichtung, Neigungswinkel des Bumerangs oder die Wurfrichtung (nach oben oder geradeaus) sind Einflussfaktoren, wie der Bumerang fliegt und ob er zurückkommt oder halt eben nicht. Am Bumerang selbst hast du auch noch viele Optimierungsmöglichkeiten (z. B. Materialabtrag). Diese hier im Detail zu beschreiben, würde allerdings den Rahmen des Buches sprengen. Wenn du einen Bumerang schnitzt, solltest du nicht erwarten, dass du bereits beim ersten Wurfversuch an Ort und Stelle stehen bleiben kannst, um den Bumerang dort wieder zu fangen, wo du ihn losgeworfen hast. Natürlich sind mir schon solche Bumerangs gelungen, aber ich finde es auch faszinierend, wenn mein Bumerang immerhin einen Halbkreis fliegt.

Übrigens, mein Werklehrer hatte absolut recht! Pass penibel darauf auf, dass du genügend Platz zum Werfen hast und dass sich keine anderen Leute oder Tiere im möglichen Aktionsradius deines Bumerangs aufhalten. Diese Wurfgeräte wurden von den Ureinwohnern Australiens auch als Jagdwaffen benutzt!

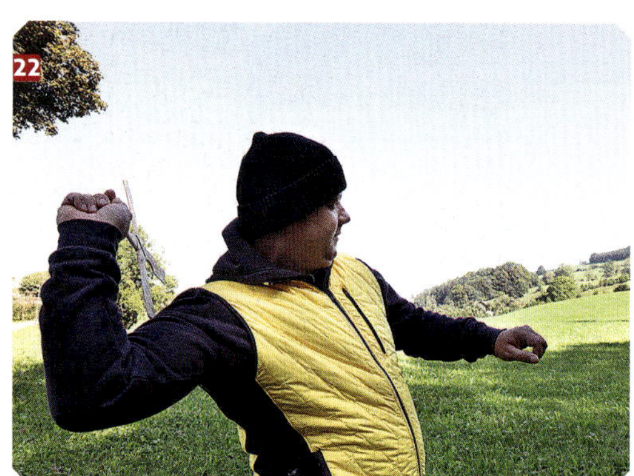
22

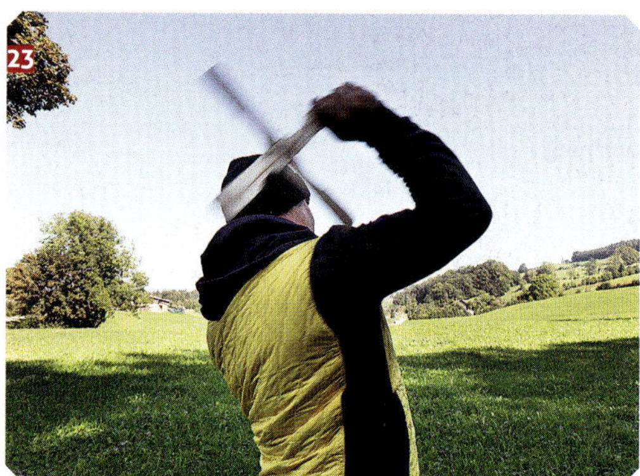
23

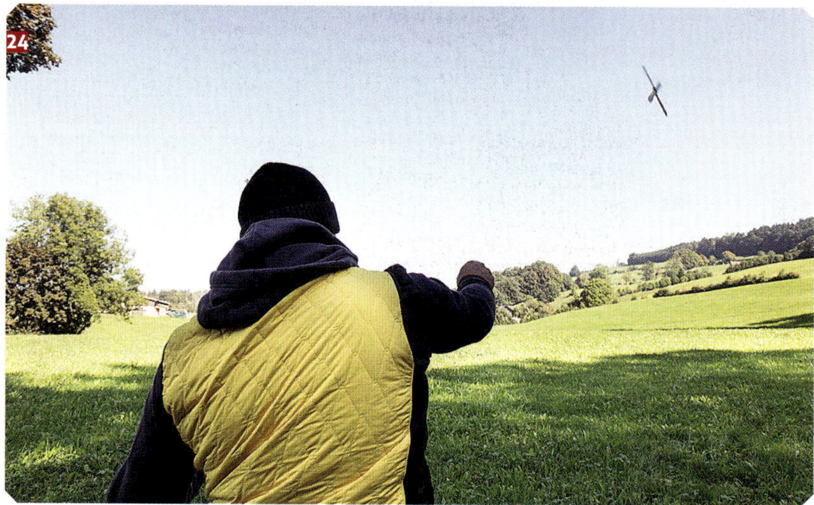
24

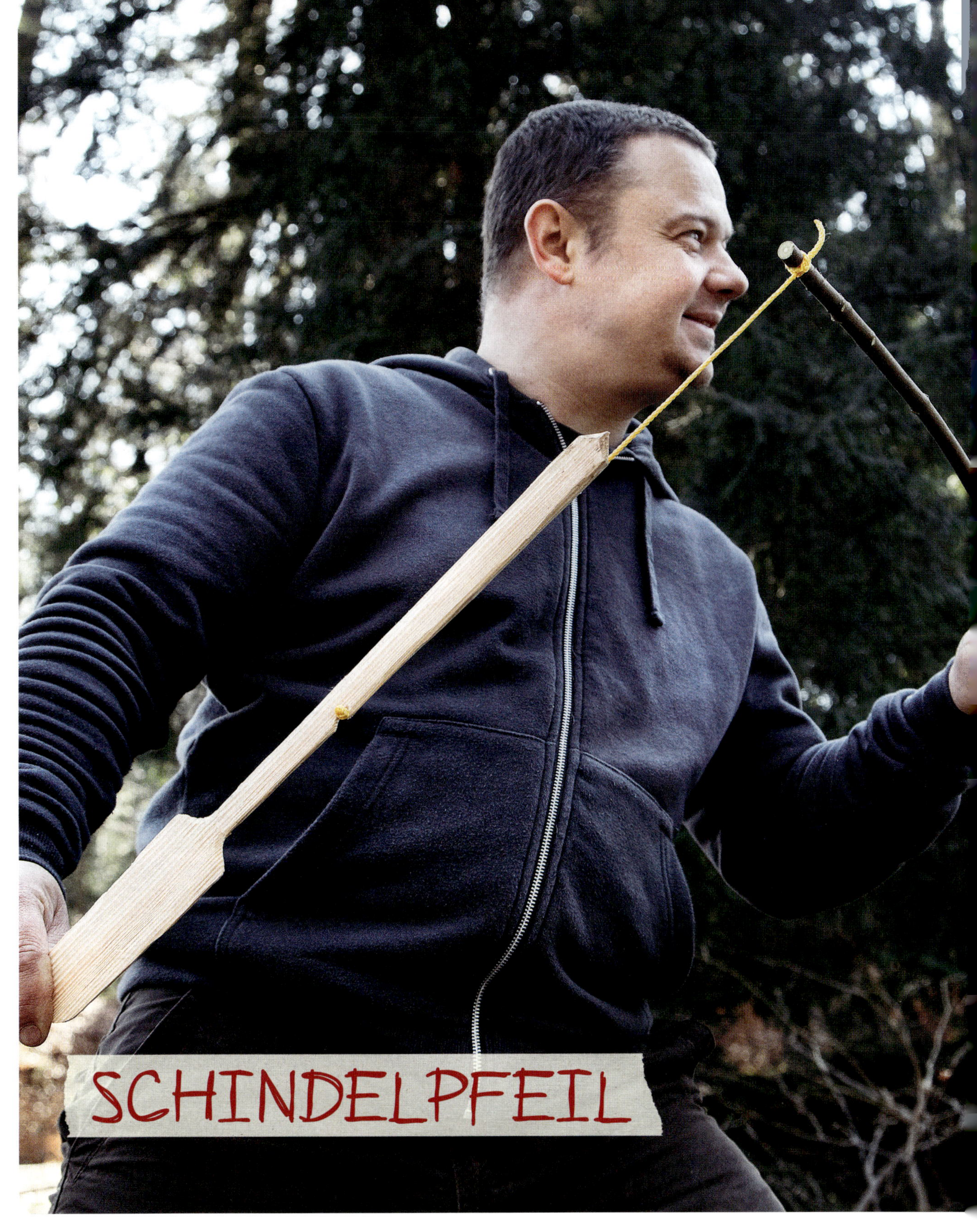

SCHINDELPFEIL

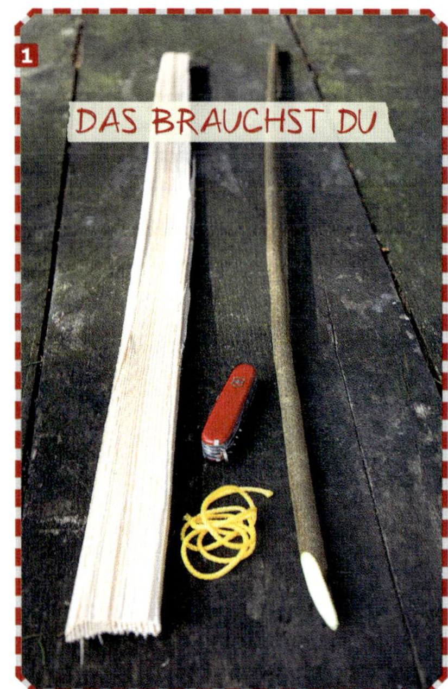

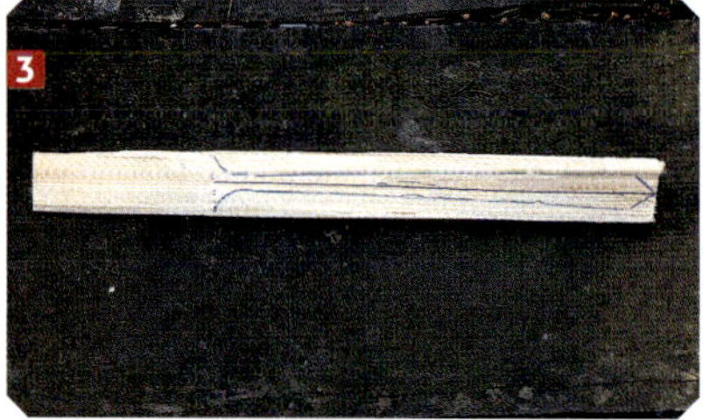

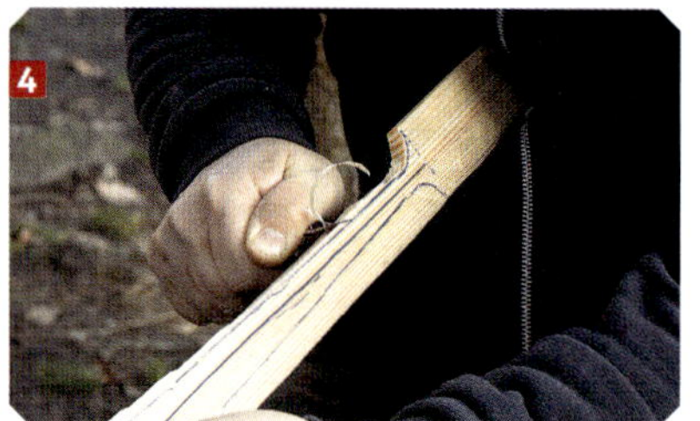

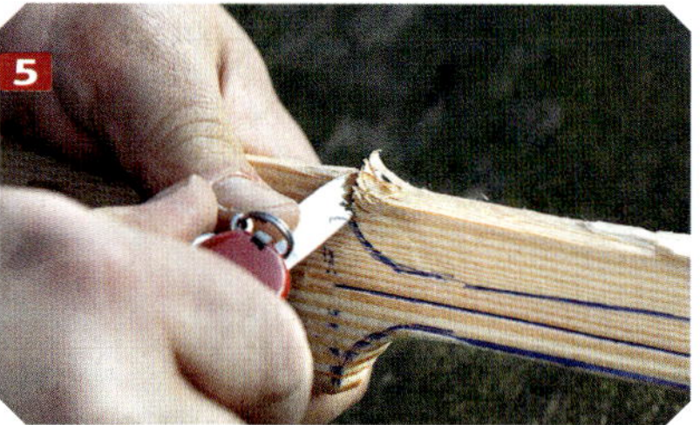

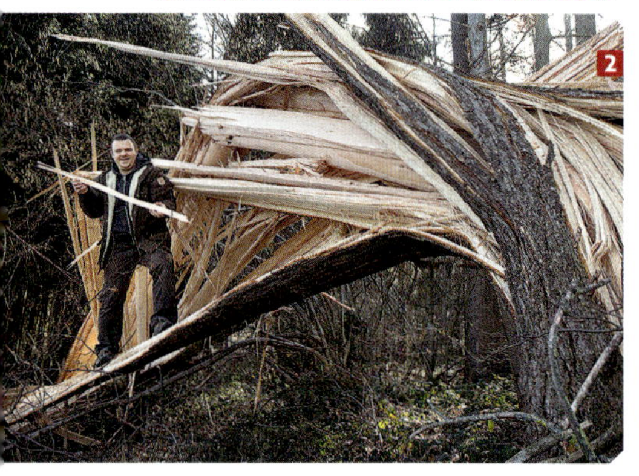

Auf der Suche nach neuen Projekten für dieses Buch erzählten mir einige ältere Leute, dass sie als Kinder aus Schindeln Pfeile in Form einer Bratschaufel geschnitzt und diese dann mit einer Art Peitsche über Felder und Wiesen geschossen hätten. Präzise Informationen zu erhalten, wie diese Schindelpfeile genau ausgesehen hatten und worauf man bei der Herstellung achten muss, war schwierig, weil die meisten Leute nur noch vage Erinnerungen hatten.

Einer, der sehr genau wusste, wie man einen solchen Pfeil schnitzt, war Martin Müller aus Stalden im Kanton Obwalden. Martin und sein Bruder Andy sind zusammen die »Feuerbrüder Müller«, die Schweizer Feuerexperten schlechthin. Vielen Dank Martin für deine Fotos und deine wertvollen Tipps!

Weil ich in diesem Buch möglichst immer mit Materialien arbeite, die man in der Natur finden kann, verwende ich für dieses Projekt keine eigentlichen Holzschindeln. Stattdessen schnitze ich meine Pfeile aus Bruchholz eines geborstenen Stammes.

Bei den Schindelpfeilen ist es wichtig, dass man das Funktionsprinzip eines solchen Pfeils versteht. Folgende Kriterien sind wichtig:

Der schwere Teil eines Pfeils fliegt voraus. Darum muss unser Schindelpfeil im Vorderteil Richtung Spitze mehr Masse haben als im Hinterteil bei der Heckflosse. Der Waagepunkt liegt also näher bei der Spitze als beim Heck. Weil die Heckflosse mehr Fläche hat als die Spitze, muss sie wirklich dünn ausgeschnitzt werden, während man in der Spitze deutlich mehr Material belässt. Die Kerbe, in der die Schnur der Schleuder eingehängt wird, befindet sich ein wenig vor dem Waagepunkt in Richtung Spitze.

Sowohl die Größe als auch die Form des Schindelpfeils kann sehr unterschiedlich sein. Ich zeige in der folgenden Anleitung einen Schindelpfeil, wie er in meinem Versuchen gut funktioniert hat.

Für einen Schindelpfeil braucht man ein flaches Stück Holz (daraus entsteht der Schindelpfeil), einen Ast, etwas Schnur für die Schleuder und ein Taschenmesser 1.

Suche bei einem gebrochenen Baumstamm ein Brettchen, das etwa 50 cm lang, mindestens 4 cm breit und mindestens 1 cm dick ist 2.

Schnitze dann dessen Ober- und Unterseitenflächen so flach, dass du die Form des Pfeils darauf zeichnen kannst.

Die Länge dieses Pfeils beträgt etwa 45 cm, wobei die Heckflosse fast ein Drittel der Länge ausmacht 3. Schnitze nun die Form des Pfeils, die der Form einer Bratschaufel gleicht 4, 5, 6. Schnitze immer von aussen nach innen respektive von der dicken Stelle zur dünnen Stelle.

Wenn dir die Form deines Pfeils gefällt, arbeitest du an der Materialstärke. Lasse die vorderen 8–10 cm bei der Spitze in der vollen Materialstärke. Danach schnitzt du den Pfeil deutlich dünner, und am Heck ist der Pfeil dann wirklich sehr dünn ausgeschnitzt 7, 8. Ich spreche da von einer Materialstärke von 2–3 mm! Runde jetzt die scharfen Kanten leicht ab. Dadurch ist der Pfeil bei einem unsanften Aufprall weniger anfällig (weniger Absplitterungen).

Prüfe mit dem Klingenrücken, wo genau der Waagepunkt des Pfeils liegt und markiere diesen 9.

Zeichne eine Kerbe ein, deren Grund vom Waagepunkt her gesehen etwas näher an der Spitze liegt . Arbeite mit der Säge und der kleinen Klinge diese Kerbe aus 10. Ideal wäre es, die Kerbe mit einer Rundfeile zu glätten, sodass sich die Schnur gut lösen kann und keine abstehenden Holzfasern in der Schnur einhängen. Ich versuche, die Kerbe mit einem geschnitzten Holzspan zu runden und zu glätten 11, 12.

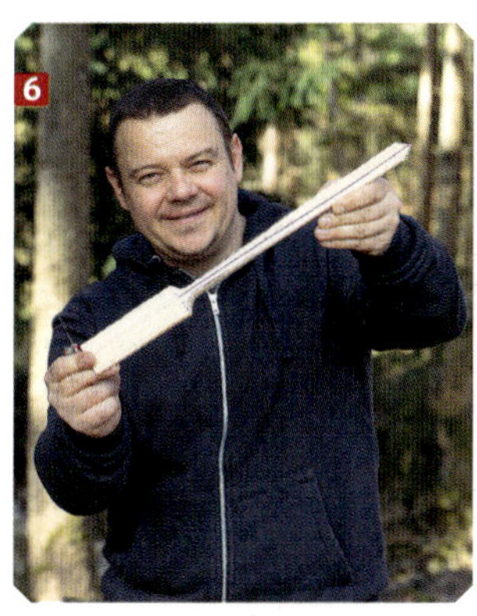
6

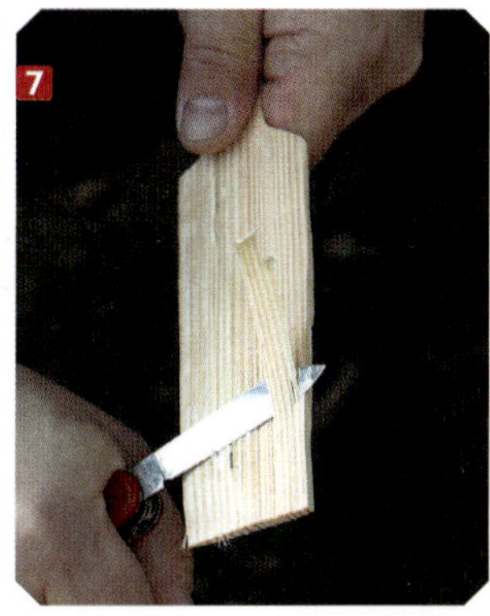
7

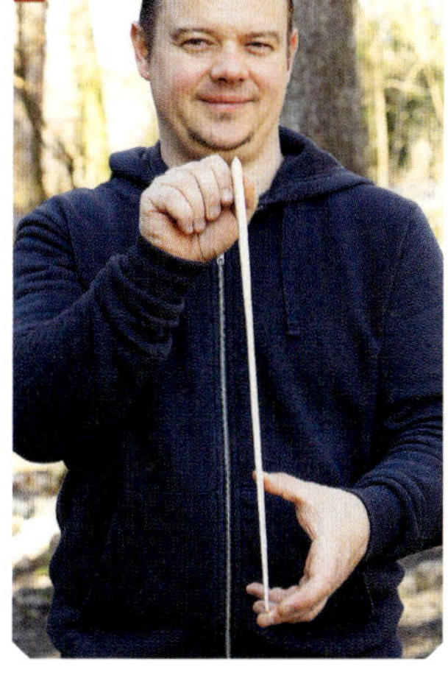
8

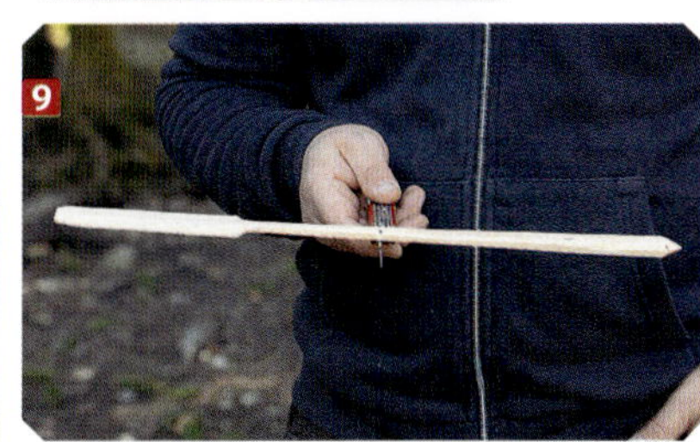
9

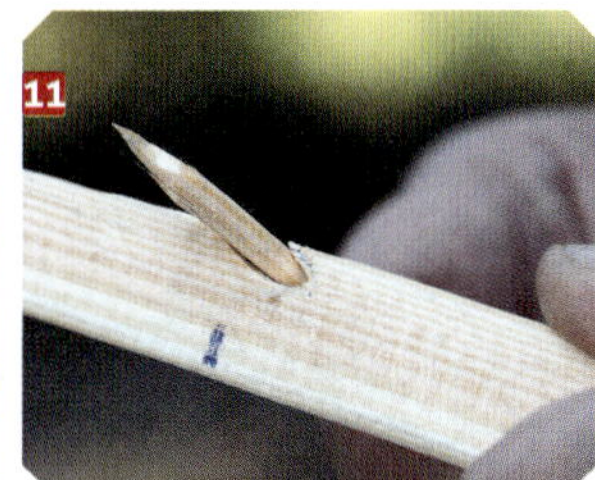
11

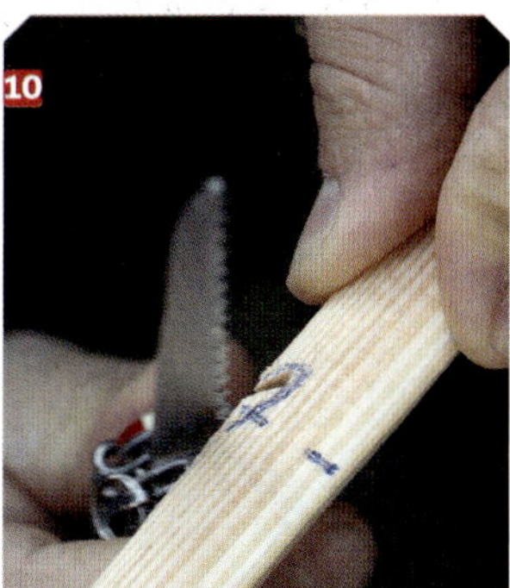
10

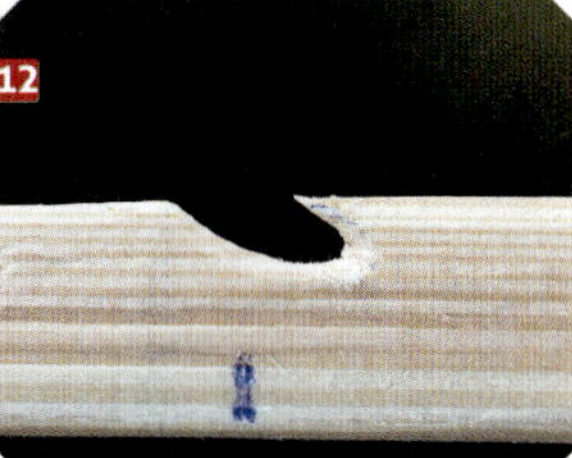
12

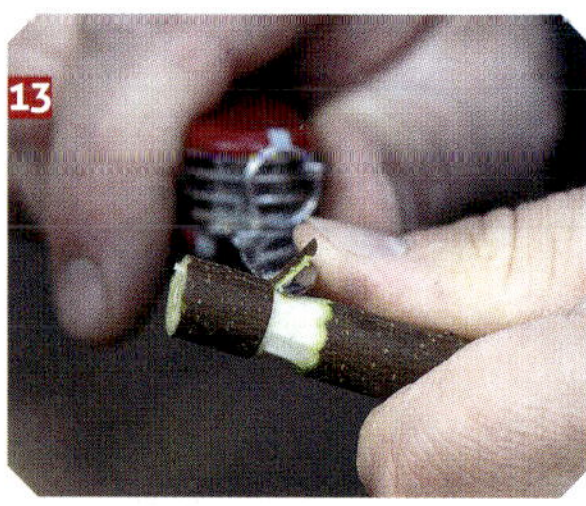

13

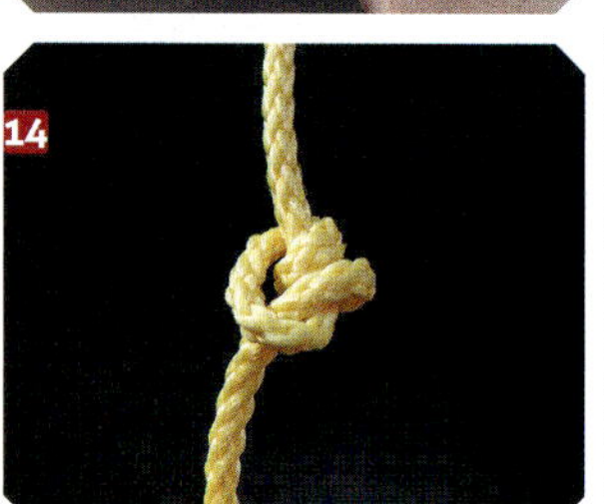

14

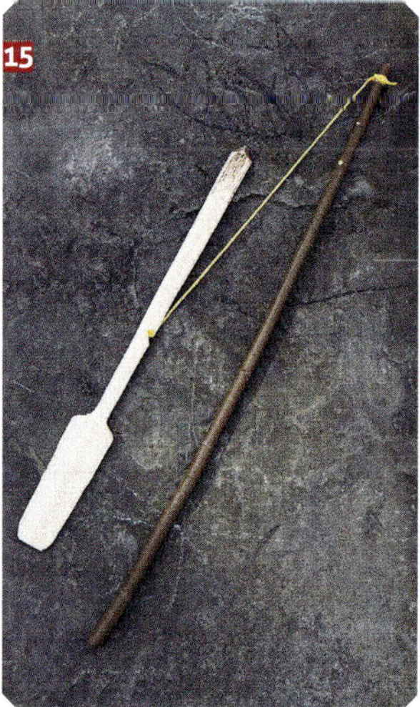

15

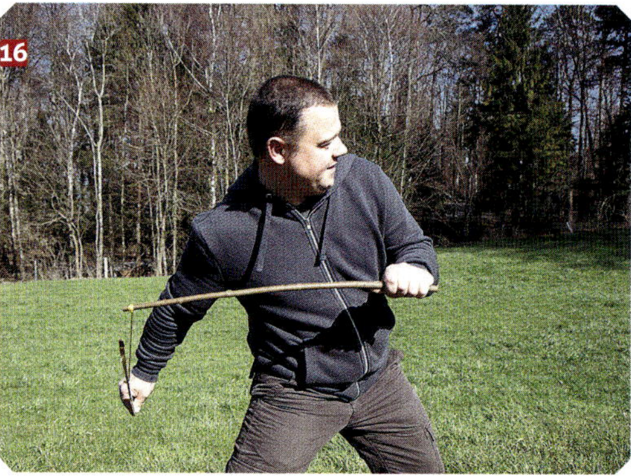

16

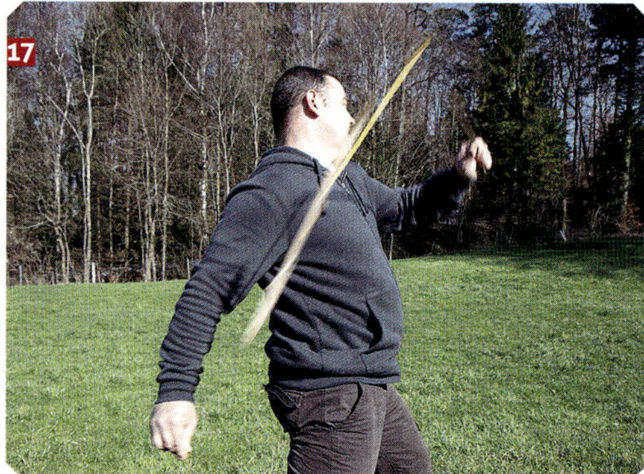

17

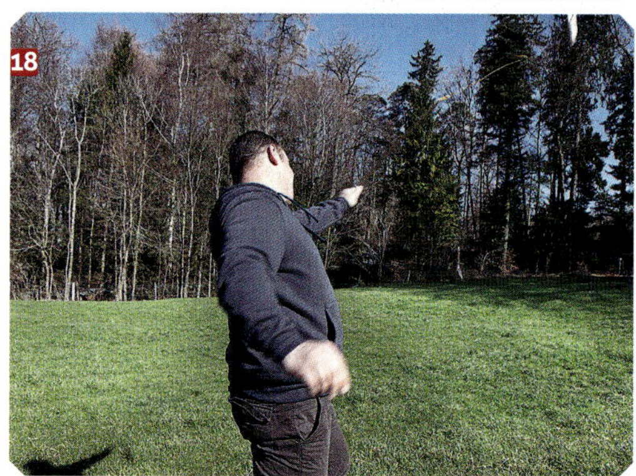

18

Wenn der Pfeil fertig ist, musst du dir noch eine Schleuder bauen. Dazu nimm einen etwa armlangen, 1,5 cm dicken Stock. Schnitze am Ende des Stocks eine Kerbe ein, damit die Schnur später nicht über den Stock abrutscht 13. Binde nun die Schnur dort fest. Hierfür ist zum Beispiel der Würgeknoten geeignet. Am anderen Ende der Schnur machst du einen Überhandknoten mit zwei Umschlägen 14. Wenn du möchtest, kannst du den Knoten mit einem Feuerzeug verschmelzen. Die Schnur sollte etwa halb so lang sein wie der Stock. Hänge jetzt den Knoten in die Kerbe des Schindelpfeils ein.

Jetzt ist der Schindelpfeil fertig 15. Beim Ausprobieren gelten die gleichen Sicherheitsregeln wie beim Bogenschießen (siehe Seite 53).

Bei den ersten Schleuderversuchen ist es wirklich wichtig, dass man nach allen Seiten hin genügend Platz hat. Es braucht ein bisschen Übung, bis der Pfeil in die Richtung fliegt, in die man will 16, 17, 18.

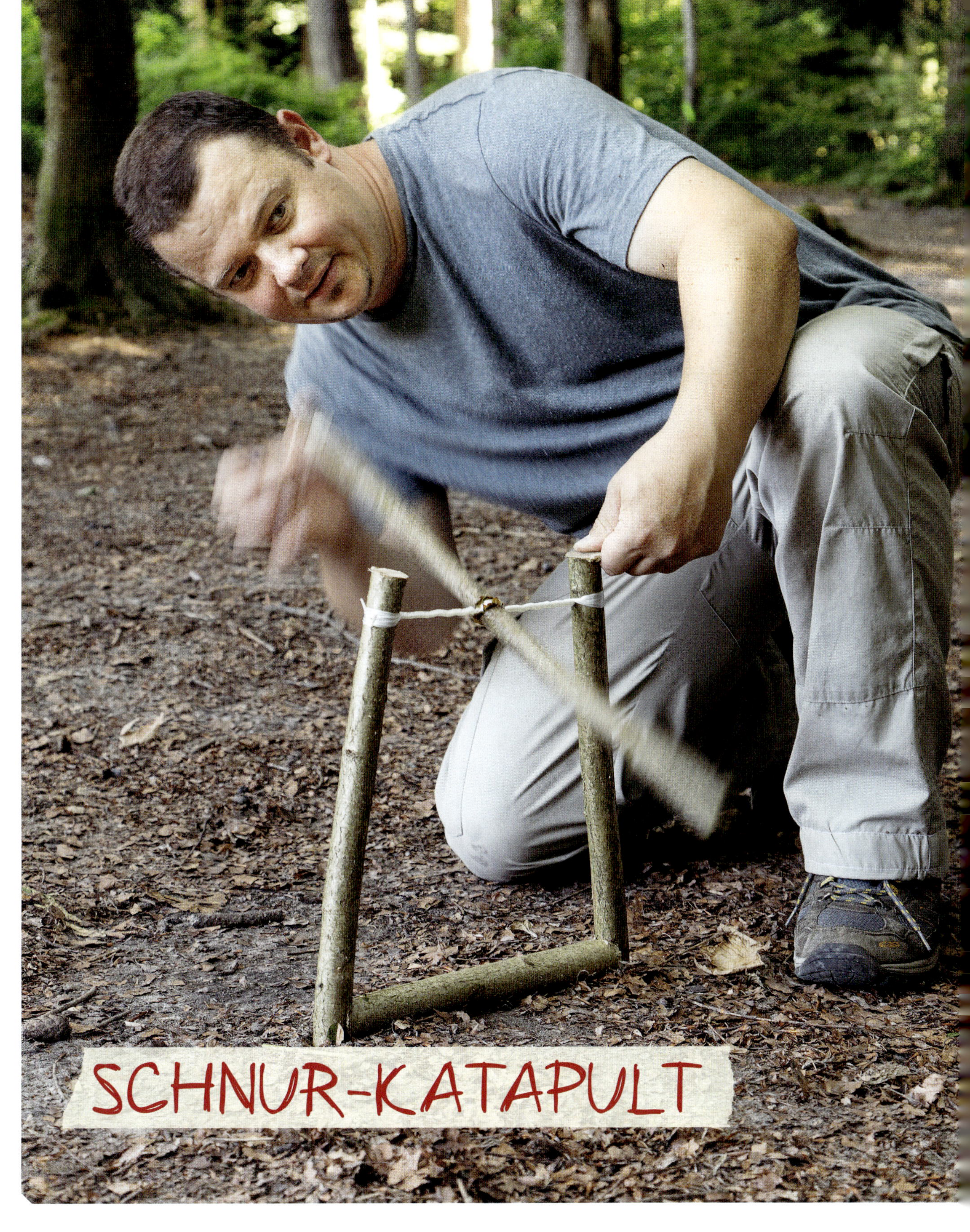

SCHNUR-KATAPULT

Dass ich in diesem Buch die Anleitung für den Bau eines Katapults haben wollte, war mir schon bei der Ideensammlung dafür klar. Ich brauchte jedoch viel Zeit, bis ich wusste, welche Art von Katapult es sein sollte. Es wäre wahrscheinlich einfacher gewesen, ein Katapult mit Gymnastik- oder anderen Gummibändern zu bauen. Ich wollte jedoch ein Katapult zeigen, das mit möglichst einfachen Materialien zu realisieren ist.

Für dieses Katapult braucht man insgesamt vier Stöcke (siehe unten), Schnur und natürlich ein Taschenmesser **1**.

Die Dimension des Katapults richtet sich nach der Wurfarmlänge. Ich habe mich für einen Wurfarm von 30 cm entschieden. Für alle Teile verwende ich Haselnussholz. Genauso gut kann man aber auch andere Holzarten verwenden.

Für den Rahmen brauchst du zwei 2,5–3 cm starke, 60 cm lange Haselstöcke. Spitze sie auf einer Seite an **2**. Der Querholm, der als Abstandhalter dient, wird aus einem Stock mit der gleichen Dicke gefertigt, er soll aber nur ungefähr halb so lang wie die Seitenstöcke sein, also etwa 30 cm lang. Weil der Abstandhalter gleichzeitig als Anschlag dient, muss man mit der Säge auf beiden Stirnseiten eine V-förmige Nut sägen **3**. So wird der Querholm nicht rausgeschlagen, wenn der Wurfarm dagegen knallt.

Schlage nun den ersten Seitenstock so in den Boden, dass etwa ein Drittel seiner Gesamtlänge im Boden steckt. Lege dann den Querholm mit der Nut unten an diesen ersten Seitenstock und schlage den zweiten Seitenstock so ein, dass der Querholm mit der anderen Seite der Nut eingeklemmt ist, **4**. Nun wickle eine Schnur, je nach Schnurstärke, 5–10-mal um die beiden Seitenstöcke **5**. Das Katapult funktioniert mit vielen Arten von Schnüren. Ich habe schon Paracord, Hanfschnur oder Paket-

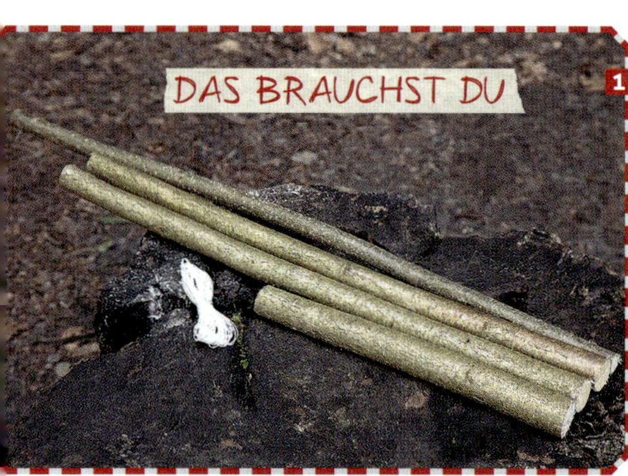

1

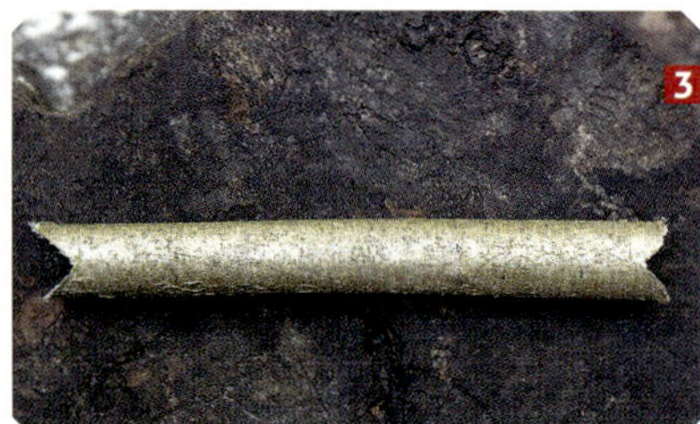
3

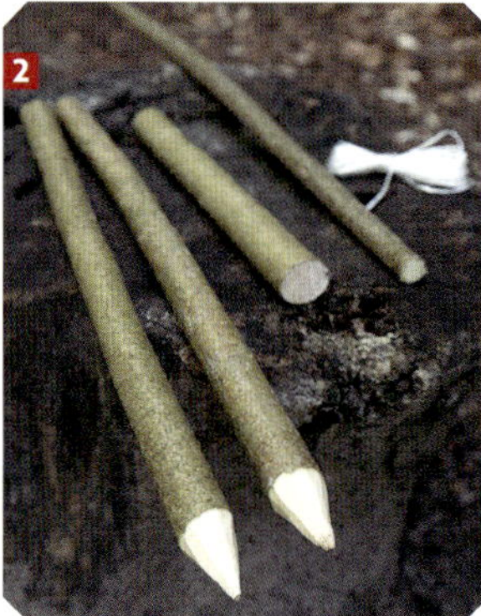
2

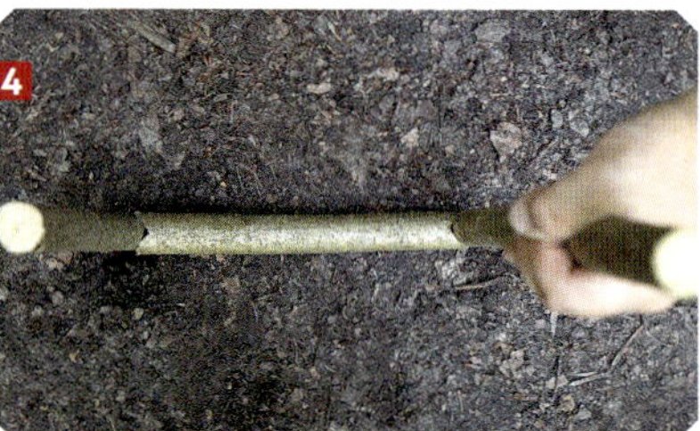
4

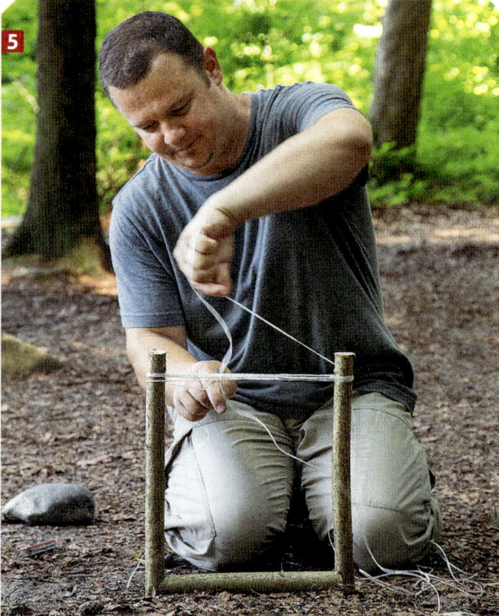
5

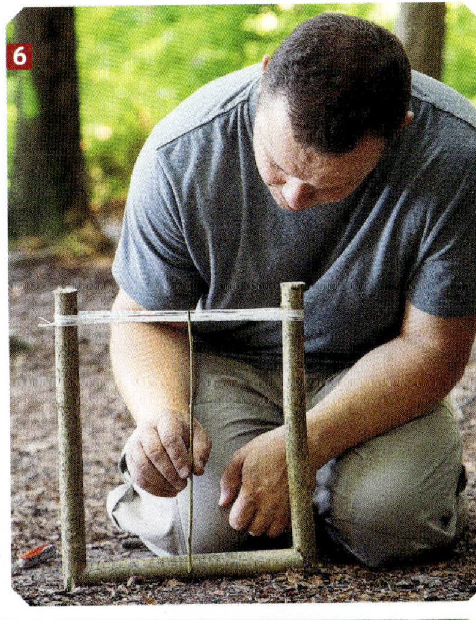

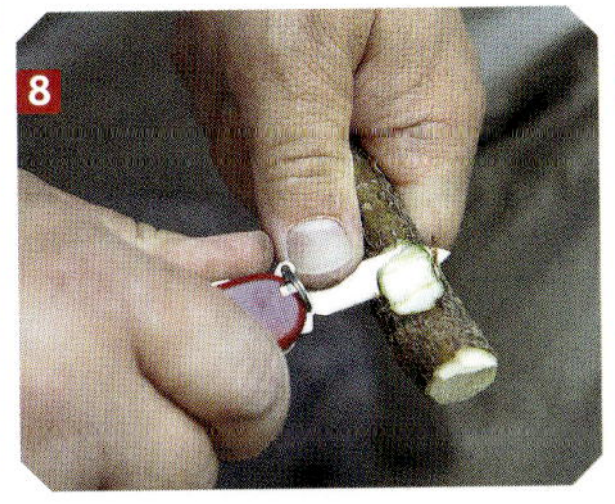

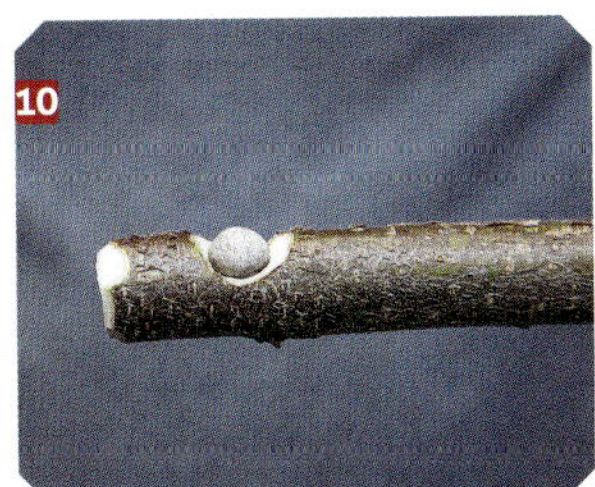

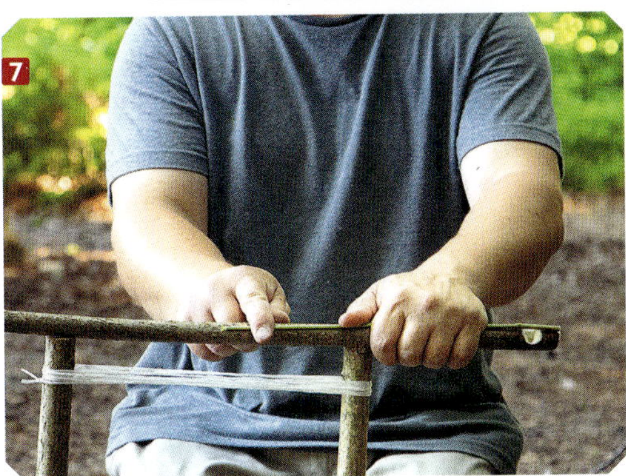

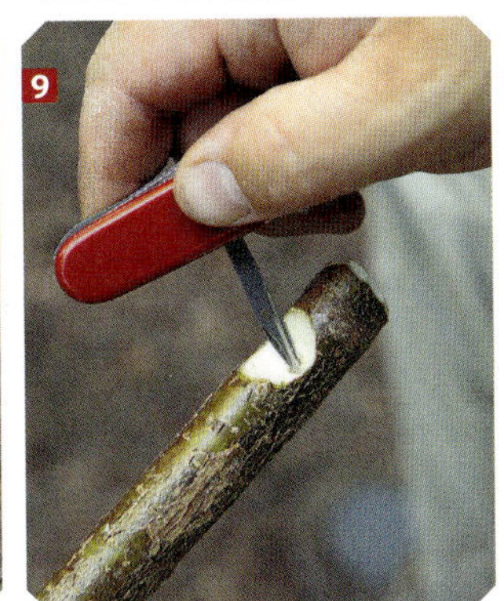

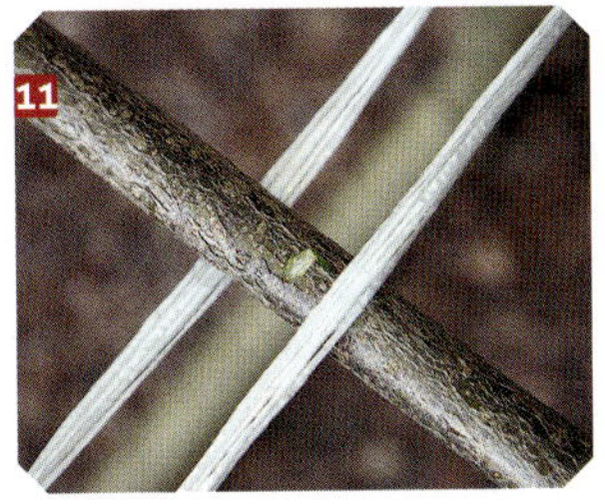

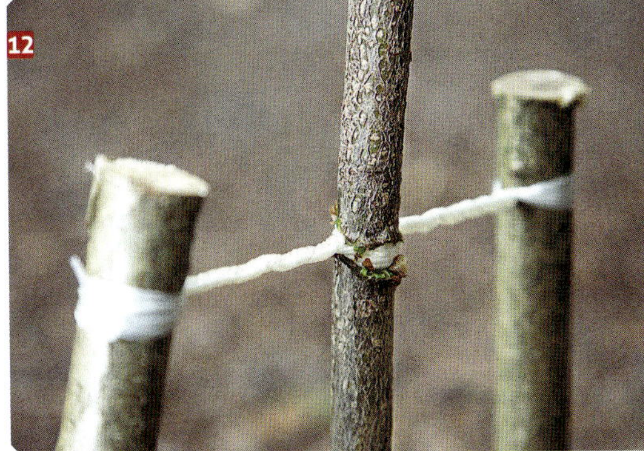

schnur ausprobiert, auf dem Bild siehst du eine Polypropylen-Packschnur. Damit habe ich sehr gute Resultate erzielt.

Nun fertige den Wurfarm an. Der Stock dafür darf etwas dünner als die beiden Seitenstöcke sein. Die Länge des Wurfarms beträgt zweimal die Distanz zwischen der Schnurachse und dem Boden. Um die richtige Länge des Wurfarms zu ermitteln, verwendest du am besten ein kleines Ästlein 6, 7. Markiere die Mitte des Wurfarms mit einer kleinen Kerbe. Nun schnitze mit Hilfe der Ahle und der kleinen Klinge 2 cm vor dem Stockende eine Vertiefung, in die später die Munition gelegt wird 8, 9. Ich verwende kleine, fingernagelgroße Steine als Munition, dementsprechend groß musst du die Vertiefung schnitzen 10.

Nun stecke den Wurfarm zwischen die Schnüre. Die Mittenmarkierung auf dem Wurfarm kommt auf der Höhe der Schnüre zu liegen 11. Drehe jetzt den Wurfarm gegen die Schussrichtung ein. Damit du am unteren Querholm vorbeikommst, musst du den Wurfarm schräg abkippen. Drehe den Wurfarm so oft ein, bis sich die eingedrehte Schnur zu überdrehen beginnt 12. Du merkst an der Kraft, die du brauchst, um die Schnur weiter einzuwickeln, mit welcher Energie das Katapult in die Gegenrichtung wirken wird. Übertreibe es zu Beginn nicht mit dem Aufwickeln. Mache zuerst ein paar Schussversuche, wenn die Schnur noch nicht allzu stark eingedreht ist. Du kannst die Schusskraft immer noch steigern. Aber: Übermut tut selten gut! Mir ist beim Aufziehen auch schon ein Seitenstock gebrochen oder die Schnur gerissen.

Ich wünsche dir viel Spaß beim Schleudern mit deinem Schnur-Katapult! Hier darfst du wirklich voll ins Schleudern geraten.

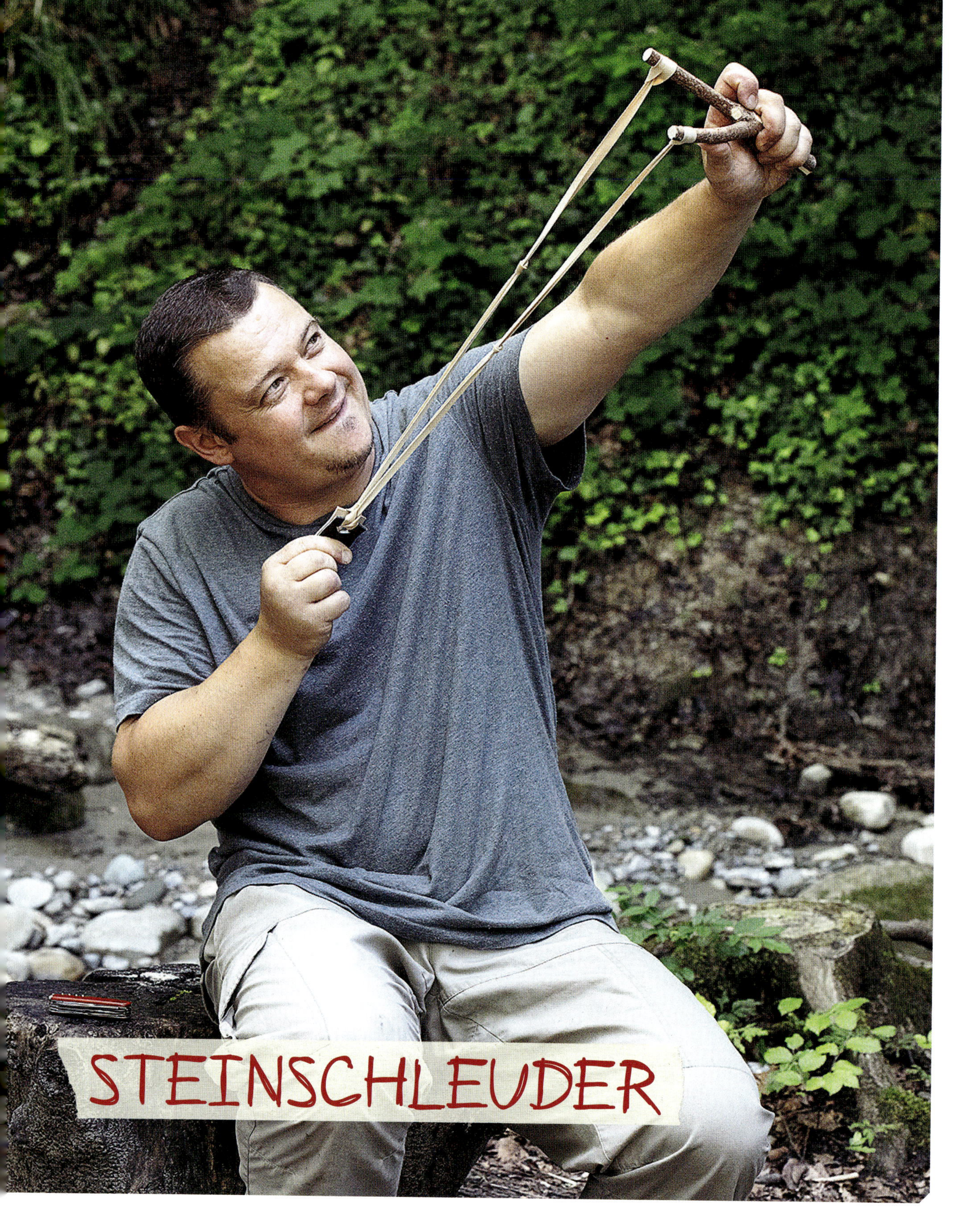

STEINSCHLEUDER

Den Bau einer Steinschleuder habe ich in meinem ersten Buch »Werken mit dem Taschenmesser« bereits vorgestellt. Damals habe ich Gymnastikbänder und Schnur für den Bau verwendet. Weil es aber mein Ziel ist, die Projekte mit Materialien aus der Natur oder solchen, die leicht verfügbar sind, umzusetzen, zeige ich hier eine einfache Version der Steinschleuder mit handelsüblichen Gummibändern. Die Größe und die Stärke der Gummibänder ist eigentlich egal: Kurze Bänder kann man bis zur gewünschten Länge miteinander zusammenschlaufen, dünne Bänder (mit wenig Schusskraft) können mehrfach nebeneinander eingesetzt werden. Für dieses Projekt braucht man keine Schnur. Alle Verbindungen macht man mit dem Ankerstich-Knoten.

Um eine Steinschleuder zu bauen, benötigst du eine Astgabel, ein kleines Stück Leder, einige Gummibänder und ein Taschenmesser 1.

Das Grundgerüst der Steinschleuder bildet die Astgabel. Am besten stehen die Schenkel in einem Winkel von über 50° zueinander. Die Schenkel sollten nicht dünner sein als 1,2 cm.

Länge zuerst die beiden Schenkel nach der Gabelung auf etwa 10 cm ab. Bei längeren Schenkeln wird beim Ausziehen der Gummis die Hebelkraft so groß, dass Kinder die Schleuder nicht mehr halten können. Eine Grifflänge von etwa 8 cm ist meistens genug. Bringe nun jeweils 1 cm unterhalb der Gabelenden mit der Säge eine umlaufende Nut an 2. Schnitze anschließend die Nut etwas breiter, sodass die Gummiringe in die Nut passen. Sie sollten nicht über das Astende abrutschen können. Die Nut rundherum zu erweitern, ist gar nicht so einfach, weil an gewissen Stellen der zweite Schenkel im Weg ist. Am besten stützt du das Schenkelende und deine Schnitzhand auf einer stabilen Unterlage ab 3. So kannst du die Schnitte kontrolliert ausführen. Es genügt, wenn die Nut 1 mm tief ist 5.

Als Munitionshalter dient ein Stück reißfestes Leder. Falte das Leder der Länge nach und schneide 1 cm vom Rand entfernt ein kleines Dreieck aus dem Leder 4. Wenn du das Leder wieder aufklappst, hast du zwei Löcher 5.

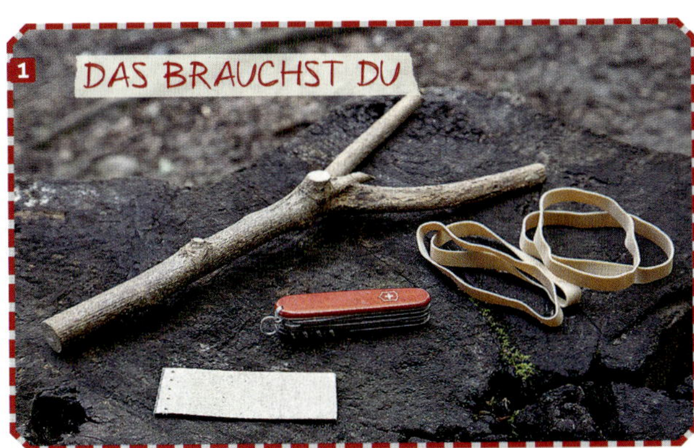

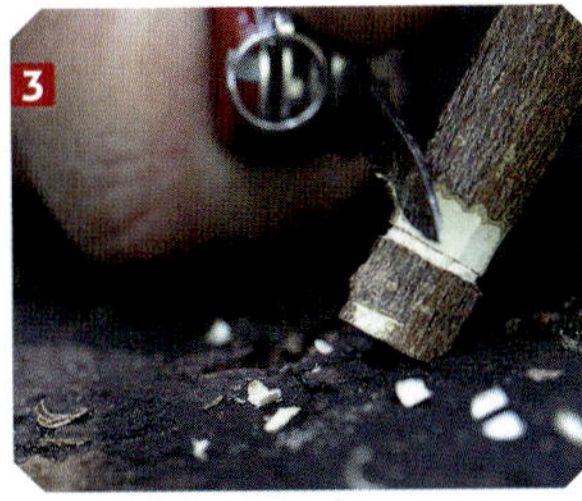

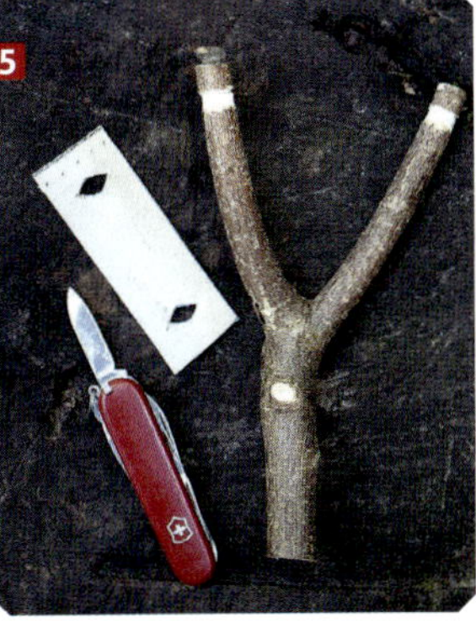

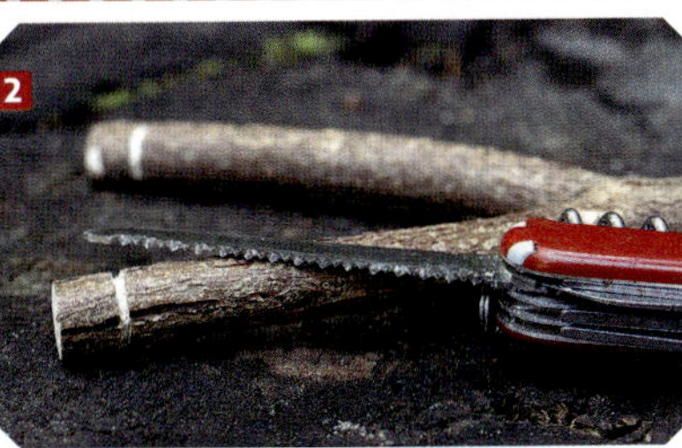

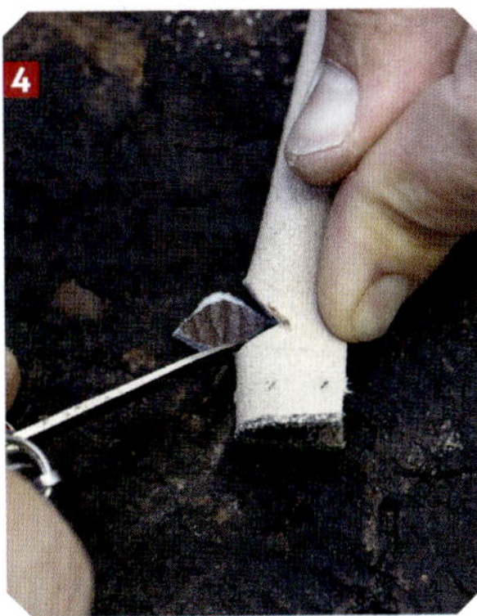

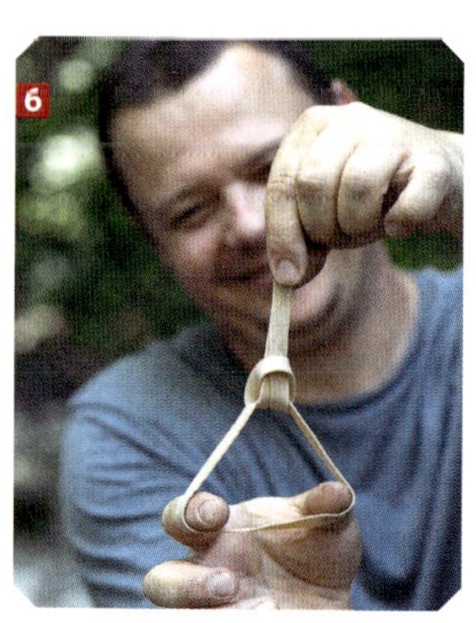

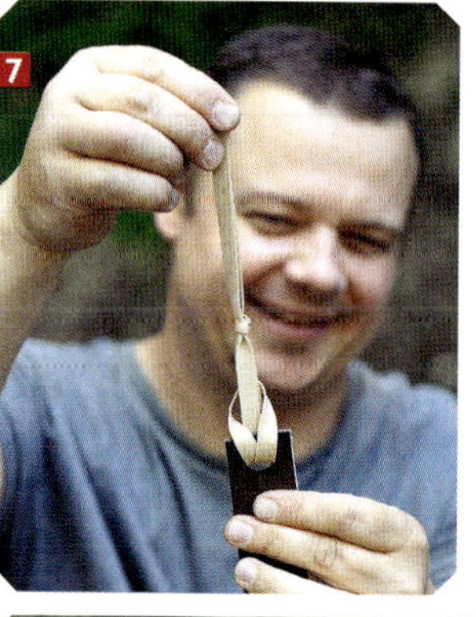

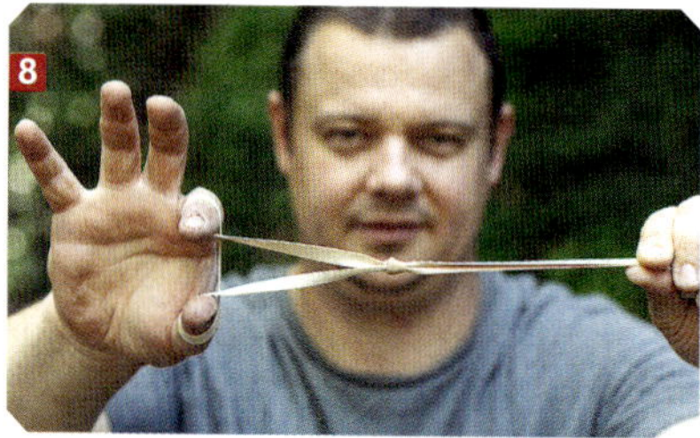

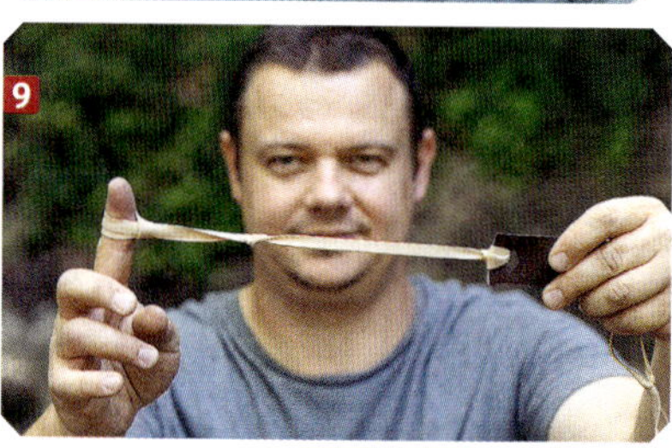

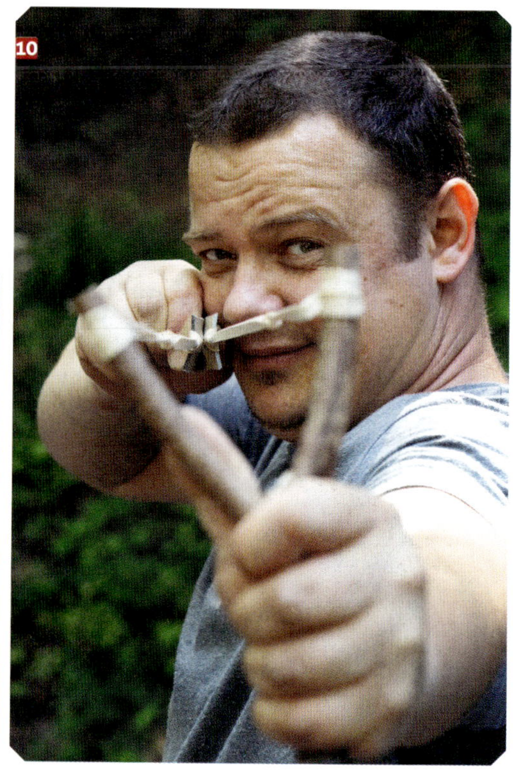

Schlaufe nun die gewünschte Anzahl Gummiringe ineinander 6. Beim Beispiel auf dem Bild genügten zwei Gummiringe auf jeder Seite. Schlaufe auf die gleiche Weise die Gummis durch die Löcher im Munitionshalter und ziehe den Knoten vorsichtig straff 7.

Nun musst du nur noch die Gummiringenden um die Schenkel der Astgabeln schlaufen. Das machst du mit dem Ankerstich-Knoten. Stecke dazu Daumen und Zeigefinger von hinten durch den Gummiring und lege die eine Gummiseite über die andere. Jetzt hast du »Loopings« um Daumen und Zeigefinger 8. Kippe diese Loopings übereinander, ziehe den Daumen heraus und stülpe dessen Looping über den Zeigefinger 9. Ziehe jetzt auch den Zeigefinger heraus und stülpe beide Loopings über das Gabelende. Das Gleiche machst du auf der anderen Seite des Munitionshalters. Nun ziehst du vorsichtig die Knoten nach, sodass sie straff um die Gabelenden liegen.

Jetzt ist deine Steinschleuder bereit zur ersten Schussabgabe. Du bist es auch, wenn du dich an die Sicherheitsregeln auf Seite 53 hältst (wie bei allen Schleuder-, Wurf- und Schießprojekten).

Einmal mehr darfst du jetzt ins Schleudern geraten 10. Besonders Spaß macht die Sache dann, wenn du nicht alleine, sondern mit anderen zusammen um die Wette schleuderst: Wer trifft zuerst die Blechbüchse auf dem Baumstamm? Wer hat zuerst zehn Treffer? Wer wird Schleuderkönig oder Schleuderkönigin? Gut Schuss!

PS: Bei allen Schleuder-, Wurf- und Schießprojekten bieten sich auch Wettkämpfe »mit Handicap« an: Besonders geübte oder erfahrene Schützen müssen mit der gleichen Anzahl Schüsse mehr Treffer erzielen als weniger geübte. Jüngere Wettkampfteilnehmer dürfen näher an das Ziel oder/und brauchen weniger erfolgreiche Schleuderschüsse, um zu gewinnen. Sei erfinderisch, lass allen eine Chance, und folge dem olympischen Gedanken: Mitmachen ist wichtiger als gewinnen!

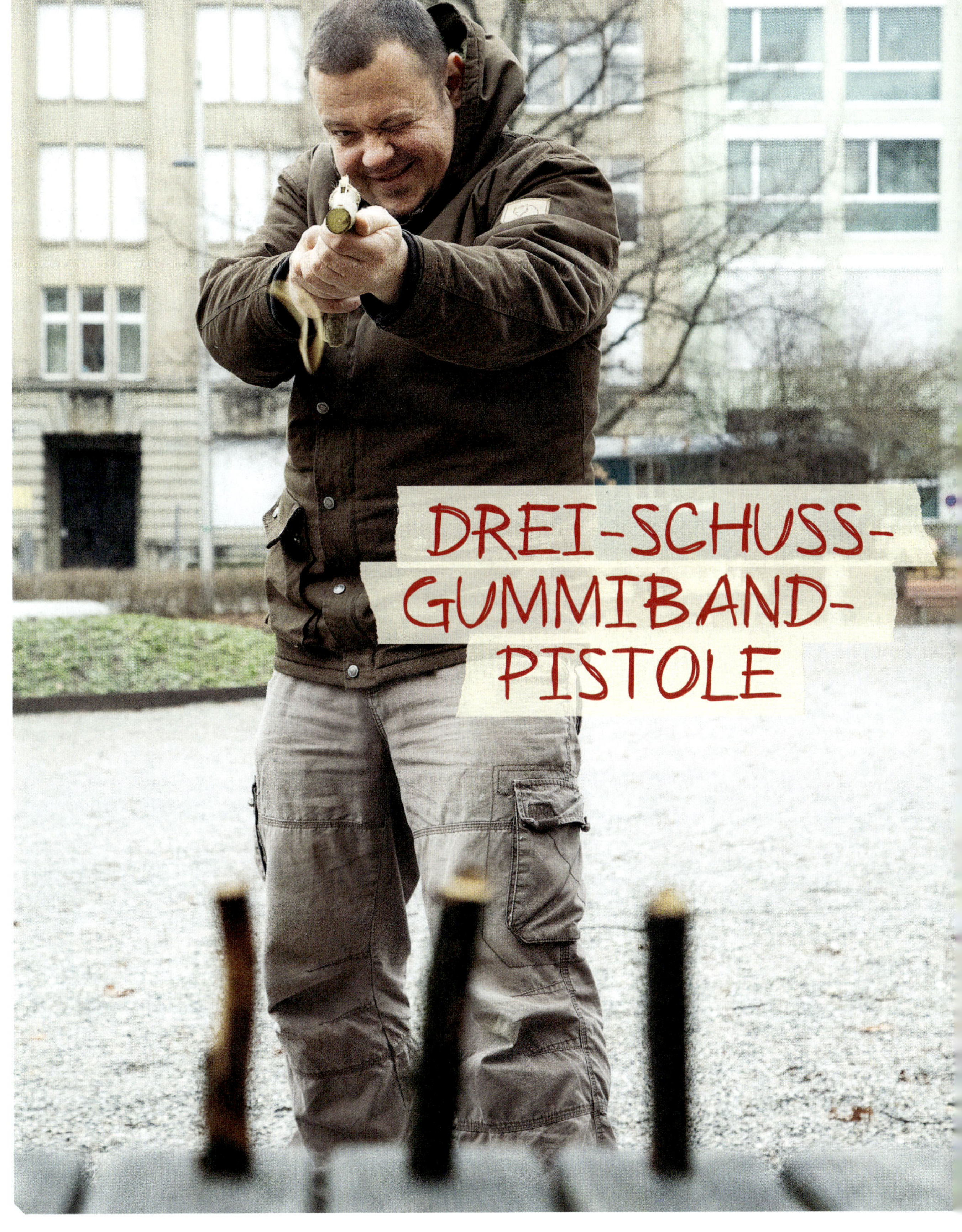
DREI-SCHUSS-
GUMMIBAND-
PISTOLE

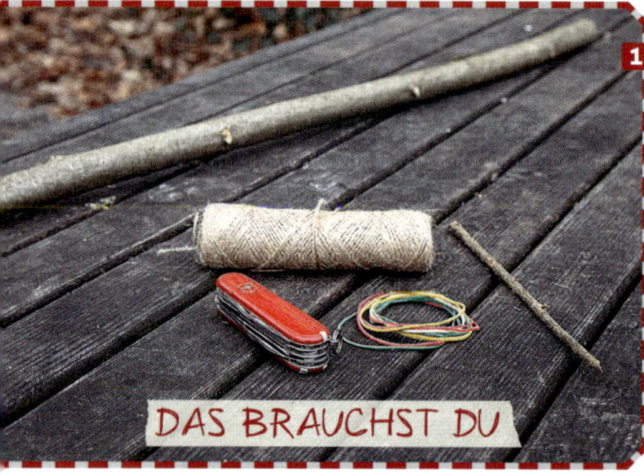

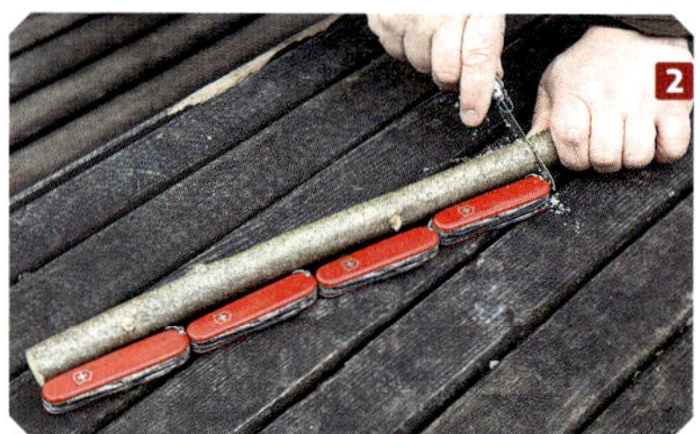

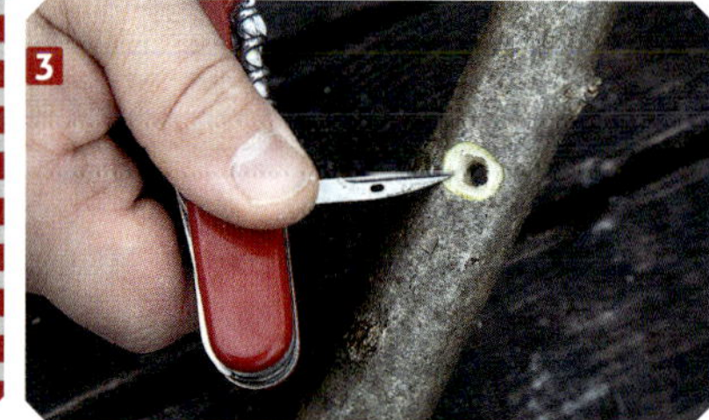

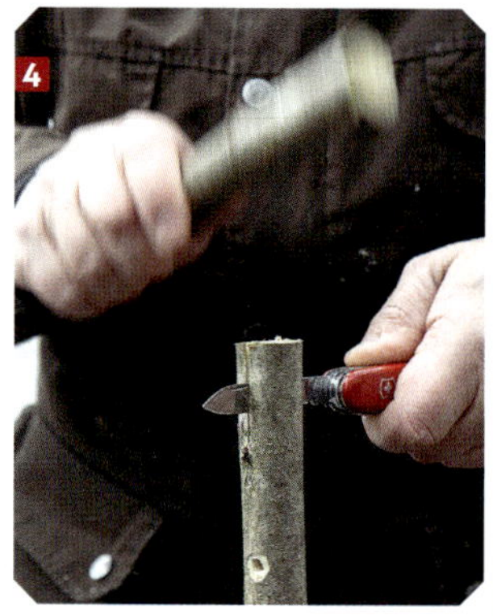

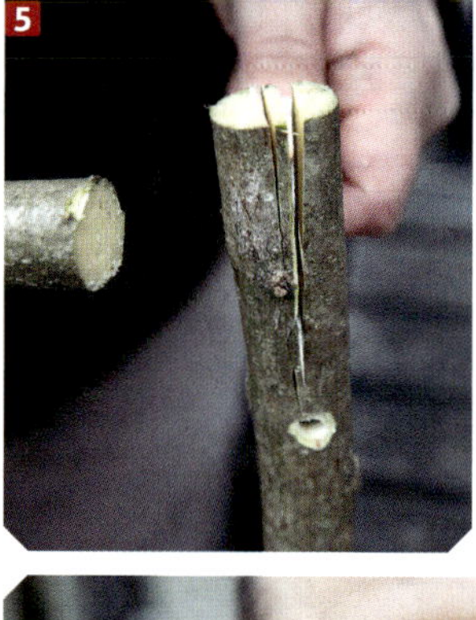

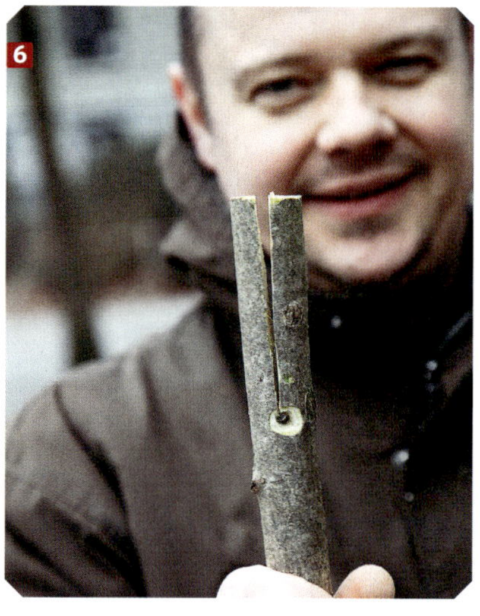

Wer hat sich in der Schule oder im Büro nicht schon den Scherz erlaubt, mit einem Gummiband Schabernack zu treiben? Zusammen mit meinem Banknachbarn hatte ich als Kind die glorreiche Idee, während des Unterrichts zu testen, ob wir von unserem Pult aus hinter die Wandtafel schießen könnten. Es klappte, aber natürlich hatten wir danach für den Rest der Woche Tafelputzdienst. Im Büro den Bildschirm der Kollegen zu treffen – so viel Spaß muss einfach sein, auch am Arbeitsplatz. Manchmal knallte mir beim Abschuss der Gummi auf den vorderen Daumen: »Autsch!« Ich habe darum den Gummi oft über ein Lineal gespannt. Damit konnte ich auch viel besser zielen, als wenn ich ihn über die Daumenkuppe gespannt hatte. Als Kind habe ich außerdem eine Gummipistole mit einer Wäscheklammer als Abzug gebaut. Natürlich gibt es pädagogisch wertvollere Spielzeuge als eine Gummipistole. Aber Spaß macht dieses Spielgerät trotzdem. Insbesondere dann, wenn sie drei Schüsse nacheinander abfeuern kann.

Die Drei-Schuss-Gummibandpistole besteht aus drei Teilen: Rohr (Schaft), Abzug und Griff. Du benötigst für dieses Projekt einen etwa 80 cm langen, gerade gewachsenen Haselstock mit einem Durchmesser von etwa 2–2,5 cm. Daraus schnitzt du Rohr, Abzug und Griff. Zusätzlich benötigst du ein kleines Ästlein für die Abzugsachse und den Rückzugbolzen, der gleichzeitig als Visier dient. Um den Griff zu befestigen, brauchst du außerdem noch etwas Schnur und natürlich Gummis für den Abzug und als Munition **1**.

Schneide für das Rohr vom Stock eine Gesamtlänge von 4 Taschenmessern oder etwa 36 cm **2** ab.

Bohre eine Taschenmesserlänge vom dickeren Ende entfernt mit der Ahle ein Loch durch den Ast, **3**. Spalte dann von der Stirnseite aus Richtung Loch für eine Nut Material in der Breite des Loches heraus **4**, **5**, **6**. Schnitze mit der kleinen Klinge weiteres Material weg, sodass eine richtige Nut entsteht **7**.

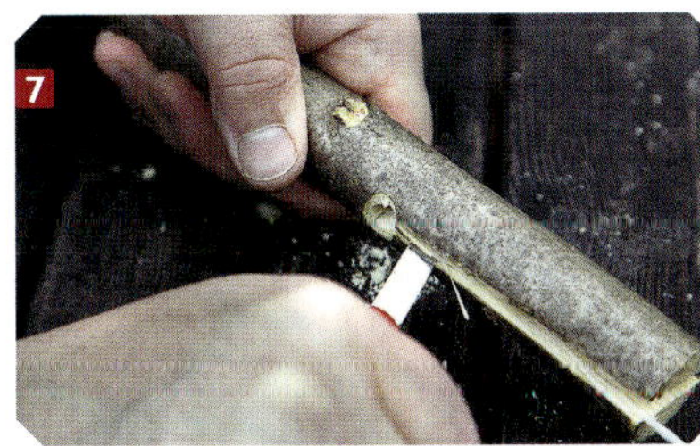

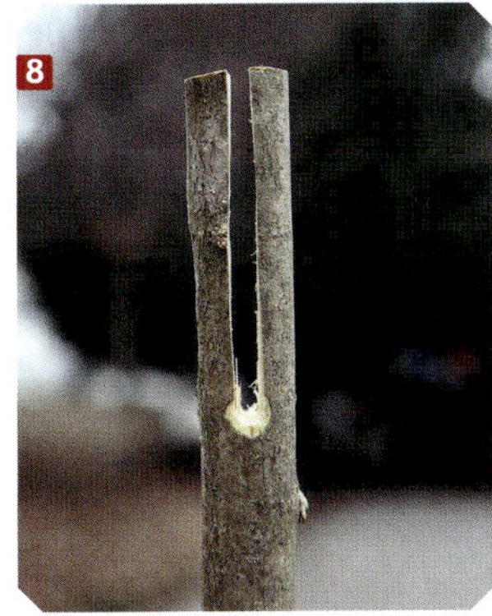

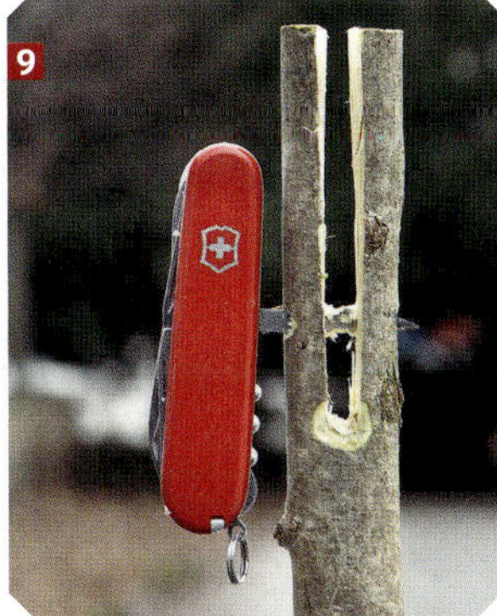

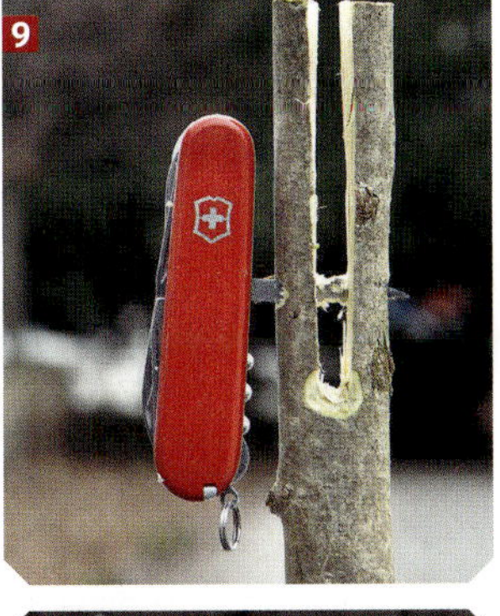

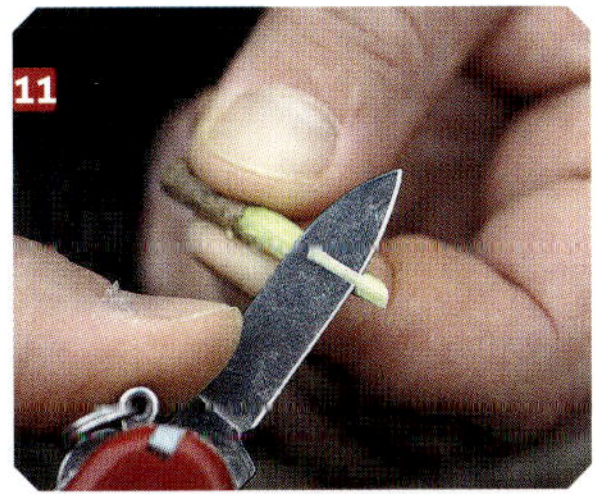

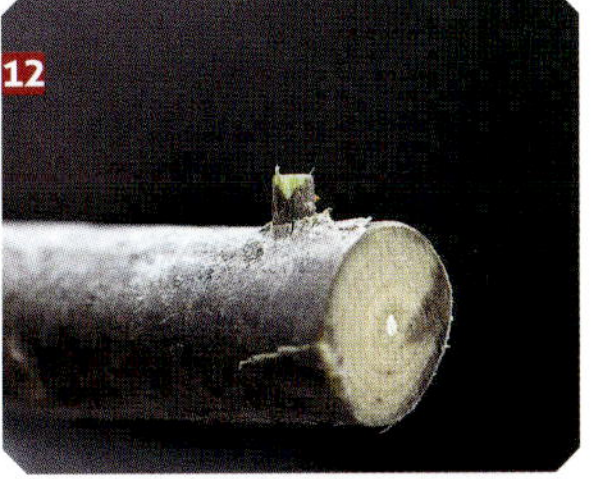

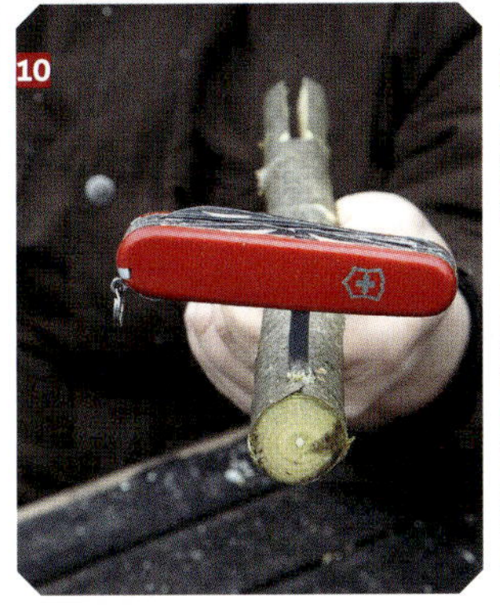

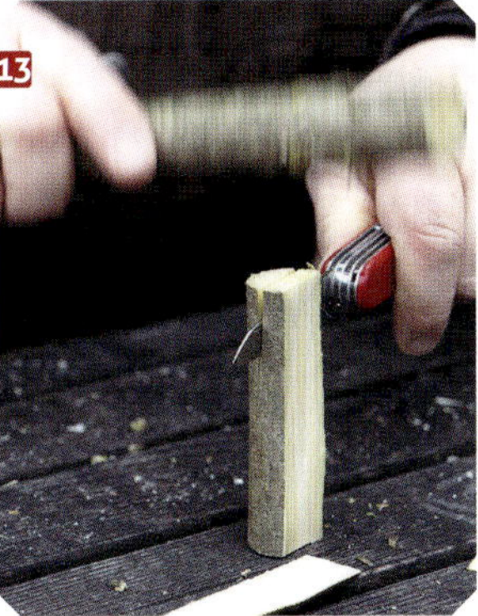

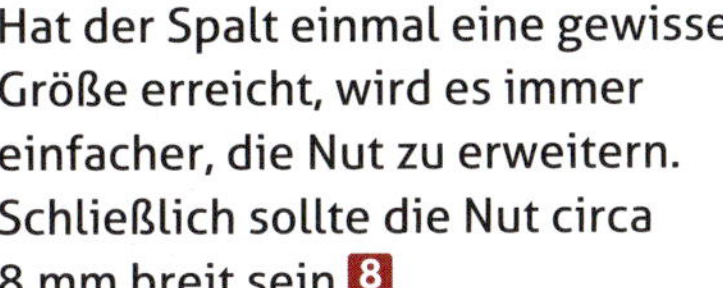

Hat der Spalt einmal eine gewisse Größe erreicht, wird es immer einfacher, die Nut zu erweitern. Schließlich sollte die Nut circa 8 mm breit sein 8.

Bohre nun mit der Ahle etwa 2,5 cm vom Nutboden entfernt ein Querloch zur bestehenden Nut 9.

Bohre danach am vorderen Ende des Rohrs in der Flucht der Nut ein Loch ins Rohr, so tief, bis das Loch der Ahle im Material verschwunden ist 10.

Spitze jetzt ein Ästlein konisch an 11 und hämmere es vorsichtig in das eben gebohrte Loch. Schneide das Ästlein 4 mm über dem Rohr ab 12. Das ist der Rückzugsbolzen und gleichzeitig unser Visier.

Fertige jetzt den Abzug: Schneide ein Stück Ast ab, das so lang ist wie ein Taschenmesser. Spalte auf beiden Seiten Material ab, sodass ein circa 8 mm breites Brettchen entsteht 13. Schnitze dieses so flach, dass es in die Nut am Rohr hineingeschoben werden kann 14.

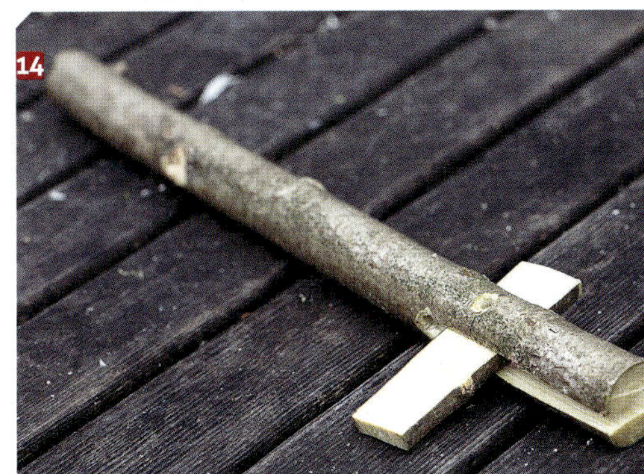

Bohre nun 2,5 cm vom Ende des Brettchens ein Loch mittig durch das Holz 15, 16. Wenn du den unteren Haken des Taschenmesser-Flaschenöffners im soeben gebohrten Loch einhängst, kannst du mit der Ecke des am Flaschenöffner befindlichen Schraubenziehers oben am Brettchen einen Kreis ziehen 17. Schnitze an der Brettchen-Stirnseite entlang dieser so eingezeichneten Linie die Rundung 18 ab. Zeichne dann die Fingermulde und die restliche Kontur des Abzugs auf das Brettchen 19. Schnitze danach den Abzug in die richtige Form 20.

Markiere nun auch die Position der Kerben, in die später die Gummis eingespannt werden. Die mittlere Kerbe steht genau waagrecht zum Loch. Zeichne links und rechts zur mittleren Kerbe im Winkel von etwa 15° zwei weitere Kerben ein 21. Säge dann die Kerben in der Flucht der eingezeichneten Linien 3–4 mm tief in den Rand 22.

Nun folgt der Griff: Der Griff ist etwa 2 Taschenmesserlängen lang 23. Schnitze das oberste Drittel so flach 24, dass der Griff in die Nut des Rohres passt.

Und zuletzt die Montage: Schiebe den Abzug in die Nut im Rohr und stecke ein wenn möglich trockenes Ästlein durch alle drei Löcher 25.

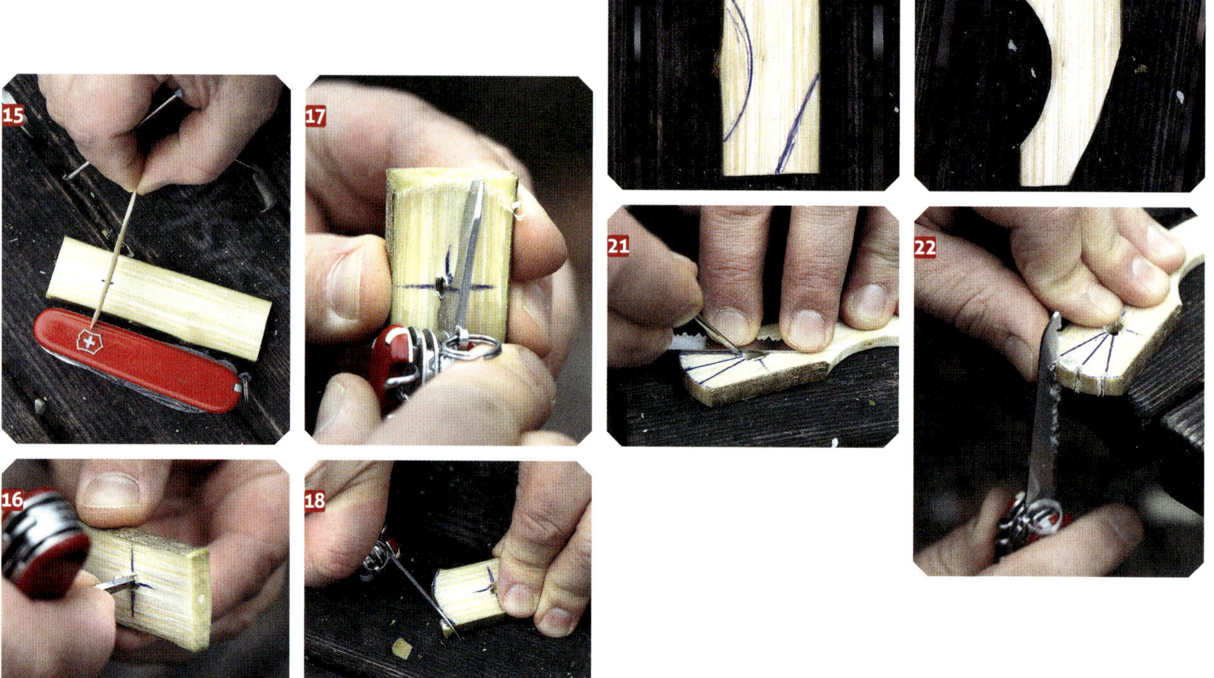

Probiere aus, wie weit du den Abzug nach hinten bewegen musst, bis sich der hinterste Gummi löst. So kannst du die Position und den Montagewinkel des Griffes ermitteln 26. Fixiere dann den Griff mit einer Schnur 27. Zum Schluss musst du auf der Rückseite des Abzugs 28 und auf der Unterseite des Rohres 29 noch je eine Kerbe einsägen. In diese Kerben werden die Gegenspanngummis eingehängt 30.

Lege die Gummis, die du schießen willst, gemäß dem Foto ein 30.

Oft benötigen diese Pistolen eine Feinjustierung, damit sich die Gummis beim Drücken des Abzugs zum richtigen Zeitpunkt lösen. Schneide die Einhängekerbe am Abzug unten etwas tiefer, wenn sich ein Gummi zu früh löst. Schnitze die oberen Kanten der circa 4 mm tiefen Kerben am Abzug etwas rund, wenn sich ein Gummi zu spät löst.

Ich wünsche dir viel Spaß mit der Drei-Schuss-Gummipistole!

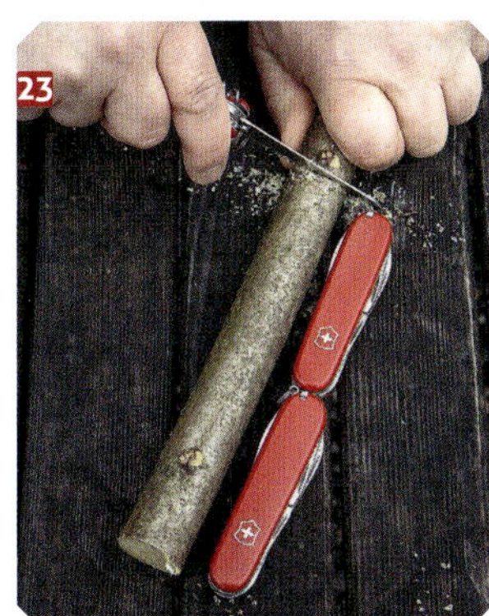
23

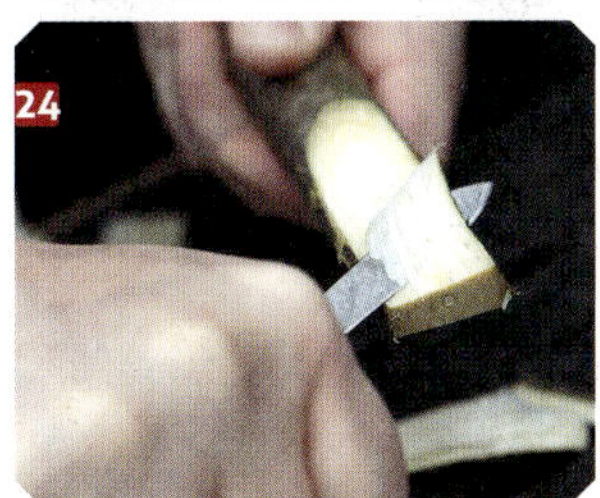
24

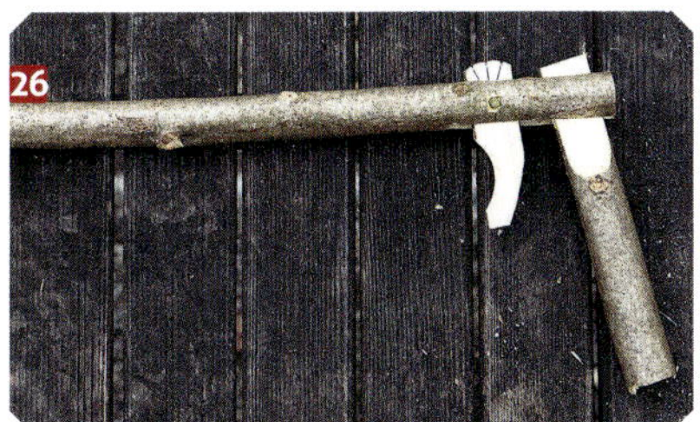
26

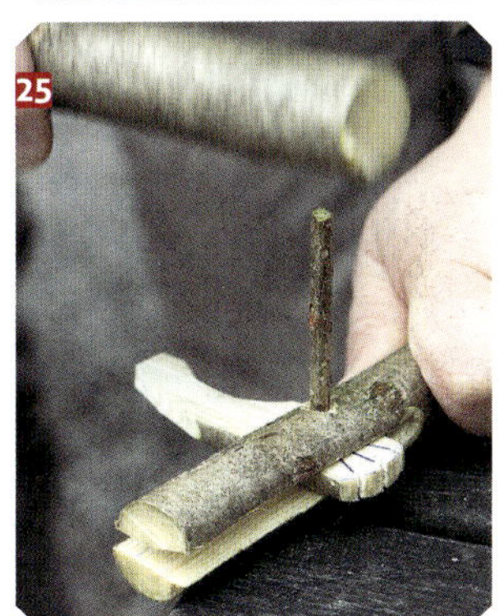
25

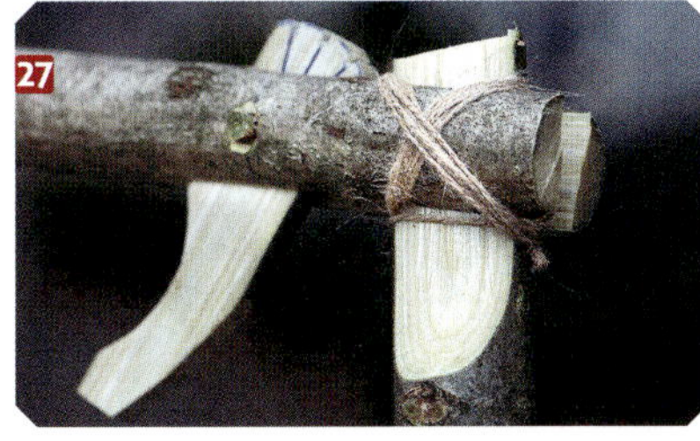
27

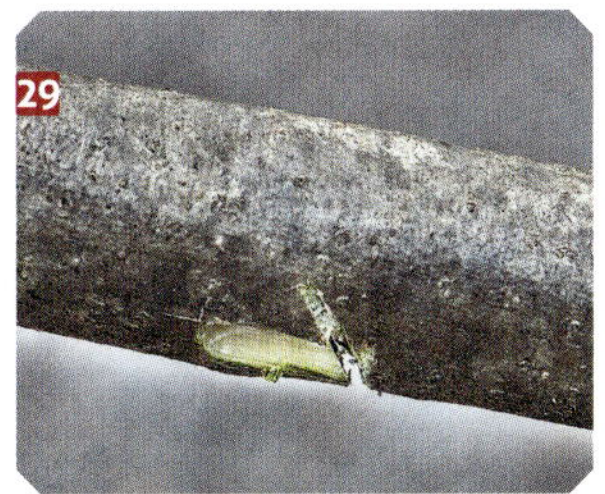
29

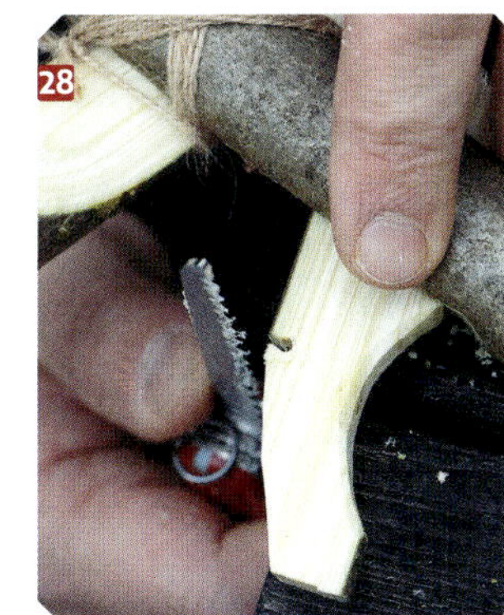
28

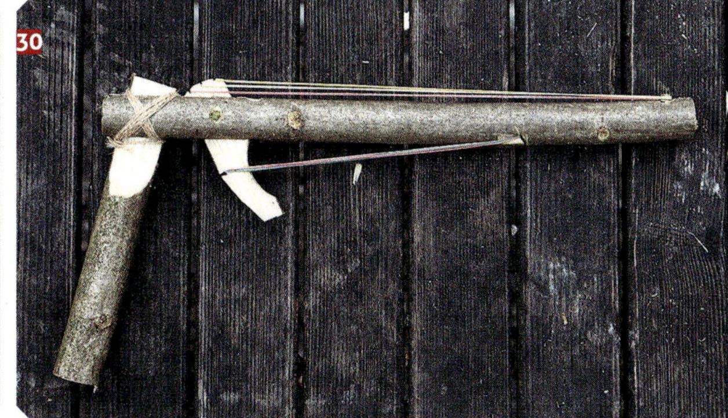
30

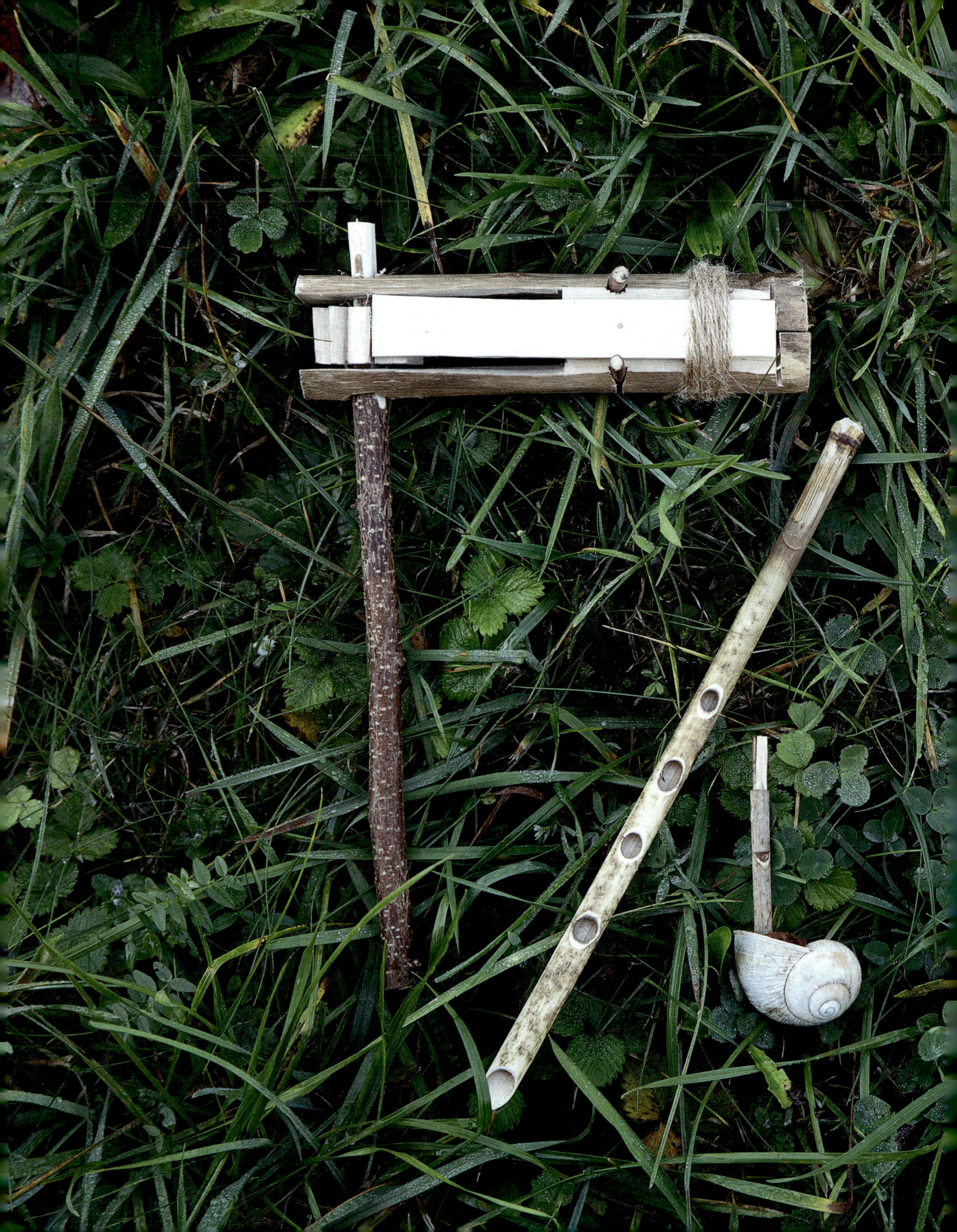

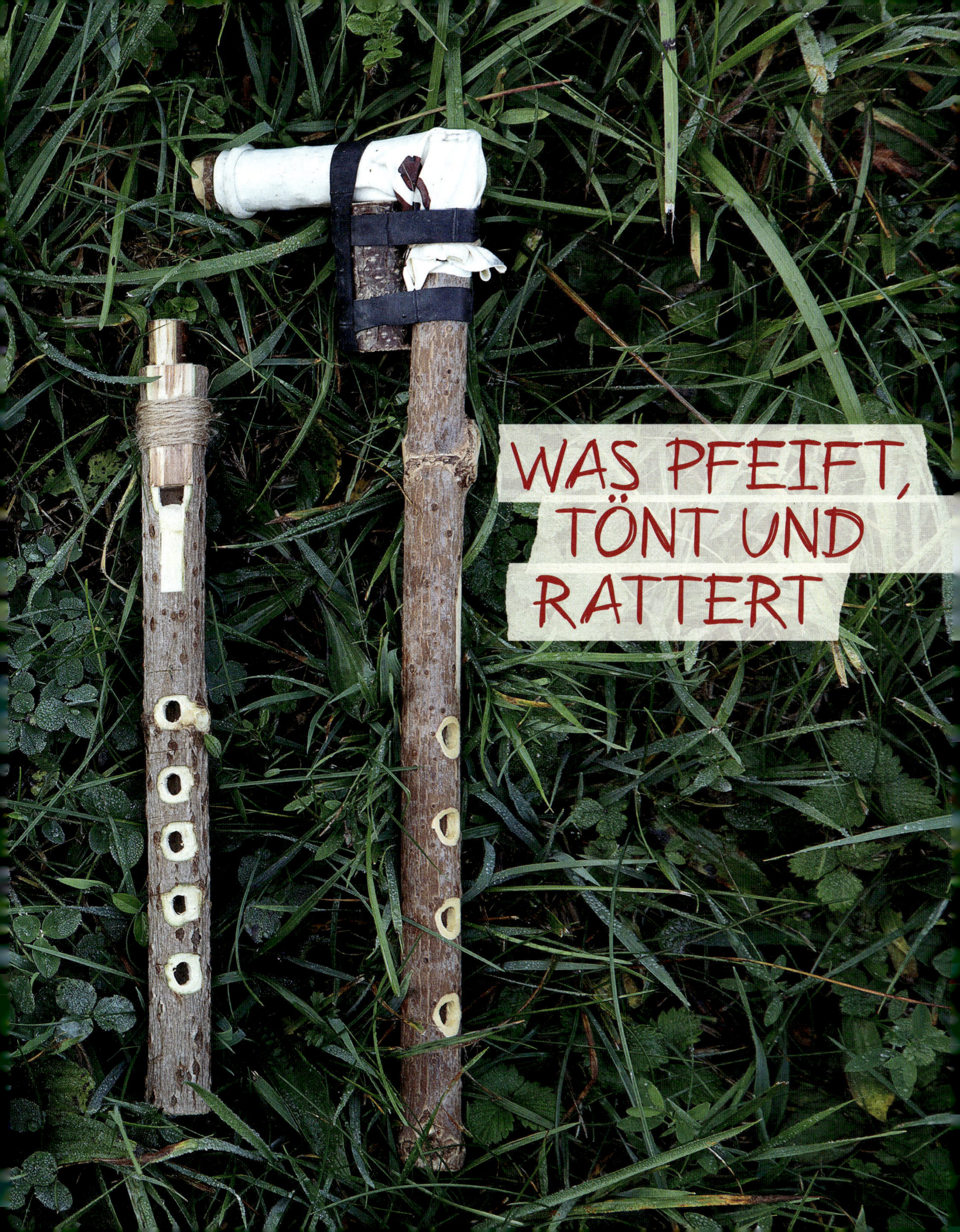

WAS PFEIFT, TÖNT UND RATTERT

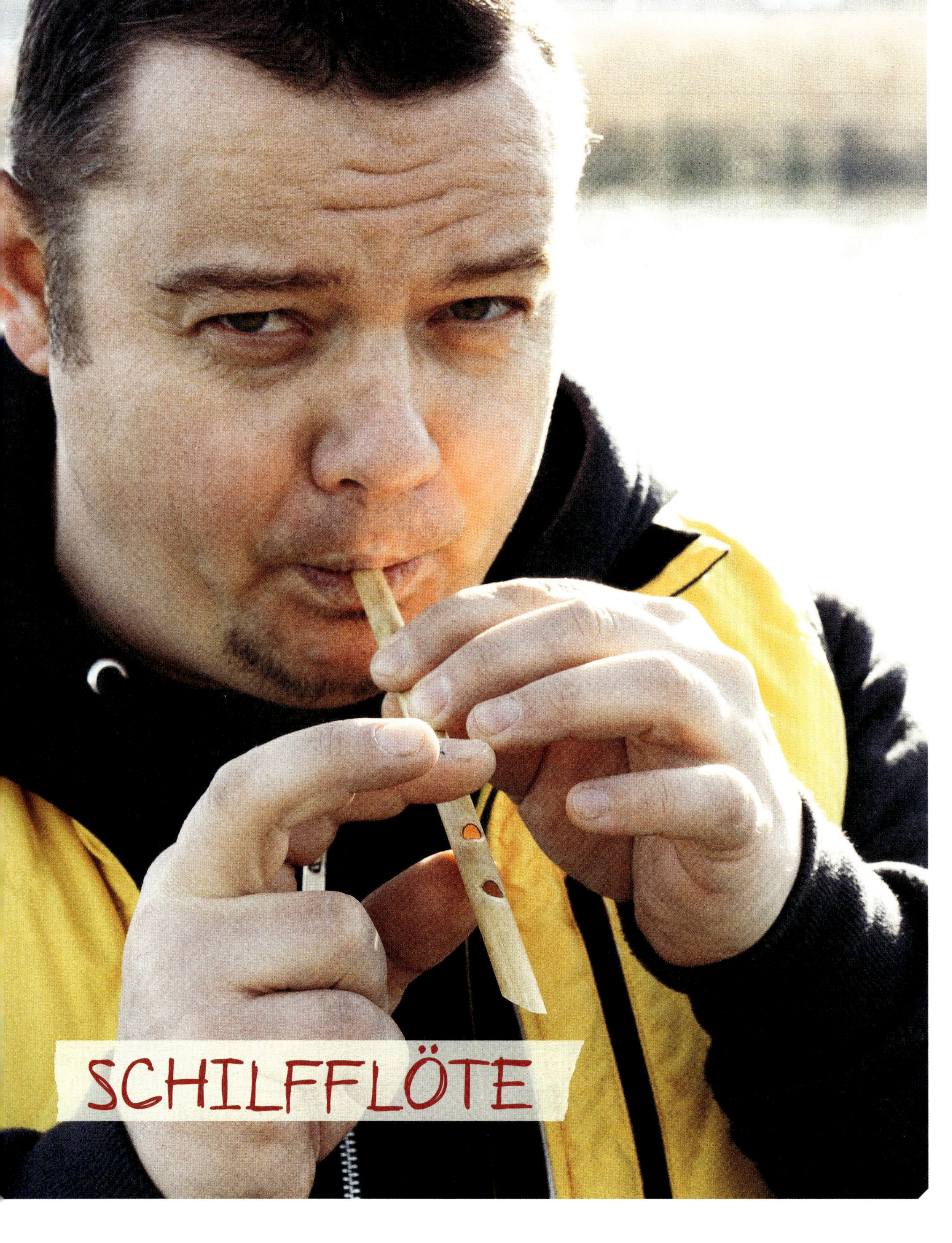

SCHILFFLÖTE

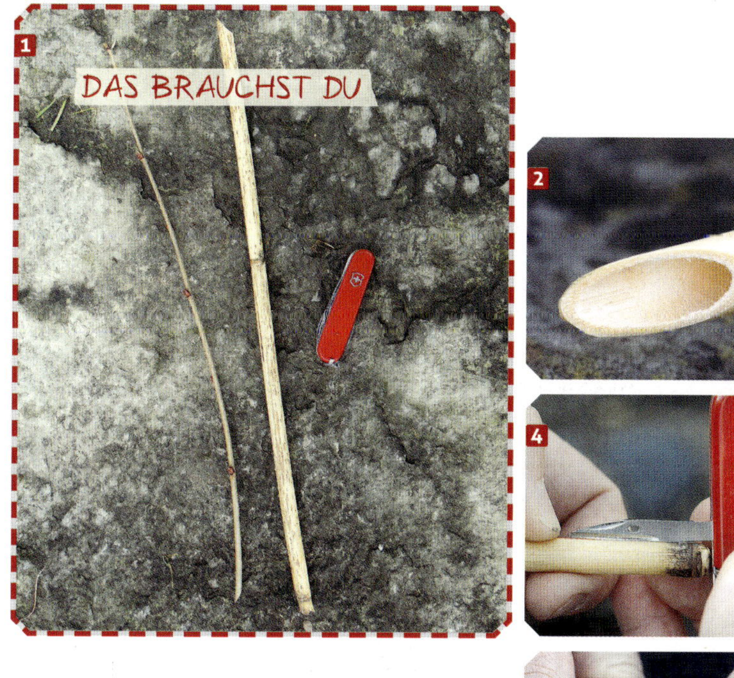

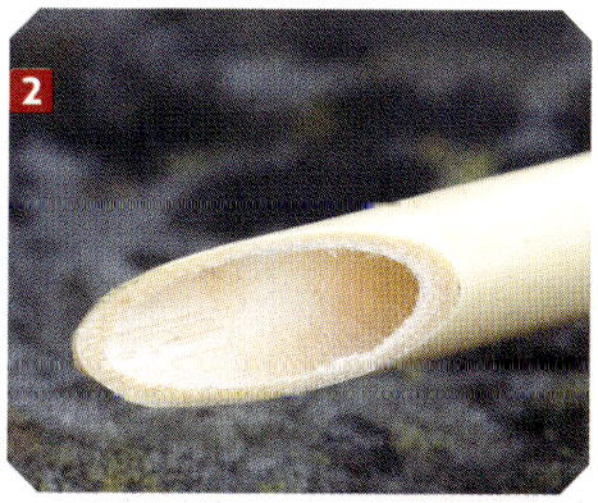

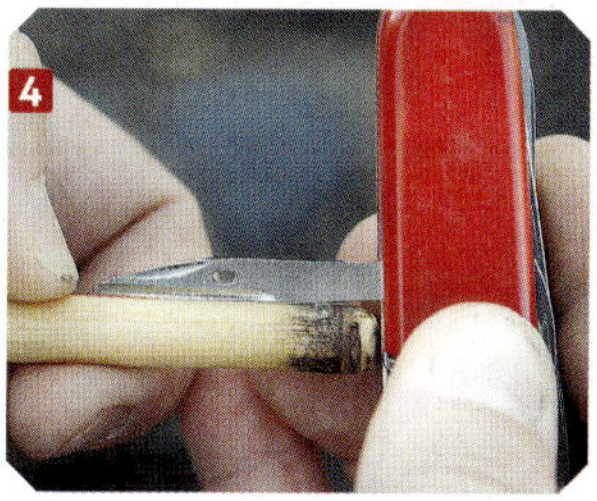

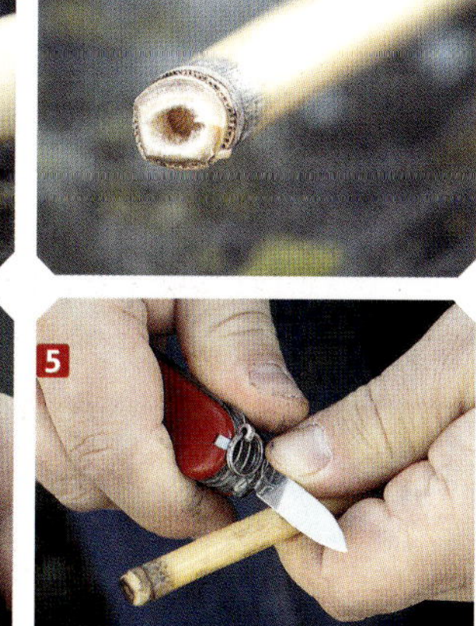

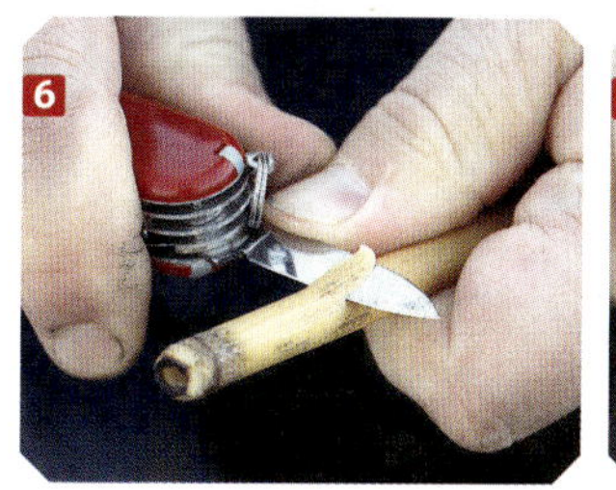

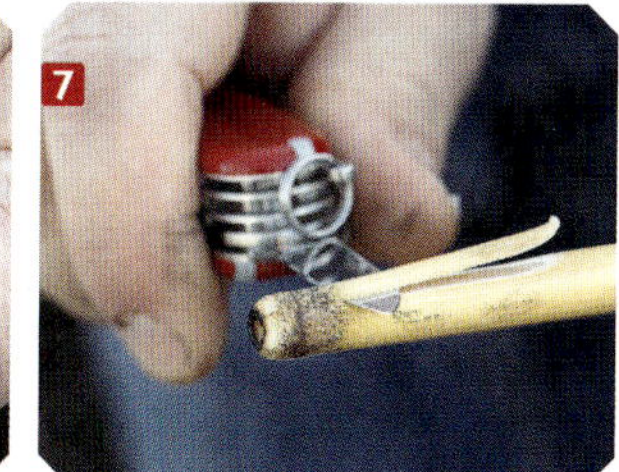

Eine Schilfflöte sah ich zum ersten Mal im Atelier meines Freundes und Klangkünstlers Stefan Philippi. Dieser spielte derart schön auf dieser kleinen Flöte, dass ich Gänsehaut bekam. Es ist unglaublich, welche Töne und Melodien man einem einfachen Schilfrohr entlocken kann – wenn es vorher richtig zurechtgeschnitten wurde. Die Schilfflöte ist eines meiner Lieblingsprojekte.

Für die Herstellung einer Schilfflöte benötigt man einen trockenen Schilfhalm, ein dünnes Ästlein, ein Feuerzeug und ein Taschenmesser mit einer rasiermesserscharfen kleinen Klinge 1.

Suche an dem Schilfhalm ein unverletztes Rohrsegment. Entferne die abschälbare Außenhaut. Das Stück, das schließlich für die Flöte benötigt wird, ist am unteren Ende offen 2 und am oberen Ende durch einen Zwischenboden beim Segmentknoten luftdicht abgeschlossen 3. Da trockenes Schilf zu spröde ist, um es mit der Taschenmessersäge abzulängen, musst du das Rohr knapp oberhalb des Segmentknotens mit mehreren Schnitten rundherum abschnitzen. Die Spitzen der Schnittstellen brennst du mit dem Feuerzeug ab. Am unteren, offenen Ende kürze ich das Rohr mit einem schrägen Schnitt 2.

Die Tonerzeugung bei der Schilfflöte basiert auf dem gleichen Prinzip wie bei einer Klarinette oder einem Saxophon. Eine Zunge schwingt beim Blasen hin und her, was die Luftsäule zum Schwingen bringt. Die Zunge in das Schilfrohr zu schneiden, erfordert ein scharftes Messer und höchste Sorgfalt.

Setze eine Ahlenlänge vom Segmentknoten entfernt 4 mit der kleinen Klinge Richtung Segmentknoten zu einem Schrägschnitt an 5. Dringe mit der Feinschneidetechnik ins Rohr ein 6 und schneide eine Kurve, bis die Klinge flach im Faserverlauf steht. Ziehe den Schnitt dann vorsichtig weiter bis vor den Knotenpunkt 7. Achtung, der Knotenpunkt darf nicht durchbrechen! Die Schwierigkeit dieses Schnittes besteht unter anderem darin, dass sich die Zunge am Anfang des Schnittes leicht spaltet. Wenn der Spalt nur kurz ist (wie auf Foto 6 zu sehen), macht das meistens nichts aus. Andernfalls ist es besser, wenn du ein neues Schilfrohr nimmst und nochmals von vorne anfängst.

Damit die ausgeschnittene Zunge beim Anblasen in Schwingung kommen kann, muss sie im Ruhezustand leicht abstehen. Dies erreichst du, indem du die Oberfläche der Zunge durch vorsichtiges Schaben (siehe Seite 165) schwächst 8. Das Schaben erfolgt ab dem Segmentknoten bis 1 cm vor dem Zungenende. Dieser Arbeitsschritt nimmt vor allem bei dickwandigen Schilfrohren einige Minuten in Anspruch, denn die Zunge muss deutlich dünner sein als das restliche Material. Wenn du magst, kannst du beim Schaben einen dünnen Span unter die Zunge klemmen. So steht die Zunge unter leichter Spannung etwas ab, und das Schaben geht leichter.

Hebe danach die Zunge mit der Messerklinge oder mit zwei Fingern ein wenig an und wärme sie 2–3 Sekunden mit dem Feuerzeug 9. Halte die Zunge weiterhin ein wenig ab und lasse die erwärmte Stelle ein paar Sekunden abkühlen. Wenn du jetzt die Zunge loslässt, steht sie ein bisschen ab 10.

Probiere, ob du schon einen Ton erzeugen kannst. Dazu nimmst du die Flöte so weit in den Mund, dass die ausgeschnittene Zunge vollständig hinter den Lippen verschwindet. Schließe nun den Mund und blase verschieden stark ins Rohr 11. Falls noch kein Ton erklingt, musst du die Innenseite der Rohrwandung reinigen. Der Blick in ein aufgespaltenes Schilfrohr zeigt, dass die Innenwand mit einem dünnen Häutchen überzogen ist. Dieses Häutchen ist, wenn es absteht, bei der Tonentwicklung hinderlich. Darum solltest du das Häutchen mit einem Stecklein aus dem Rohr herauskratzen. Das Stecklein sollte länger sein als die Flöte, damit die Innenwandung bis zum Knotenboden gereinigt werden kann. Schiebe nun das Stecklein vorsichtig in das Schilfrohr und drehe es, bis kein ausgekratztes Material mehr aus der Öffnung kommt. Auch ein luftdurchlässiger Knotenboden kann die Ursache dafür sein, dass die Flöte nicht tönt. Dichte den Knotenboden mit Kaugummi oder Harz ab oder drücke beim Spielen die Zungenspitze auf die Öffnung.

Versuche erneut, ob du einen Ton erzeugen kannst. Blase auch einmal so stark du kannst. Wenn immer noch kein Ton entsteht, ist möglicherweise die Zunge noch zu hart. Schabe dann nochmals Material von der Zunge ab. Aber Vorsicht: Wenn die Zunge zu schwach wird und sie ohne spürbaren Widerstand zugedrückt werden kann, ist die Flöte ebenfalls unbrauchbar, und du musst neu beginnen.

Gibt die Flöte einen Ton von sich, schneidest du die Grifflöcher in die

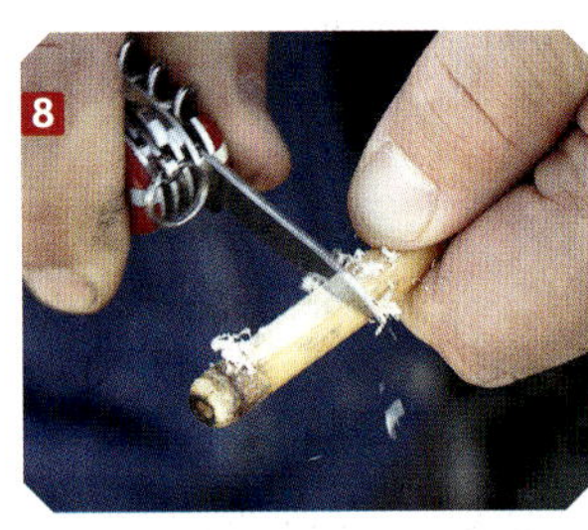

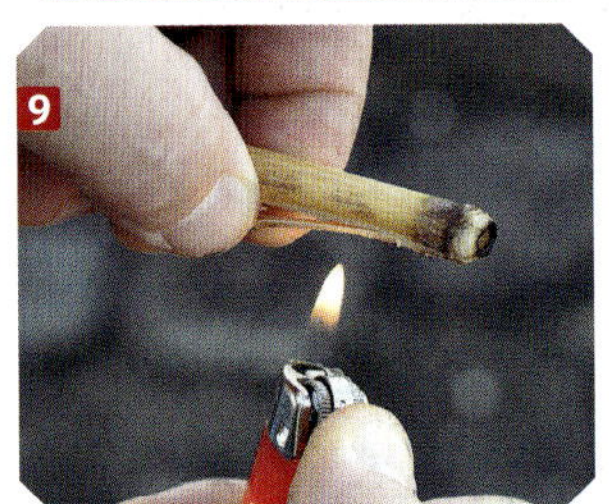

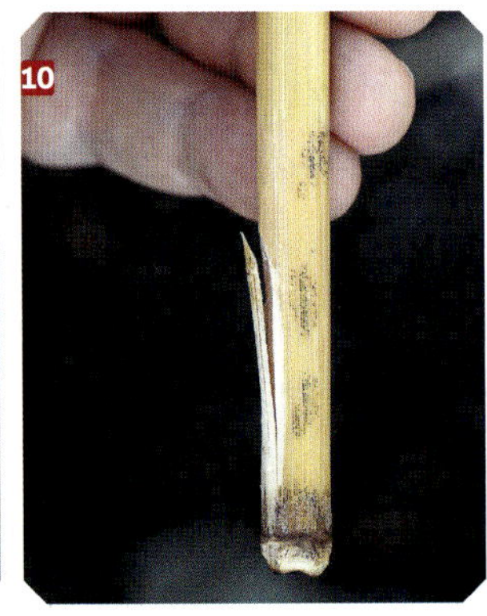

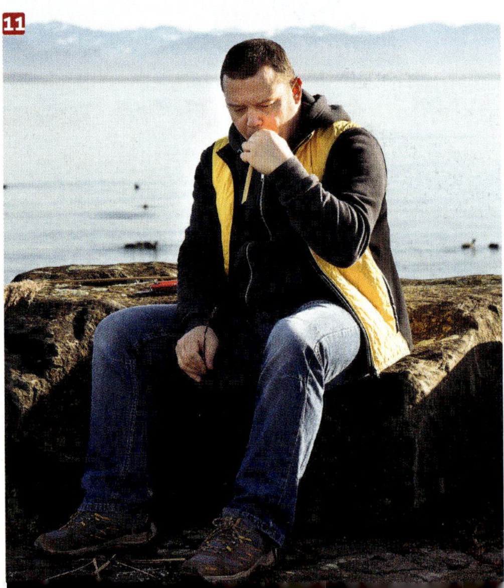

Flöte. Die Löcher so zu platzieren, dass eine abgestimmte Tonleiter entsteht, ist sehr schwierig. Abstände und Größe der Löcher könnte man theoretisch berechnen, doch das würde den Rahmen dieses Buches sprengen. Mir genügt es, wenn ich auf der Flöte eine Melodie mit verschiedenen Tönen spielen kann.

So fertigst du die Löcher: Das Bohren der Löcher mit der Ahle würde die Flöte spalten, darum werden die Löcher geschnitten. Setze dazu das Messer an der gewünschten Stelle an und arbeite dich mit der Feinschneidetechnik in mehreren kurzen Schnitten Schicht für Schicht vor 12. Nach 3–4 Schnitten wendest du die Flöte und löst die Späne von der anderen Seite 13. Diesen Vorgang wiederholst du, bis die Wandung durchbrochen ist 14. Mit dem Feuerzug brennst du das oft noch vorhandene Häutchen und die abstehenden Fasern ab und bringst das Loch in Form 15. Diesen Vorgang wiederholst du bei jedem Loch. Die Anzahl der Löcher ist frei wählbar und auch abhängig von der Länge der Flöte. Ich schnitze meistens 4–5 Löcher 16. Das unterste Loch solltest du 4 cm vom Rohrende entfernt ansetzen. Danach wählst du jeweils einen Abstand von etwa 2 cm zum nächsten Loch. Zwischen der Zunge und dem obersten Loch lässt du mindestens 5 cm Abstand, damit du genügend Platz hast, um mit den Fingern alle Löcher zu greifen.

Das Endprodukt könnte etwa so aussehen 17.

Mit etwas Übung und Fantasie lassen sich auf der Schilfflöte Melodien erfinden und nachspielen. – Wer erkennt sie?

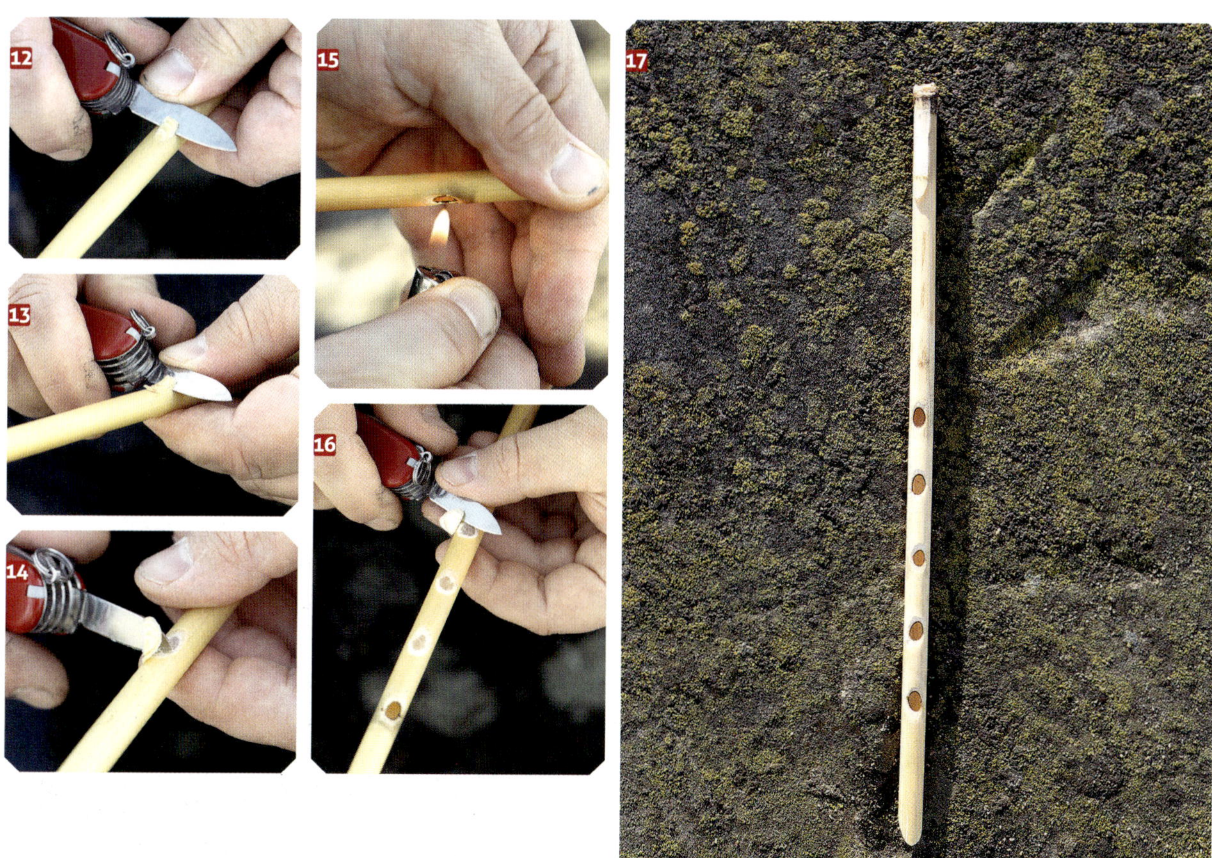

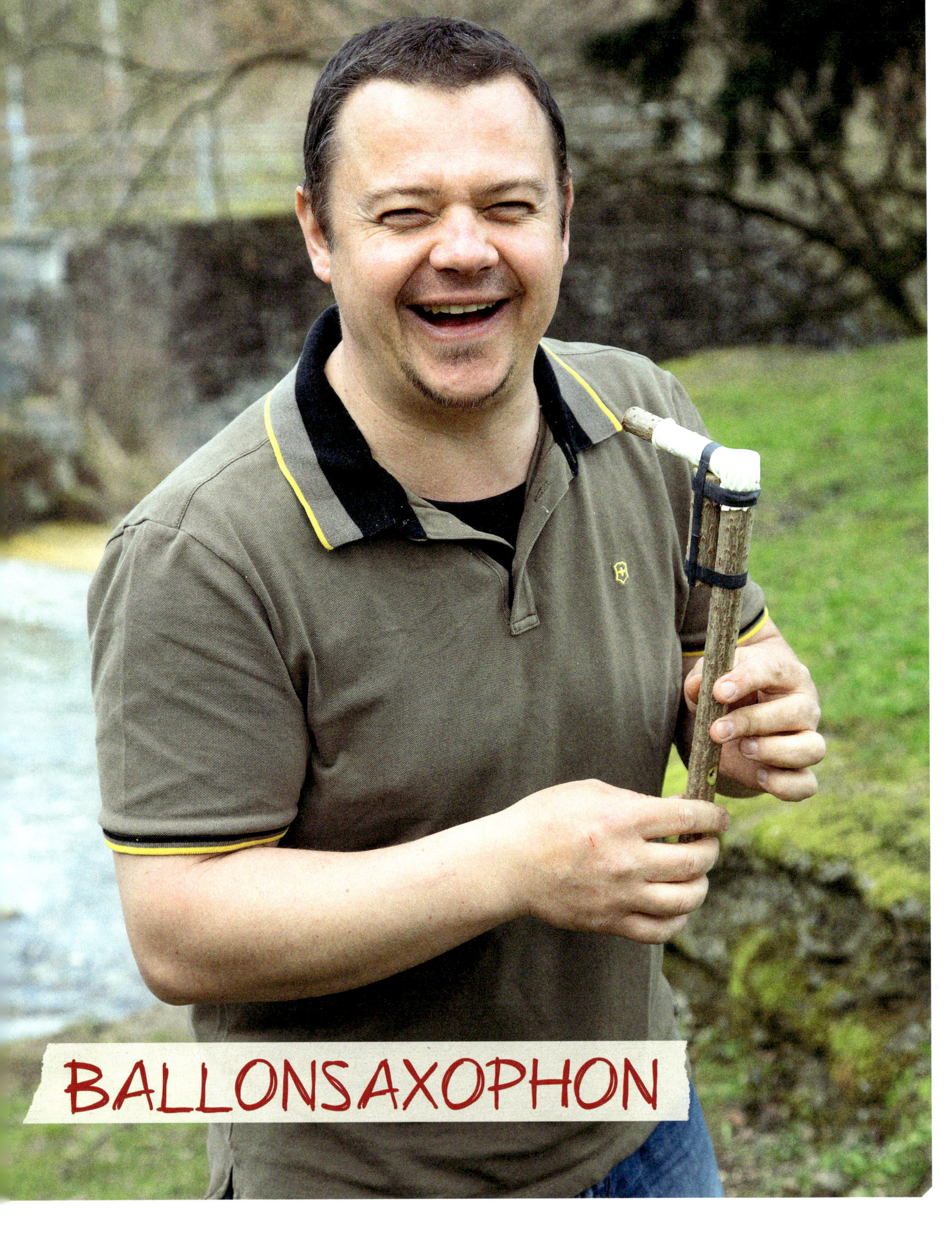

BALLONSAXOPHON

Während meiner Ausbildung zum Naturpädagogen beim Verein Waldkinder in St. Gallen befassten wir uns in einem Kursmodul mit der Herstellung von Naturinstrumenten. Dort sah ich zum ersten Mal ein Ballonsaxophon. Ich war fasziniert von der Einfachheit dieses Instruments und dem warmen, wirklich saxophonähnlichen Sound. Bei meinen weiteren Recherchen zu diesem Projekt stieß ich im Internet auf Bauanleitungen, bei denen dieses Instrument in einer Werkstatt mit PVC-Rohren, Bandsäge, Bohrmaschine und Feile hergestellt wurde. Es war für mich eine Herausforderung, ein solches Instrument möglichst nur mit Naturmaterialien und einem Taschenmesser als einzigem Werkzeug zu realisieren. Ich versuchte verschiedene Bauarten aus. Alle funktionierten, aber in der Umsetzung waren sie meist sehr anspruchsvoll. Die einfachste Variante zeige ich in der folgenden Anleitung.

Zur Herstellung eines Ballonsaxophons braucht man einen etwa 50 cm langen, gerade gewachsenen Holunderast. Der Durchmesser sollte 2–3 cm betragen. Die besten Resultate erzielt man, wenn der Ast im Querschnitt mindestens 1 cm weißes Mark aufweist. Außerdem wird ein kurzes Verbindungsstück aus einem etwa 3–4 cm dicken Ast, etwas Schnur, Spanngummis oder ein alter Fahrradschlauch, ein »birnenförmiger« Ballon und ein Taschenmesser benötigt **1**.

Die Länge des Hauptrohres kann variieren. In dieser Anleitung baue ich ein Saxophon, bei dem die Länge des Hauptrohres etwa 4 Taschenmesserlängen (36 cm) lang ist **2**. Das Mundstück hat in etwa die Länge von einem Taschenmesser.

Schneide zuerst von dem Holunderast zwei Aststücke dieser Längen ab.

Beginnen wir dann mit dem Hauptrohr: Entferne zuerst das Mark aus dem Rohr. Je sauberer am Ende das Rohr ausgeputzt ist, desto besser wird die Tonentwicklung sein! Die ersten 4 cm Mark auf beiden Seiten kannst du mit dem Korkenzieher herausziehen **3**. Die nächsten 3 cm des Marks arbeitest du mit der Holzsäge heraus **4**. Wichtig ist, dass du versuchst, das weiche Mark wirklich heraus zu bekommen und nicht einfach im Loch zu komprimieren. Sonst erhältst du in der Mitte einen verdichteten Mark-Zapfen, den du ohne weitere Hilfsmittel nur noch mit größter Anstrengung »entfernen« kannst. Wenn du also mit der Säge sorgfältig gearbeitet hast, bleibt noch etwas mehr als 20 cm Mark, das du irgendwie heraus bekommen musst. Am einfachsten geht das mit einem langen Bohrer,

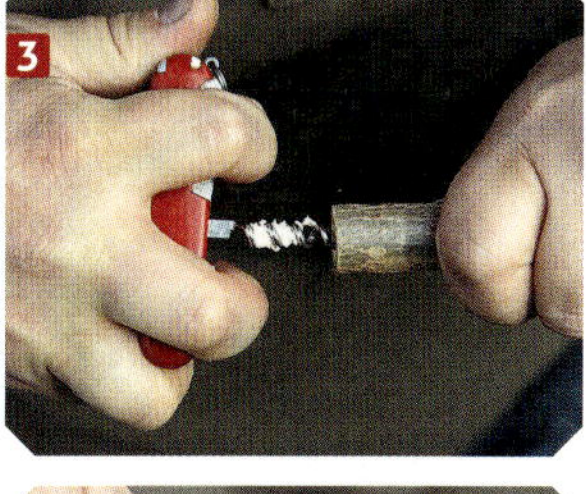

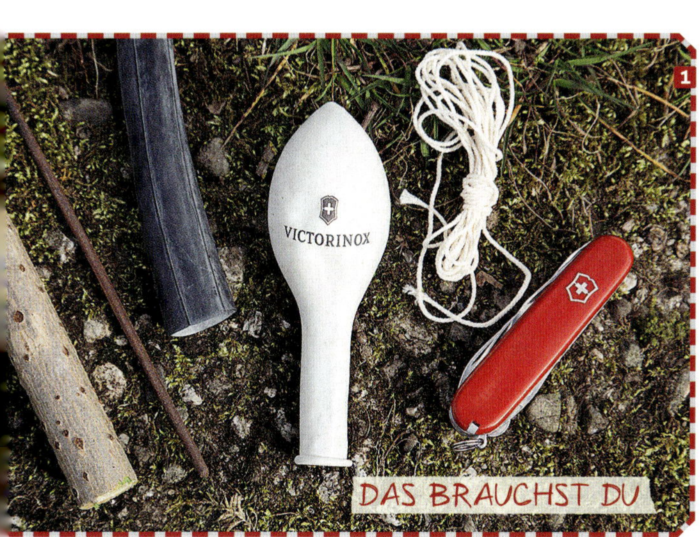

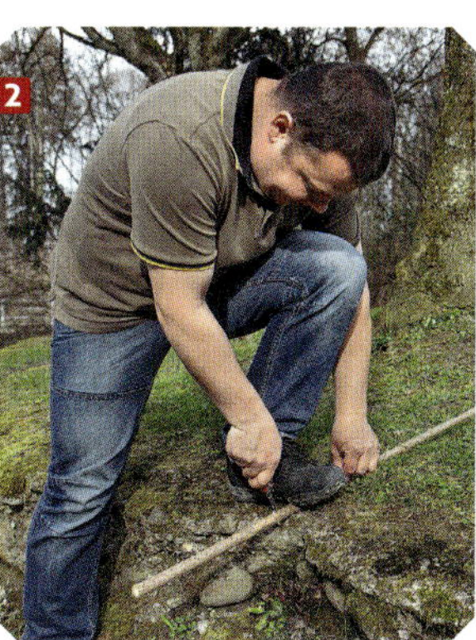

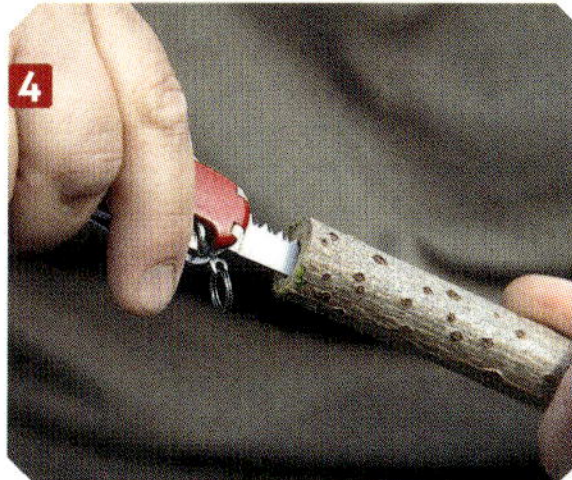

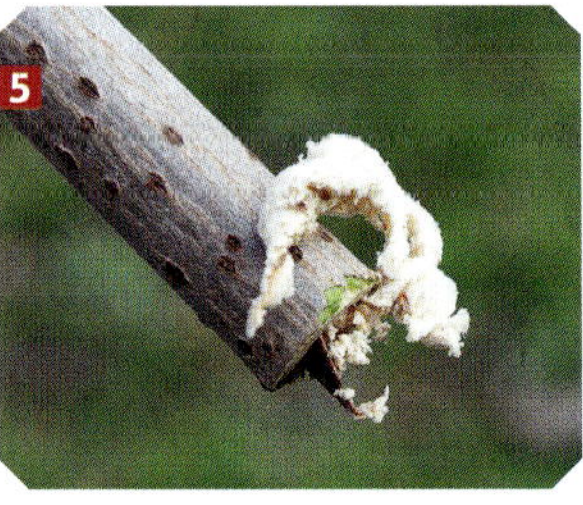

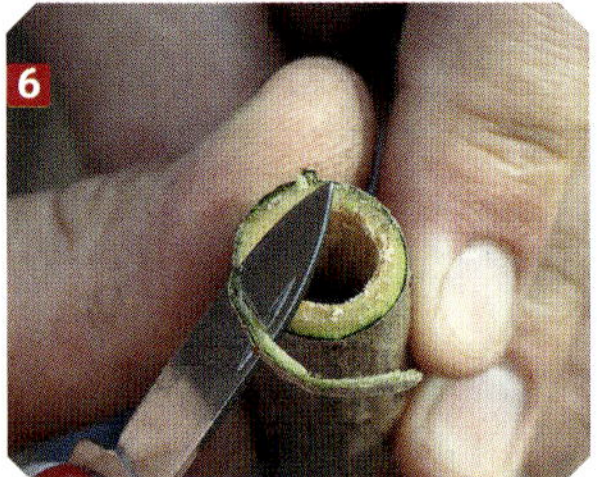

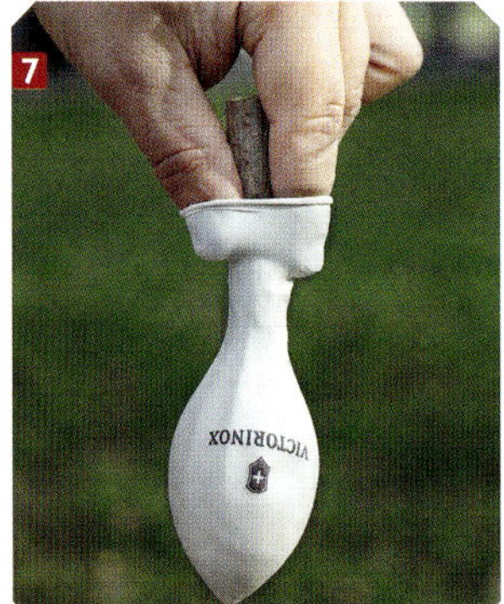

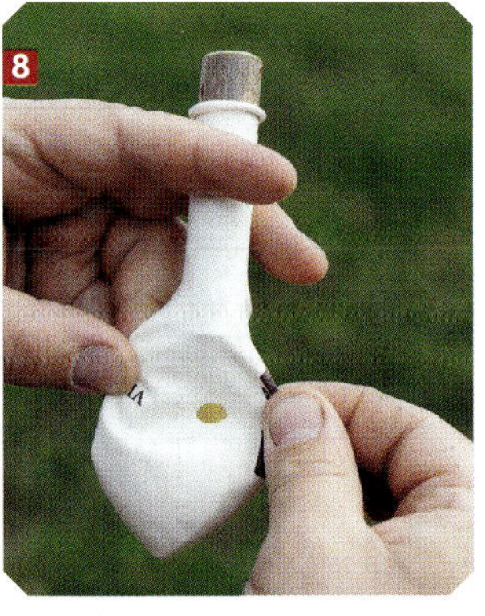

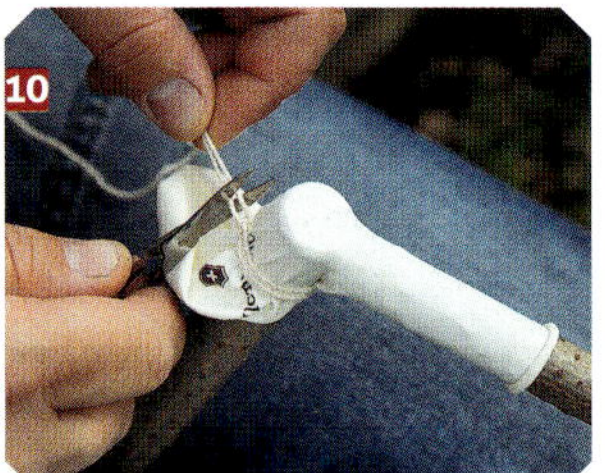

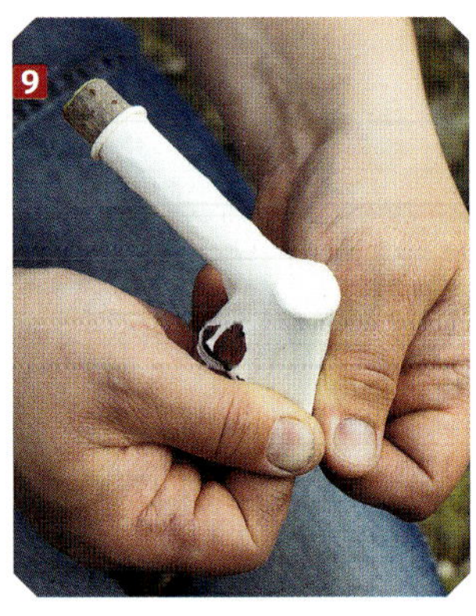

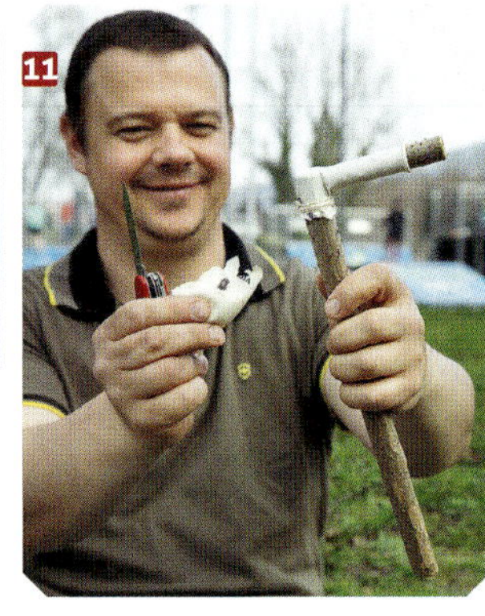

einem dicken Draht oder mit einer langen Holzschraube. Weil ich in diesem Buch auf solche Hilfsmittel gänzlich verzichte, verwende ich einen trockenen Hartholzast, den ich vorne schräg anschneide wie vorher. Damit versuche ich, den Rest des Markes herauszupfriemeln. Dieser Arbeitsschritt ist etwas mühsam und braucht ein wenig Geduld, aber es ist absolut möglich, den Holunderast auf diese Weise markfrei zu bekommen. – Das Mark eines frischen Astes ist meiner Erfahrung nach übrigens einfacher zu entfernen als das Mark eines trockenen Astes.

Wenn du ein durchgängiges Loch geschaffen hast, kannst du mit einem dünneren Ast, der noch einige Seitenastansätze hat, die Wandungen im Stile eines Kaminfegers sauber »kratzen« 5.

Runde nun die scharfen Schnittkanten deines Holunderasts noch ein wenig ab, damit später der darüber gestülpte Ballon nicht verletzt wird 6.

Verfahre genauso mit dem kurzen Holunderaststück für das Mundstück.

Nimm dann den Ballon und schneide an der Stelle mit dem größten Durchmesser ein kleines Loch hinein. Nun greifst du mit zwei Fingern in den Einblasstutzen des Ballons und spreizt ihn auf. Stecke das Mundstück so weit in den Ballon 7, bis das Ende des Mundstücks kurz vor dem Loch zu liegen kommt 8. Stülpe nun das Loch im Ballon über die Hauptröhre und ziehe den Ballon nach, bis die Stirnseite des Mundstücks am Hauptrohr anliegt 9. Die obere Kante des Mundstücks bildet mit der oberen Stirnseite des Hauptrohres eine Linie. Der Ballon ist über die Stirnfläche des Hauptrohres leicht gespannt. Wenn du jetzt den Ballon mit deinen Fingern um die Hauptröhre herum abdichtest und kräftig ins Mundstück bläst, sollte bereits ein erster Ton erklingen. Wenn du keinen Ton hörst, musst du kräftiger ins Rohr blasen. Wenn dann immer noch nichts zu hören ist, solltest du die Rohrwandungen besser säubern, die richtige Position des Mundstücks und/oder die richtige Spannung des Ballons austüfteln. Manchmal hilft es auch, wenn man das Markloch am oberen Ende mit der Klinge etwas grösser schnitzt, damit die Auflagefläche des Ballons verkleinert wird. Wenn dein Instrument Töne hervorbringt, bindest du den Ballon mit einem Stück Schnur luftdicht um das Hauptrohr an 10. Diese Schnurwicklung muss wirklich stramm sein, damit absolut keine Luft ausströmen kann. Den Rest des Ballons (unterhalb der Wicklung) kannst du jetzt abschneiden 11.

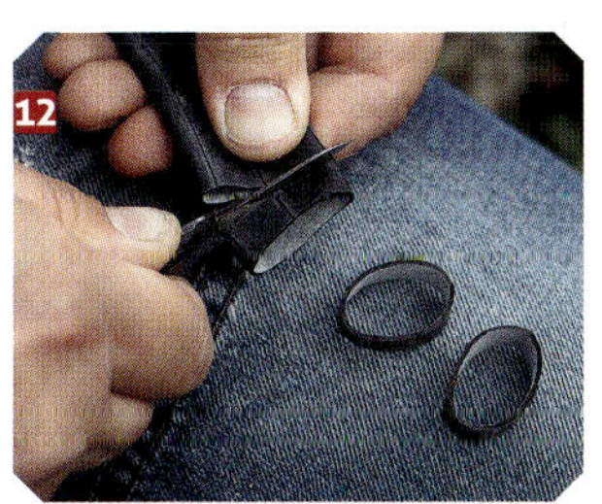

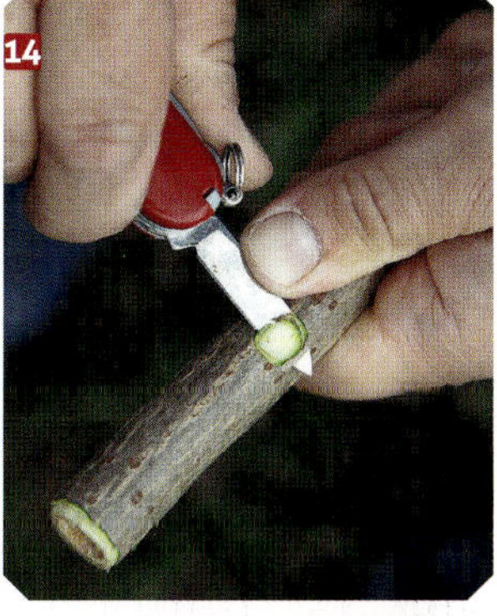

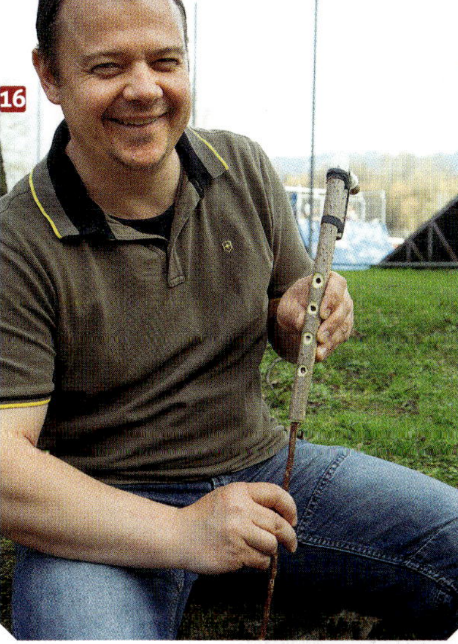

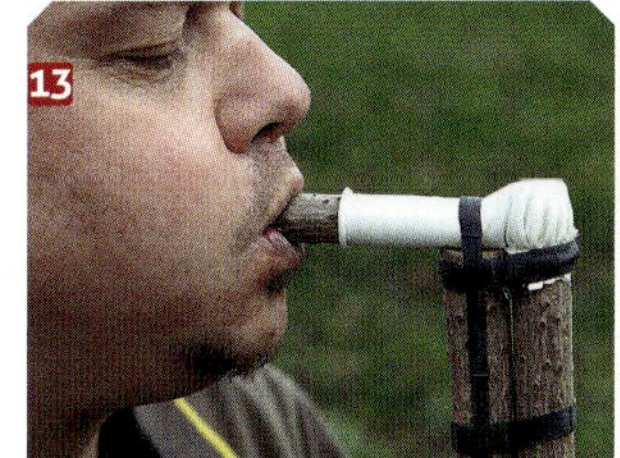

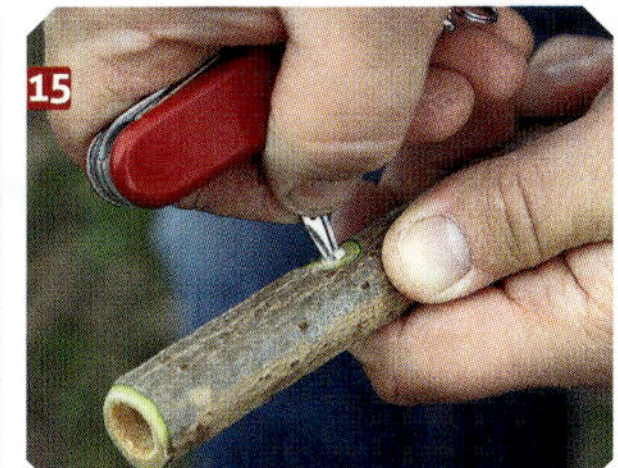

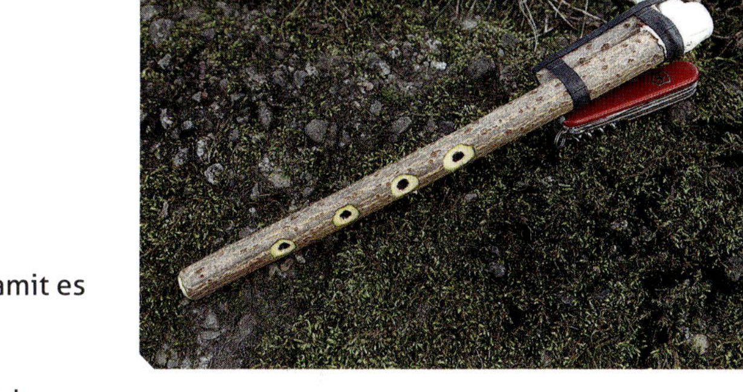

Um das Mundstück am Hauptrohr zu stabilisieren, benutze ich ein paar Gummiringe, die ich von einem alten Radschlauch mit der Taschenmesserschere abschneide 12, und ein etwa 5 cm langes Aststück, das als Verbindung dient. Das Aststück darf auch dicker sein als das Hauptrohr. Fixiere nun das Verbindungsstück mit den Gummiringen an Mundstück und Hauptrohr. Platziere die Gummiringe nicht zu nahe an der gespannten Stirnfläche des Ballons; so hat der Ballon mehr Dehnungsfläche und kommt leichter ins Vibrieren. Durch die Vibration des Ballons wird die Luftsäule in Schwingung versetzt. So entsteht der Ton.

Die Lage des Mundstücks zum Hauptrohr 13 beeinflusst die Tonhöhe, weil die Spannung des Ballons über die Stirnseite des Hauptrohres verändert wird. Je höher die Spannung, desto höher der Ton und desto stärker musst du ins Saxophon pusten, damit es klingt.

Nun kannst du die Fingerlöcher einschneiden. Ohne weitere Hilfsmittel ein pentatonisch gestimmtes Saxophon zu bauen, ist fast unmöglich und im Rahmen eines Outdoor-Projekts auch nicht das Ziel. Meine Saxophone sind nie gestimmt und klingen trotzdem verblüffend schön, wenn man damit spielt.

Schneide jeweils 3–5 Löcher ins Hauptrohr. Das erste Loch ist etwa 4 cm vom unteren Rohrende entfernt, die restlichen Löcher schnitze mit jeweils 2–2,5 cm Abstand. Zeichne zuerst die Position der Fingerlöcher ein. Sie liegen genau auf der gegenüberliegenden Seite des Mundstückes. Schnitze danach mit der Feinschneidetechnik an der entsprechenden Stelle eine Fingermulde 14. Bohre jetzt mit der Ahle das Loch 15. Die Fingerlöcher brauchen eine gewisse Größe, damit die Tonsäule beim offenen Loch abbrechen kann. 5 mm Durchmesser sollten die Löcher im Minimum messen. Auf der Innenseite des Hauptrohres bilden sich beim Bohren der Löcher abstehende Fasern. Entferne diese, so gut es geht, mit dem scharfen Rücken der Holzsäge, mit einem Stöcklein 16 oder mit einem anderen Hilfsmittel.

Jetzt kannst du dir in einer Survivalsituation auf der Straße ein paar Groschen erspielen. Vielleicht geben dir die Leute auch Geld, damit du endlich aufhörst, sie mit Freejazz zu belästigen. Ich wünsche dir viel Spaß mit deinem Saxophon 17!

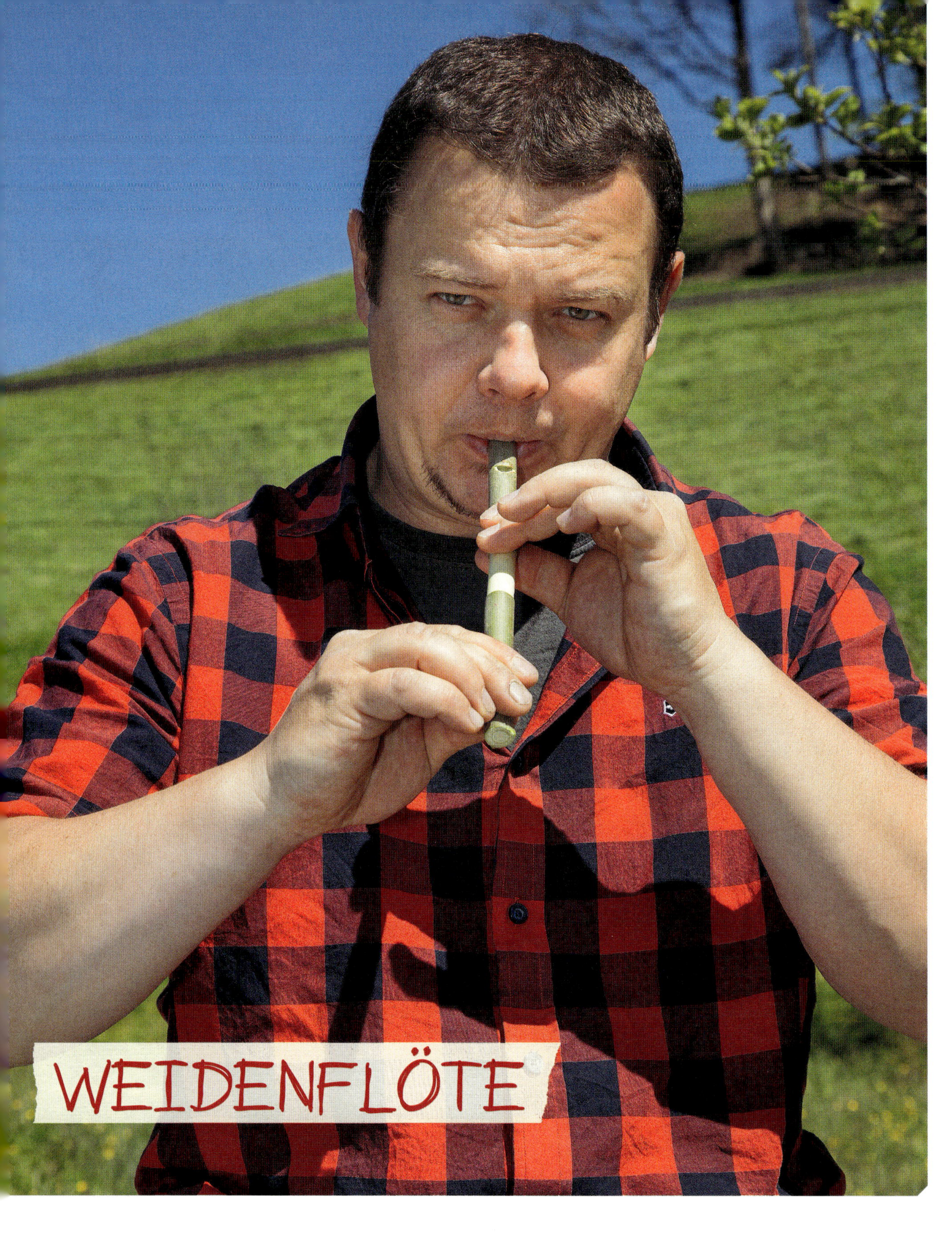
WEIDENFLÖTE

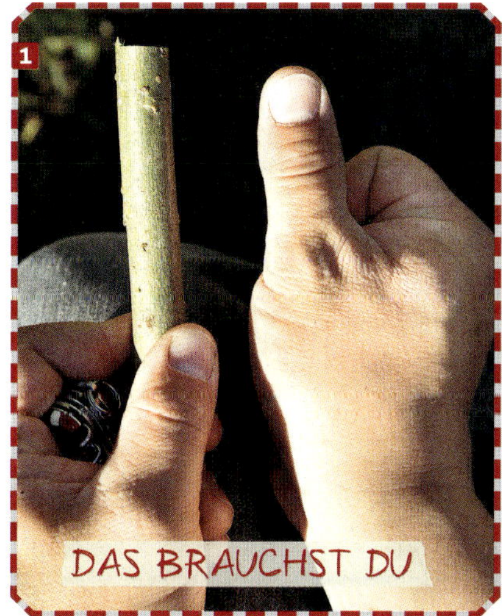
1 DAS BRAUCHST DU

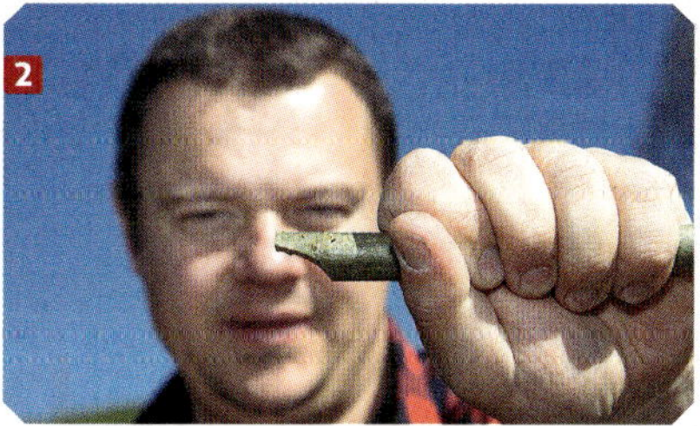
2

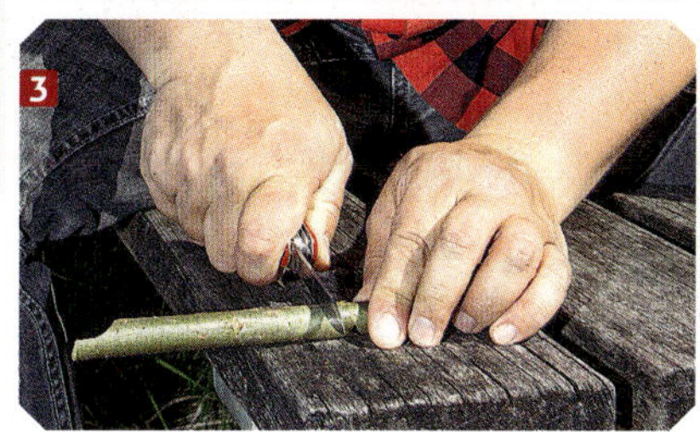
3

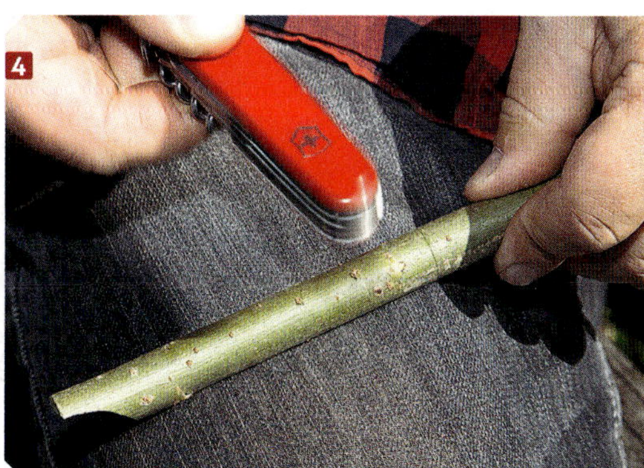
4

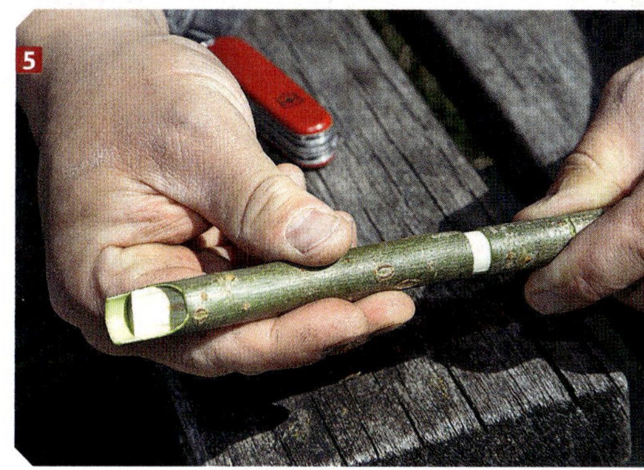
5

In meinen Workshops erzählen viele ältere Leute, dass sie in der Kindheit mit ihrem Vater oder einer anderen Bezugsperson spezielle Flöten geschnitzt haben. Beim genauen Nachfragen stellt sich dann oft heraus, dass das Weidenflöten waren. Die Weidenflöte oder Maienflöte, wie sie auch genannt wird, ist der absolute Klassiker unter den selbst geschnitzten Flöten.

Im Frühjahr, wenn die Weiden in vollem Saft stehen und die ersten Blätter sprießen, ist es am einfachsten, eine Weidenflöte zu schnitzen. Zu diesem Zeitpunkt lässt sich die Rinde am besten ablösen. Auch mit Esche oder Ahorn kann man solche Flöten bauen.

Länge und Durchmesser der Flöte sind nicht in Stein gemeißelt. Die Maßangaben in der folgenden Anleitung geben nur einen Anhaltspunkt bezüglich der Dimensionen.

Alles, was du für eine Weidenflöte benötigst, ist ein gerade gewachsener Weidenast ohne Seitenäste und ein Taschenmesser. Bei meiner Weidenflöte ist der Ast etwa daumendick 1. Damit du beim Flötespielen nicht den ganzen Astdurchmesser in den Mund nehmen musst, schnitzt du ein schnabelförmiges Mundstück ans Astende 2.

Länge danach den Ast auf etwa 20 cm ab. Mache circa 12 cm vom Mundstück entfernt einen umlaufenden Einschnitt in die Rinde. Gib dabei so viel Druck auf die Schneide, dass der Einschnitt bis aufs Holz geht 3.

Klopfe nun vorsichtig mit dem flachen Teil des Taschenmessergriffs zwischen Einschnitt und Mundstück auf die Rinde 4. Durch das Klopfen lässt sich die Rinde leichter vom Holz lösen. Für diese Fotosession habe ich etwa 3 Minuten rundherum geklopft, bis sich die Rinde lösen ließ. Umgreife den Ast unterhalb des Einschnitts mit einer Faust und halte den geklopften Teil mit der anderen Hand (fest umschließen). Versuche nun, durch kräftiges Drehen den oberen Teil zu lösen. Wenn das nicht funktioniert, musst du weiter klopfen, bis sich die Rinde lösen lässt 5. Der Teil, von dem du die Rindenhülse abziehst, ergibt den Kolben.

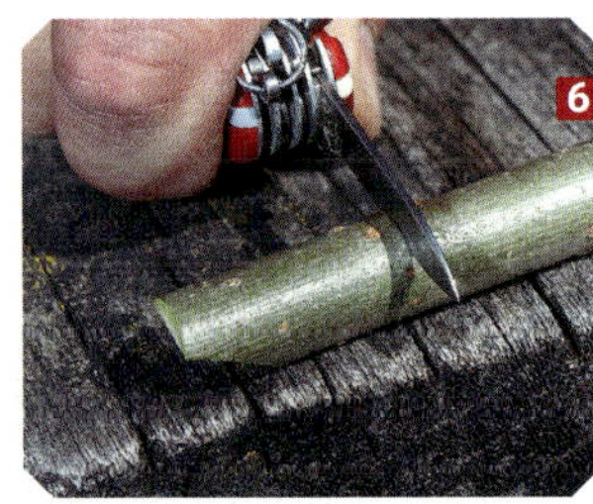

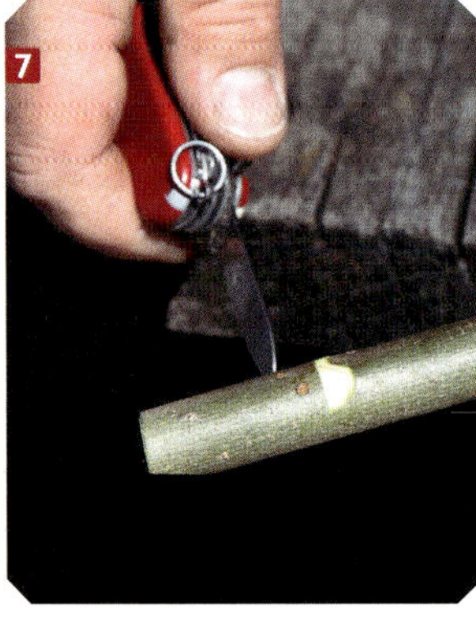

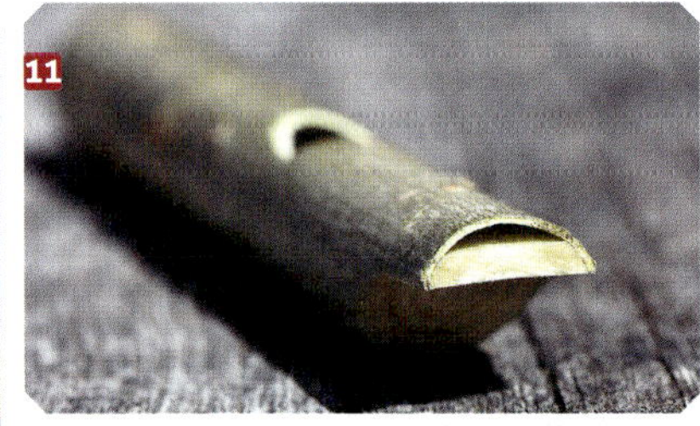

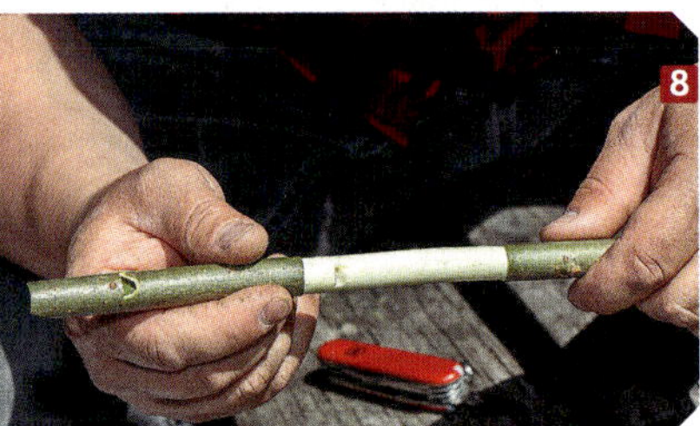

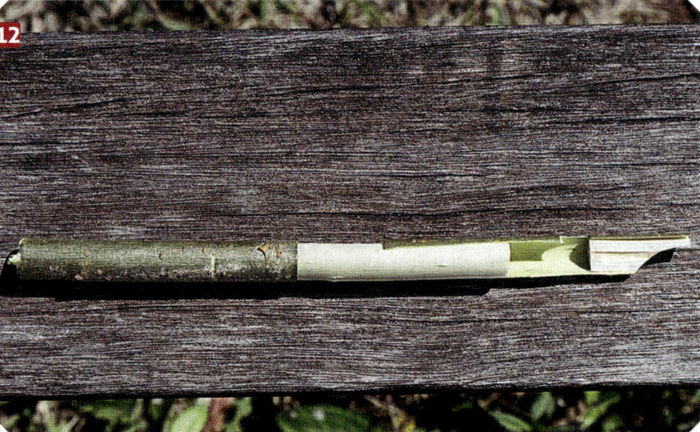

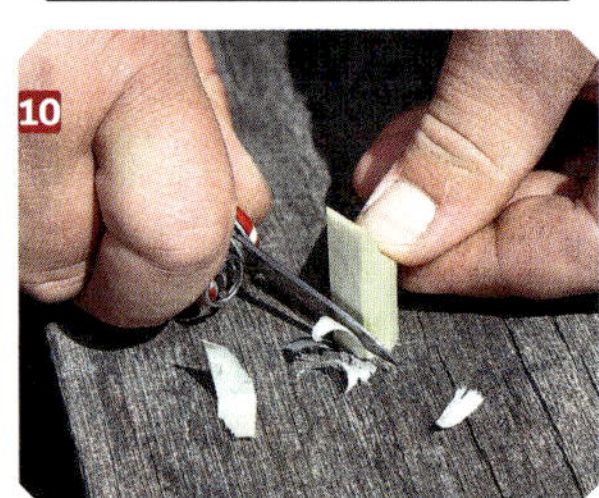

Nun schnitzt du eine Kerbe, die bei der fertigen Flöte den Ton erzeugen wird. In der Fachsprache heißt diese Kerbe »Labium«. Stülpe dafür wieder die Rindenhülse über und setze daran 2–3 cm vom Schnabelende entfernt einen Stoppschnitt an. Dazu drückst du das Messer senkrecht in das Holz 6. Mache nun mit der Feinschneidetechnik einen schrägen Einschnitt bis zum Stoppschnitt 7. Jetzt kannst du die Rindenhülse wieder abziehen 8. Auf dem nackten Ast siehst du, wo du das Labium geschnitzt hast.

Genau dort, wo du den Stoppschnitt gesetzt hast, musst du nun das Holz durchsägen, so erhältst du den sogenannten »Block«. Spalte beim Block für den Luftkanal vorsichtig ein Segment von etwa 2 mm Tiefe weg 9. Wenn beim Abspalten der Spalt nach außen zieht, musst du die Spaltfläche noch etwas nachschnitzen 10, 11.

Nun solltest du die scharfe Sägekante am Kolben etwas anschrägen und den Block vorsichtig zurück in die Rindenhülse stecken. Das Bild 12 zeigt eine Weidenflöte im Querschnitt.

Wenn du jetzt beim Mundstück reinbläst, kannst du die Tonhöhe durch Hoch- und Runterziehen des Kolbens verändern.

Dieses Instrument ist kein Instrument, das dauerhaft funktioniert. Sobald das Holz und die Rinde trocknen, kann der Kolben nicht mehr hoch- und runter bewegt werden. Normalerweise funktioniert eine Weidenflöte einen Tag lang, danach musst du wieder eine neue Flöte schnitzen. Da du jetzt aber die Schnitzanleitung für diesen Klassiker kennst, ist das für dich kein Problem und du schnitzt dir am nächsten Tag sofort wieder eine neue Flöte.

Viel Freude und Erfolg beim Schnitzen und Musizieren!

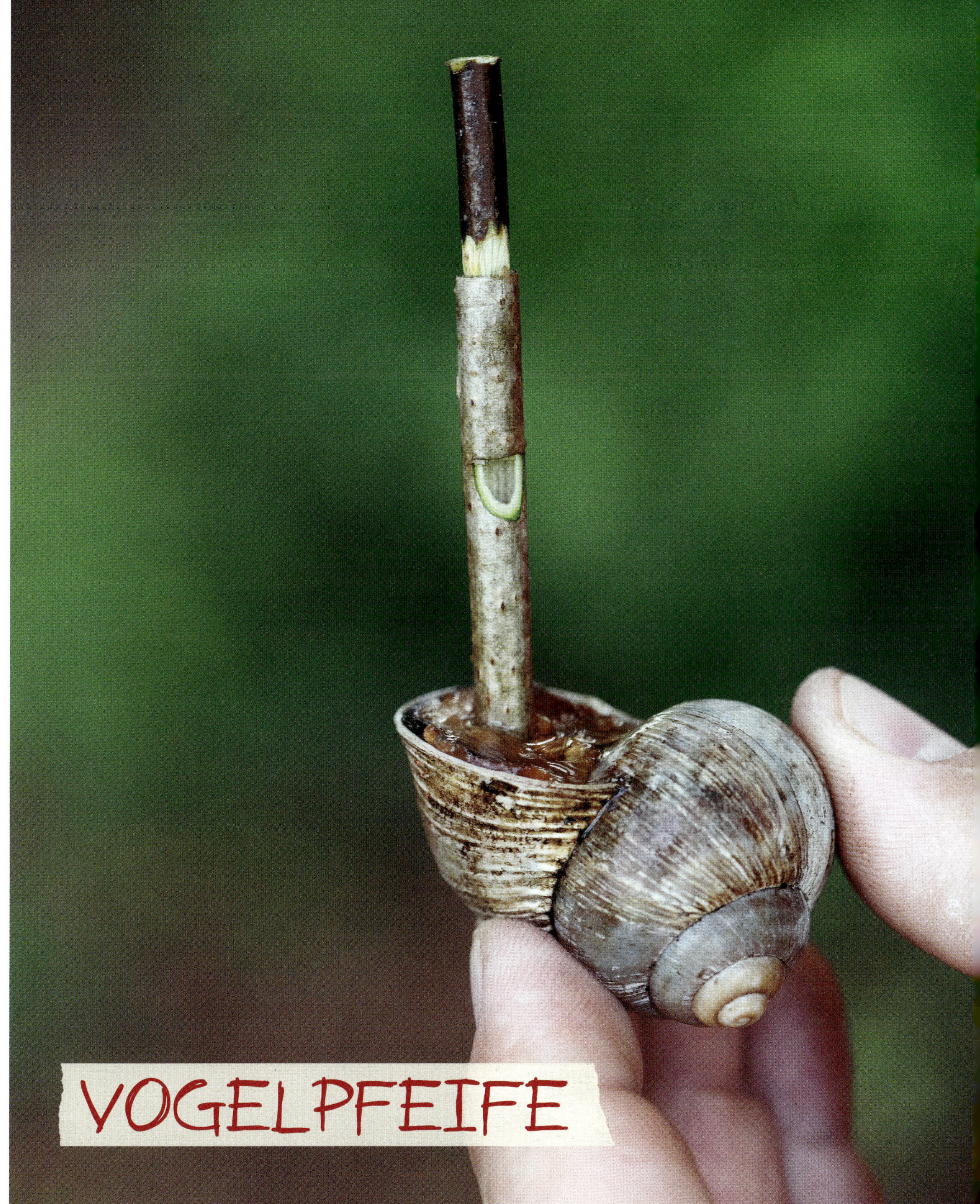

VOGELPFEIFE

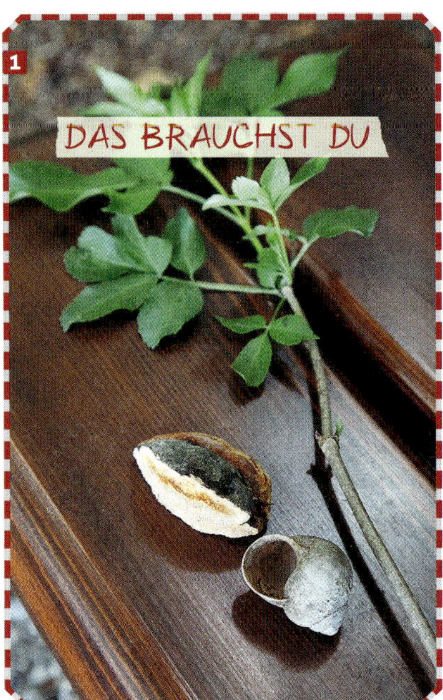

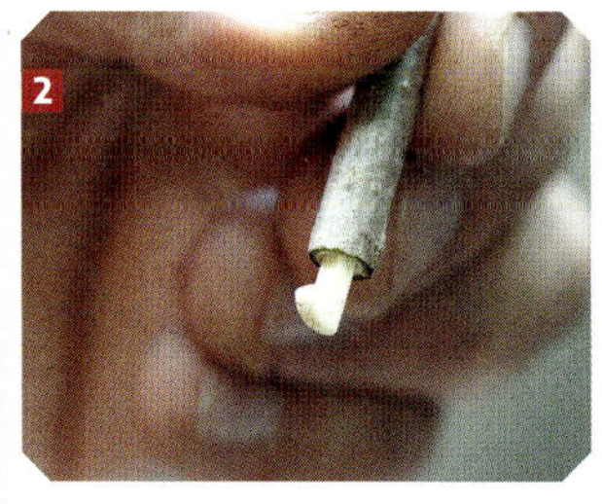

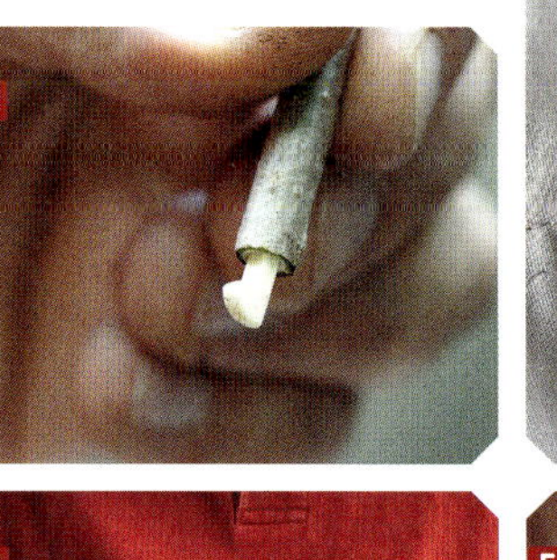

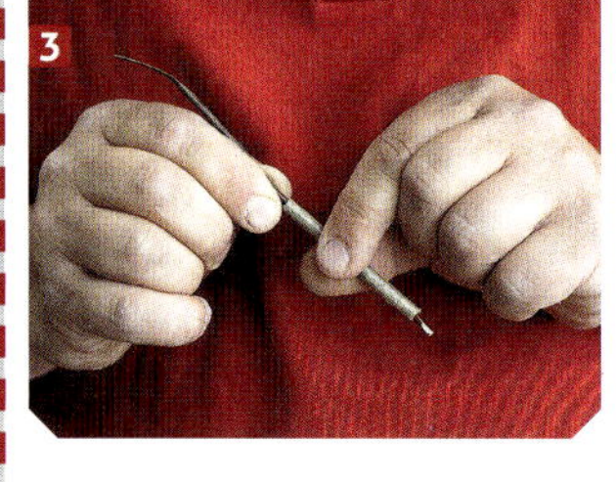

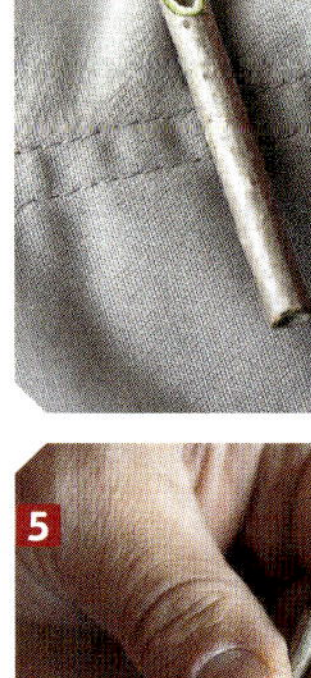

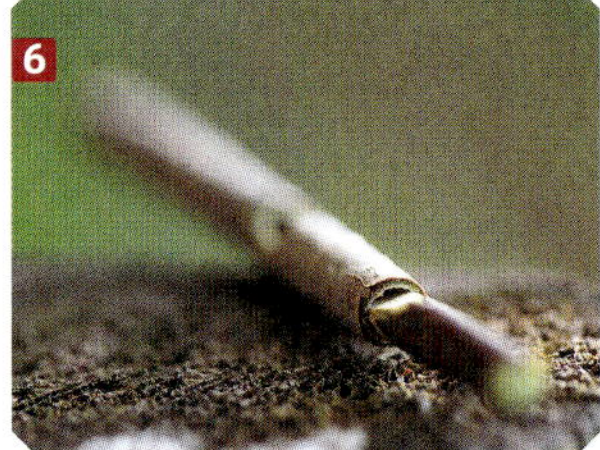

Die Vogelpfeife ist eine kleine Flöte, deren Ende ins Wasser eingetaucht wird. Die durch den Luftkanal eingeblasene Luft bringt das Wasser zum Sprudeln und verändert dadurch die Tonlage der Pfeife so, dass es dem Gezwitscher einer Feldlerche nahe kommt. Meist sind diese Vogel-Wasser-Pfeifen aus Ton oder Plastik. Mein Ziel war es, eine solche Flöte ausschließlich mit Naturmaterialien zu realisieren.

Als Wasserbehälter dient in diesem Projekt ein unbewohntes Schneckenhaus. Für die Flöte braucht man ein dünnes Holunderästchen mit einem Durchmesser von circa 4–6 mm, ein Ästchen mit einem etwas dünneren Durchmesser für den Block und ein Stück der weichen, filzartigen Schicht eines Baumpilzes **1**. Selbstverständlich ist das einzig verwendete Werkzeug ein Taschenmesser.

Beginne mit der kleinen Flöte. Schneide von dem Holunderästchen ein etwa 6 cm langes Stück ab. Arbeite das weiche Mark heraus. Wegen des kleinen Innendurchmessers der Markröhre stehen dir nur Zahnstocher, Pinzette und Kugelschreibermine für diese Arbeit zur Verfügung. Bohre und drücke zuerst den Zahnstocher von beiden Seiten ins Mark **2**. Danach kannst du versuchen, den Kugelschreiber durch das Rohr zu drücken. Mit dem feinen Stecklein kratzt du das restliche Mark von der Wandung **3**.

Mit dem Stopp- und dem Feinschnitt arbeitest du dann etwa 1,5 cm von Ende entfernt eine kleine Kerbe ins Rohr **4**.

Schnitze nun den Block, der später bis zur Kerbe ins Mundstück geschoben wird **5**. Auf der einen Seite geht der Block bis zum Stoppschnitt der Kerbe, und auf der anderen Seite ragt der Block 1–2 cm zum Hauptrohr hinaus. Der Durchmesser des Blocks muss so genau wie möglich passen. Einerseits darf das Rohr nicht zerreißen, wenn der Block reingepresst wird und andererseits muss das Rohr mit dem Block luftdicht verschlossen werden. Schnitze vor dem Einschieben noch einen Luftkanal an den Block. Schiebe den Block nun ins Mundstück **6**. Der Block muss genau bis zur Kerbe geschoben werden. Wenn du jetzt den Ausgang der Flöte zuhältst und oben reinbläst, sollte bereits ein leises Pfeifen zu hören sein. Keine Angst, der Ton wird in der Schnecke noch lauter.

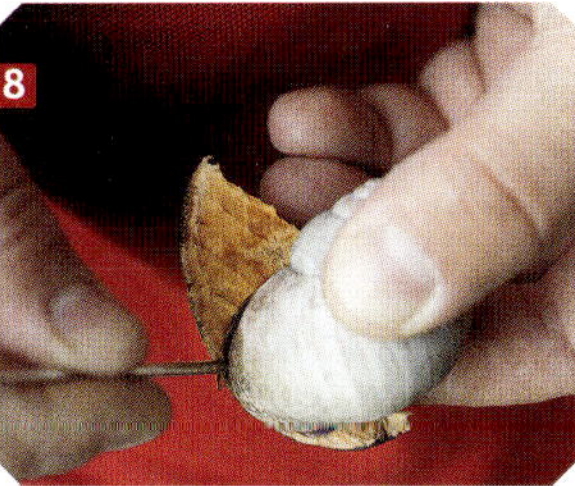

8

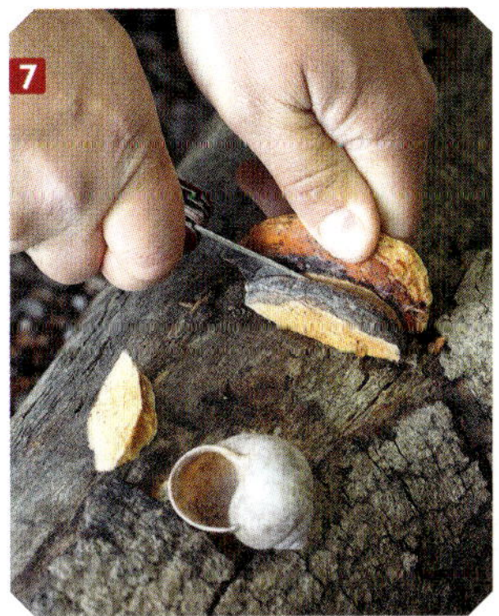

7

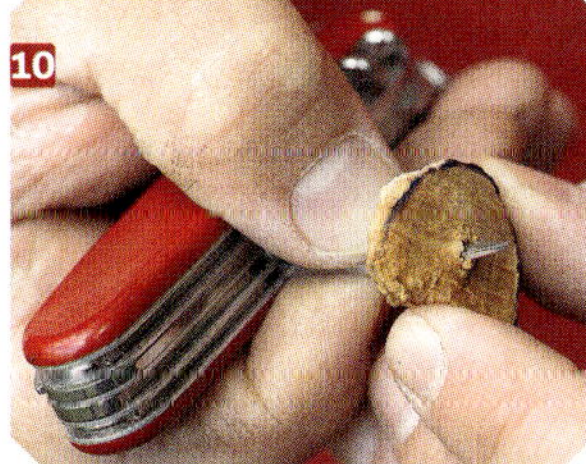

10

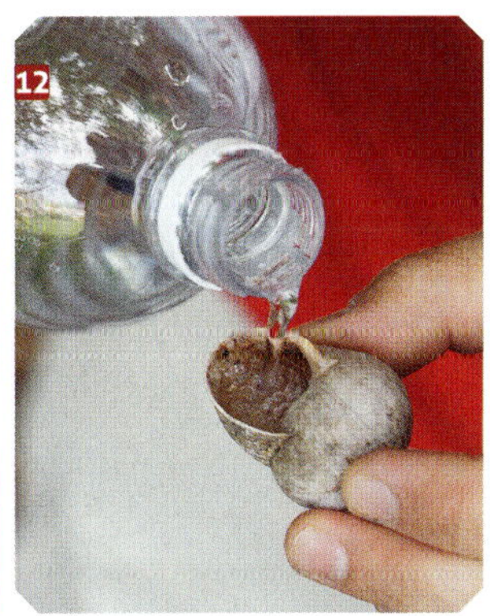

12

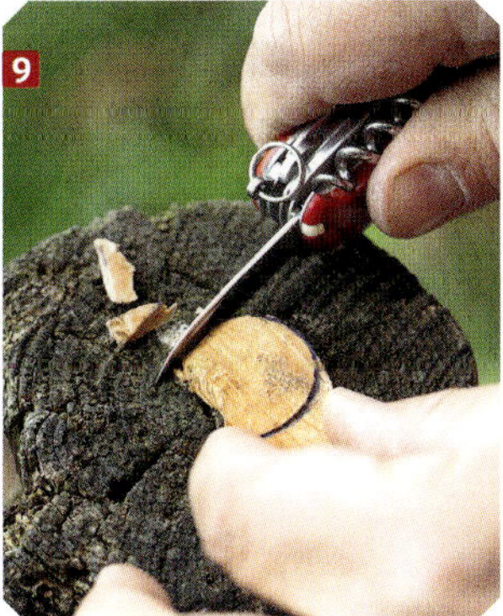

9

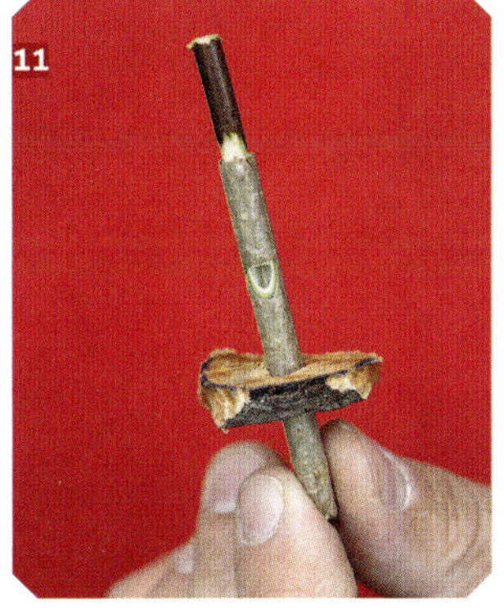

11

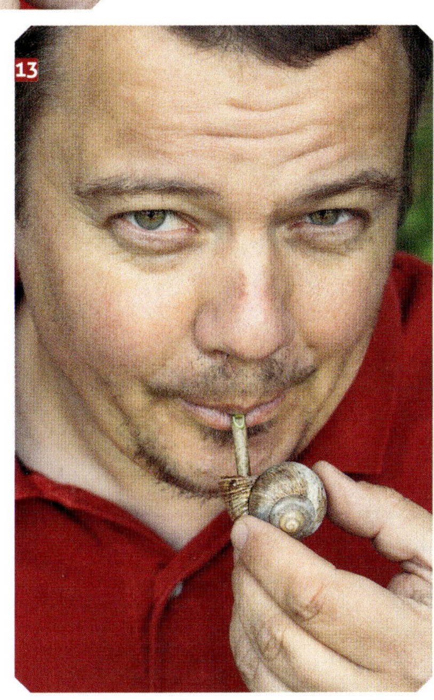

13

Schneide nun ein circa 6–8 mm dickes Stück aus dem Pilz 7. Ich verwende bei dieser Pfeife keinen Zunderschwamm, sondern einen Fichtenpoorling, der in der Schweiz viel häufiger zu finden ist. Versuche nun, ein möglichst passgenaues Verschlussstück für das Schneckenhausloch zurechtzuschneiden. Übertrage dazu die Außenkontur so genau wie möglich 8. Danach ist dein Augenmaß gefragt 9. Wenn der Pilz-Zapfen passt, bohrst du mit der Ahle vorsichtig ein Loch in die Mitte des Zapfens 10.

Drücke nun die Flöte durch das Loch 11 und fülle das Schneckenhaus mit Wasser 12. Drücke dann den Zapfen in das Loch (siehe Projekt-Titelbild), sodass das Wasser nicht frei herausblubbern kann, wenn du in die Flöte bläst.

Jetzt kannst du auf der Flöte spielen. Wenn du mit dem Ton noch nicht zufrieden bist, experimentiere mit dem Block (Stellung und Größe des Luftkanals) und der Kerbe an der Flöte (größer oder kleiner). Meine Flöte in dieser Anleitung klang so, als wenn ein ganzes Nest junger Vögel Hunger hätte 13.

PS: Kein anderer Vogel singt so ausdauernd im Flug wie die Feldlerche! Ich wünsche dir eine feldlerchenmäßige Ausdauer beim Üben mit der Vogelpfeife!

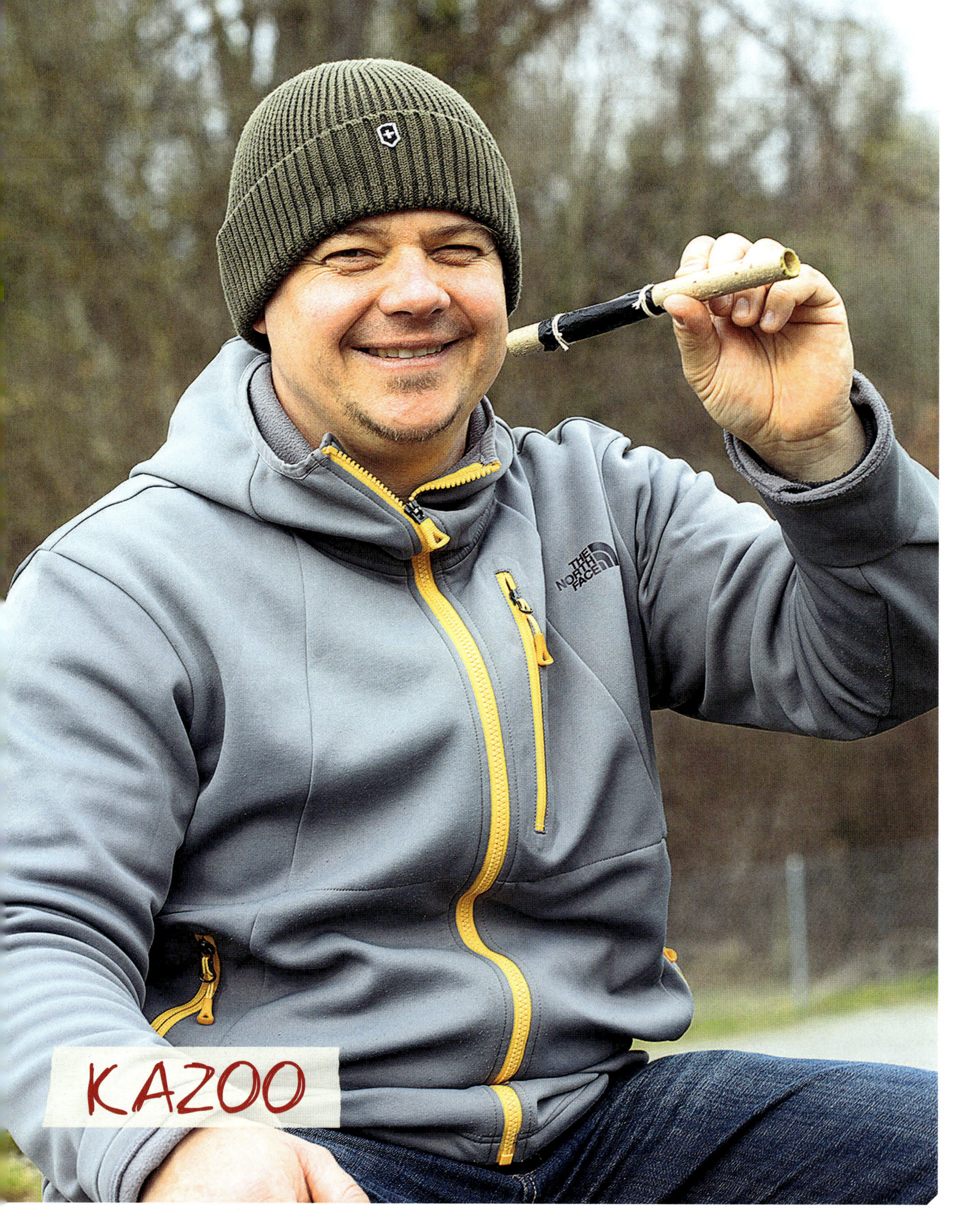
THE NORTH FACE
KAZOO

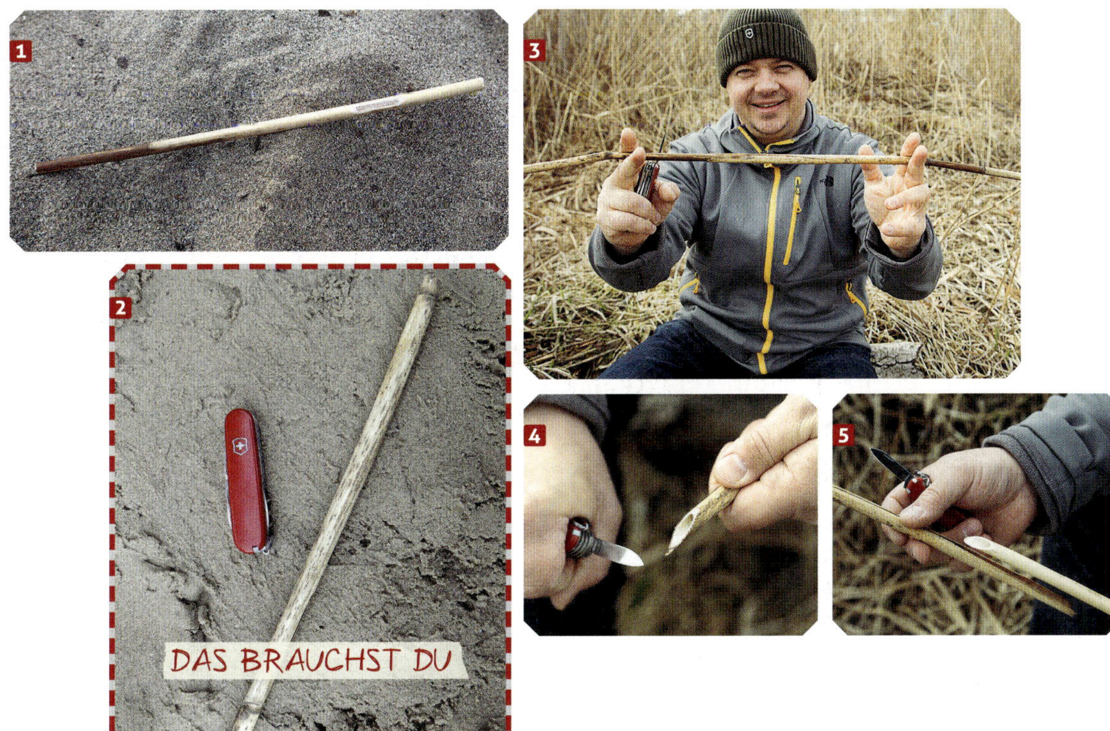

Bei einem Mittelalterfest habe ich mit den Besuchern Schilfflöten geschnitzt. Ein älterer Mann kam an meinen Stand und bemühte sich in gebrochenem Deutsch zu erklären, welches Instrument sie früher aus Schilfröhren geschnitzt hatten. Er versuchte es mir an einem Schilfrohr zu zeigen, aber es gelang ihm nicht. Weil ich mit anderen Leuten am Schnitzen war und darum nur wenig Zeit hatte, verschwand der Mann irgendwann in der Menschenmenge. Ich war ziemlich sicher, dass er mir erklären wollte, wie sie früher Kazoos aus Schilfröhren gebaut hatten.

Also versuchte ich später, ein solches Kazoo zu schnitzen. Ich brauchte ein paar Versuche, bis ich ein Fenster in den hölzernen Teil des Schilfrohres schnitzen konnte, ohne dass ich dabei die innenliegende Papierschicht verletzte.

Dann war ich überrascht, wie gut mein erstes Schilfkazoo klang! Bei meinen Nachforschungen im Internet habe ich noch eine Methode entdeckt, wie man mit einer »Knistertüte« ein Kazoo improvisieren kann. Nun möchte ich hier beide Methoden vorstellen.

Um ein Schilfrohr-Kazoo **1** herzustellen, braucht man ein getrocknetes Schilfrohr und ein Taschenmesser **2**. Das Schilf wächst wie Bambus in Segmenten, sogenannten Internodien. Diese Abschnitte werden durch Knoten begrenzt. Für ein Kazoo benötigt man den Abschnitt zwischen zwei Knoten **3**.

Schilf kannst du nicht sägen. Um das Schilf abzulängen, schneide den Halm am besten mit einer scharfen Taschenmesserklinge schräg durch **4**. Wenn du die Knoten abgeschnitten hast, solltest du durch das Rohr durchblasen können. Die Länge des Rohres spielt übrigens keine Rolle. Ich habe schon Kazoos geschnitzt, die nur 8 cm lang waren. Entferne die leicht ablösbare Außenhaut **5**. Da die schräg abgeschnittenen harten Halme sehr spitz sind, empfehle ich, die Spitze mit einem Feuerzeug etwas abzubrennen.

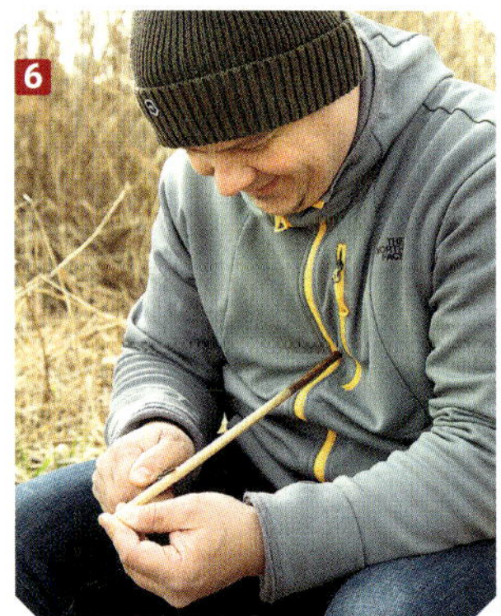

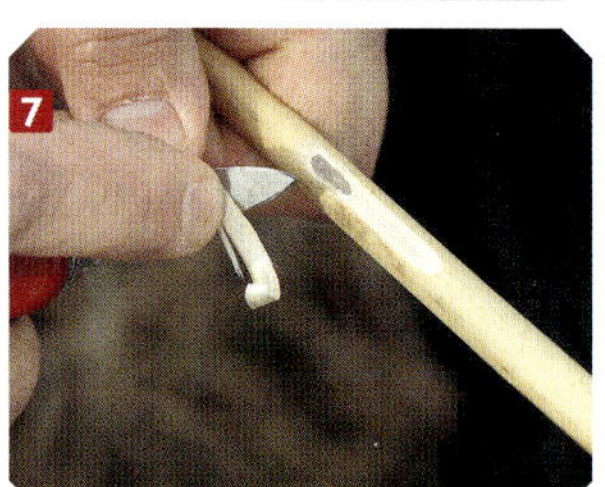

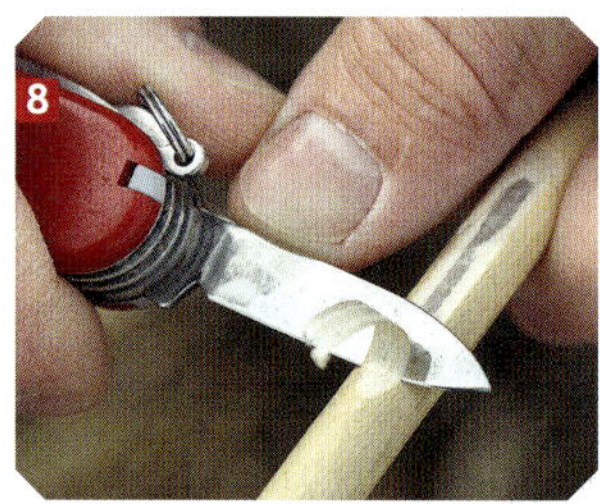

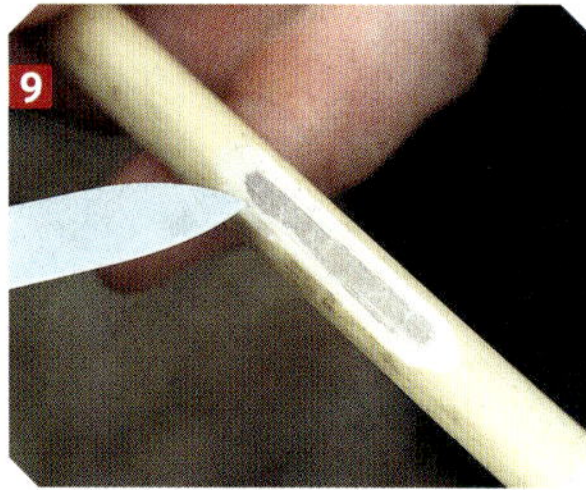

Auf der Innenseite des Schilfes befindet sich eine Wachshaut, welche die Zellwand von dem inneren Hohlraum wasserdicht abschließt. Nun musst du versuchen, ein »Fenster« in das Rohr hinein zu schneiden, ohne dabei diese Wachshaut darunter zu verletzen. Habe etwas Geduld! Ich brauche meistens mehrere Versuche, bis dieser Arbeitsschritt gelingt. Aber wo ein Schilfrohr wächst, wachsen meistens tausend andere. Die Materialbeschaffung im Falle eines missglückten Versuchs sollte daher kein Problem sein. Wende die Schnitztechnik an, die dir am besten zusagt, um gefühlvoll zu schnitzen. Ich schnitze bei dieser Arbeit gerne gegen den Körper 6 (siehe Seite 167), was aber voraussetzt, dass man Erfahrung mit dieser Schnitztechnik haben sollte. Wenn es darum geht, ein kleines Fenster 7 zu vergrößern, schnitze ich mit der Feinschneidetechnik weiter 8, bis das Fenster die nötige Größe erreicht hat 9. Normalerweise ist das Fenster etwa 4–5 mm breit und 2–2,5 cm lang. Wie groß das Fenster sein muss, lässt sich durch Ausprobieren ermitteln: einfach hinein singen. Ja, in das Kazoo wird nicht hinein geblasen, sondern hinein gesungen. Mit der eigenen Stimme wird das »Fenster«, die kleine Hautmembran, zum Schwingen gebracht. Diese Membran bringt keinen eigenen Ton hervor, sie verstärkt und verändert nur den Ton der Gesangsstimme. Das Ergebnis ist ein lustig verzerrter Klang. Die Tonhöhe hängt allein vom hinein gesungenen Ton ab. »Tröte« kräftig und ohne Hemmungen ein Lied in das Rohr, und du wirst schnell merken, ob deine Stimme verzerrt wird oder nicht 10.

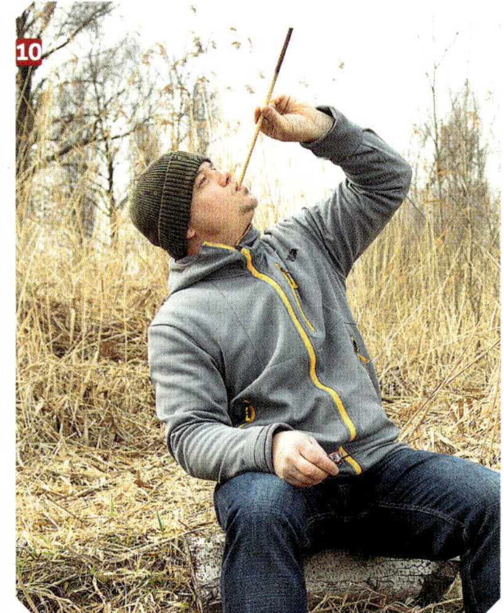

Um ein Holunderrohr-Kazoo (siehe Bild Seite 130) herzustellen, braucht man ein dünnwandiges Holunderrohr, ein Stück Schnur, ein Taschenmesser und ein Stück geeignetes Material für die Membran 11.

In dieser Anleitung verwende ich ein Stück Plastikfolie von einem Hundekot-Säcklein. Ohne eine wissenschaftliche Arbeit daraus machen zu wollen, würde ich behaupten, dass als Membran vieles funktioniert, was hauchdünn ist und beim Zusammenknüllen knistert, z. B. Zigarettenpapierchen, Pergamentpapier oder die dünnen Allzweck-Plastikbeutel. Ich habe gelesen, dass früher sogar Harnblasen von Tieren dafür verwendet wurden.

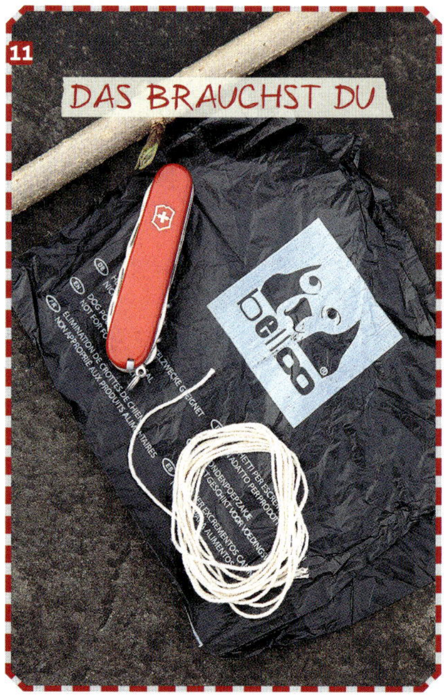

Beginne mit dem Rohr. Schneide ein etwa 15–20 cm langes Stück von einem Holunderast ab. Entferne nun das Mark. Die ersten vier Zentimeter auf jeder Seite kannst du einfach mit dem Korkenzieher herausnehmen. Danach drehst du auf beiden Seiten die Holzsäge bis zum Anschlag in das Loch. (siehe Seite 121, Bild 3 und 4). Nimm zum Schluss einen dünnen Ast und stoße das restliche Mark einfach heraus 12. Reinige die Innenseite des Rohres so gut wie möglich. Nun musst du ein Fenster ins Rohr hineinschneiden. Die Position des Fensters im Rohr spielt meiner Erfahrung nach keine Rolle. Säge dafür mit der Holzsäge zwei Begrenzungsschnitte, die etwa 3 cm voneinander entfernt sind 13, und spalte mit der Feinschneidetechnik das Fenster heraus 14, 15. Schneide nun mit der Schere ein genügend großes, etwa 5 cm breites Stück Membranmaterial, in diesem Fall von der Plastikfolie, ab 16. Lege die Membran über das Fenster, wickle sie 2- mal darum und befestige sie mit Schnur 17, Leim oder Klebeband. Je mehr Spannung die Membran hat, desto höher wird der Ton des Kazoos 18.

Singe nun kräftig »tüü, tüü, tüüüü« ins Rohr. So wirst du merken, ob dein Kazoo funktioniert oder nicht. Wenn das Kazoo nicht klingen sollte, dann könnte es sein, dass die Membran zu wenig luftdicht abgeschlossen ist.

Ich wünsche dir viel Spaß beim fröhlichen Tröten 19!

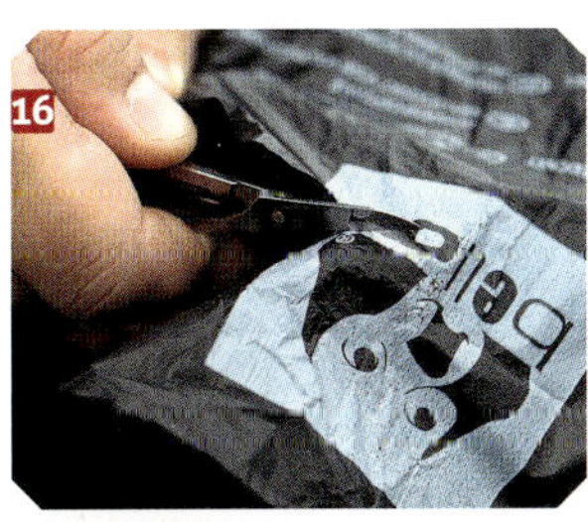

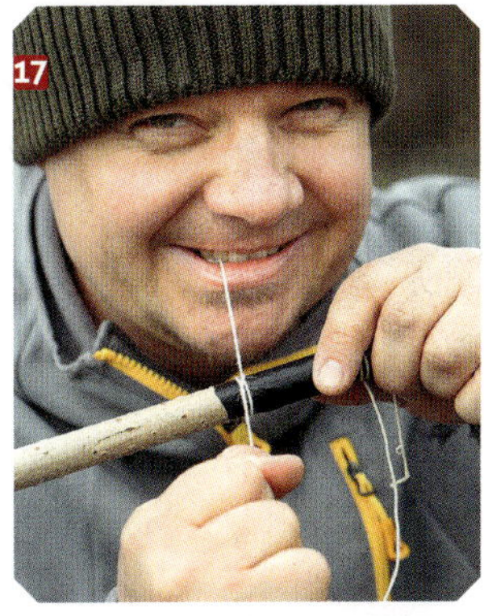

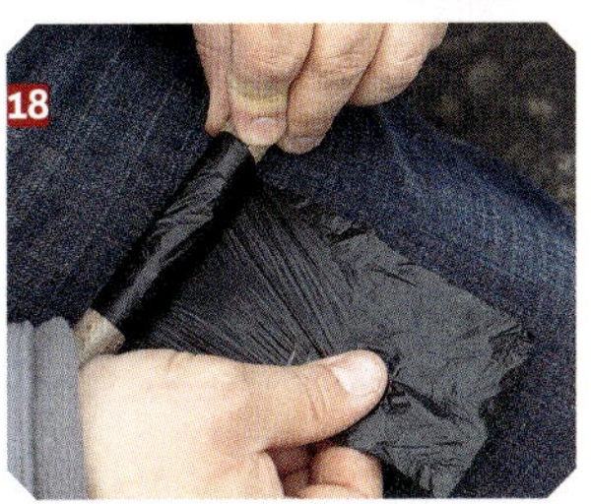

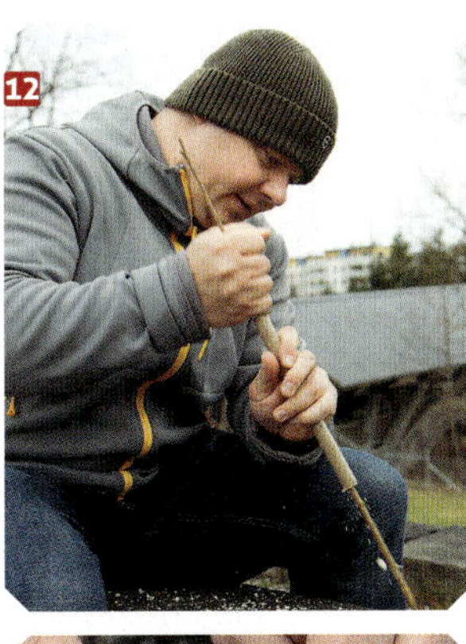

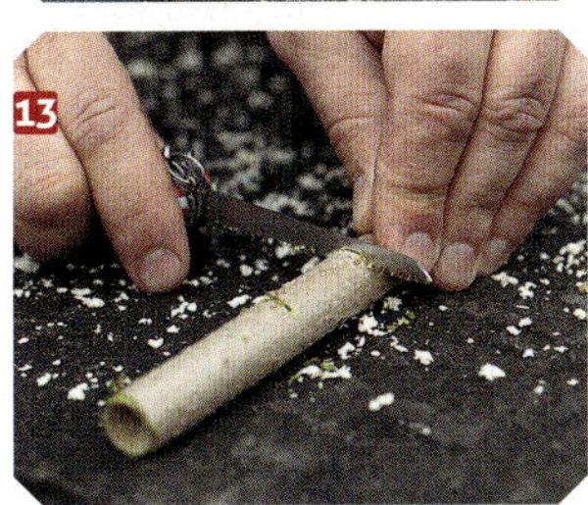

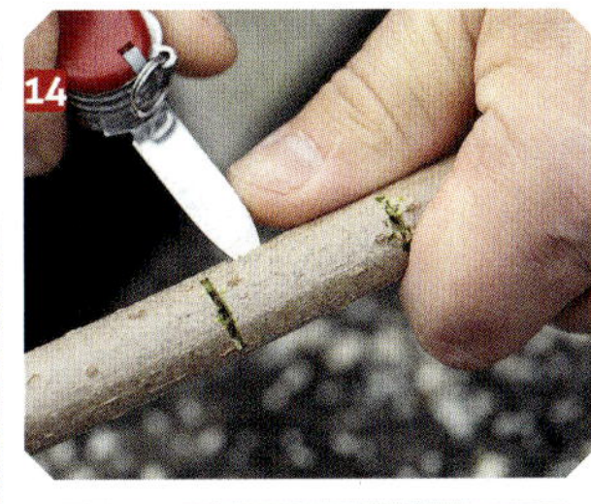

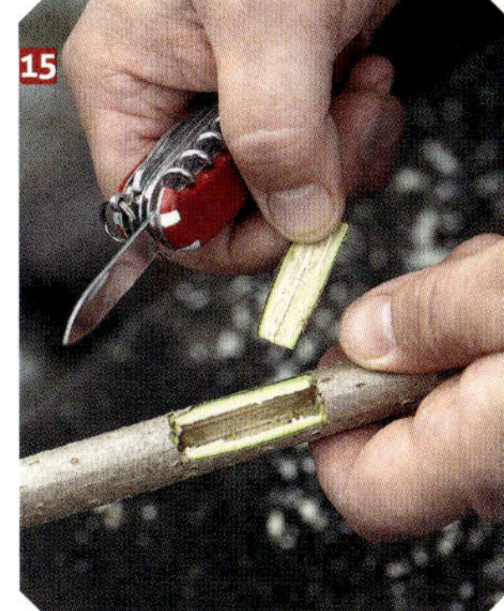

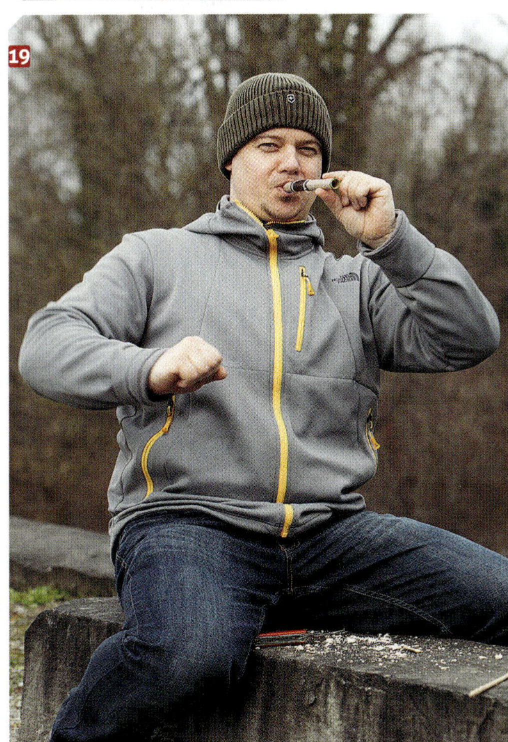

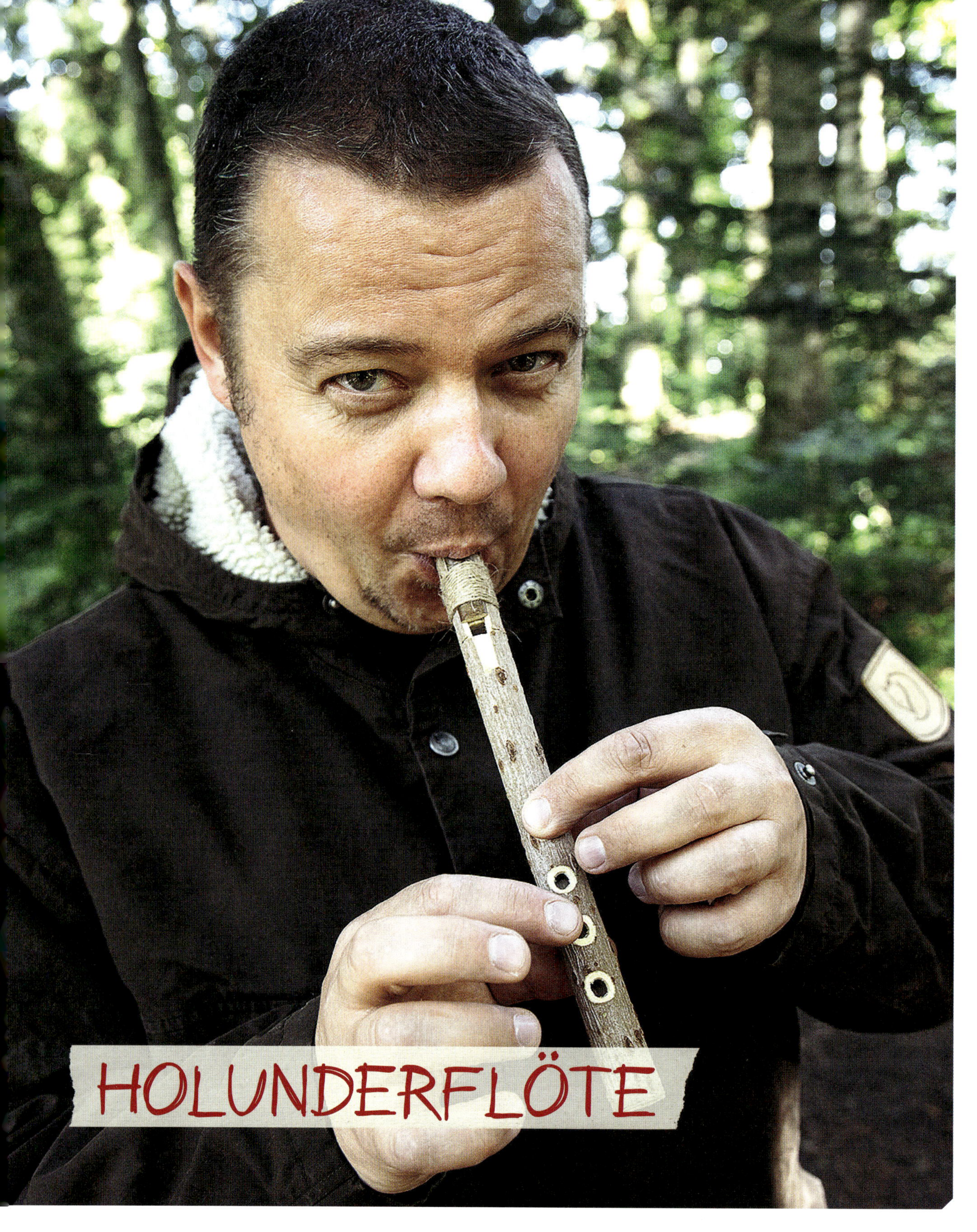

HOLUNDERFLÖTE

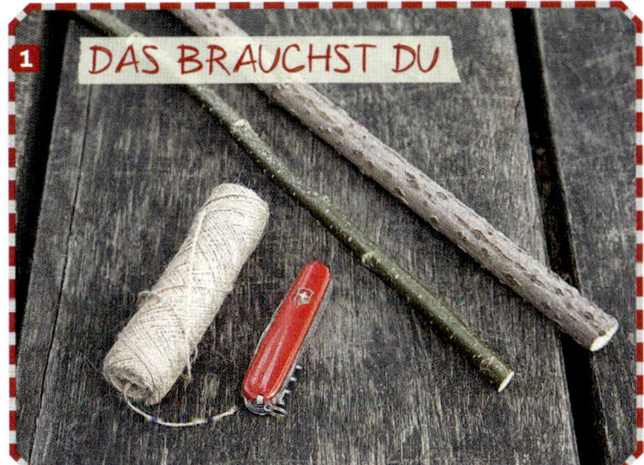

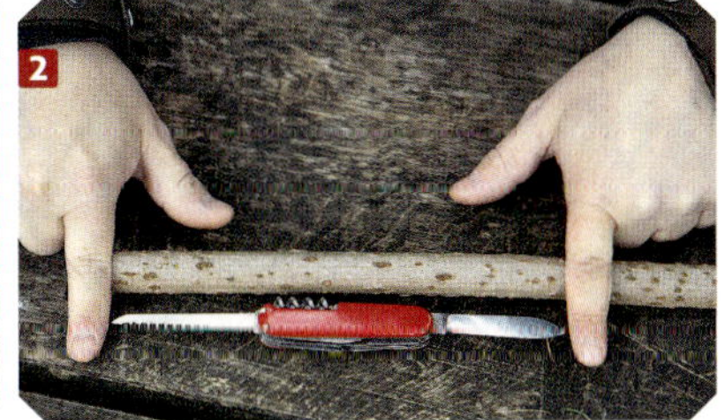

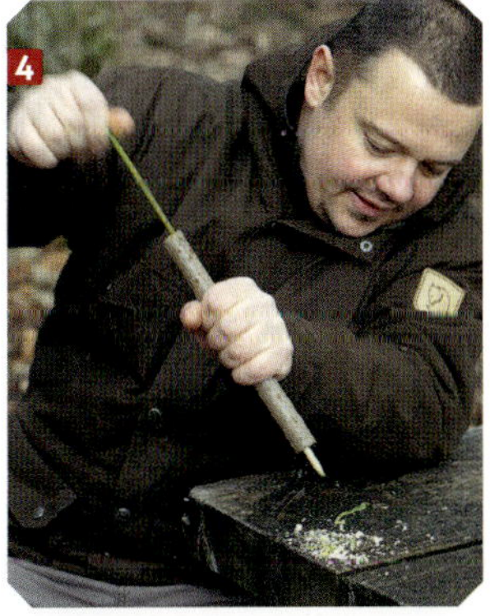

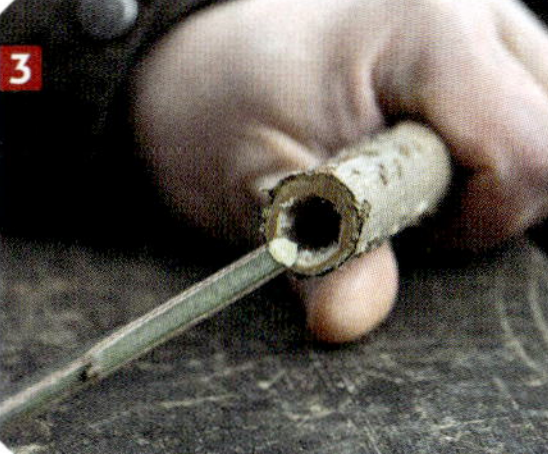

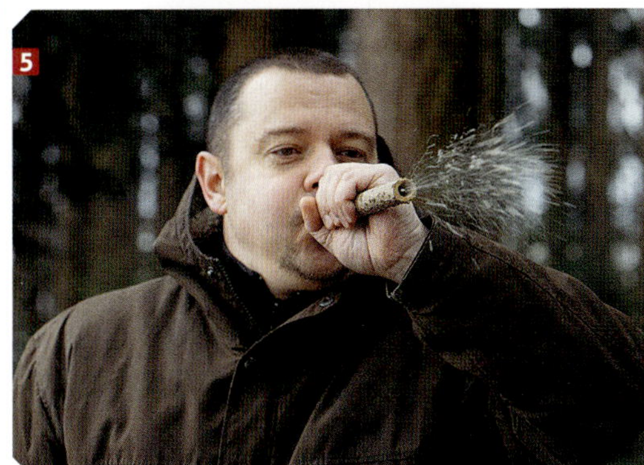

Holunderpfeifen, die nur einen Ton erzeugen, sind einfach zu bauen. Eine Holunderflöte im Stil einer Blockflöte, die mehrere Töne produziert, zu schnitzen, ist jedoch schon um einiges anspruchsvoller. Ich suchte mit dieser Idee sogar einen professionellen Flötenbauer auf und entschied mich nach etlichen Versuchen und wenig Erfolg versprechenden Fortschritten, das Projekt aus dem Buch zu streichen. Ich wusste nicht so genau, woran es lag, dass es nicht besser klappte. Ich hatte einfach kein zufriedenstellendes Erfolgserlebnis. Ein Problem erkannte ich: Es war extrem anspruchsvoll, ein »Labium« (das ist die Kerbe, die bei der fertigen Flöte den Ton erzeugen wird) nur mit einem Taschenmesser herzustellen.

Später versuchte ich es dann trotzdem wieder. Ich hatte eine Idee, wie ich das Labium anders herstellen konnte. Die dann geschnitzte Flöte erzeugte den mit Abstand besten Ton aller Holunderflöten bisher. Nach einigen weiteren Versuchen war ich davon überzeugt, dass es mit dieser Methode für einen geübten Schnitzer möglich sein sollte, aus Holunder eine Blockflöte zu schnitzen. Ich nahm das Projekt wieder in das Buch auf.

Für den Bau einer Holunder-Blockflöte benötigt man einen Holunderast für das Rohr, einen dünneren Haselast für den Block und etwas Schnur für den Luftkanal **1**. Für das Rohr verwende ich am liebsten einen gerade gewachsenen jungen Holundertrieb mit einem Durchmesser von etwa 2 cm. Oft haben junge Triebe im Querschnitt einen großen Markanteil und nur einen dünnen Holzring von 2–4 mm Dicke. Solches Material ist ideal für den Bau der Flöte.

Säge für das Rohr vom Holunderast ein circa 23 cm langes Stück ab **2**. Nun musst du das Mark entfernen. Bearbeite die ersten 4 cm an beiden Seiten des Astes mit dem Korkenzieher. Drehe diesen auf jeder Seite ein und ziehe ihn immer wieder heraus (siehe Seite 121). Rasple dann auf beiden Seiten des Astes mit der Holzsäge das Mark heraus. Jetzt hast du an beiden Astenden bereits je 7 cm Mark entfernt. Theoretisch bleiben jetzt 9 cm Mark in der Rohrmitte, das du noch entfernen musst. Weil ich keine anderen Werkzeuge als das Taschenmesser für diese Projekte nutzen möchte, arbeite ich das restliche Mark mit einem zugespitzten trockenen Hartholzast aus **3**. Du kannst dazu auch einen dicken Draht, eine lange Schraube oder einen Bohrer verwenden. Wenn einmal ein Luftkanal geschaffen ist, schabst du mit einem Ästchen noch das an der Rohrwand verbliebene Mark ab **4** und pustest immer wieder mal ins Rohr, um das gelöste Material zu entfernen **5**. Für die Tonentwicklung ist es wichtig, dass das Rohr wirklich sauber ist!

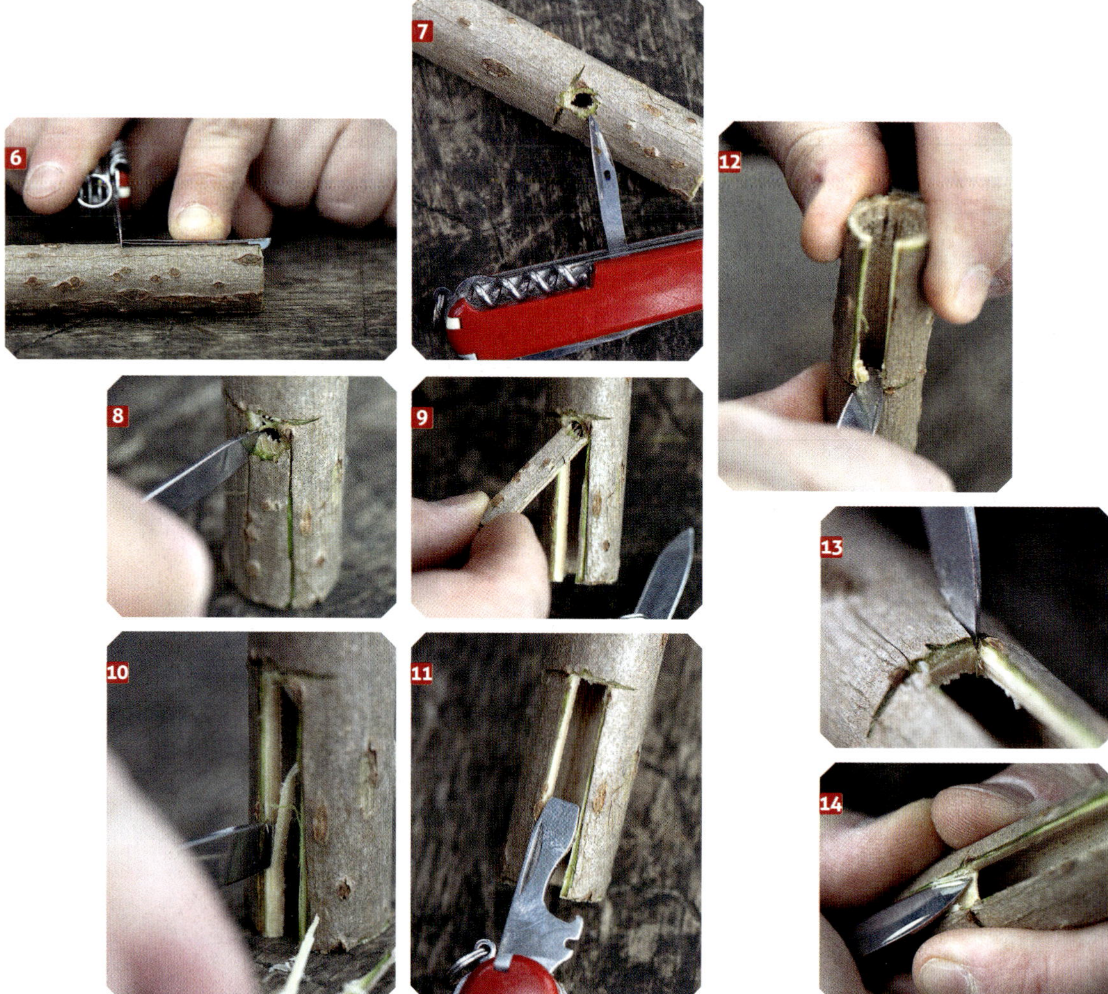

Etwa 4 cm vom oberen Ende entfernt 6 bohrst du nun ein kleines Loch mit der Ahle 7. Setze dann die kleine Klinge auf der einen Seite dieses Loches an und spalte die Rohrwandung bis zum Rohrende. Das Gleiche machst du auf der anderen Seite des Loches 8. Danach kannst du die Wandung zwischen den Schnitten herauslösen 9. Verbreitere nun die Nut mit der kleinen Klinge 10, bis die Nut etwa so breit ist wie der große Schraubenzieher am Victorinox-Taschenmesser 11. Schnitze die Stirnseite der Nut so exakt wie möglich bis in die Ecken aus 12. Aus dieser Fläche wird später die Kante des Labiums.

Um das Labium zu schnitzen, wäre der 4 mm Holzmeißel geeignet, der sich in einigen Victorinox-Modellen befindet. Ich gehe aber in dieser Anleitung davon aus, dass du keinen Holzmeißel an deinem Messer hast. Schneide darum den Ast links und rechts von der Nut mit der Klinge ein 13, damit du die abfallende Fläche des Labiums schnitzen kannst 14.

Suche nun von einem Haselast den Abschnitt, der genau ins Loch auf der Seite des Mundstückes passt 15. Aus diesem Ast wird der sogenannte »Block« im Mundstück. Schiebe den Ast bis etwa 4–5 mm vor die Labiumkante 16. Säge ihn nun so ab, dass er zwei Zentimeter übersteht. Schnitze danach die Flanken der Nut etwas flach 17. Zwischen dem Block und der Labiumkante sollte noch ein kleiner Luftspalt zu sehen sein 18.

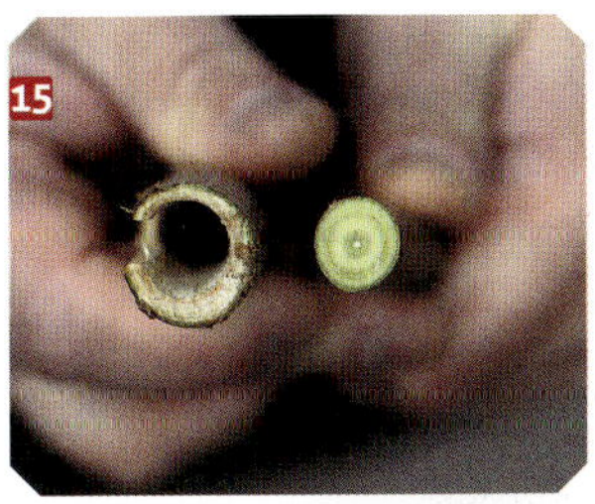

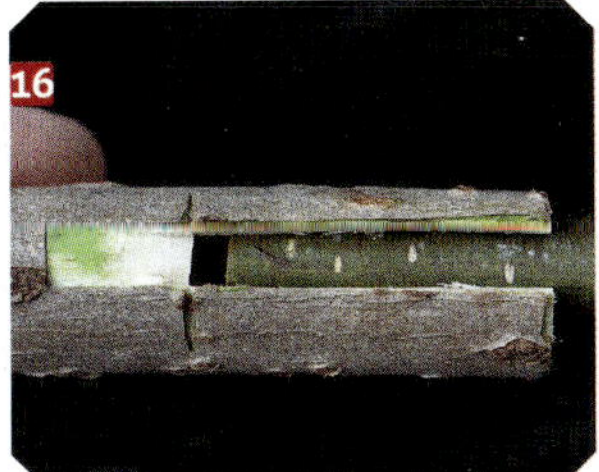

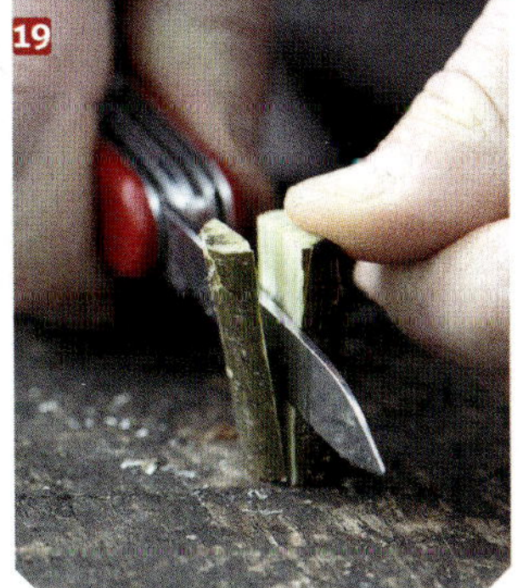

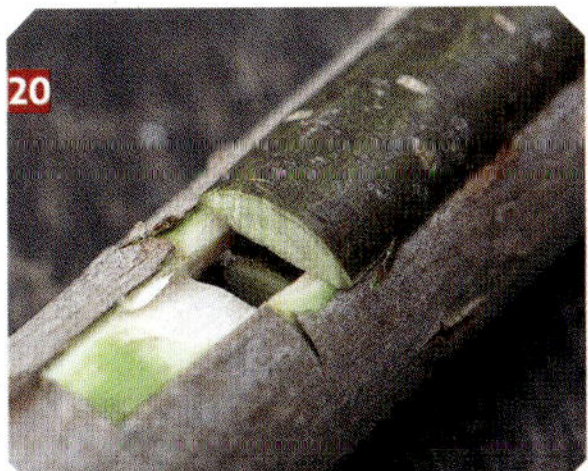

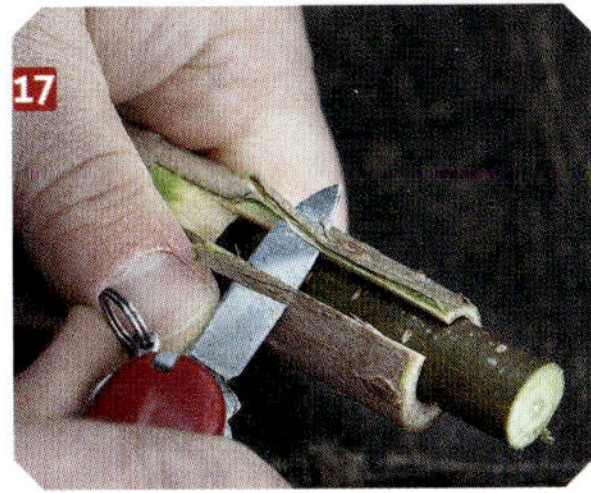

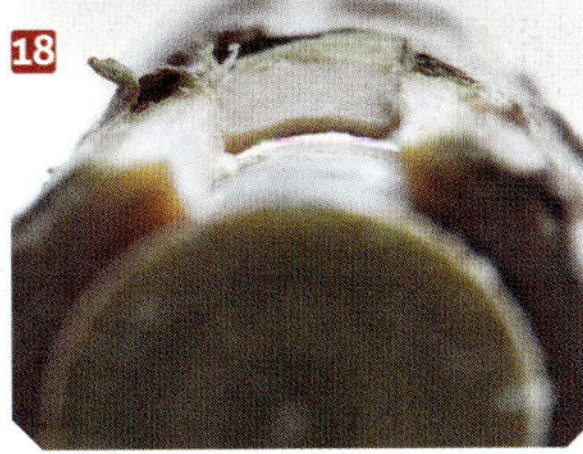

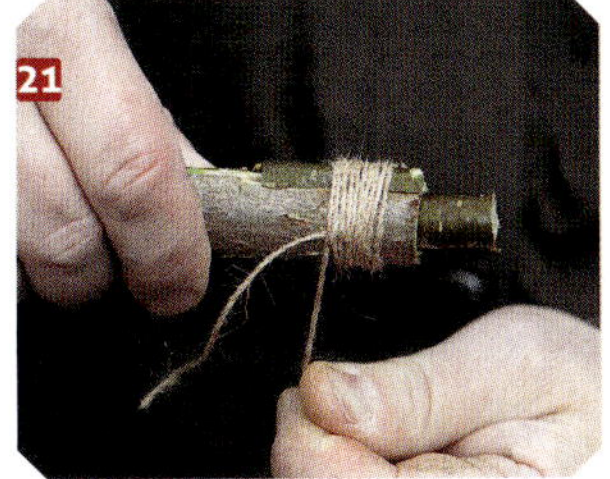

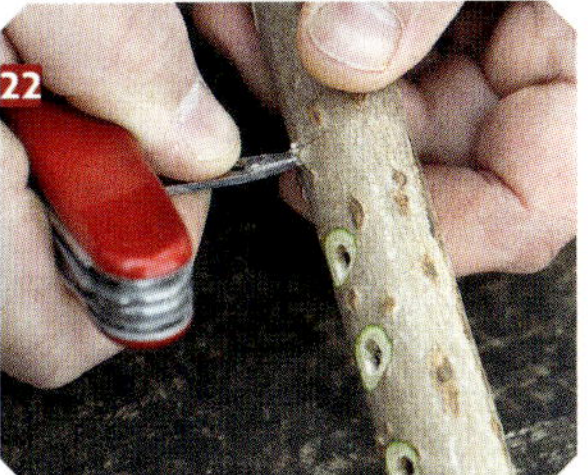

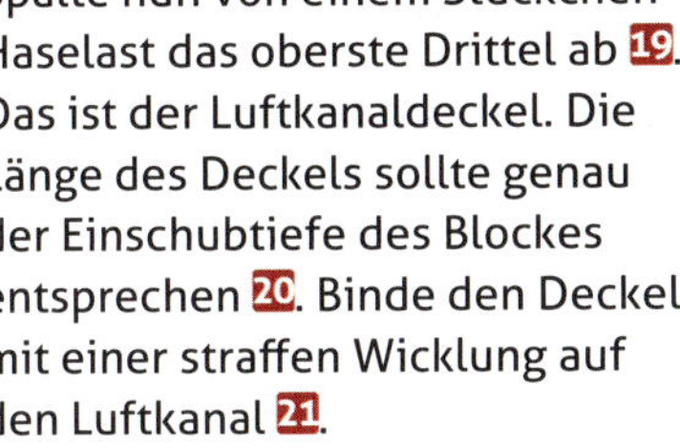

Spalte nun von einem Stückchen Haselast das oberste Drittel ab 19. Das ist der Luftkanaldeckel. Die Länge des Deckels sollte genau der Einschubtiefe des Blockes entsprechen 20. Binde den Deckel mit einer straffen Wicklung auf den Luftkanal 21.

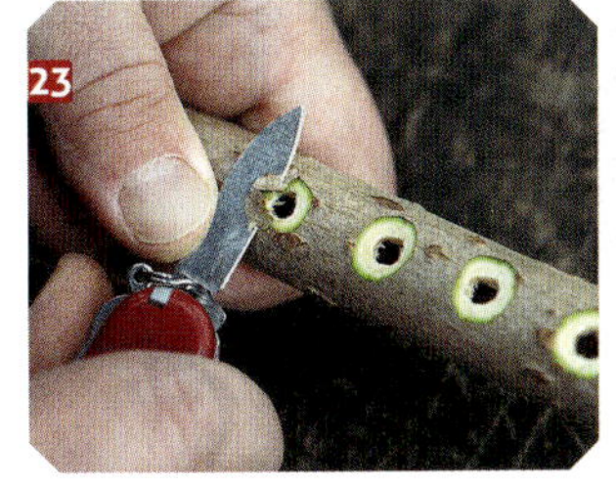

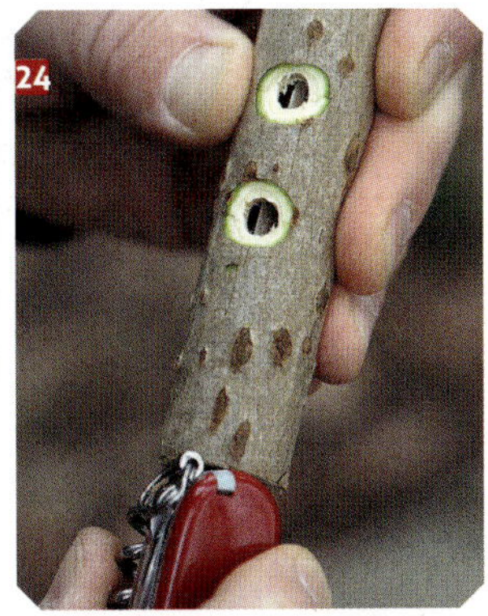

Jetzt musst du noch mit der Ahle die Grifflöcher bohren. Damit der Luftstrom beim Loch sauber abreißt und ein klarer Ton entsteht, müssen die Löcher eine gewisse Größe haben. Bohre vorsichtig mit wenig Druck, denn die Wand zwischen den Löchern kann leicht einreißen. Die Löcher so zu platzieren, dass man am Ende eine genau gestimmte Flöte hast, ist mit den Werkzeugen des Taschenmessers fast unmöglich. Ich setze das erste Loch etwa 4 cm von Flötenende entfernt 6, danach markiere ich drei weitere Löcher in einem Abstand von 2 cm. Bohre nun jeweils zuerst das Loch 22 und schnitze danach mit der Feinscheidetechnik eine Fingermulde 23. Versuche die nach innen abstehenden Fasern so gut wie möglich mit der Klinge 24 oder mit dem Sägerücken zu entfernen.

Nun ist deine Flöte fertig. Du kannst stolz auf dich sein, wenn die Flöte spielbar ist 25. Wenn deine Holunderflöte keinen richtigen Ton von sich geben sollte, musst du nicht verzagen und solltest am besten sofort den nächsten Bau- und Schnitzversuch starten. Eine spielbare, blockflötenähnliche Holunderflöte mit dem Taschenmesser zu schnitzen, ist meiner Meinung nach eines der schwierigsten Schnitzprojekte überhaupt!

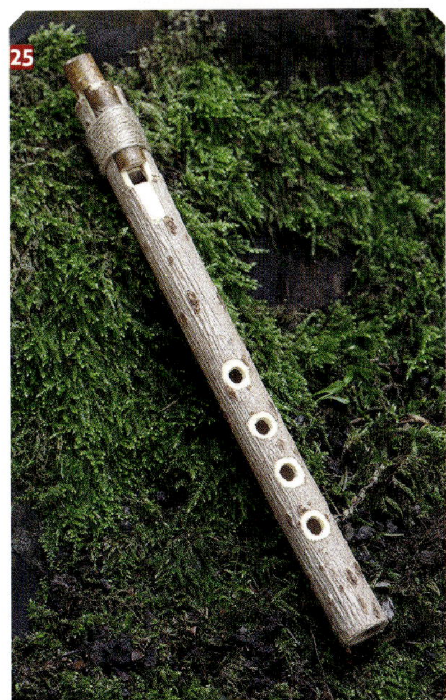

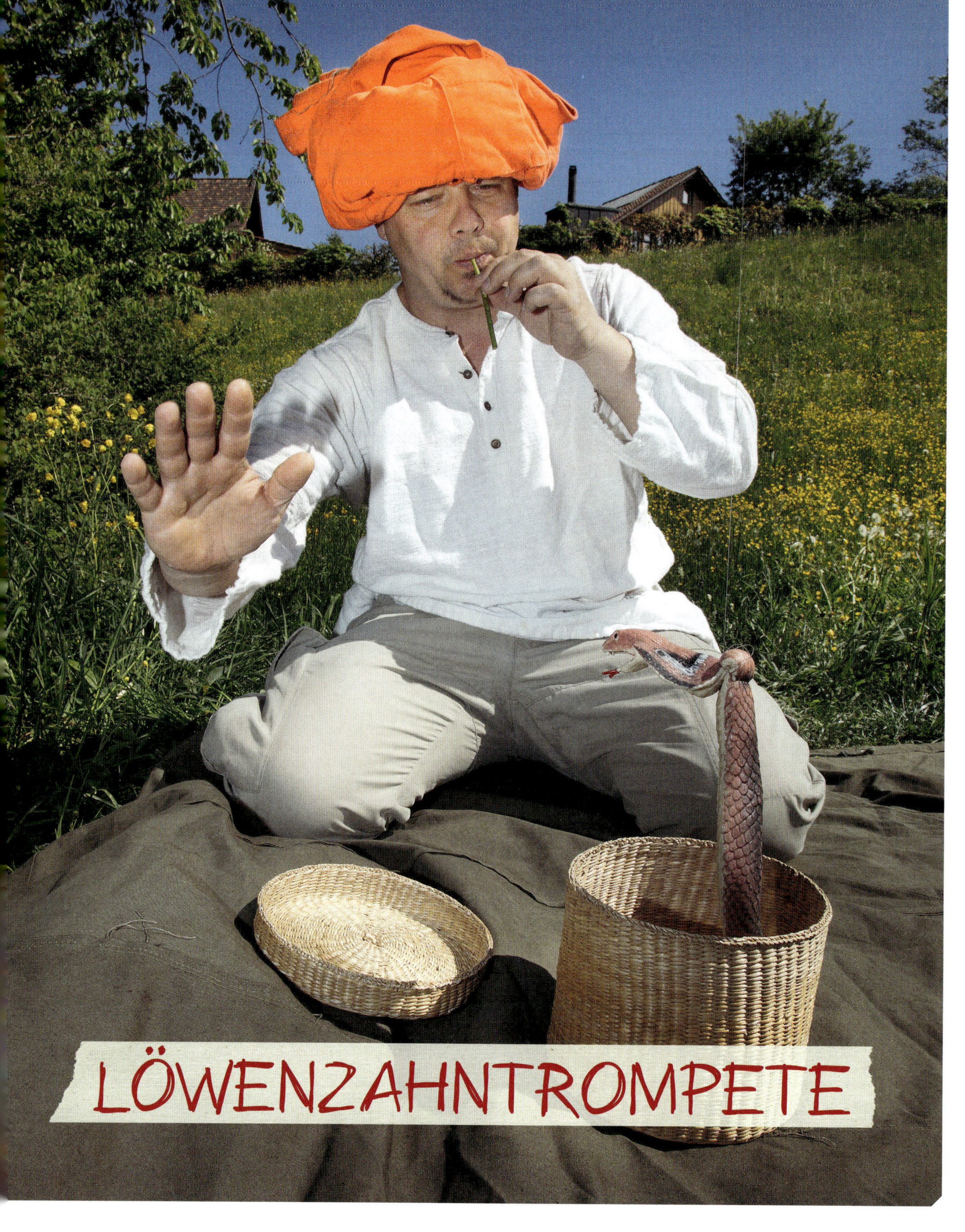

LÖWENZAHNTROMPETE

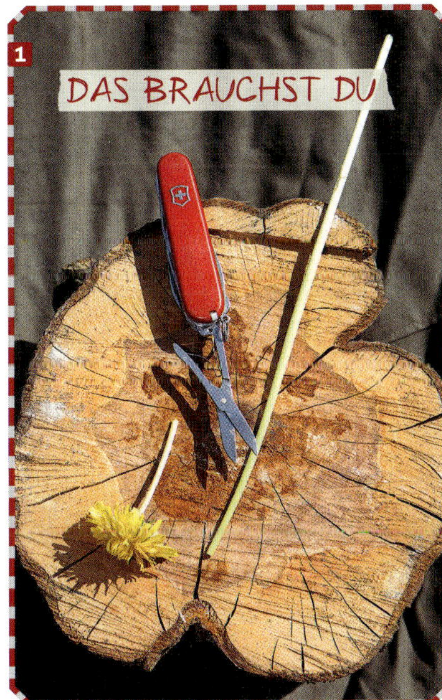

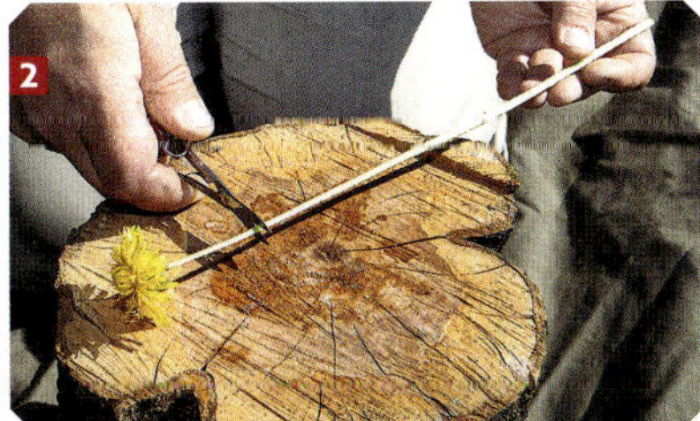

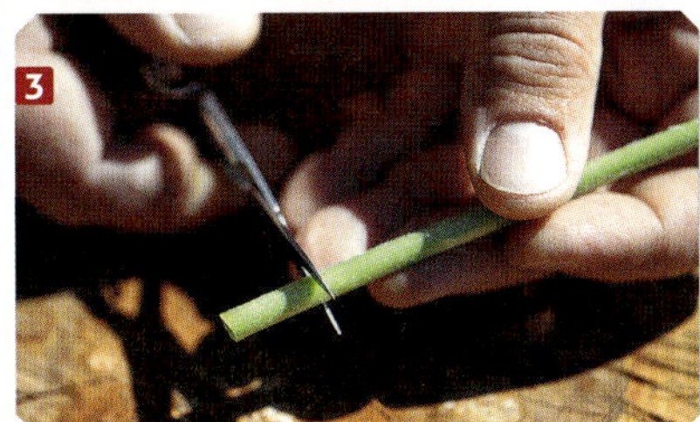

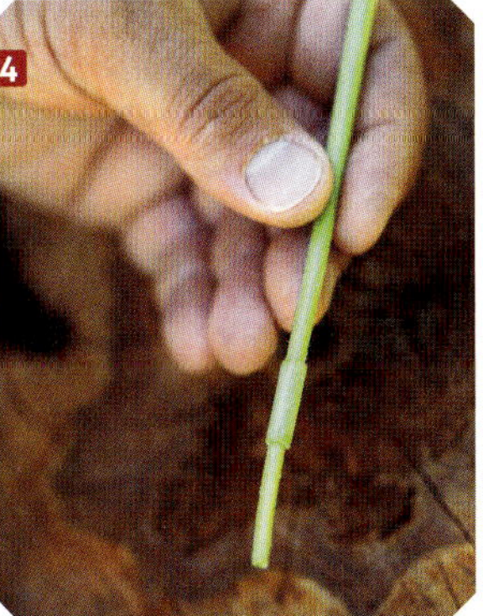

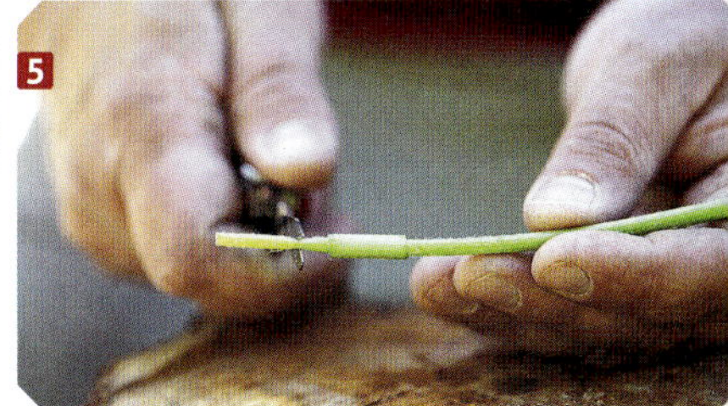

Mit Löwenzahntröten-Konzerten haben wir schon als Kinder unsere Eltern genervt. Mit einer solchen Tröte aus dem Löwenzahnstengel kann man nur einen schnarrenden Ton spielen. Dieses Instrument hat, wenn mehrere Kinder damit spielen, den Nervfaktor 200.

Ich wollte versuchen, ob man basierend auf dem Funktionsprinzip dieser Tröte auch eine Flöte herstellen könnte, der verschiedene Töne zu entlocken sind. Das war einfach: Mit der Löwenzahntrompete verschiedene Töne zu erzeugen, gelingt relativ leicht. Das Problem war jedoch, dass die spitz zugeschnittenen Stielenden jeweils schon nach kurzer Spielzeit einrissen und sich aufgekringelt hatten. Mit einem einfachen Trick fand ich eine Lösung für dieses Problem.

Voilà, hier die Anleitung für den Bau dieses lustigen 5-Minuten-Projekts.

Es macht keinen Sinn, konkrete Maße für Durchmesser, Länge oder Lochabstände zu nennen. Jede Flöte klingt etwas anders. Bei meinen Versuchen hatten relativ kurze Flöten (ich spreche da von 10–15 cm) einen satteren, kräftigeren Ton als lange Flöten. Je kürzer die Flöte, desto höher der Ton. Löwenzahnpflanzen, die noch gelbe Blüten trugen, hatten etwas frischere, knackigere Stängel als verblühte Löwenzahnpflanzen. Mit den etwas härteren Stängeln erzielte ich bessere Resultate als mit weichen Stängeln.

Für dieses Projekt brauchst du einen kräftigen Löwenzahnstiel und ein Taschenmesser 1.

Schneide mit der Schere oder mit der Taschenmesserklinge den Stiel unterhalb der Blüte ab 2. Trenne vom dicken Teil des Stieles ein 1–2 cm langes Röhrchen ab 3 und schiebe es über den dünnen Teil 4. Schneide nun 5–8 mm oberhalb des übergestülpten Röhrchens den Stiel ab 5.

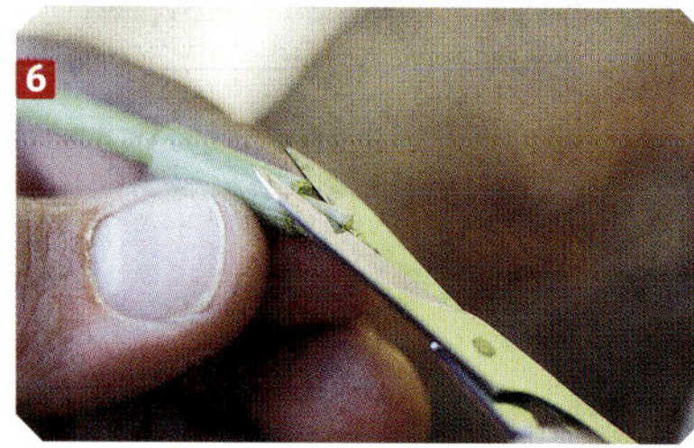

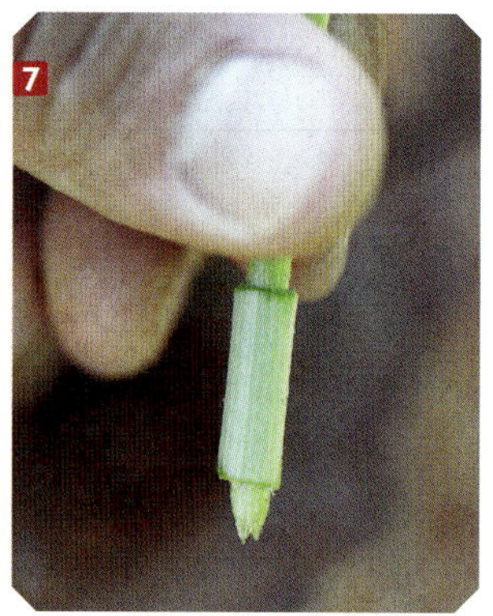

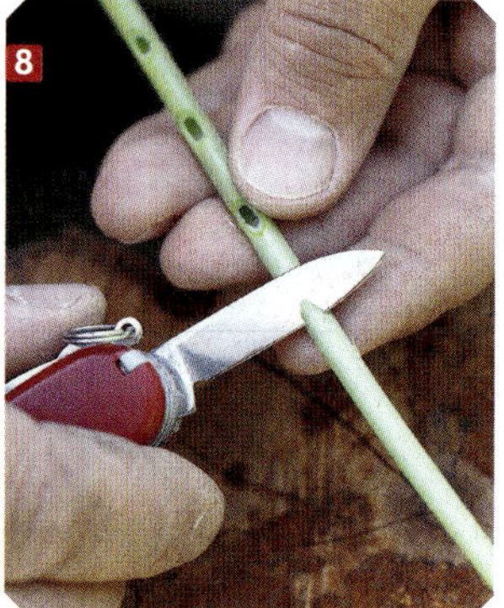

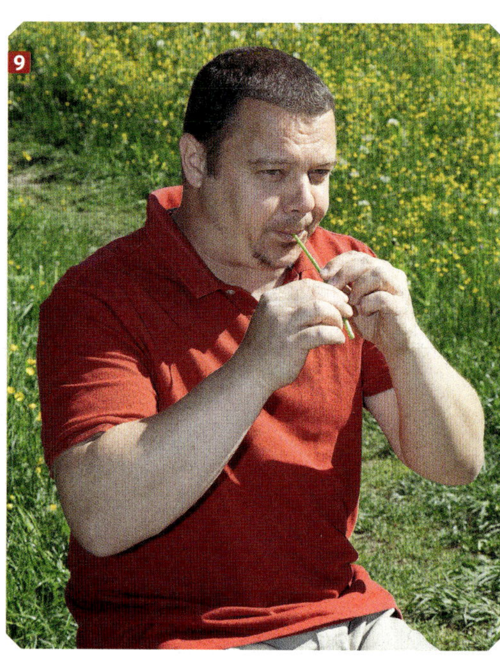

Nimm dann die Schere, drücke das Stielende vorsichtig mit den Fingern platt und schneide eine symmetrische Spitze 6, 7. Das funktioniert selbstverständlich auch mit einer Messerklinge.

Nimm das Mundstück in den Mund, drücke mit der Lippe den Stängel leicht zusammen und versuche durch kräftiges Einblasen, ob sich der Flöte schon ein Ton entlocken lässt. Wenn nicht, kannst du die Spitzen am Mundstück durch vorsichtiges Hoch- und Runterbiegen etwas weicher machen. Wenn dir die Tonerzeugung gelingt, schneide die Löcher in den Halm. Achte dabei darauf, dass du sie eher flach einschneidest 8, weil sonst die Stabilität der Röhre zu sehr leidet und die Flöte dann fast nicht mehr spielbar ist. Mache einen Einschnitt von der einen Seite bis zur Lochmitte und schneide dann von der anderen Seite das Loch fertig.

Dieses Instrument hat das Funktionsprinzip eines Doppelrohrblattinstruments. Klarinette, Oboe, Fagott oder Schalmei funktionieren so. Zwei Zungen aus einem flexiblen Material werden durch einen Luftstrom in Schwingung gebracht. So ist es auch bei deinem Instrument aus dem Stiel des Löwenzahns. Durch die Rückfederkraft des frischen Stängels werden die Spitzen sofort wieder auseinander gedrückt. So kommt die Luftsäule in Schwingung und ein Ton wird erzeugt. »Löwenzahntrompete« ist deshalb für dieses Projekt eigentlich der falsche Name: Das Instrument sollte Löwenzahnfagott, oder Löwenzahnoboe heißen. Weil aber der Ton immer noch eher an eine Trompete erinnert, lasse ich den Namen, wie er ist, und wünsche dir viel Spaß beim Tröten 9.

Auf dem YouTube-Kanal feliximmler findest Du unter dem Namen »Schlangenflöte« ein Video, wo du siehst, wie man eine solche Flöte schnitzt und spielt.

SIGNALPFEIFE UND TRILLERPFEIFE

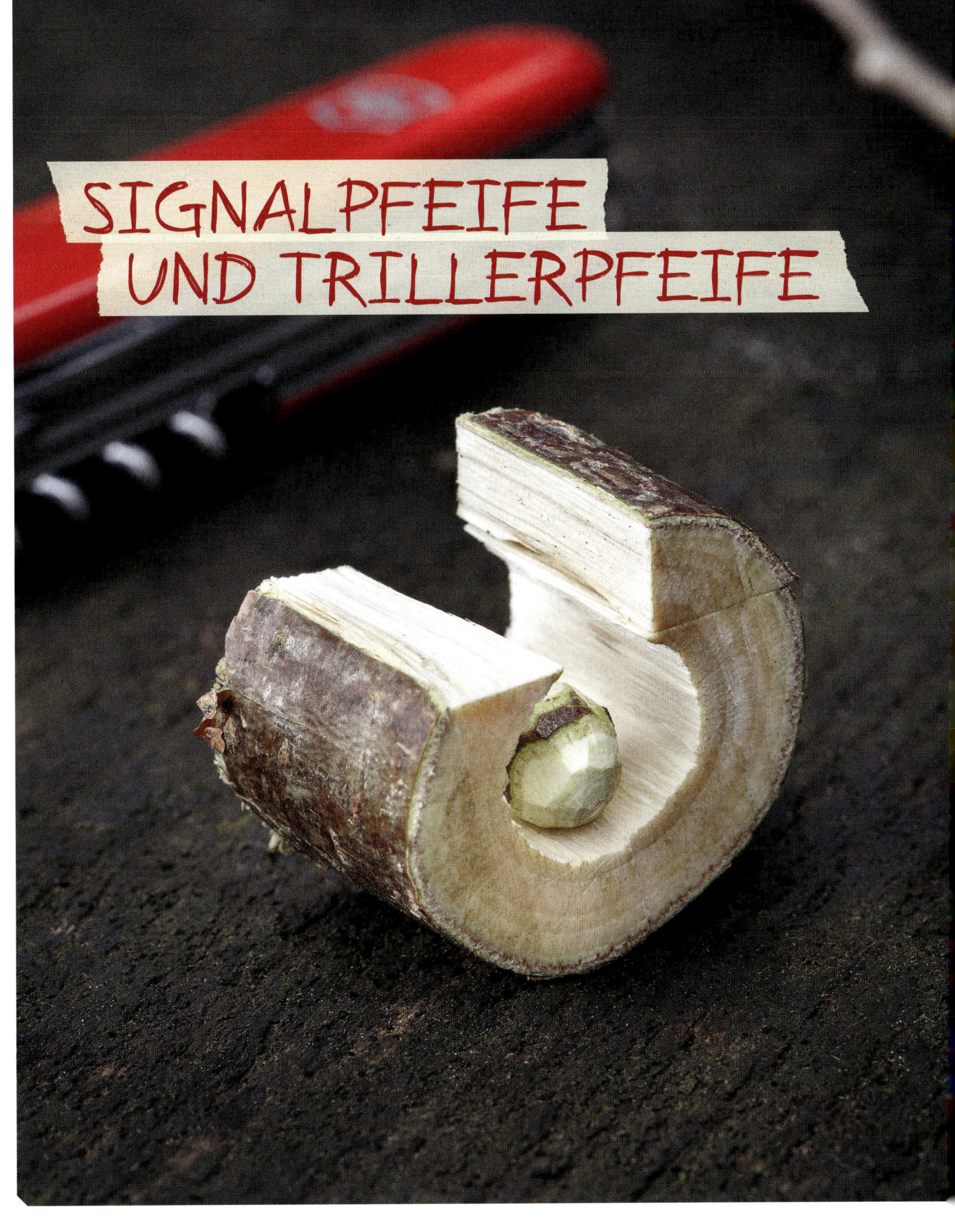

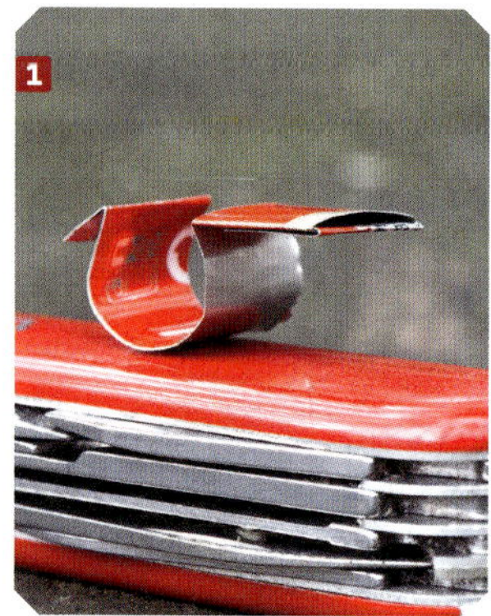

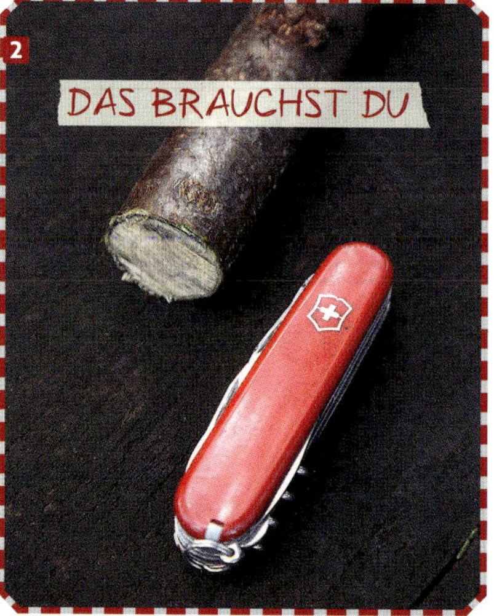

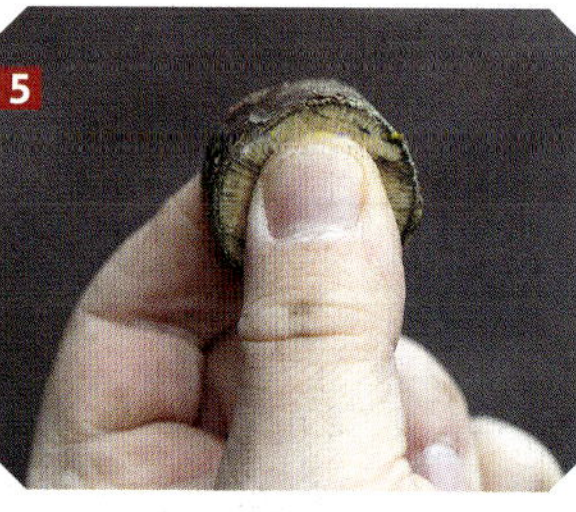

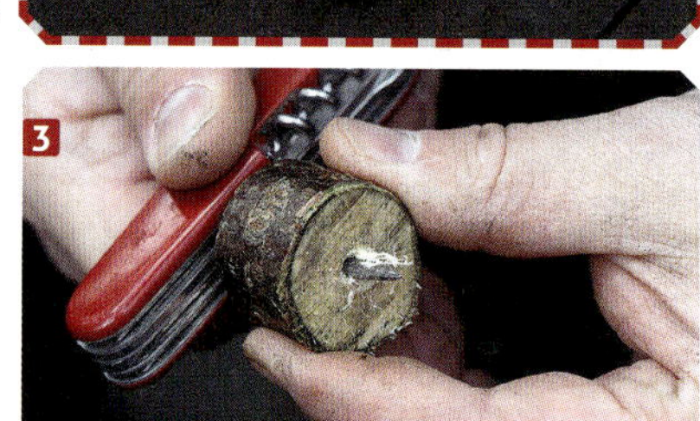

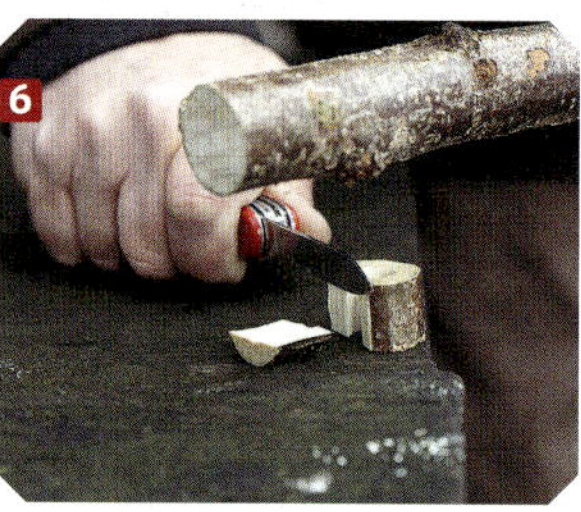

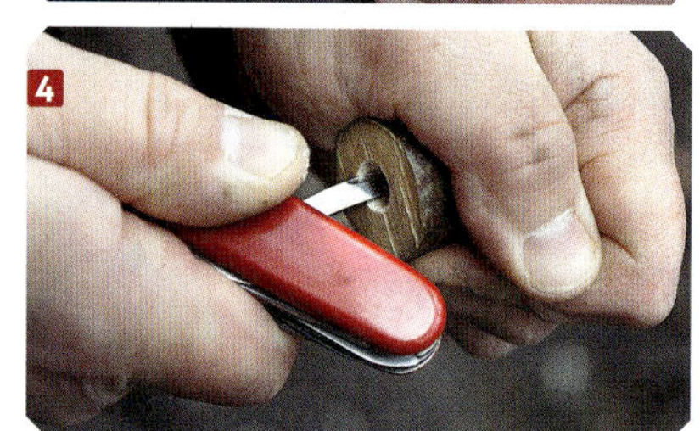

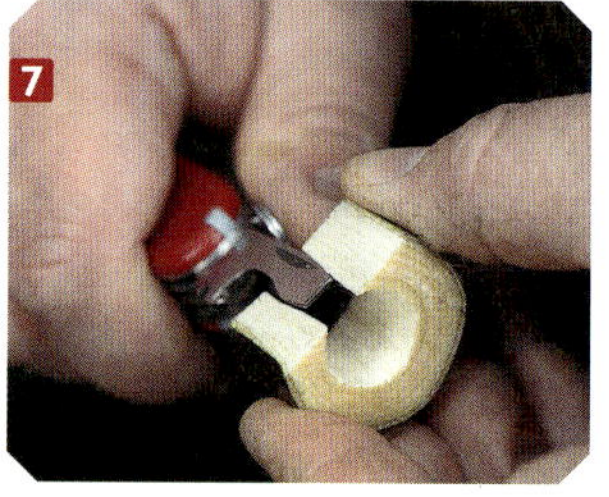

Vor ein paar Jahren entdeckte ich im Internet die Bauanleitung für eine Signalpfeife aus einer Aluminium-Getränkedose 1. Ich baute die Pfeife sofort nach. Die Performance dieser Pfeife war sehr überzeugend: Wenn ich kräftig hinein pustete, war der Pfeifton ohrenbetäubend laut! Natürlich kam so die Idee auf, eine Signalpfeife aus Holz zu schnitzen. Schon die ersten Versuche waren erfolgreich, und ich hatte so viel Freude an diesem Projekt, dass ich es in diesem Buch vorstellen möchte.

Für die Signalpfeife benötigt man ein Stück Ast mit einem Durchmesser von 3–4 cm und ein Taschenmesser 2. Das Projekt ist einfacher umzusetzen, wenn der Ast einigermaßen rund und das Mark ungefähr in der Mitte ist.

Schneide zuerst eine etwa 2 cm dicke Scheibe des Astes ab. Bohre dann mit der Ahle ein Loch durch das Mark 3. Wenn du auf die Ahle etwas Seitendruck gibst, kannst du das Loch mit der Schneidekante der Ahle weiter vergrößern 4. Um das Loch noch mehr zu erweitern, drehe jetzt die Holzsäge vorsichtig von beiden Seiten in das bestehende Loch (siehe Tipp 2, Seite 169). Schnitze danach mit der kleinen Klinge das Loch noch größer. Es sollte im Minimum 12 mm Durchmesser haben.

Schnitze es aber nur so groß, dass du die Öffnungen bequem mit Zeigefinger und Daumen luftdicht abschließen kannst 5.

Spalte nun ein Astsegment von dieser Scheibe ab, sodass der Lochkreis unterbrochen wird 6. Der entstandene Spalt darf nicht größer sein als 6 mm 7.

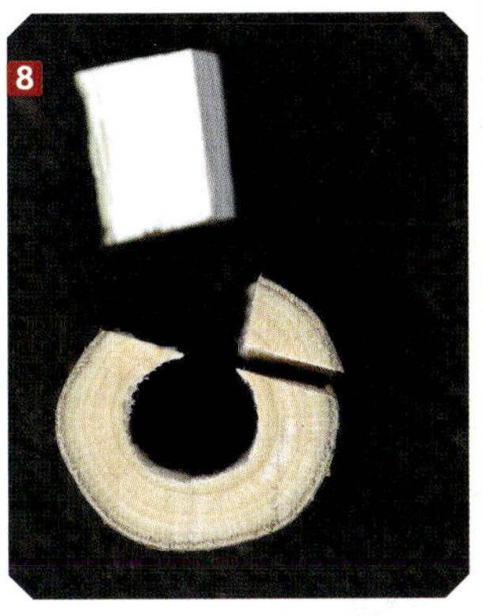
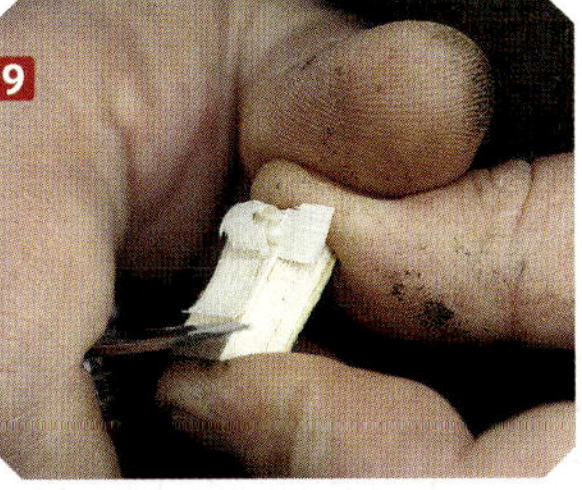
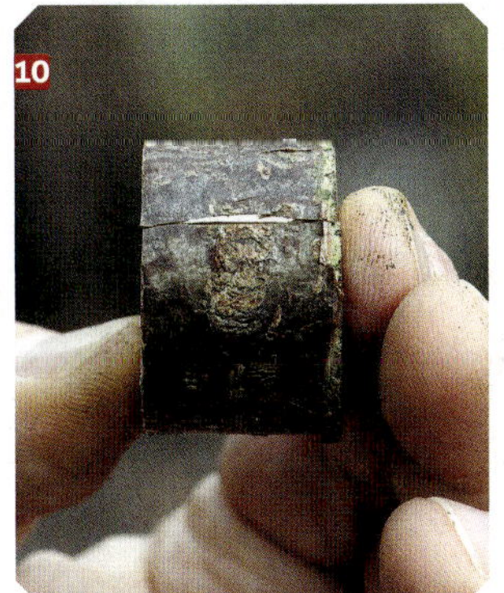
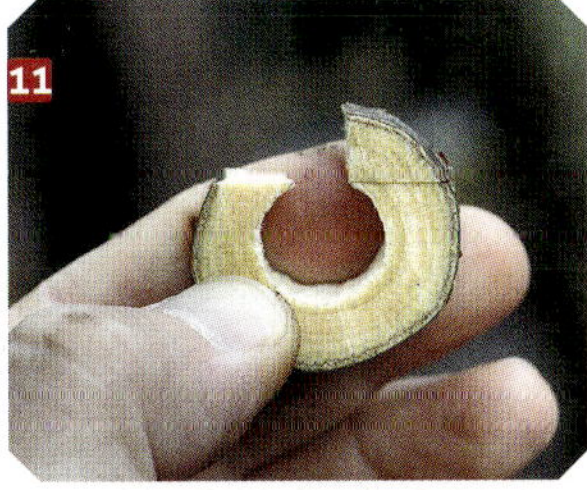
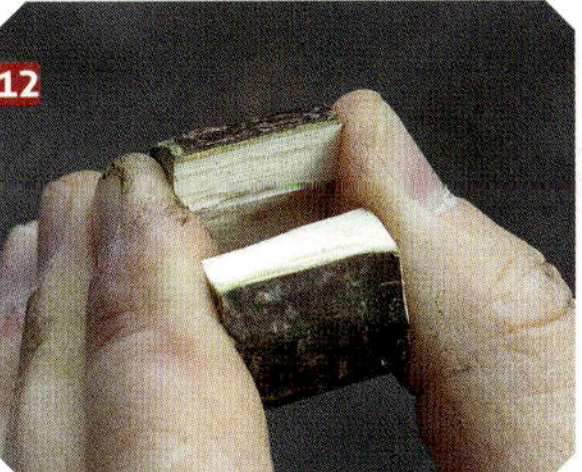
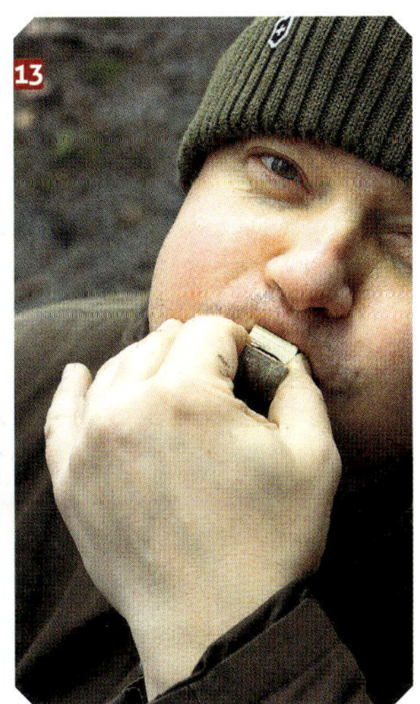

Jetzt musst du entscheiden, auf welcher Seite des Spalts der Luftkanal hinkommt. Der Keil auf der gegenüberliegenden Seite ist dann das Labium, also jenes wichtige Teil, an dem die Einblasluft gebrochen und verwirbelt wird. Die Verwirbelungen verursachen Schwingungen, die für die Tonerzeugung verantwortlich sind. Ein möglichst langer Luftkanal war meiner Erfahrung nach bislang noch nie ein Nachteil.

Setze die beiden Teile wieder zusammen und spalte auf der Seite, wo der Luftkanal hinkommt, das Segment genau auf jener Höhe, wo der Lochkreis unterbrochen wurde 8.

Schnitze nun mit der Feinschneidetechnik gegen den Daumen (siehe Seite 167) einen Luftkanal in das kleine Spaltstück 9, 10. Positioniere den Luftkanaldeckel an der richtigen Stelle 11 und lege Zeigefinger und Daumen über das Loch 12. Zwischen Zeigefinger und Daumen ist dann der kleine Luftkanaldeckel geklemmt. Blase jetzt in den Luftkanal 13. Wenn du noch keinen Pfeifton erzeugen konntest, liegt es möglicherweise daran, dass du die Seiten mit deinen Fingern nicht luftdicht abdeckst, oder dass die ganze Luft über das Labium hinweg strömt. Versuche dann, den Boden des Luftkanals flach zu schnitzen, sodass der Luftstrahl von Labium gebrochen wird und ein kleiner Teil der Luft ins Loch gelangt.

Nun sollte deine Signalpfeife pfeifen. Mache einfach einen zweiten Versuch, falls du noch keinen Erfolg hattest.

Trillerpfeife

Mit einer kleinen Modifikation kannst du deine Signalpfeife in eine Trillerpfeife umwandeln. Schnitze dazu aus einem Ästchen eine kleine Holzkugel, die ein wenig größer ist als der Spalt im Lochkreis 14, und lege die Kugel ins Loch. Wenn du jetzt kräftig in die Pfeife bläst, erzeugt die Kugel den typischen Trillereffekt.

Ob Signalpfeife oder Trillerpfeife spielt keine Rolle – Hauptsache die Pfeife ist laut!

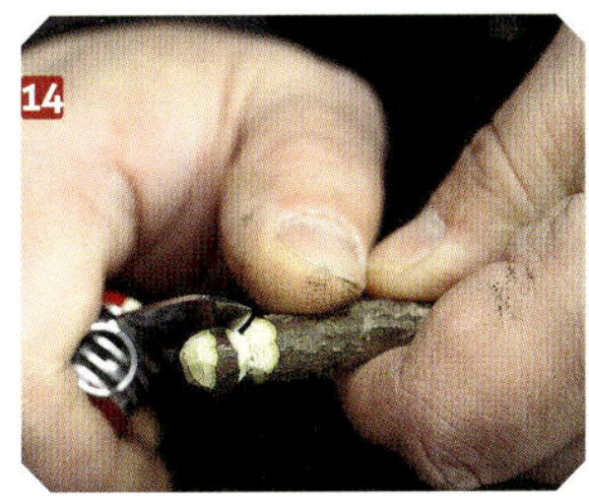

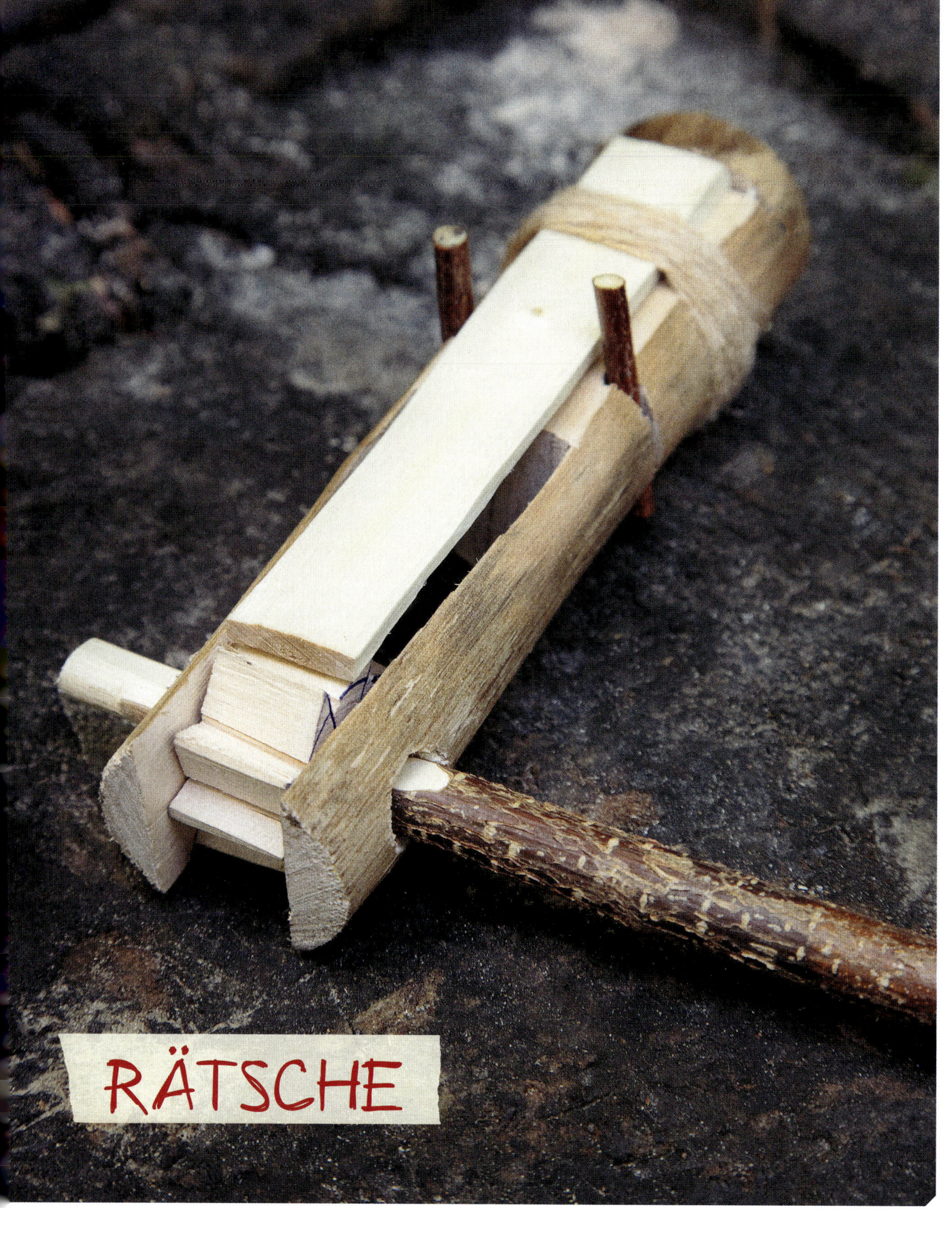
RÄTSCHE

Für einen speziellen Drehgrill wollte ich einen Freilauf, also eine nur in einer Drehrichtung wirkende Kupplung, entwickeln. Als ich fertig war, merkte ich, dass das Teil beim Drehen in der Luft wie eine Rätsche klang. Also habe ich diese Kupplung leicht abgeändert und schon hatte ich ein neues, tolles Projekt entwickelt. So geht das! Viel Spaß beim Nachbau!

Die Rätsche besteht aus vier Einzelteilen: Zahnrad, Achse, Zunge und Rätschenkörper.

Für den Bau der abgebildeten Rätsche benötigt man drei Stöcke: einen 4 cm dicken Stock für das Zahnrad und den Rätschenkörper, einen 2 cm dicken Stock, aus dem die Zunge geschnitzt wird, und einen 1 cm dicken Stock für die Achse. Außerdem braucht man noch ein bisschen Schnur und natürlich ein Victorinox-Taschenmesser 1.

Das Herzstück der Rätsche ist das Zahnrad. Verwende dafür einen möglichst trockenen Ast als Rohmaterial. Natürlich funktioniert das Zahnrad auch, wenn es aus Frischholz gefertigt ist, aber durch das Zusammenziehen beim Trocknen spaltet sich das Zahnrad meiner Erfahrung nach fast immer.

Säge eine etwa 1,5 cm dicke Scheibe mit circa 4 cm Durchmesser von dem ganz dicken Ast ab 2.

Zeichne dann mit einem improvisierten Zirkel den Außendurchmesser des Zahnrades ein 3. Als Zentrum nimmst du das Mark. Den Zirkel baust du dir mit einem Holzspan, der Taschenmessernadel und dem Taschenmesser-Kugelschreiber.

Spalte danach entlang des eingezeichneten Kreises das außenliegende Material ab. Entweder schlägst du vorsichtig mit einem Stock auf die Messerklinge oder, wenn du genug Kraft hast, drückst du das Messer von Hand durch das Holz 4.

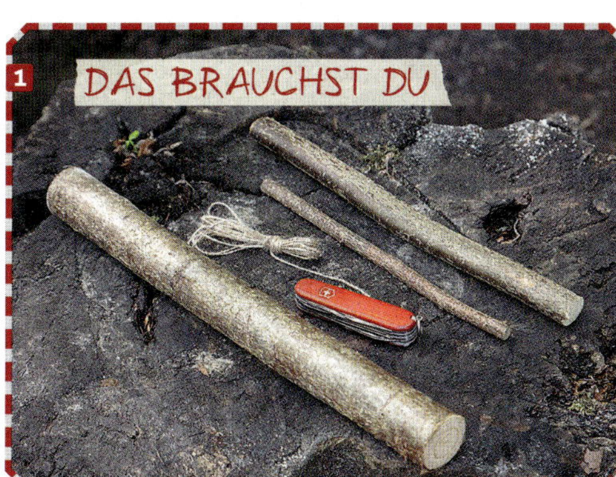

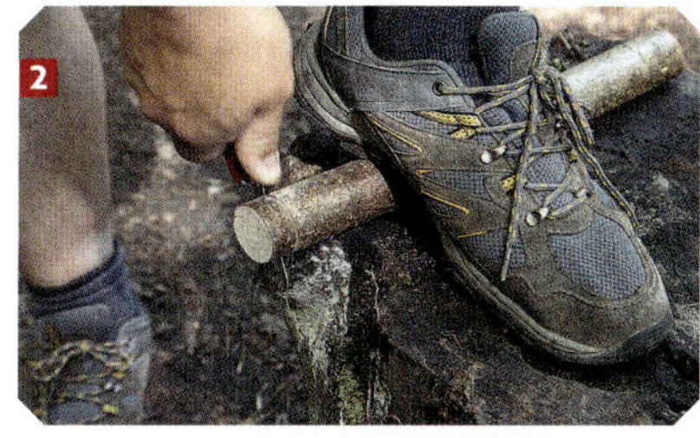

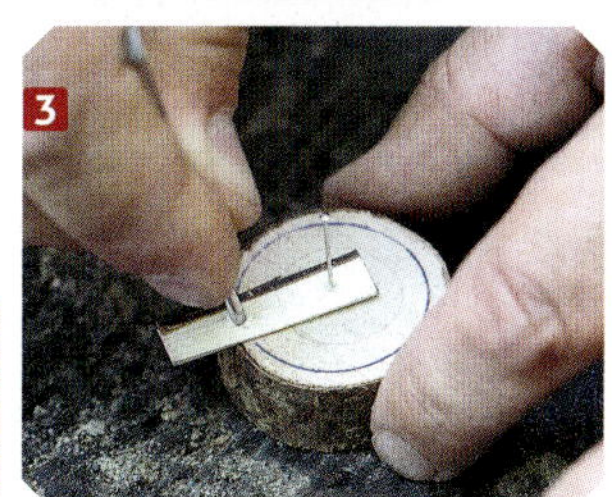

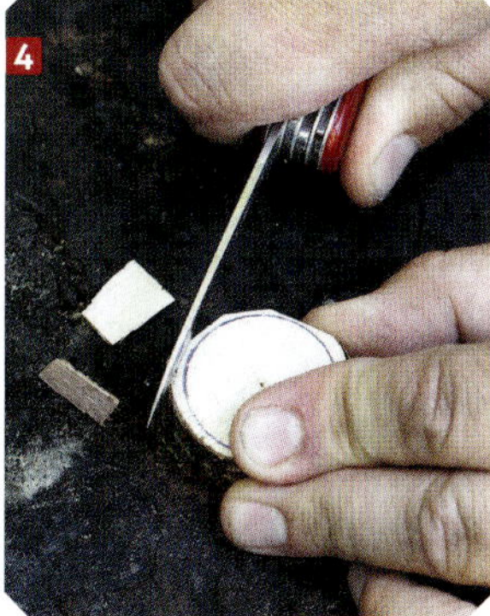

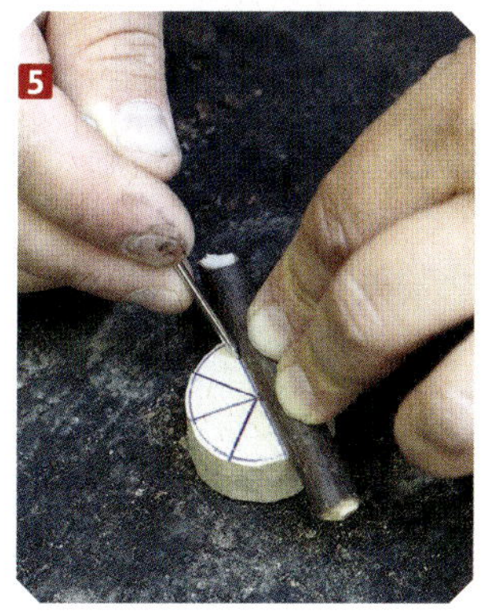

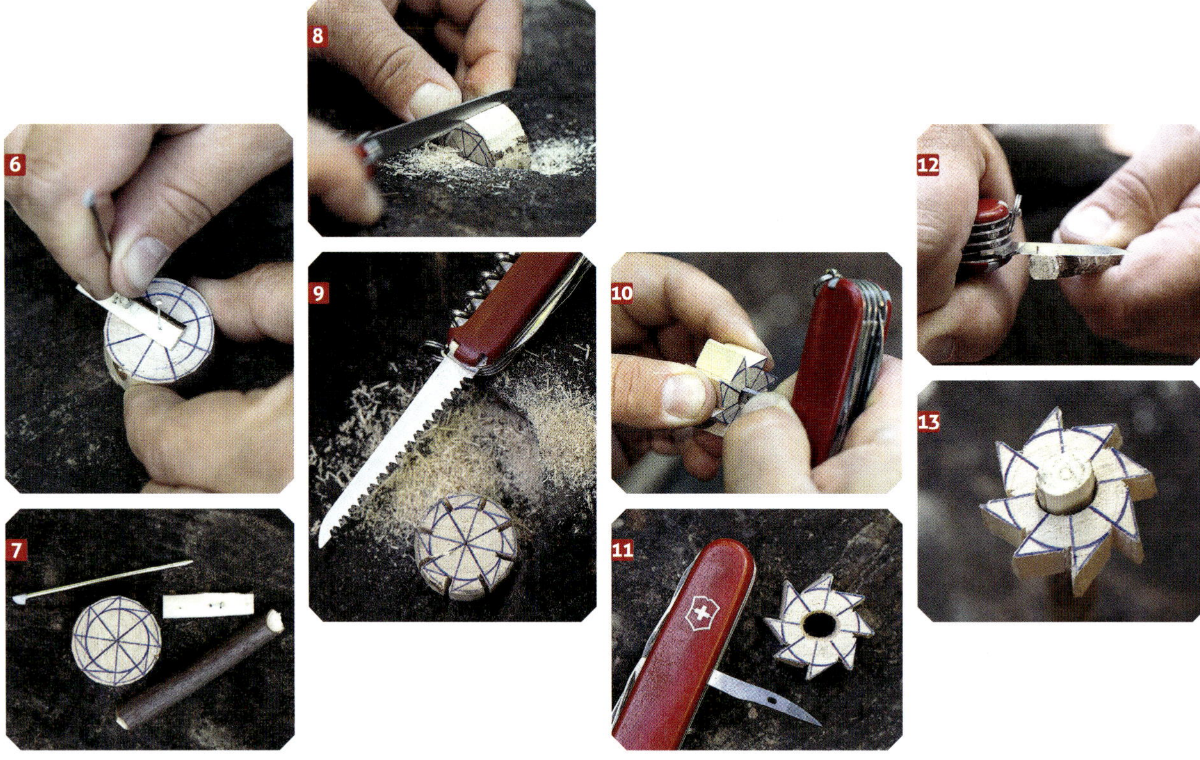

Teile nun den Außenkreis so genau wie möglich in acht Segmente 5. Ziehe dann mit dem Zirkel einen weiteren Kreis im Abstand der Zahnhöhe zum Außendurchmesser 6. Jetzt kannst du die Zähne einzeichnen 7.

Die senkrechten Linien von der Außenkante bis zum inneren Kreis werden zuerst gesägt 8, 9, danach spaltest du entlang der diagonalen Verbindungslinien.

Ich habe auch Rätschen mit symmetrischen Zähnen, die in beide Drehrichtungen funktionieren, ausprobiert. Bei der Herstellung eines solchen Zahnrads besteht jedoch das Problem, dass beim Herausspalten der Zähne das Zahnrad einreißen kann. Also habe ich mich entschlossen, für dieses Projekt asymmetrische Zähne zu fertigen.

In die Mitte des Zahnrads kommt nun ein Loch, in das später die Achse gesteckt wird 10. Damit die Achse im Loch nicht durchdrehen kann, fertige dieses Loch oval 11. Um ein rundes Loch ovalförmig zu schnitzen, schneidest oder schabst du mit der Schneidekante der Ahle an den entsprechenden Stellen Material ab. Der Durchmesser an der weiten Seite des Ovals sollte circa 1 cm betragen. Somit muss der Materialdurchmesser der Achse auch 1 cm betragen.

Nimm nun den Stock für die Achse und schnitze auf einer Seite ein passendes Oval auf den Stock 12, 13.

Den Rätschenkörper fertige ich meistens aus dem gleichen Ast wie das Zahnrad. Schneide für den Rätschenkörper ein 15 cm langes, gerade gewachsenes Stück aus dem Ast heraus. Um die Nut für das Zahnrad einfacher herstellen zu können, spalte das Holz zuerst in der Mitte, 14 (siehe auch Abschnitt »Spalten mit selbst hergestellten Holzkeilen«, Seite 164). Säge beide Hälften dann ungefähr in der Mitte quer ein 15 und spalte auf beiden Hälften jeweils das Innenteil ab 16.Wenn du beide Hälften wieder zusammenfügst, erhältst du die gewünschte Nut 17. Genaue Maßangaben kann ich dabei nicht geben. Je nach Größe und Dicke des Zahnrades variiert die Größe der Nut.

Schnitze nun eine Auflagefläche für die Zunge auf der Oberseite der Räschenhälften. Halte dazu die beiden Hälften zusammen und schneide mit der Säge 5 mm von der Stirnseite entfernt eine kleine Nut 18. Diese ergibt einen Anschlag, damit die Zunge nicht nach hinten rutschen kann.

Spalte jetzt mit der großen Klinge die Fläche für die Zunge bis zur Nut heraus 19. Schnitze die Flächen bei Bedarf etwas nach. Damit sich die Zunge nicht zu weit seitwärts verschieben kann, säge nun an der Außenfläche auf beiden Seiten eine Schwalbenschwanznut ein 20. Dies erreichst du, indem du beim Sägen das Sägeblatt seitwärts hin und her abkippst. Suche nun ein passendes Ästchen und drücke an beiden Hälften je ein Stück davon in das Loch 21.

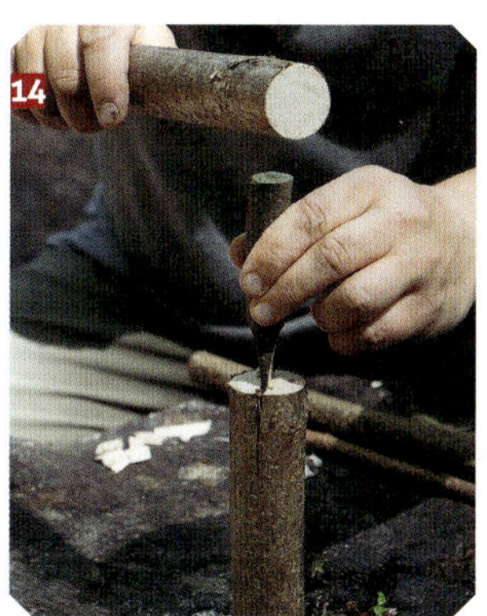
14

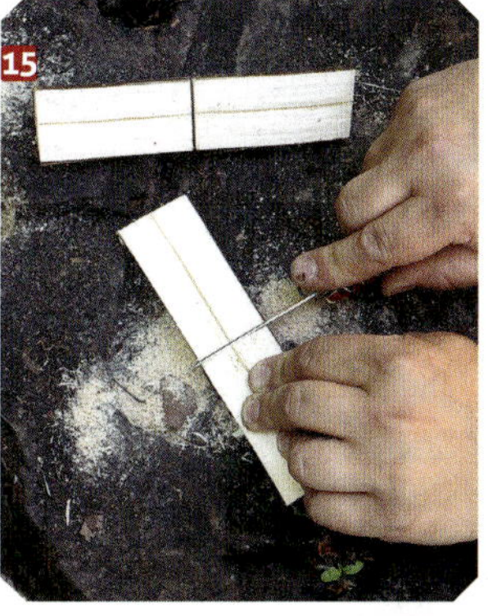
15

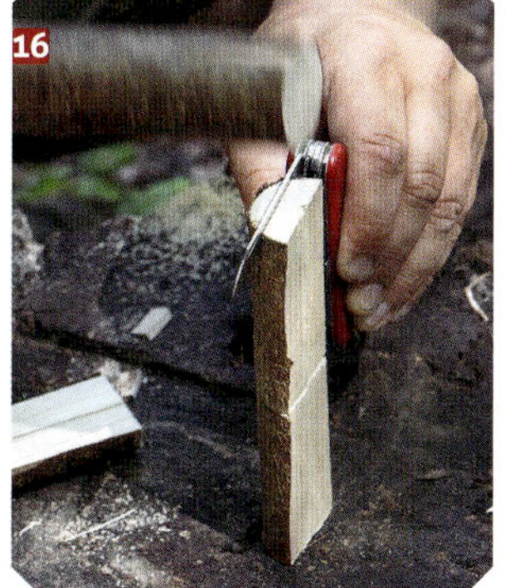
16

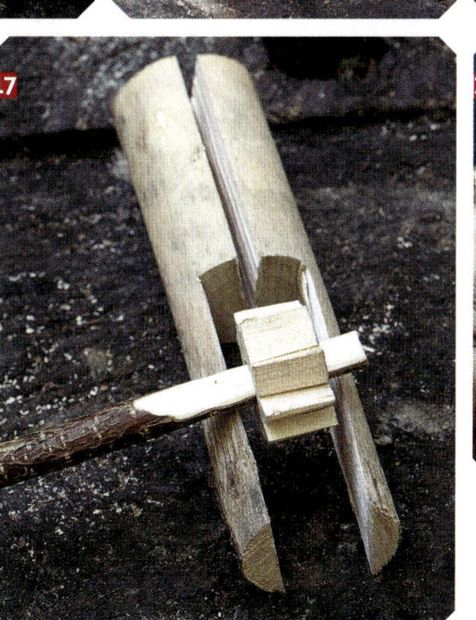
17

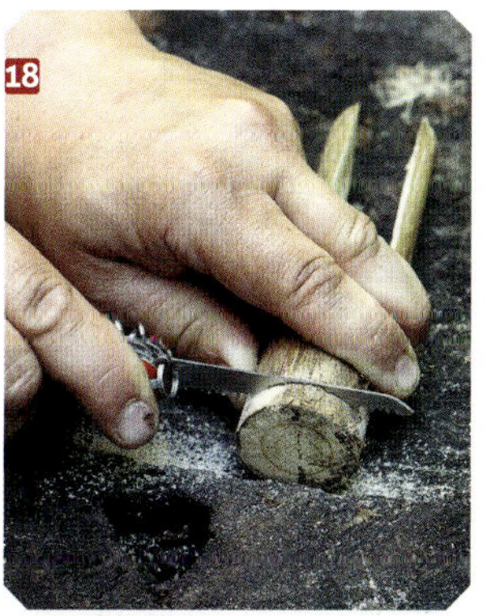
18

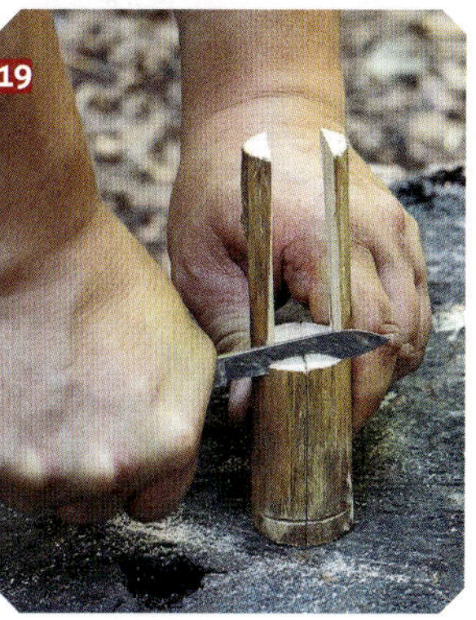
19

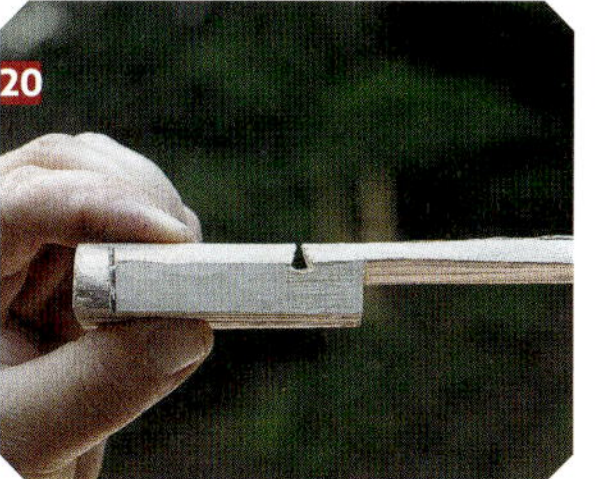
20

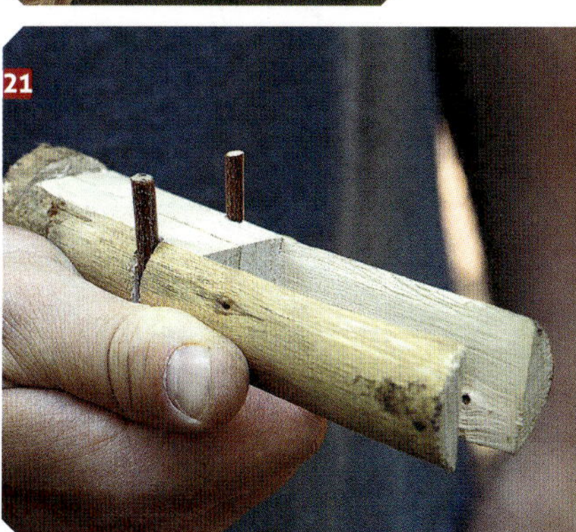
21

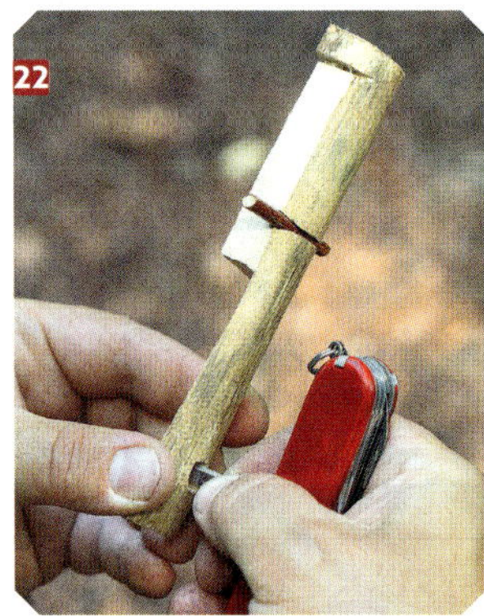

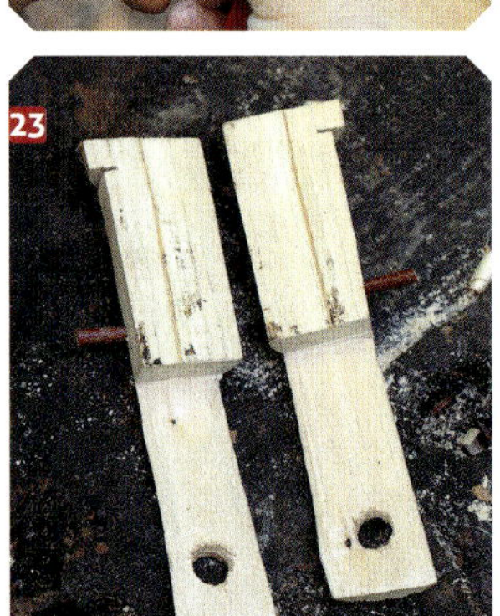

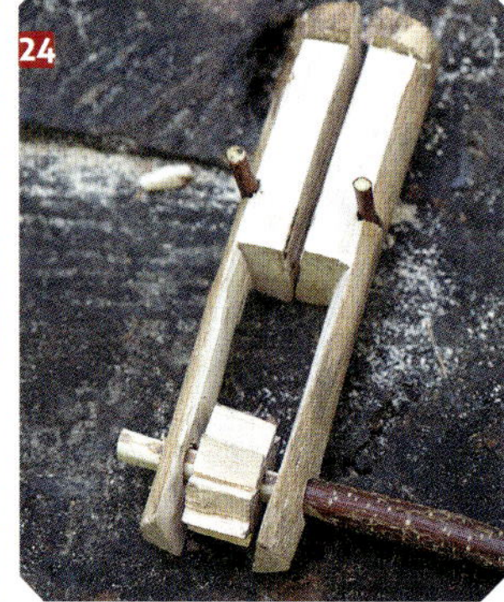

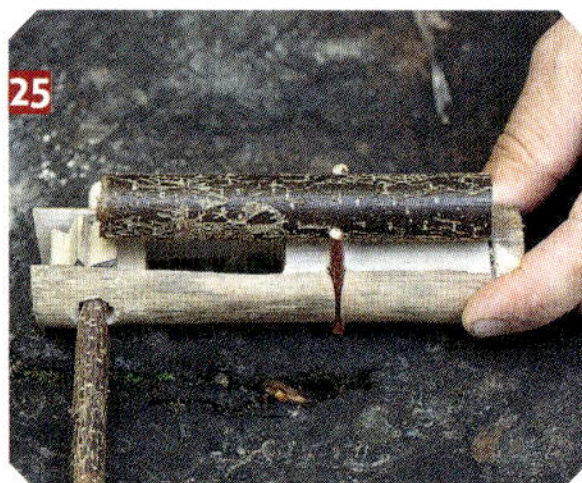

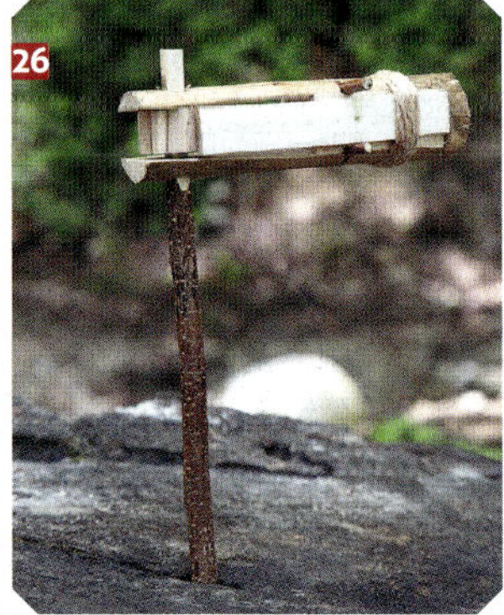

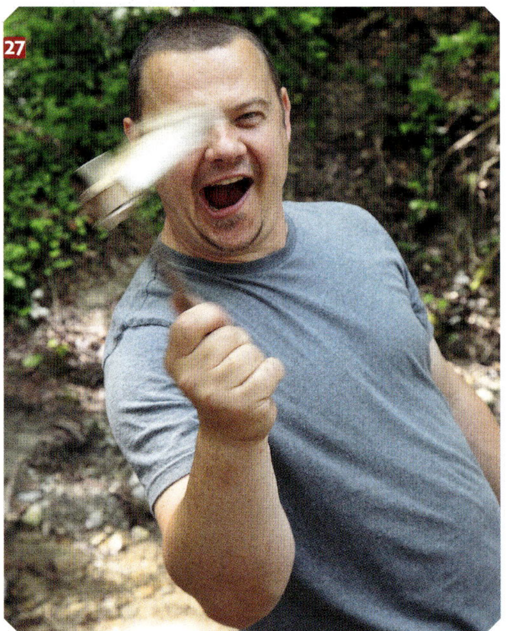

Bohre danach mit der Ahle in beide Teile das Loch für die Achse 22. Ich vergrößere jeweils diese Vorbohrung mit der Holzsäge auf ca. 10 mm 23 (siehe Tipp 2 Seite 169). Überprüfe die Position der beiden Löcher immer wieder, indem du die beiden Rätschenkörperhälften zusammenhältst und ein Ästchen durchsteckst. Anschließend führe die Achse mit dem Zahnrad ein 24.

Fertige nun die Zunge aus einem gerade gewachsenen, fingerdicken Ästchen an. Die Länge des Ästchens entspricht der Distanz zwischen dem hinteren Anschlag und der Zahnradmitte 25. Spalte das Ästchen der Länge nach. Schnitze die Spaltfläche der einen Seite flach, sodass kein Mark mehr zu sehen ist. Die runde Seite schnitzt du ebenfalls flach, sodass ein etwa 3 mm dickes Brettchen entsteht.

Nun kannst du alle Teile zusammenfügen. Fixiere die Zunge mit Schnur 26 und teste aus, ob die Rätsche funktioniert.

Ich wünsche dir viel Spaß mit deiner selbst gebauten Knattermaschine 27!

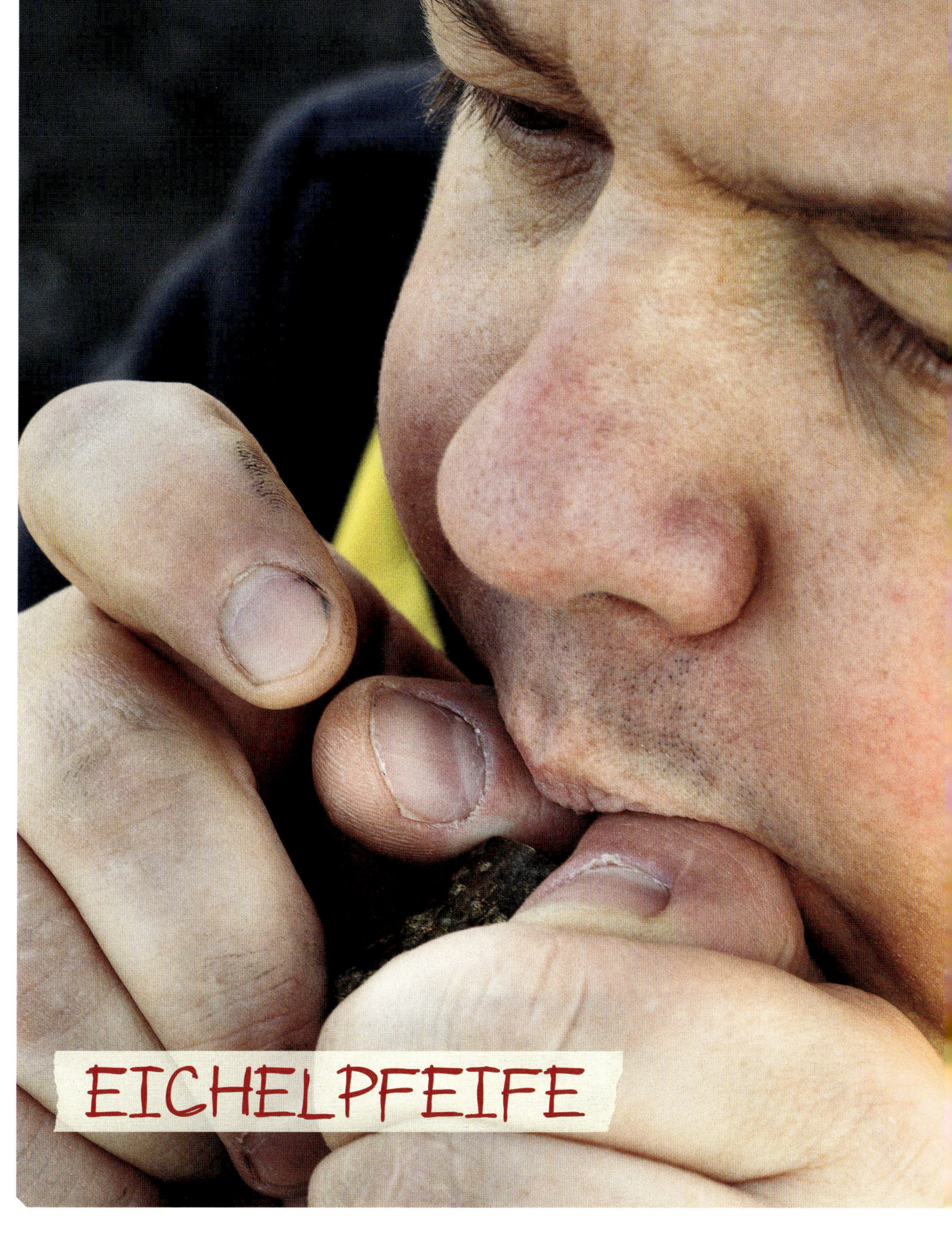
EICHELPFEIFE

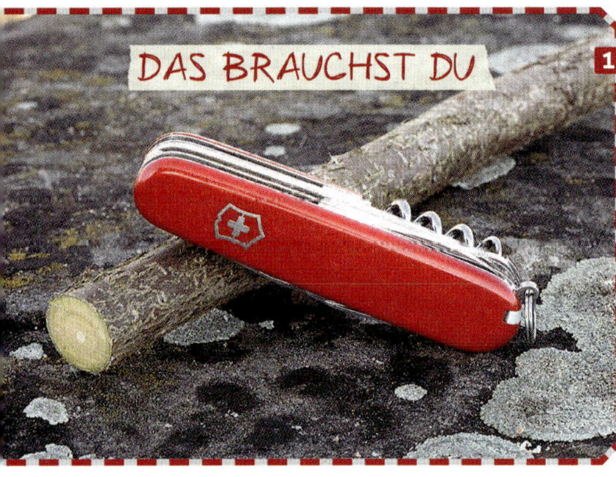

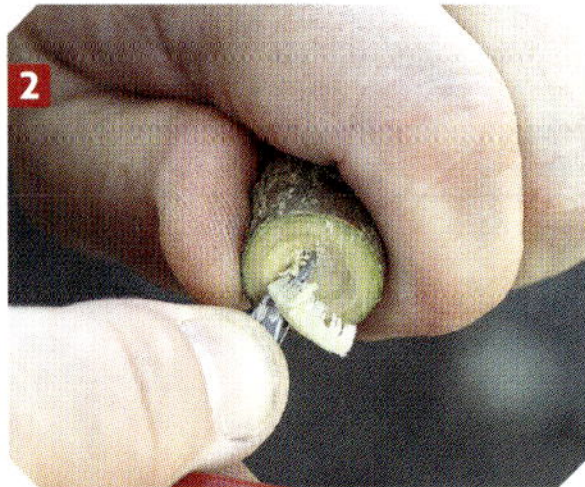

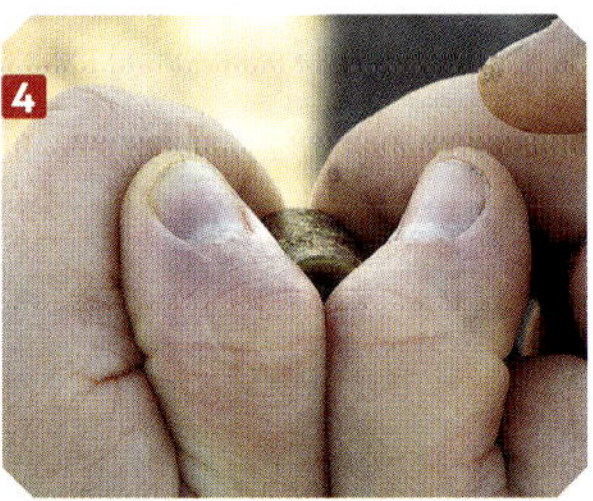

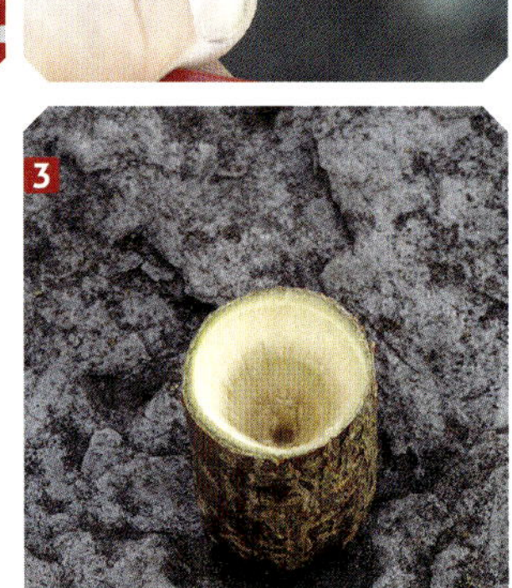

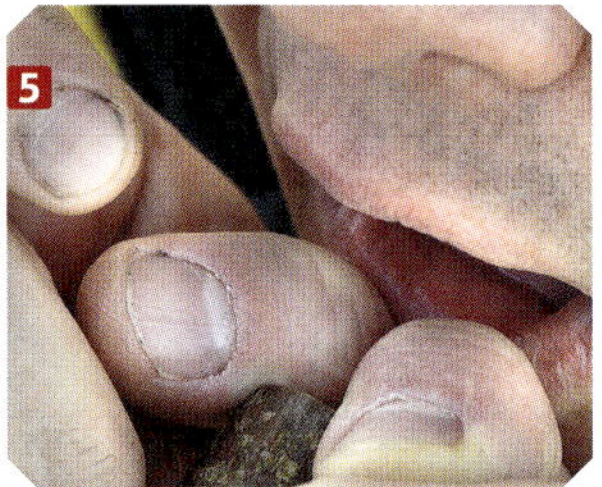

Ich erinnere mich an einen Trick, den ich bei den Pfadfindern gelernt habe: Mit einem Eichelhut und den beiden Daumen kann man einen superlauten Pfeifton generieren. Man kann das Eichelhütchen auch in der einen Faust richtig einbetten und dann zwischen zwei Fingern fest in die Faust blasen. Der gleiche Superlaut entsteht. Eine Kursteilnehmerin hat mir in einem meiner Schnitzkurse gezeigt, dass das Prinzip der Eichelpfeife auch mit einem selbst geschnitzten Holz-Hohlkörper funktioniert.

Alles, was man dazu braucht, ist ein etwa 1,5– 2 cm dicker Ast und ein Taschenmesser 1.

Schneide ein etwa 3 cm langes Aststück ab. Eine Seite daran sollte möglichst gerade abgeschnitten sein.

Bohre dann mit der Ahle eine vom Mark ausgehende, konusförmige Vertiefung in eine Stirnseite des Astes, sodass nur noch ein dünner Rand der Stirnfläche stehen bleibt 2. Schnitze das Finish mit der kleinen Klinge, weil du wegen des kleineren Schneidewinkels an der Klinge feiner arbeiten kannst 3. Die Feinschneidetechnik gegen den Daumen (Seite 167) ist für diese Anwendung eine gute Technik.

Jetzt kannst du schon die ersten Pfeif-Versuche starten. Die Blastechnik funktioniert so:

Halte das Aststück mit der geschnitzten Vertiefung zwischen beiden Zeigefingern und Daumen zu dir hin. Drücke die beiden Daumenrücken zusammen und bilde mit den oberen Daumengliedern ein »V« 4. Der untere Punkt des »V« liegt oberhalb des Mittelpunktes der Vertiefung. Deine Daumen bilden zusammen mit der geschnitzten Vertiefung einen Hohlraum mit einer kleinen V-förmigen Öffnung. Presse nun deine Unterlippe gegen die Daumenknöchel 5, hole tief Luft, lege die Oberlippe auf die abgewinkelten Daumenglieder und blase kräftig und direkt in die dreieckige Öffnung (siehe Bild Seite 149). Der Luftstrom verwirbelt im Hohlraum und erzeugt den Pfeifton.

Falls du keinen Pfeifton produzieren kannst, suche dir einen Eichelhut. Wenn du auch dort keinen Ton rausbringst, liegt es an deiner Pfeif-Technik. Wenn es dir mit einem Eichelhut gelingt, liegt es nicht an deiner Pfeif-Technik, sondern an deinem Loch im Aststück. Bearbeite dann das Loch nach. Da musst du möglicherweise ein wenig tüfteln.

Je größer der geschnitzte Hohlraum ist, desto tiefer wird der Ton der Pfeife. Eine solche Pfeife kann durchaus nützlich sein, wenn man auf sich aufmerksam machen oder wenn man ein Wildtier auf Distanz halten möchte. Letzteres habe ich bei der Katze des Nachbarn ausprobiert. Die Performance der Pfeife war sehr beeindruckend für Mensch und Tier.

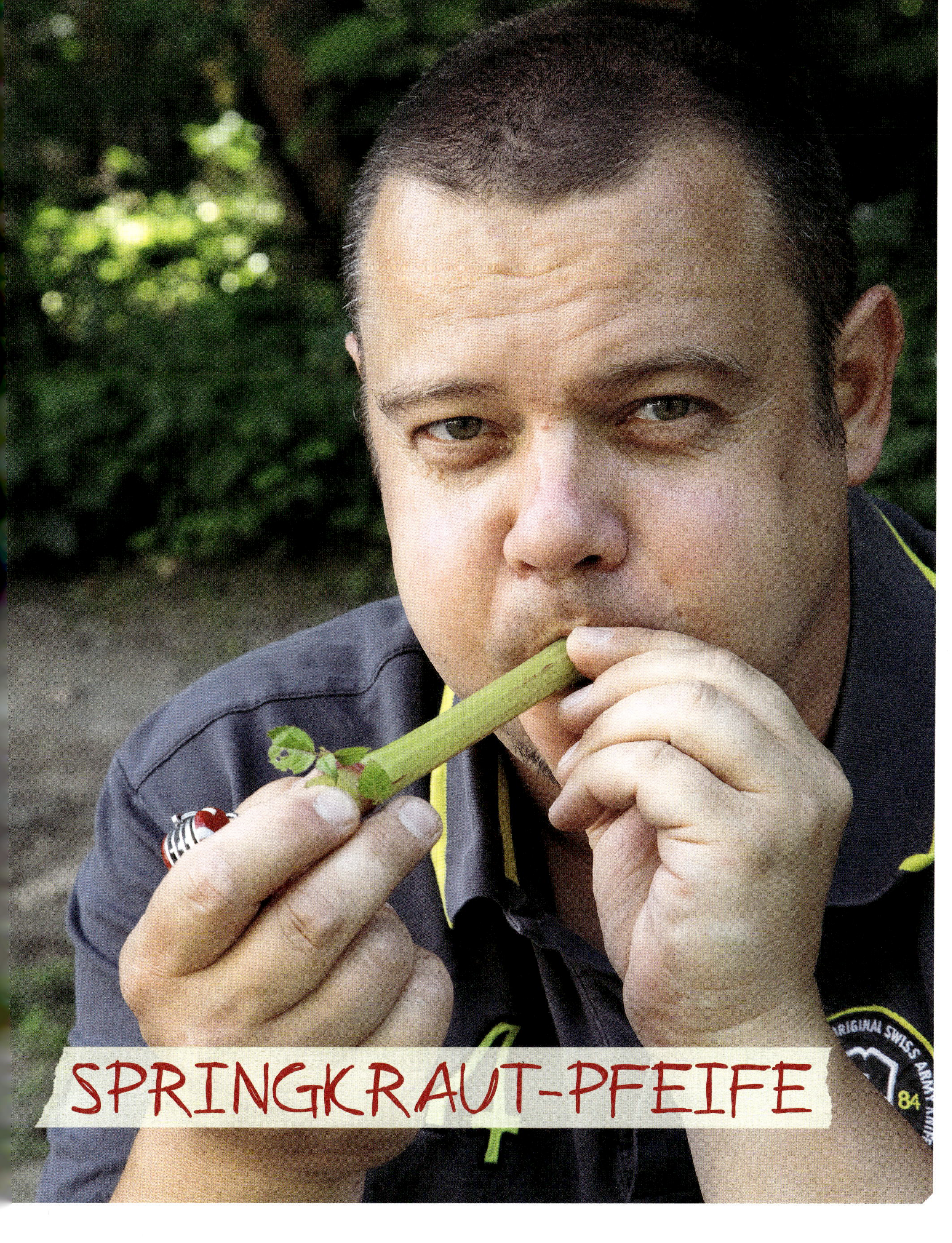

SPRINGKRAUT-PFEIFE

Eigentlich heißt dieses Projekt »Indisches-Springkraut-Pfeife«. Weil das aber so umständlich klingt, nenne ich sie nur »Springkraut-Pfeife«. Die Pfeife kann genauso gut auch aus Japanischem Knöterich hergestellt werden.

Das Funktionsprinzip dieser Pfeife ist das gleiche wie bei der bekannten Kerbel- oder Bärenklau-Pfeife. Weil der Kerbel aber ein Doldenblütler ist und ihm einige sehr giftige Pflanzen aus der Doldenblütlerfamilie zum Verwechseln ähnlich sehen, war es mir zu heikel, dieses Projekt mit Kerbel in diesem Buch zu zeigen.

Ich machte mich also auf die Suche nach einer Pflanze, die ungiftig und einfach zu bestimmen ist, einen hohlen Stiel hat und sich somit für dieses Projekt eignet. Ziemlich schnell fand ich das Indische Springkraut. Weil es an den Knotenpunkten nur selten einen luftdichten Zwischenboden bildet, muss man im Unterschied zur gleichen Pfeife mit Kerbel den Finger beim Spielen auf das Ende der Röhre halten, damit dort keine Luft ausströmt.

Diese Art von Pfeife habe ich übrigens erst kürzlich entdeckt. Ein Kursteilnehmer gab mir den Hinweis, dass er in der Kindheit solche Pfeifen geschnitzt hat. Er wusste aber nicht mehr genau, wie er das damals geschafft hatte. Urs Weber, ein guter Freund von mir, der mit mir einige Projekte aus diesem Buch mitentwickelt hat, kannte die Kerbel-Pfeife und konnte mir einige Tipps geben. Danke Urs!

Ich bin fasziniert von der Einfachheit dieses »30-Sekunden-Projektes« und auch vom kräftigen Ton dieser Pfeife.

Alles, was man für die Springkraut-Pfeife braucht, ist ein kräftiger Stängel des Indischen Springkrauts und ein Taschenmesser 1.

Der Stängel auf dem Bild ist eher klein. Zum Zeitpunkt dieser Aufnahme war es Sommer, und die Pflanzen waren noch wenig gewachsen. Im Herbst sind sie dann um einiges größer.

Suche ein unverletztes, kräftiges Rohrstück aus dem Stängel aus 2. Achte darauf, dass du es auf der einen Seite oberhalb und auf der anderen Seite unterhalb des Wachstumsknotens abtrennst 3. Das Mundstück bildet die offene Röhre, der Wachstumsknoten schließt das untere Ende der Pfeife ab. Wenn der Wachstumsknoten keinen luftdichten Zwischenboden bildet, musst du den Finger auf das Loch halten.

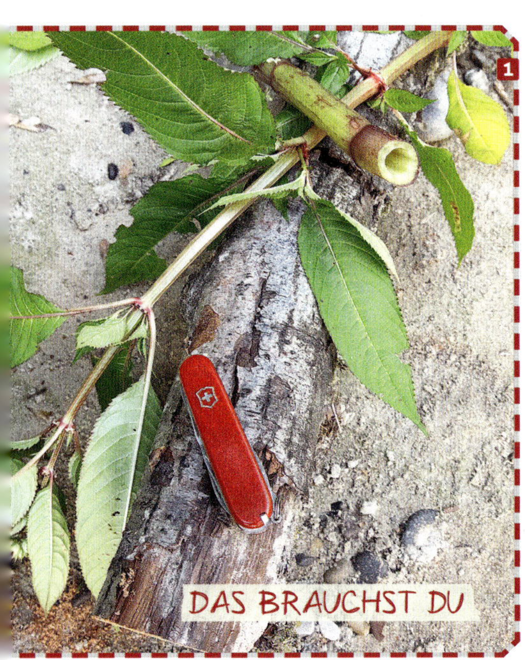

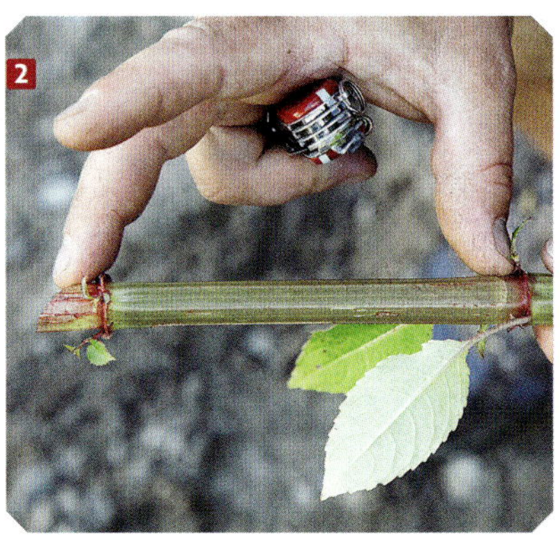

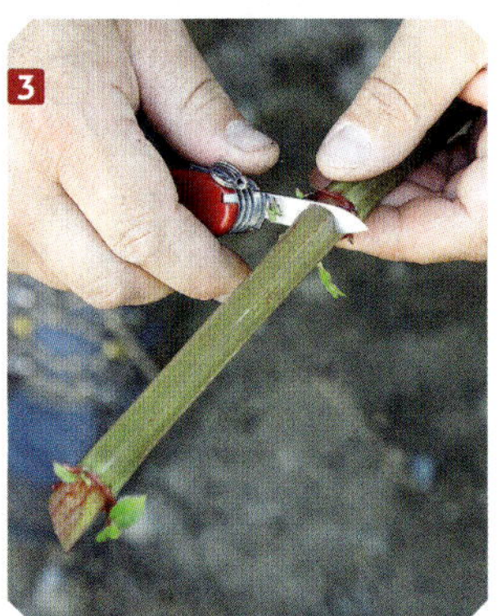

Schneide nun vorsichtig die Stimmritze der Länge nach ein 4. Die Taschenmesserklinge darf nur in den Hohlraum eindringen und nicht durch den ganzen Stängel schneiden. Schneide die Stimmritze am Anfang etwa 5 cm lang 5. Beachte dabei, dass die Stimmritze in der Mitte der Länge des Rohres geschnitten werden sollte.

Blase nun kräftig ins Rohr 6. Falls noch kein Ton zu hören ist, blase noch kräftiger ins Rohr. Falls immer noch kein Ton zu hören ist, kannst du das Rohr wenden und mal von der anderen Seite hinein blasen. Wenn du immer noch keinen Erfolg haben solltest, verlängere vorsichtig den Schnitt Zentimeter um Zentimeter und probiere die Pfeife nach jeder Schnittverlängerung erneut aus. Manchmal braucht man ein wenig Geduld, bis man den Stängel zum Pfeifen bringt. Je nach Größe des Rohres kann der Schnitt bis zu 10 cm lang werden.

Die Tonhöhe hängt vom Durchmesser und von der Länge des Rohres und von der Länge der Stimmritze ab. Die Springkraut-Pfeife funktioniert nur, solange der Stängel noch saftig und knackig ist.

Ich finde jeden Trick cool, der einer Pflanze einen Ton entlockt.
Viel Erfolg beim Ausprobieren der Springkraut-Pfeife!

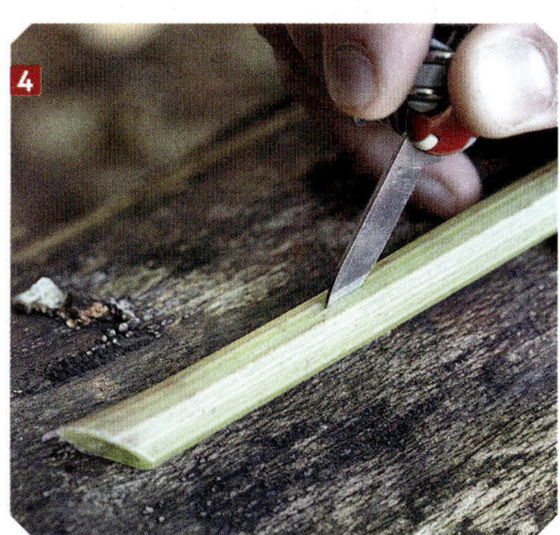
4

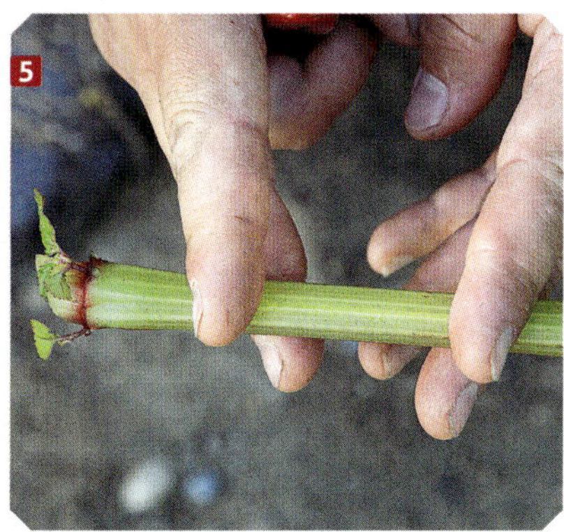
5

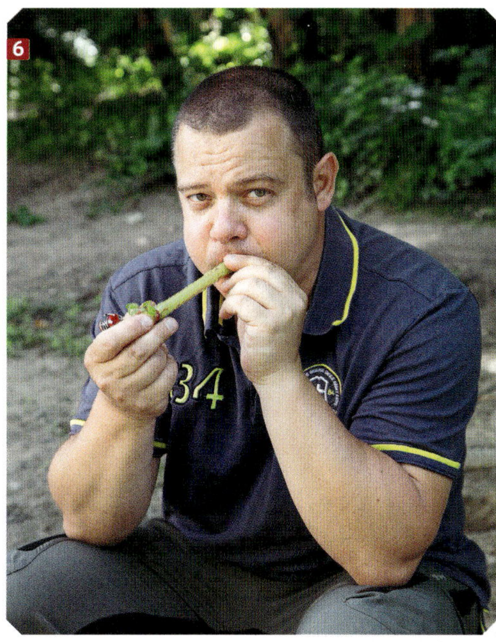
6

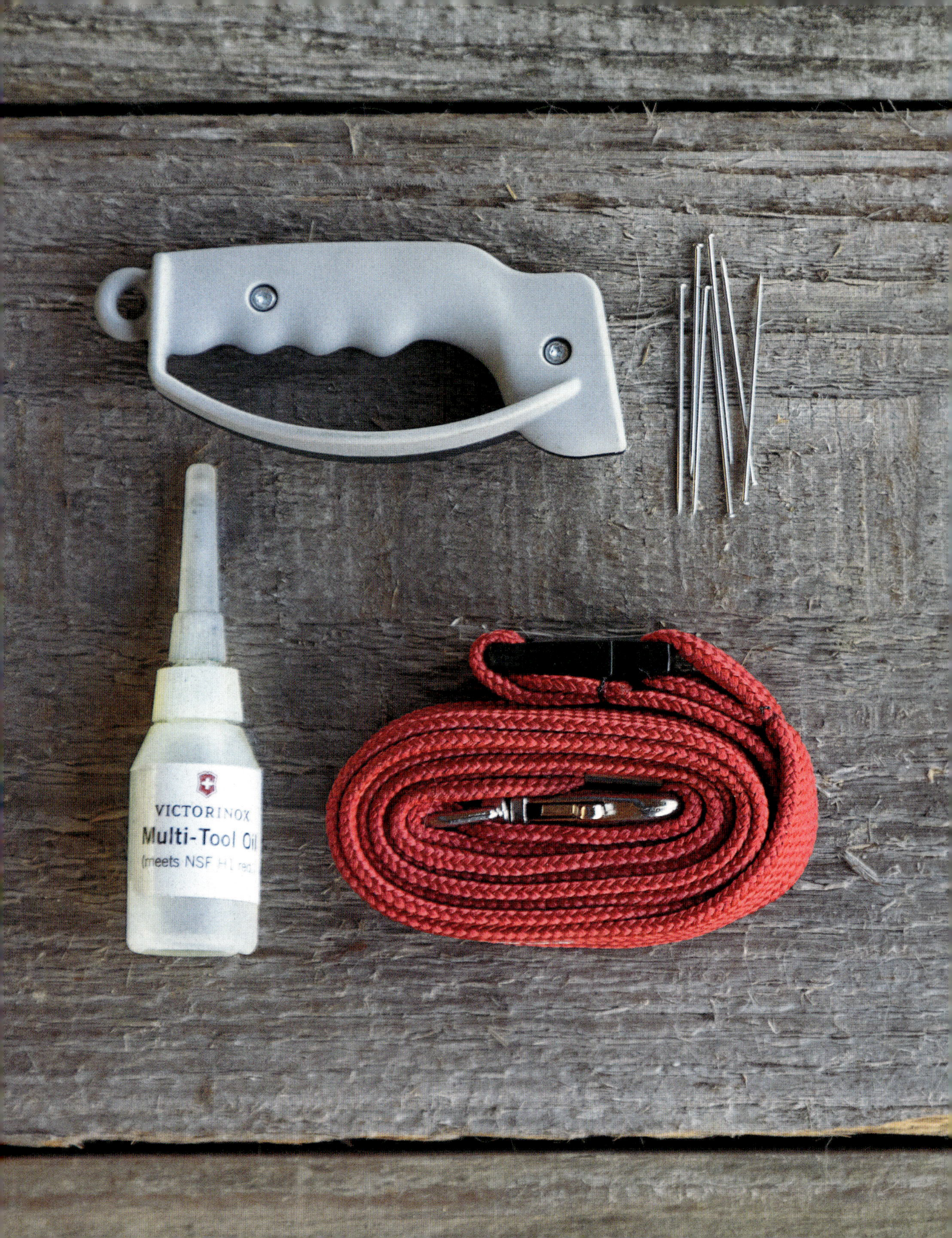
VICTORINOX
Multi-Tool Oil

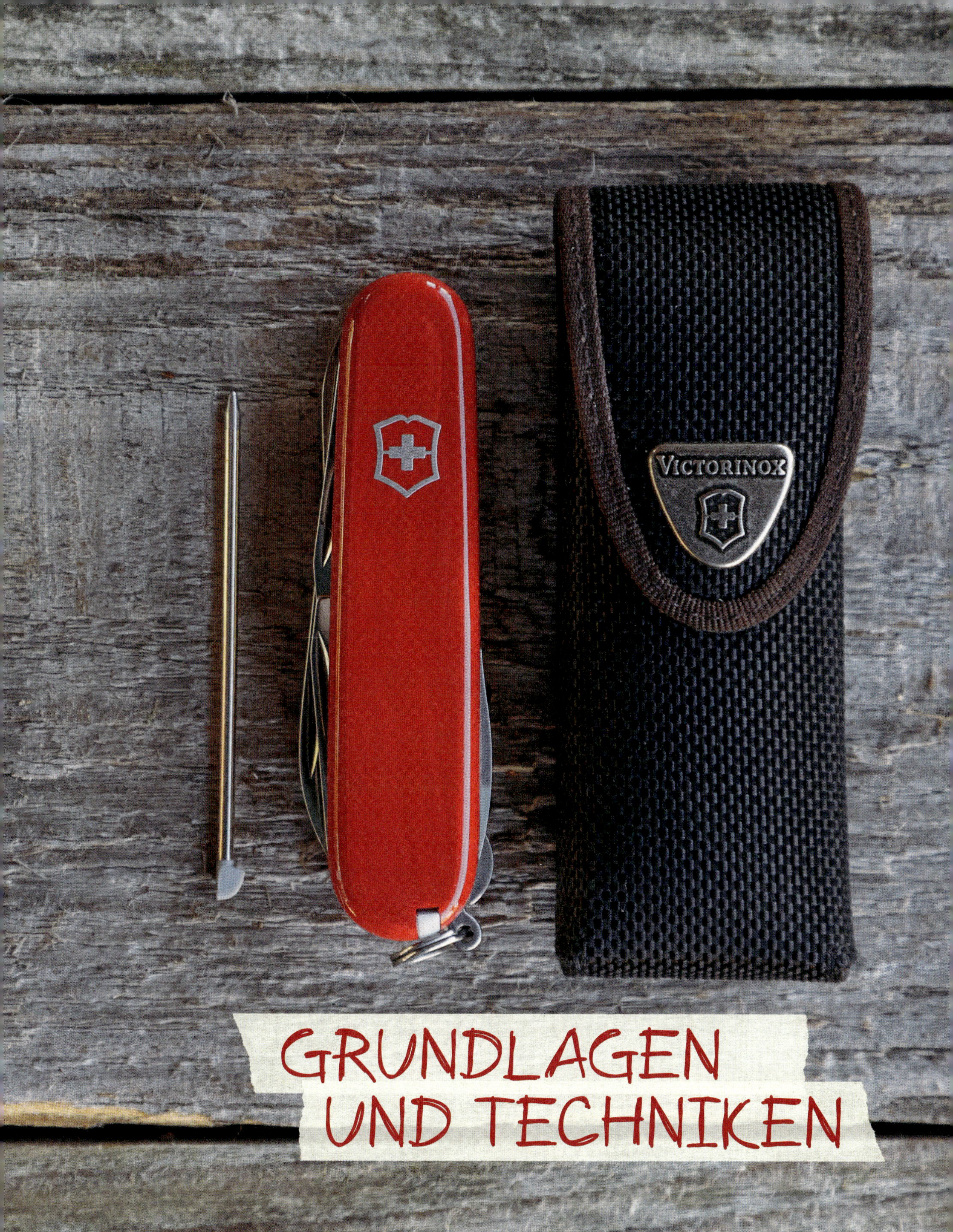

GRUNDLAGEN UND TECHNIKEN

Der sichere Umgang mit dem Taschenmesser

»Pass auf deine Finger auf!«
»Das ist gefährlich, lass mich sägen!«
»Gib mir das Messer, du hast zu wenig Kraft!«
»Achtung, so klappt die Ahle ein!«

So oder ähnlich hören sich die Appelle und Ermahnungen besorgter Betreuer an, wenn Kinder mit dem Taschenmesser werkeln. Wer erste Erfahrungen mit dem Schnitzen macht, wird sich bei aller Vorsicht und all unseren Sicherheitsregeln zum Trotz mit hoher Wahrscheinlichkeit einmal schneiden. Das lässt sich kaum vermeiden. Der Einstieg in die Schnitzerei mit dem Taschenmesser soll jedoch nicht von Unbehagen, Angst und Unsicherheit begleitet werden. Eine angstgeprägte Grundhaltung beeinflusst das Lernumfeld negativ und gibt sowohl dem Kind als auch der erwachsenen Person nicht die nötige Ruhe, die ein sicheres Arbeiten erfordert. Das Kind lernt von seinen Bezugspersonen vor allem, indem es deren Verhalten nachahmt. Das ist auch beim Umgang mit dem Taschenmesser so. Ängstliches, planloses Vorgehen überträgt sich ebenso auf das Kind wie eine ruhige, sichere Handhabung. Erwachsene, die selbst wenig oder keine Erfahrung mit dem Messer haben, können im Umgang mit Messern nur beschränkt eine gute Vorbildfunktion ausüben. Eltern, die ein Taschenmesser besitzen und damit lediglich eine Wurst einschneiden oder einen Bratspieß zuspitzen können, möchte ich ermutigen, die Techniken in diesem Buch zunächst für sich selbst zu üben und auszuprobieren. Wenn dann das Kind sieht, wie gekonnt man mit dem Messer umgeht, wird es auch selbst Lust bekommen, das Messer sachgerecht und sicher einzusetzen.

Wichtig ist, zuerst die Sicherheitsregeln mit dem Kind zu besprechen und ihm mit der Übergabe des Messers auch ein Stück Verantwortung zu übergeben. Es soll eine positive Lernatmosphäre herrschen. Und bald kann man sich von den Fortschritten, die das Kind macht, überraschen lassen

Sicherheitsregeln beim Schnitzen

Für das Schnitzen mit Kindern gibt es klare Regeln. Es kann durchaus sinnvoll sein, dass die Betreuungsperson die Regeln zusammen mit den Kindern erarbeitet und nicht einfach fix und fertig vorgibt. Oft wissen die Kinder von sich aus schon zwei, drei Regeln und können im gemeinsamen Gespräch für die Thematik sensibilisiert werden. Von den Kindern mitformulierte Regeln sind für sie einfacher einzuhalten, weil ihre eigenen Überlegungen und Überzeugungen mit eingeflossen sind. Der Wortlaut muss natürlich nicht mit dem Wortlaut dieser vorgegebenen Regeln übereinstimmen. Als anschauliche Hilfestellung, um mit den Kindern die Regeln spaßig erarbeiten zu können, habe ich in Zusammenarbeit mit Freunden den Comic »Die Schnitz-Kids« erstellt. Darin sind die Regeln kindgerecht illustriert und in eine lustige Kurzgeschichte verpackt. Auf der Internetseite www.feliximmler.ch kannst du den Comic kostenlos herunterladen und beliebig oft ausdrucken. Um zu verstehen, welche Überlegung hinter den einzelnen Regeln steckt, ist hier jeder der neun Merksätze mit einer Erläuterung versehen.

Ich schnitze immer mit einer scharfen Klinge.
Scharfe Messer können präziser geführt werden, sie greifen besser und es kann mit weniger Kraftaufwand gearbeitet werden. Stumpfe Messer bedeuten eine große Gefahr, da für den Schnitt Kraft aufgewendet werden muss und die Klinge leicht abrutscht. Damit die Schneide scharf bleibt, darfst du mit ihr nicht auf Stein, Metall oder Glas schneiden, denn das macht jede Klinge schnell stumpf. Stecke die Klinge deines Taschenmessers nie in den Boden, sie wird dann stumpf.

Wer schnitzt, der sitzt.
Schnitzen braucht deine ungeteilte Aufmerksamkeit. Wenn du aufstehst, klappe das Messer ein. Wenn du beim Gehen ausrutschst oder stolperst, hast du die Klinge nicht mehr unter Kontrolle und kannst dir so üble Stich- und Schnittverletzungen zufügen.

Ich halte ausreichend Abstand zu anderen Personen.
Um zu prüfen, ob du genügend Abstand zur nächsten Person hast, kannst du deinen Schnitzarm ausstrecken und vor dir einen Halbkreis in die Luft zeichnen. Wenn du niemanden berührst, hast du genug Platz. Bei größeren Kindergruppen empfiehlt es sich, dass man für die Schnitzenden einen abgegrenzten, geschützten Arbeitsbereich festlegt. Diejenigen, die nicht schnitzen, müssen darauf achten, dass sie diese Grenze nicht übertreten.

Ich führe die Messerklinge beim Schnitzen immer vom Körper und von der Hand, die das Holz hält, weg.
Schneide nie in Richtung Hand oder Körper, bevor du nicht sehr geschickt bist im Umgang mit dem Messer.

Es ist immer nur ein Werkzeug ausgeklappt.
Klappe die Messerwerkzeuge ein, die du gerade nicht benutzt. An diesen anderen Werkzeugen könntest du dich verletzen.

Ich packe mein Messer immer weg, wenn ich es nicht brauche.
Eine offene, herumliegende Messerklinge ist gefährlich, weil du dich oder eine andere Person sich daran verletzen kann.

Ich übergebe das Taschenmesser immer mit eingeklappter Klinge.
Es gibt Techniken, wie man ein feststehendes Messer gefahrlos überreichen kann. Taschenmesser sollten jedoch immer mit eingeklappter Klinge weitergereicht werden.

Ich ritze oder säge keine Bäume und andere Pflanzen an.
Die Rinde eines Baums ist nicht dazu da, dass wir ein Herz oder einen Namen hinein ritzen. Die Baumrinde ist der menschlichen Haut ähnlich und dient dem Baum als Schutz. Über die Bastschicht, die unter der Rinde liegt, werden zudem die vom Baum benötigten Nährstoffe transportiert.

Das Messer ist ein Werkzeug und keine Waffe.
Bedrohe oder verletze niemals einen anderen Menschen oder ein Tier mit dem Taschenmesser. Das Taschenmesser ist auch kein Wurfmesser.

Die korrekte Sitzhaltung beim Schnitzen

»Wer schnitzt, der sitzt!« Diese Grundregel sollte beim Schnitzen mit Kindern unbedingt beachtet werden. Auch Erwachsene tun für ihre Vorbildfunktion und zur eigenen Sicherheit gut daran, sich beim Schnitzen hinzusetzen. Lass dich also auf einer soliden Sitzgelegenheit nieder. Die Sitzfläche sollte bei Kindern nicht zu hoch sein, sodass sie die Füße etwa schulterbreit auf dem Boden absetzen können. Für Kinder ist eine Sitzhöhe von 20 bis 30 cm perfekt.

Man sollte vor den gespreizten Beinen 1 oder seitlich der Beine 2 schnitzen. Seitlich zu arbeiten, bedingt, dass genügend Abstand zur nächsten Person vorhanden ist. Halte das Werkstück so kurz wie möglich und stütze den Unterarm der ruhenden Hand oberhalb des Knies ab. Das gibt beim Halten des Werkstücks mehr Stabilität. Die Hand, die das Holz festhält, befindet sich immer hinter dem Messer – auf gar keinen Fall davor. Die Schnitzbewegung erfolgt Richtung Boden. Der Auslauf des Messers muss ins Leere gehen. Schnitze nie gegen die Oberschenkel in deinen Schoß, im Innenschenkel verlaufen Blutbahnen, die sehr viel Blut transportieren. Der Schnitzbereich liegt vor den Knien!

Wenn keine Sitzgelegenheit vorhanden ist, ist es auch möglich, kniend zu schnitzen 3, 4. Um auf feuchtem oder dreckigem Untergrund bequemer zu knien, ist eine Unterlage von Vorteil. Achte auch bei dieser Haltung darauf, dass du nie gegen den Oberschenkel schnitzt und halte genügend Abstand zur nächsten Person oder zum nächsten Hindernis.

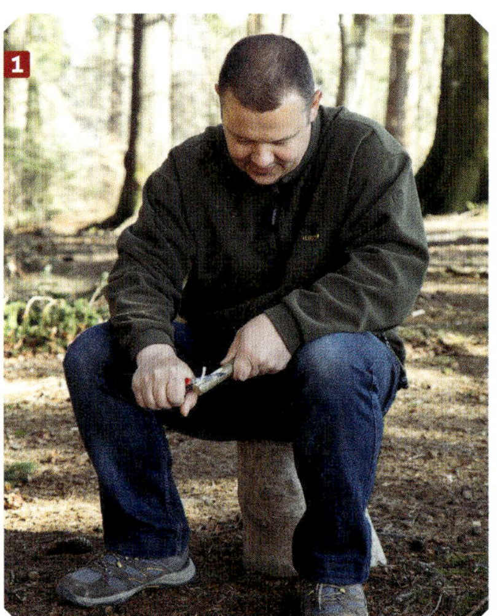
1

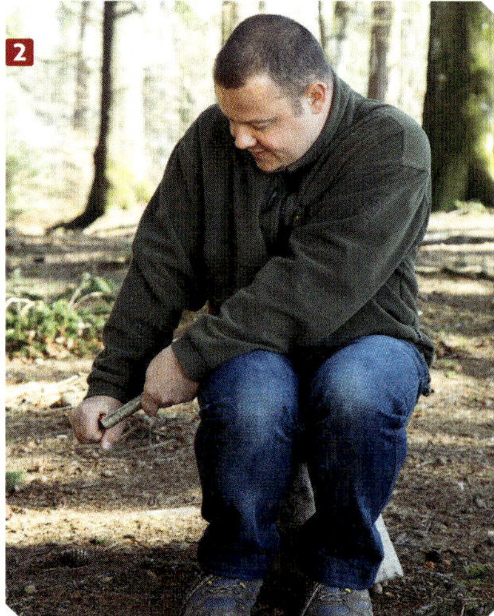
2

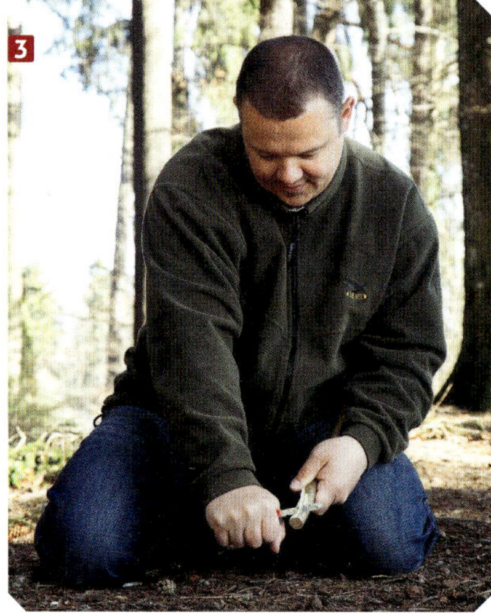
3

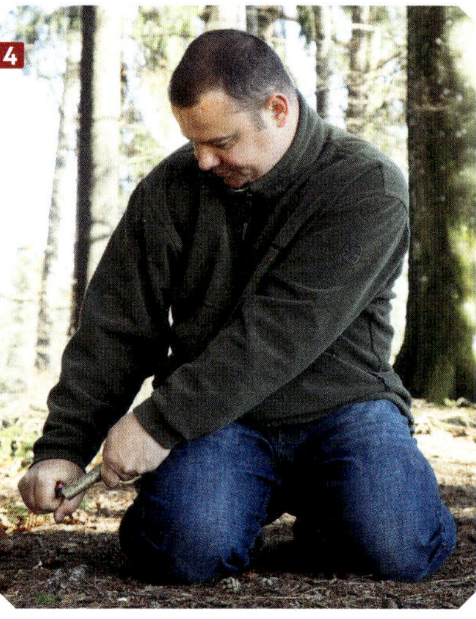
4

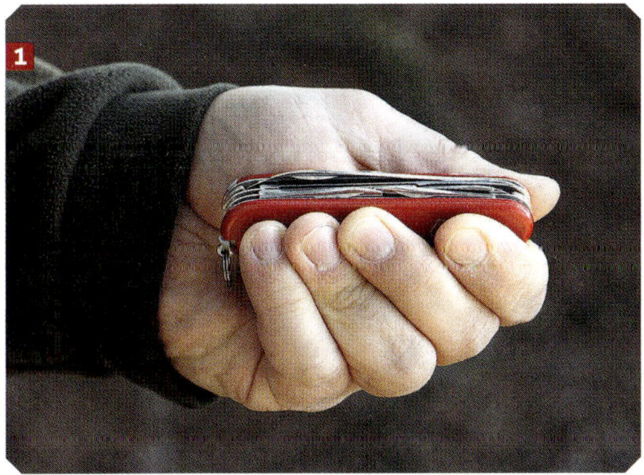

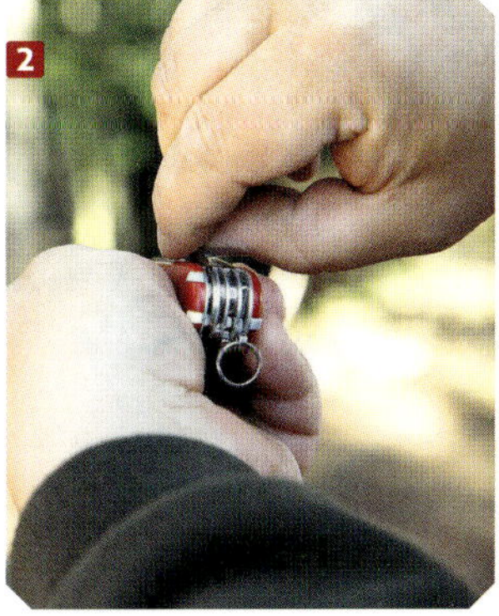

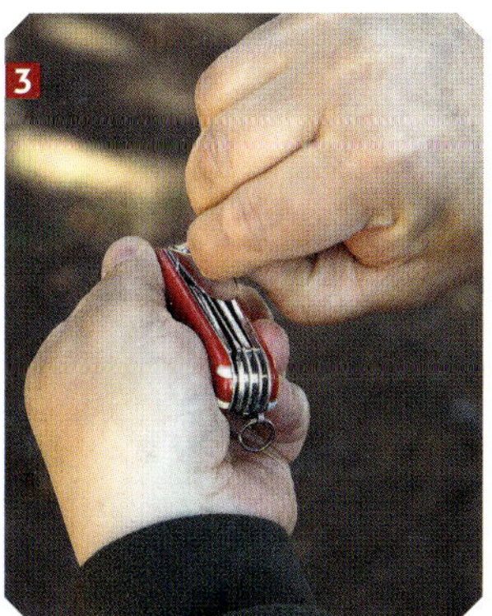

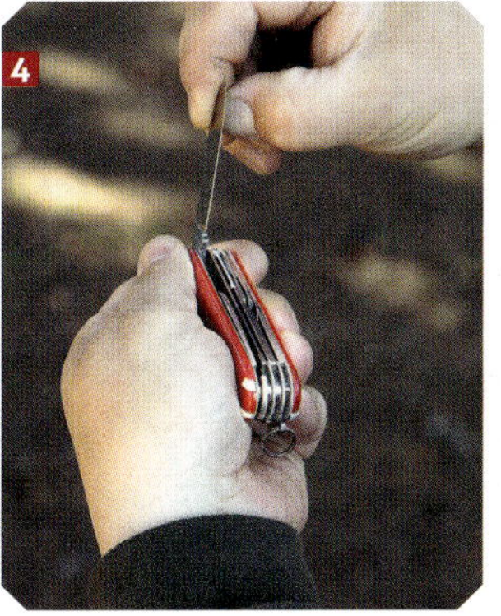

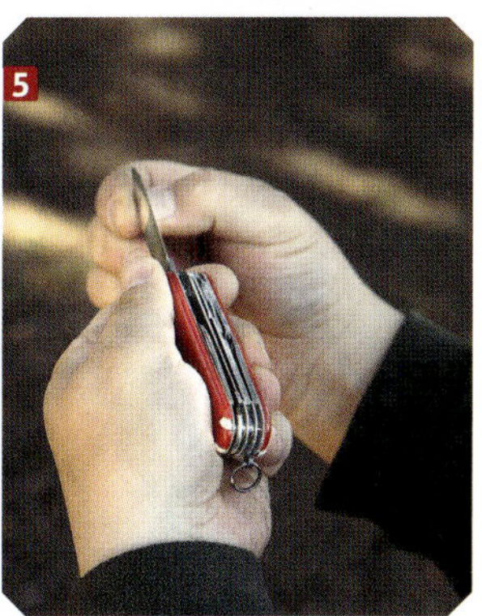

Das Auf- und Einklappen der Werkzeuge

Aufklappen: Es gibt viele Möglichkeiten, eine Taschenmesserklinge auf- und einzuklappen. Ein geübter Taschenmesserbenutzer tut dies automatisch, ohne hinzuschauen und ohne sich des Bewegungsablaufs bewusst zu sein. Grundsätzlich ist es wichtig, dass beim Öffnen und Schließen der Messerkörper so stabil wie möglich in der Hand gehalten wird. Kinder mit wenig Schnitzerfahrung brauchen beim Öffnen und Schließen immer eine visuelle Kontrolle. Darum empfiehlt es sich, Kinder, die das Schnitzen von Grund auf lernen, mit folgenden Auf- und Einklappmethoden vertraut zu machen:

Die Hand, die das Messer hält, fixiert es zwischen den vier Fingerkuppen auf der einen Seite und dem Daumen und dem Handballen auf der anderen Seite 1. Und zwar so herum, dass die Klinge in geöffnetem Zustand vom Körper weg gerichtet ist. Um die Klinge aufzuklappen, lege den Daumennagel der anderen Hand in den Nagelhieb und klemme die Klinge mit dem Zeigefinger auf der anderen Seite des Nagelhiebs fest 2. Nun kannst du die Klinge in einem Halbkreis herausziehen 3, 4. Das Messer ist dann vollständig geöffnet, wenn die Klinge mit einem hör- und spürbaren Klicken in der offenen Position einrastet 5.

Diese Methode gilt für alle Werkzeuge, die mit einem Nagelhieb versehen sind. Bei der Holzsäge steht die abgerundete Sägespitze etwas vor, sodass sich die Säge mit dem Daumennagel öffnen lässt.

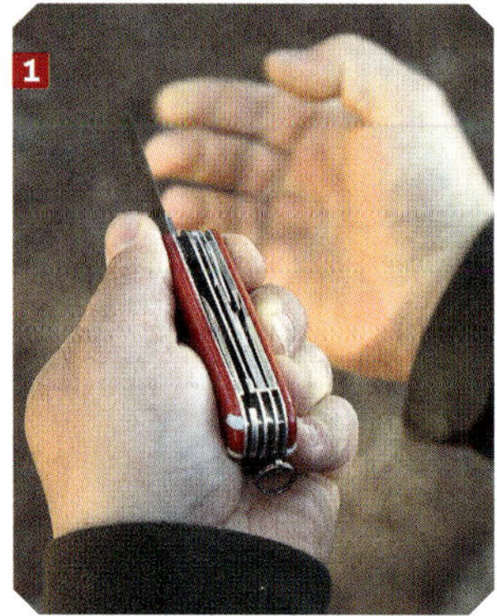

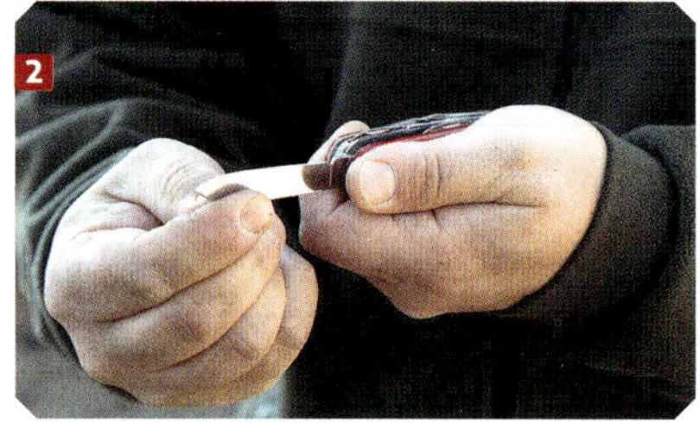

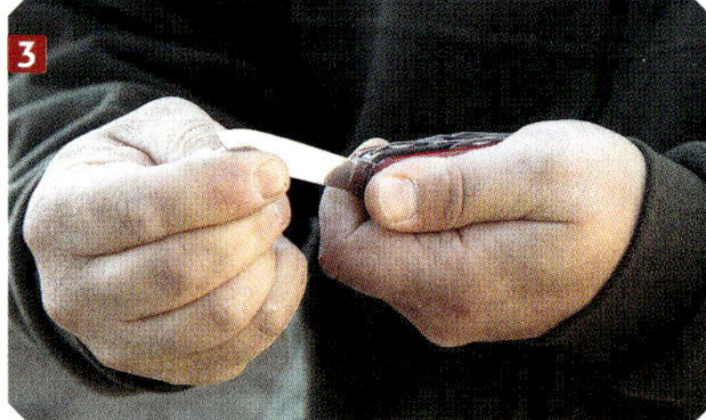

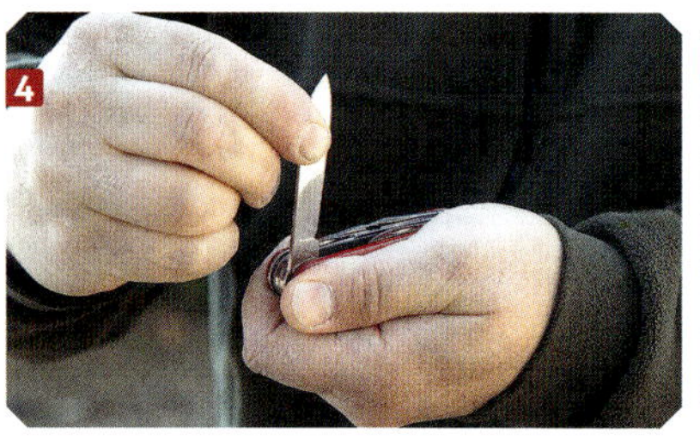

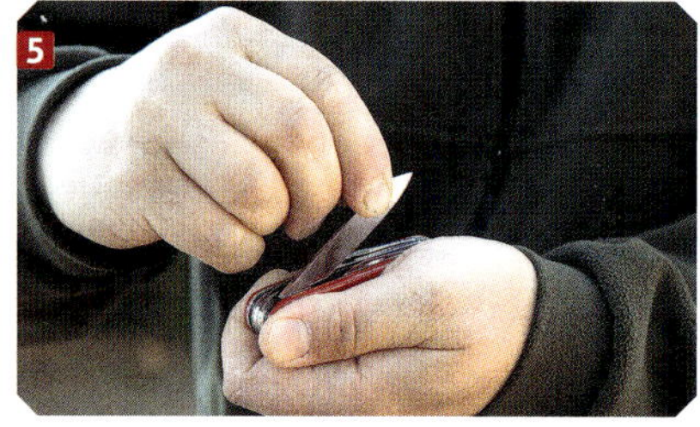

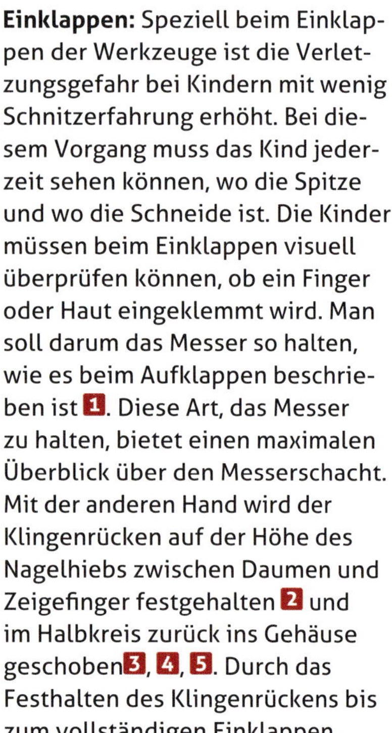

Einklappen: Speziell beim Einklappen der Werkzeuge ist die Verletzungsgefahr bei Kindern mit wenig Schnitzerfahrung erhöht. Bei diesem Vorgang muss das Kind jederzeit sehen können, wo die Spitze und wo die Schneide ist. Die Kinder müssen beim Einklappen visuell überprüfen können, ob ein Finger oder Haut eingeklemmt wird. Man soll darum das Messer so halten, wie es beim Aufklappen beschrieben ist 1. Diese Art, das Messer zu halten, bietet einen maximalen Überblick über den Messerschacht. Mit der anderen Hand wird der Klingenrücken auf der Höhe des Nagelhiebs zwischen Daumen und Zeigefinger festgehalten 2 und im Halbkreis zurück ins Gehäuse geschoben 3, 4, 5. Durch das Festhalten des Klingenrückens bis zum vollständigen Einklappen hat das Kind die Klingenbewegung unter Kontrolle und es sieht jederzeit, wo die Klingenspitze ist.

Bei Kindern, die noch wenig Kraft in der Hand haben, passiert es nicht selten, dass der Messerkörper beim Einklappen aus der Hand gleitet 6. Für diese Kinder empfehle ich folgende Schließ-Technik: Suche einen erhöhten Absatz mit einer Fläche, z. B. ein Baumstrunk, einen Tisch, eine Sitzbank oder einen flachen Stein. Lege den Messerkörper so auf die Fläche, dass die Klinge über die Kante vorsteht und die Schneide nach unten zeigt. Halte mit der einen Hand den Messerkörper fest. Presse mit der anderen Hand die Klinge auf der Höhe des Nagelhiebes zwischen Daumen und Zeigefinger zusammen und klappe die Schneide um circa 90° nach unten 7. Danach kannst du den Messerkörper in die Hand nehmen, die Klinge wieder zwischen Daumen und Zeigefinger klemmen und die Klinge zurück in den Messerschacht führen.

Bei sauberen und geölten Taschenmessern sollten die Werkzeuge leicht auf- und zuklappen. Sobald eingetrockneter Saft vom Schneiden einer Frucht, Harz oder andere Verunreinigungen den Klappmechanismus im Messerkörper verkleben, kann es passieren, dass man seine Messerklingen kaum mehr aufbringt. Man sollte also deshalb sein Taschenmesser pflegen wie im Abschnitt »Das Reinigen des Messers« auf Seite 172 beschrieben.

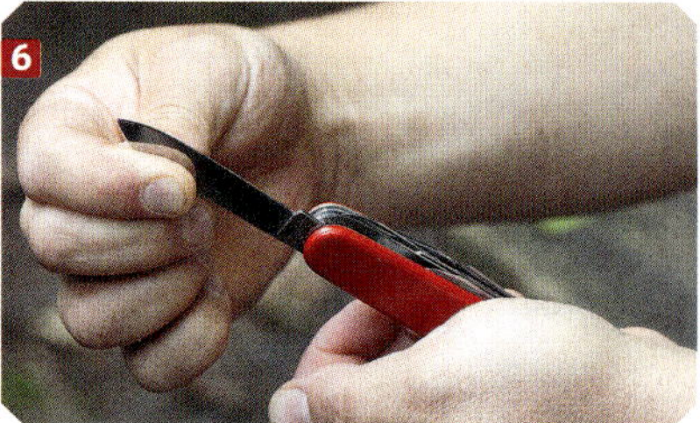

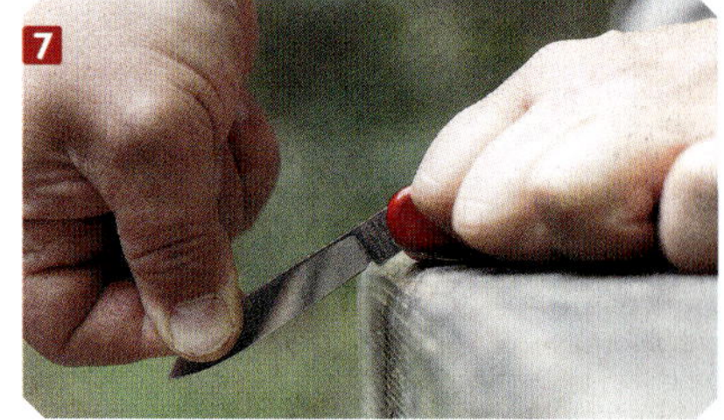

Der Faustgriff

Damit man die Kraft vom Arm auf die Schneidekante des Messers optimal übertragen kann, muss das Messer fest in der Hand sitzen. Viele Kinder, mit denen ich bisher gearbeitet habe, nehmen das Messer zu zaghaft in die Hand und halten es nur lose in der Faust. Um effizient und sicher schnitzen zu können, ist jedoch ein kräftiges, aber nicht krampfhaftes Anpacken des Griffes notwendig. Man soll das Messer auch nicht zu weit hinten am Griff halten, denn dadurch verliert man an Schnittkraft. Wenn nur noch ein kleines Stück der Griffschalen oben aus der Faust herausschaut, hält man das Messer korrekt 1, 2.

Der Faustgriff ist der Grundgriff beim Arbeiten mit Taschenmesserklingen. Um mehr Gefühl für die Schnittbewegung zu bekommen und für eine größere Hebelkraft legen manche Leute ihren Daumen auf den Messerrücken 3, 4. Diese Technik ist nicht falsch. Nur muss dabei beachtet werden, dass die Klinge einklappen kann, wenn der Daumen zu viel Druck auf den Messerrücken ausübt. Ich bevorzuge es, wenn Kinder, die mit dem Schnitzen beginnen, das Messer in der Faust halten, ohne den Finger auf den Messerrücken zu legen. Probiere aus, was dir besser liegt.

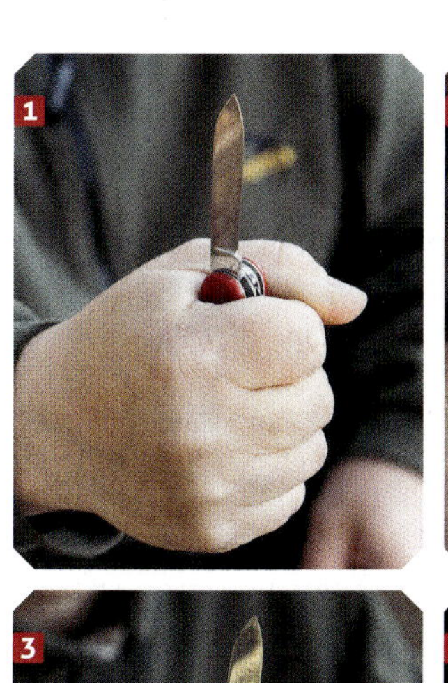
1

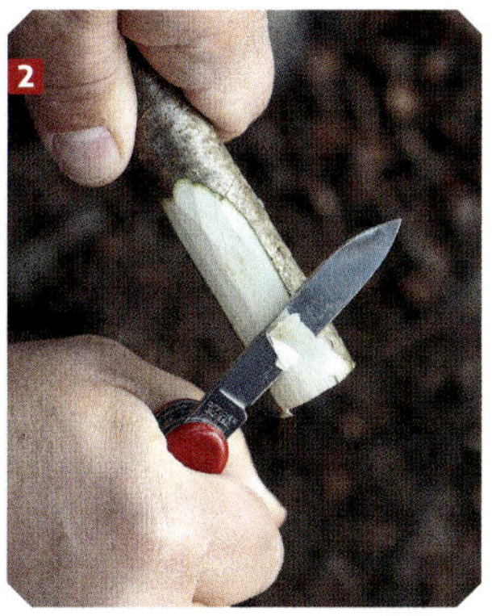
2

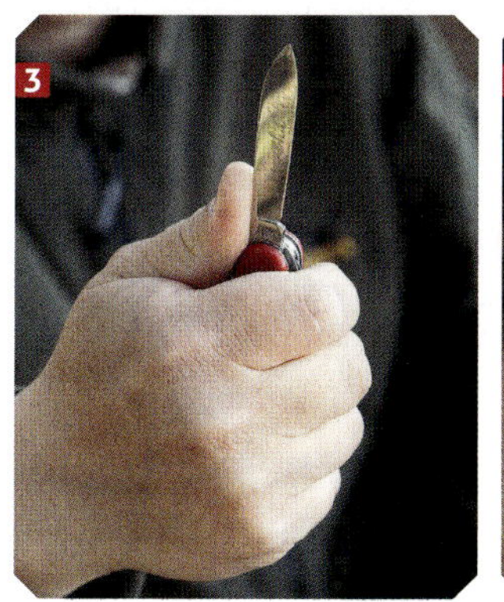
3

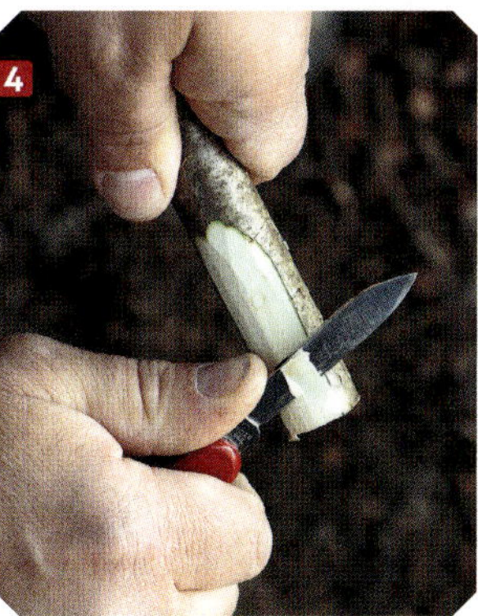
4

Die wichtigsten Taschenmesserwerkzeuge beim Arbeiten mit Holz

Im folgenden Kapitel werde ich die wichtigsten Taschenmesser-Werkzeuge und die dazugehörigen Techniken beim Werken mit Holz vorstellen. Natürlich ist z. B. der Grobschnitt nicht zwingend mit der großen Klinge auszuführen. Man kann auch mit der kleinen Klinge einen Grobschnitt machen. Genauso lässt sich auch mit der großen Klinge die Feinschneidetechnik durchführen. Aber im Normalfall passt die Regel »Grobschnitt mit der großen Klinge und Feinschnitt mit der kleinen Klinge« ganz gut.

Große Klinge, kleine Klinge, Holzsäge und Ahle sind für mich die unverzichtbaren Werkzeuge beim Werken mit Holz. Für die in diesem Buch vorgestellten Projekte habe ich hauptsächlich diese vier Werkzeuge verwendet. Weitere Funktionen wie Schere, Nadel, Kugelschreiber oder Pinzette erweisen sich immer wieder mal als nützlich und hilfreich, aber sie sind nicht unverzichtbar, um die Projekte in diesem Buch zu meistern.

Schnitztechniken mit der großen Klinge

Der Grobschnitt

Der Grobschnitt ist eine oft angewendete, grundlegende Schnitztechnik, mit der ein Anfänger beginnen sollte. Mit dem Grobschnitt kann man eine Fläche oder eine Spitze schnitzen. Die Messerklinge wird dabei mit Kraft nach vorne gedrückt und gleichzeitig seitlich vom Ricasso (dem nicht geschliffenen Teil der Klinge) bis zur Messerspitze durch die abzutragende Stelle gezogen, bis das Messer wieder aus dem Werkstück austritt. Ich wende den Grobschnitt zur ersten groben Formgebung an oder wenn ich viel Material abzutragen habe. Die lange Schneidekante der großen Klinge kann große Späne produzieren. Beim Grobschnitt wird ein Maximum an Kraft auf die Schneidekante übertragen. Für feinere Arbeitsschritte eignet er sich deshalb nicht, weil sich die Schnittbewegung nicht gut dosieren oder stoppen lässt.

Effizient ist der Grobschnitt erst dann, wenn sich die Schneidekante während der Vorwärtsbewegung auch längs vom Ricasso bis zur Klingenspitze bewegt (ziehender Schnitt; siehe Kasten Seite 163).

Die Technik: Halte das Messer im Faustgriff. Setze die Klinge flach und so nahe wie möglich am Messergriff auf dem Werkstück an. Während der Stoßbewegung ziehe gleichzeitig die Klinge so durch das Werkstück, dass sie sich im Lauf der Bewegung vom Griff bis zur Spitze verschiebt 1, 2, 3, 4. Das Handgelenk bleibt steif.

Je steiler das Messer auf dem Werkstück angesetzt wird, umso tiefer geht der Schnitt ins Holz, was mehr Kraftaufwand bedeutet.

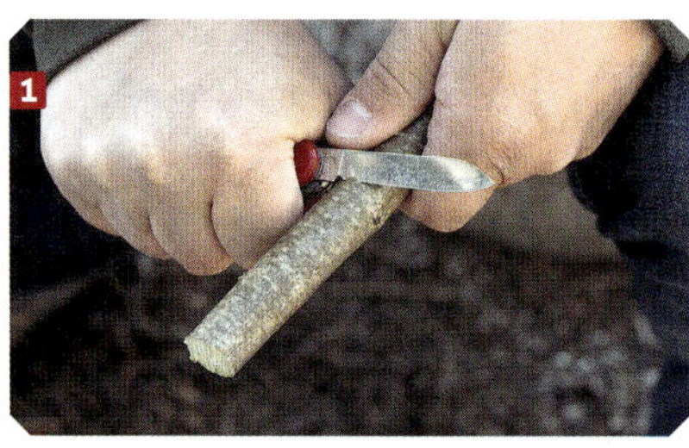

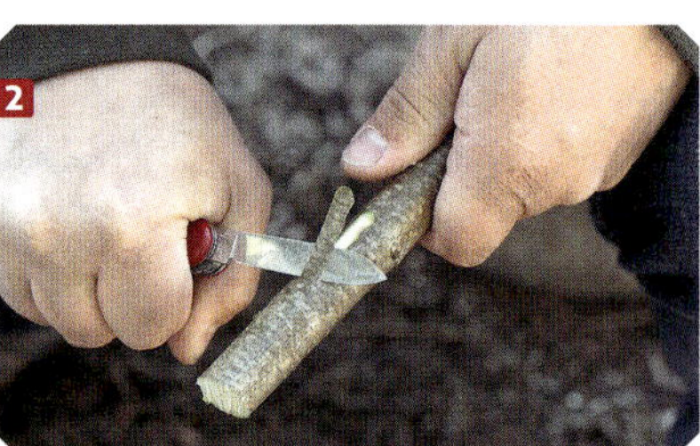

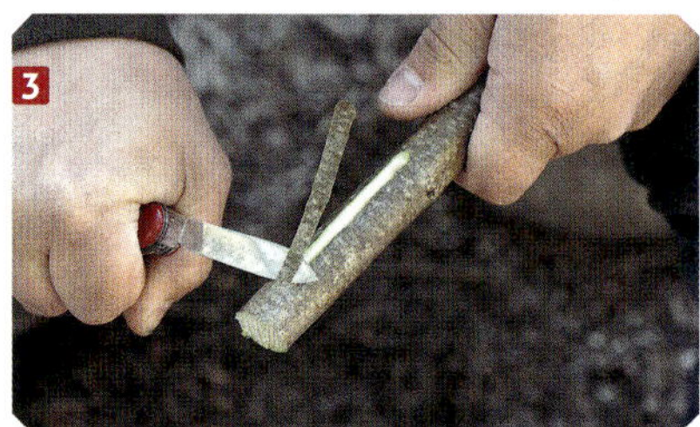

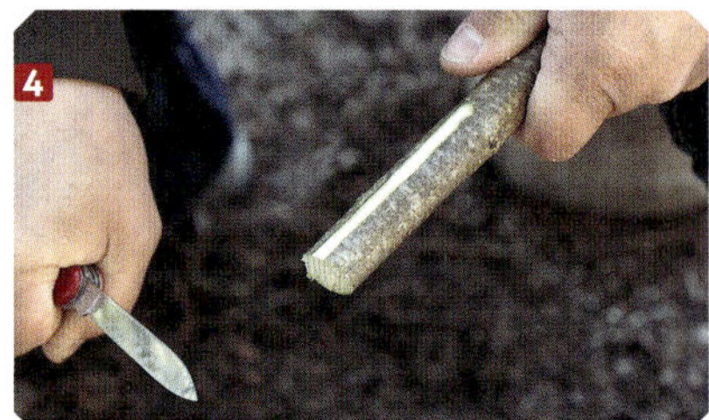

Der Kraftschnitt

Diese Technik ist eine sehr nützliche Technik. Ich wende sie an, wenn ich einen Stock durchtrennen möchte oder wenn ich mit kurzen Schnitten viel Material abtragen will. Dabei halte ich das Taschenmesser so, dass die Schneidekante in Richtung meines Handrückens schaut. Die Klinge ist leicht nach unten geneigt, damit sie ins Holz eindringen kann.

Die Technik: Kreuze die Klinge und das Werkstück vor deiner Brust, das Messer liegt beinahe flach auf dem Werkstück auf. Nun zieh Werkstück und Messer gleichzeitig gegeneinander 1, 2, 3, 4. Die Unterarme schieben sich den Brustkasten entlang nach außen und die Schulterblätter ziehen sich zusammen. Auch bei dieser Technik gleitet das Messer vom Griff zur Klingenspitze (ziehender Schnitt).

Diese Technik ist, richtig angewendet, völlig ungefährlich, weil die Messerklinge nach außen zeigt und weil man von sich weg schnitzt. Da man mit diesem Hebelgriff die großen Muskelpartien im Bereich der Schulterblätter einsetzt, liegt viel Kraft in den Schnitten.

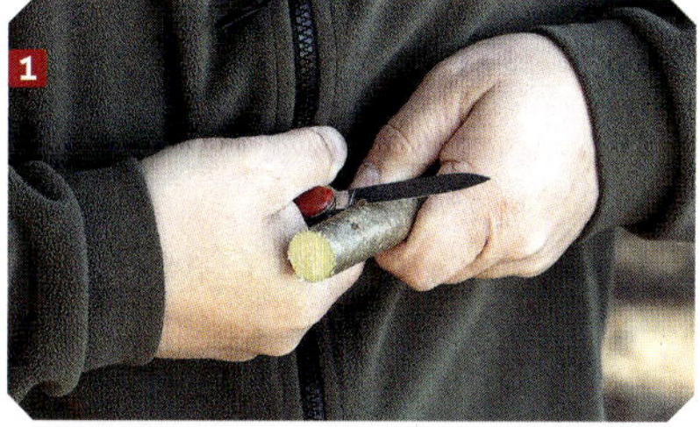

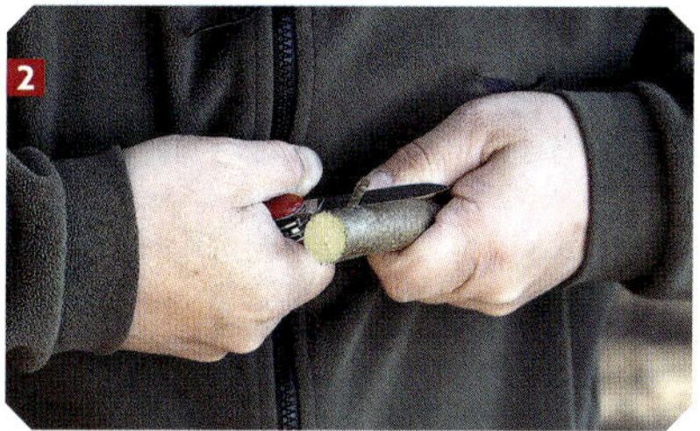

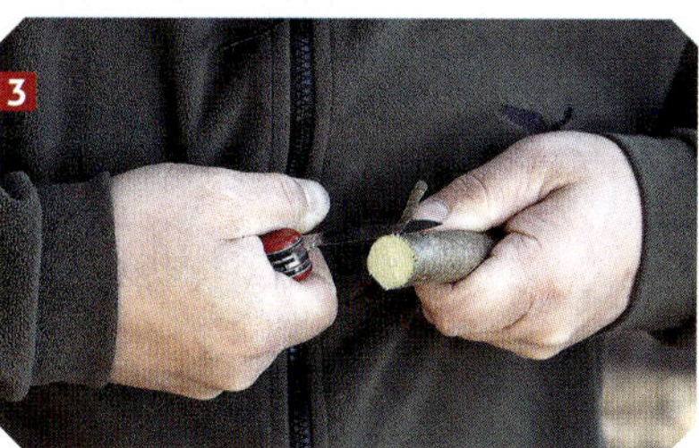

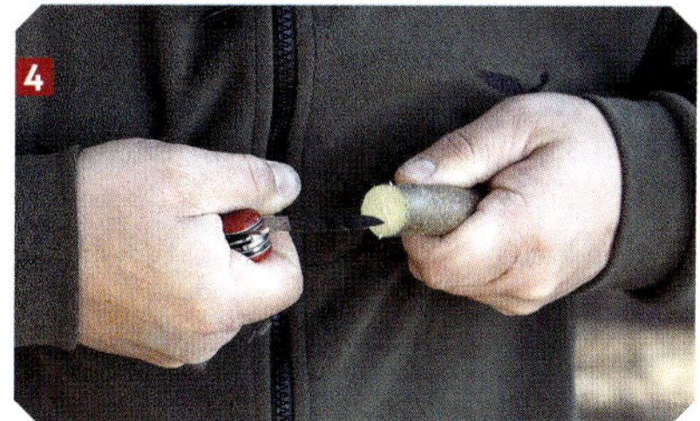

»Ziehender Schnitt«
Hast du schon einmal versucht, ein Brötchen zu teilen, indem du einfach die Klinge von oben durch die Mitte des Brötchens gedrückt hast? Wahrscheinlich nicht. Und wenn doch, dann hattest du danach ein zusammengedrücktes Fladenbrot vor dir. Die meisten Leute bewegen die Messerklinge beim Schneiden eines Brötchens intuitiv vor und zurück. So wird das Brötchen sauber geschnitten, ohne dass es gequetscht wird. Diese zusätzlich zum »drückenden Schnitt« ausgeführte Zieh- und Stoßbewegung ergibt den »ziehenden Schnitt«. Damit kann die Schneide leichter in das Schnittgut eindringen. Das ist auch auf das Schnitzen mit Holz übertragbar. Effizient ist ein Schnitt erst dann, wenn die Schneidekante während der Druckbewegung auch längs vom Ricasso bis zur Klingenspitze bewegt wird.

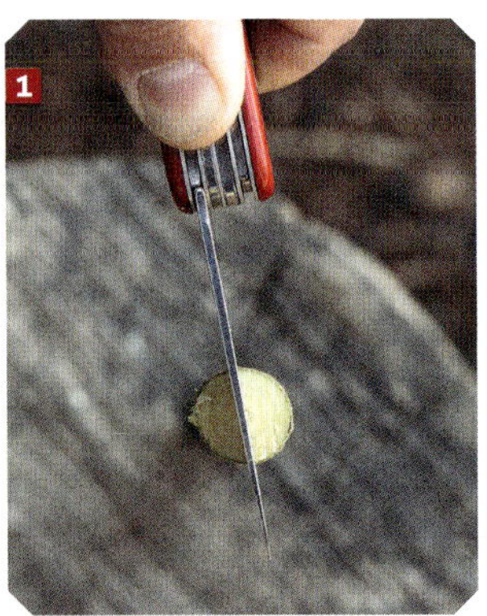

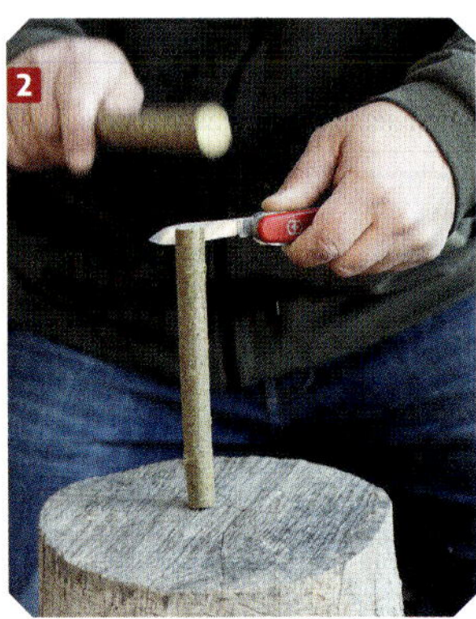

Spalten (Batoning)

Für manche Schnitzprojekte in diesem Buch muss man ein Stück Ast spalten, damit man zum benötigten Ausgangsmaterial kommt. »Batoning« ist der englische Fachbegriff für das Spalten von Holz mit einem Messer im Bushcraft-Jargon. Dabei wird das Messer auf der Stirnfläche eines Astes oder eines Stammes angesetzt und mit einem Schlagstock (Baton) ins Holz getrieben. Um Holz auf diese Weise zu spalten, eignen sich größere feststehende Messer mit durchgehendem Erl (durch den Griff gehende verlängerte Klinge – Full Tang Messer) wesentlich besser als Taschenmesser. Die enormen Kräfte, die bei dieser Technik auf das Messer wirken, sind speziell für Klappmesser höchst problematisch. Mit Victorinox-Taschenmessern kann man gut spaltbares Holz mit einem Durchmesser bis 2 cm direkt mit der großen Klinge spalten, ohne dass es Schaden nimmt. Die nötige Vorsicht und die richtige Technik vorausgesetzt.

Die Technik beim Spalten mit ausgeklappter Klinge:
Stelle den abgesägten Ast auf eine feste Unterlage (z. B. Baumstrunk). Setze die Klinge genau im Mark an **1**. Schlage nun mit einem Schlagstock vorsichtig auf den Klingenrücken, bis das Messer im Holz verschwindet **2**. Die Schläge treffen den Klingenrücken genau über dem zu spaltenden Holz. Durch gefühlvolles Verdrehen des Messers kannst du den Spaltvorgang unterstützen. Übertreibe es nicht mit dem Krafteinsatz.

Spalten mit selbst hergestellten Holzkeilen

Bei einigen Projekten in diesem Buch musst du ein Aststück spalten, das dicker ist als 2 cm. Verwende dazu geschnitzte Holzkeile. Dein Taschenmesser wird dir dankbar sein! Es ist einfacher, effizienter und messerschonender, mehrere kleine Keile zu schnitzen, als einen großen Keil herzustellen. Säge einfach einen ca. 2–3 cm dicken, gerade gewachsenen Ast auf die gewünschte Länge und schnitze ihn auf einer Seite keilförmig an.

Die Technik:
Klappe die Taschenmesserklinge nur 90° aus. Setze die Klinge im Mark oder an der gewünschten Stelle an **1** und schlage mit einem Schlagstock die Klinge vorsichtig ins Holz **2**, bis sie verschwunden ist. Die Schläge treffen den Klingenrücken genau über dem zu spaltenden Holz. So vermeidest du, dass Schlagkräfte die Achse oder die Feder beschädigen. Klappe die Klinge dann vollständig aus und ziehe sie vorsichtig wieder aus dem Holz **3**. In den entstandenen Spalt treibst du nun den schmalen Holzkeil ein **4**. Bei Werkstücken mit großen Durchmessern setze 1–2 weitere Keile an.

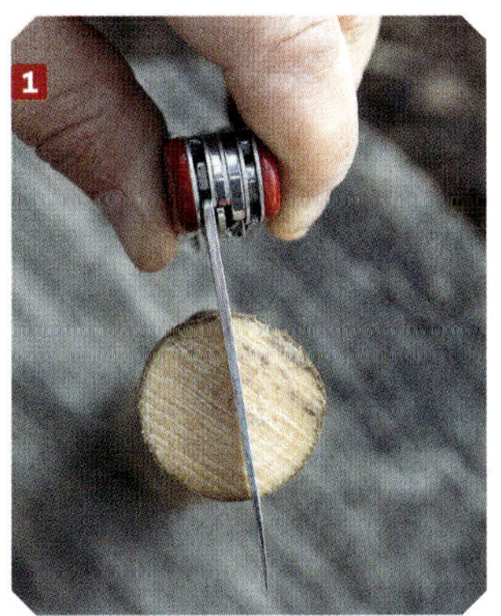

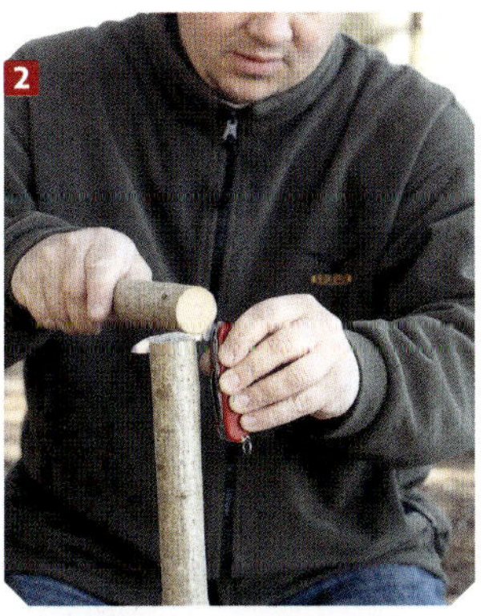

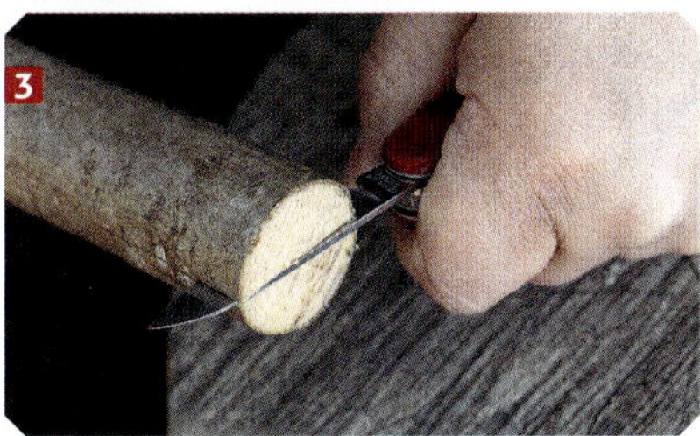

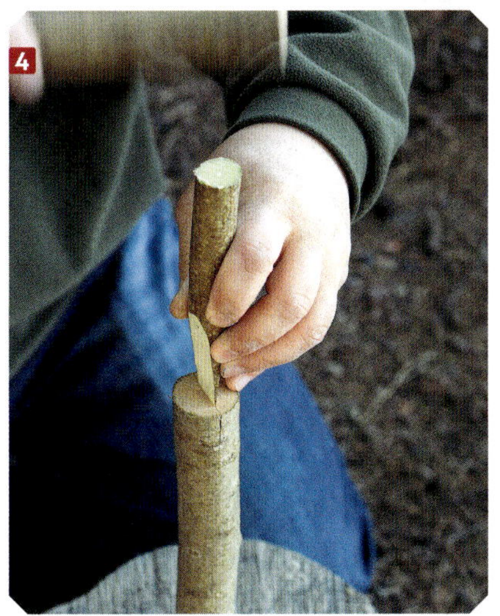

Schaben

Für das Schaben bevorzuge ich die große Messerklinge, weil die längere Schneidekante weniger schnell vom Werkstück abrutscht.

Stelle die Klinge im rechten Winkel auf die Werkstückoberfläche auf und bewege die Schneide auf dem Werkstück mit wenig Druck vor und zurück 1, 2. Diese Technik wende ich dann an, wenn ich eine Oberfläche glätten oder Rinde und Bast von einem Ast entfernen will. Da sich bei vorsichtigem Schaben nur kleine Späne lösen, eignet sich diese Technik auch bei Feinarbeiten, z. B. im Bogenbau. Um Rattermarken auf der Werkstückoberfläche zu verhindern, muss man die Stoßrichtung mehrmals wechseln. Beim Schaben kann es auch sinnvoll sein, das Werkstück auf eine feste Unterlage abzustützen.

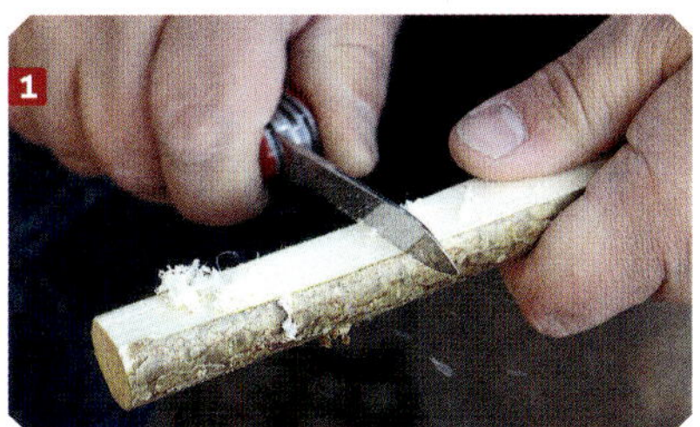

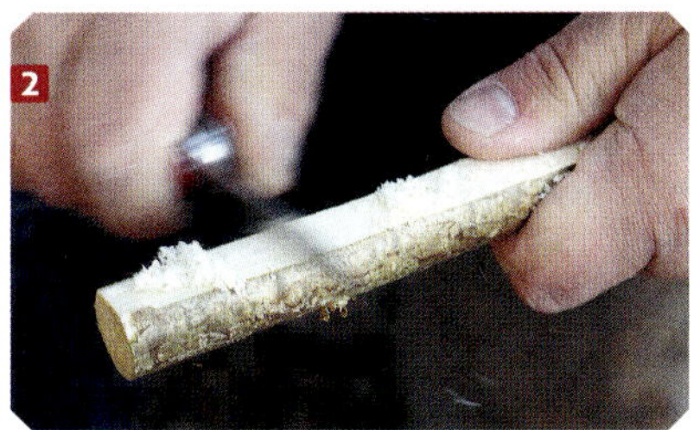

Schnitztechniken mit der kleinen Klinge

Die kleine Klinge wird oft unterschätzt. Dabei ist sie die eigentliche Schnitzklinge an einem Taschenmesser! Doch viele Leute benutzen sie gar nicht. Die Vorzüge der kleinen Klinge zeigen sich bei den Feinarbeiten. Dadurch, dass das Ricasso schmaler und die Schneide kürzer ist, ist die Kraftübertragung günstiger als bei der großen Klinge. Es wirken die kleineren Hebelkräfte, die das Handgelenk nach hinten drücken. Aus demselben Grund ist das Messer auch präziser führbar. Die kleine Klinge ist zudem weniger hoch, darum ist sie wendiger im Holz. Kurven lassen sich mit ihr deutlich besser schnitzen als mit der großen Klinge. Weil die kleine Klinge wesentlich dünner ist, hat sie auch weniger Widerstand beim Schnitzen. Eine kürzere Klinge bedeutet zudem eine verminderte Unfallgefahr, da ein kürzeres Stück Schneidekante kontrolliert werden muss. Klassische Schnitzmesser mit einer feststehenden Klinge sind aus diesen Gründen ebenfalls kurz.

Der Feinschnitt

Beim Feinschnitt ist die Schnitzhaltung genau dieselbe wie beim Grobschnitt. Das Handgelenk der Hand, die das Werkstück hält, ist auf dem Knie abgestützt. Schnitze immer vor den Knien und niemals im Schoß oder auf den Oberschenkeln 1. Halte beim Feinschnitt das Werkstück wenige Zentimeter hinter der Bearbeitungsstelle. Der Daumen der Hand, die das Werkstück hält, drückt auf den Klingenrücken 2. Das Messer dringt ohne Seitwärtsbewegung ein. Diese Technik ermöglicht ein sicheres und exaktes Führen der Klinge, man kann den Schnitt punktgenau stoppen. Der Feinschnitt eignet sich, um Kurven, Nuten oder Kerben zu schnitzen. Außerdem ist der Feinschnitt das Mittel der Wahl, wenn es um alle Arten von Rindenmuster geht oder wenn man etwas ins Holz schreiben möchte.

1

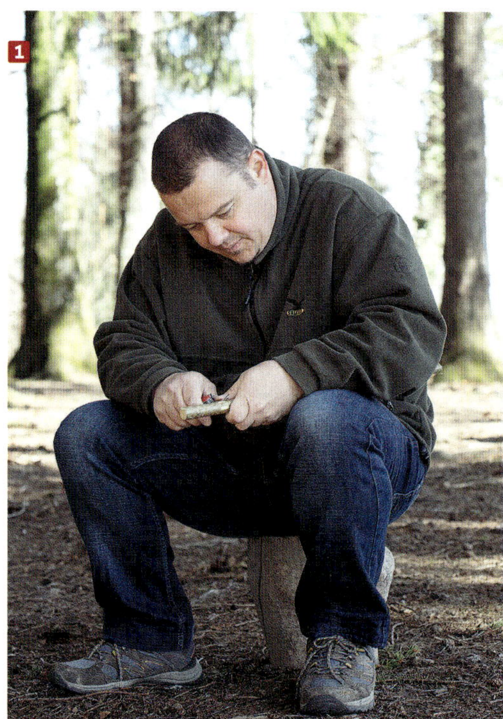

2

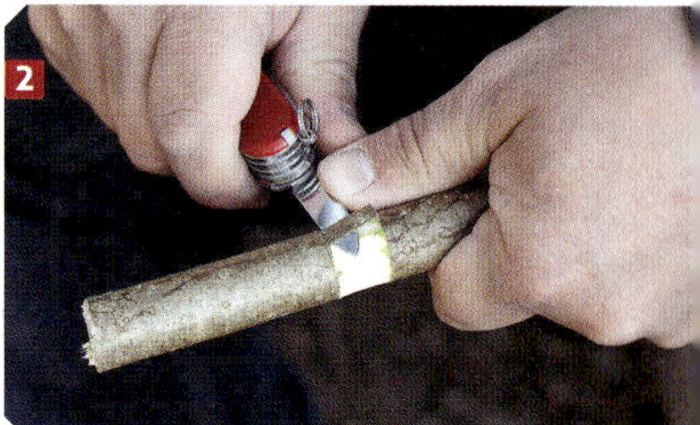

Feinschnitt gegen den Daumen

Diese Technik eignet sich für erfahrene Schnitzer. Ich wende sie zum Beispiel an, um eine scharfe Kante an einem abgeschnittenen Stock abzuschrägen (facettieren). Dabei ziehe ich die Schneide mit der Kraft des Daumens der Schnitzhand vorsichtig gegen mich 1. Es ist von Vorteil, wenn der Daumen unterhalb der Schneidestelle aufliegt. Damit stellt man sicher, dass man sich beim Durchbrechen oder Abgleiten des Messers nicht in die Daumenkuppe schneidet.

Schnitzen gegen den Körper

Nach allem, was du nun über die Grundtechniken des Schnitzens weißt, mag es dir absurd erscheinen, eine Schnitztechnik »gegen den Körper« kennenzulernen. Für geübte Schnitzer hat diese Methode durchaus ihren Nutzen. Entscheide selbst, inwieweit es sinnvoll ist, dein Kind damit vertraut zu machen.

Diese Technik setze ich ein, wenn das Werkstück beim Feinschnitt zu wenig Platz zum Festhalten lässt. Z. B. zur Nachbearbeitung des Stieles bei einer Gabel oder einem Löffel.

Stütze das Werkstück an der Brust ab 2. Als Schneidschutz und um den Druck des Werkstückes gegen den Brustkasten etwas zu verringern, kannst du starkes Leder oder eine andere Unterlage zwischen Brust und Werkstück klemmen. Da das Handgelenk starr gehalten wird, stoppt der Unterarm die Schnitzbewegung vor der Brust jedes Mal, wenn die Innenseite des Armes gegen den Brustkasten stößt. Mit dieser Technik können lange, feine Späne abgezogen werden 3.

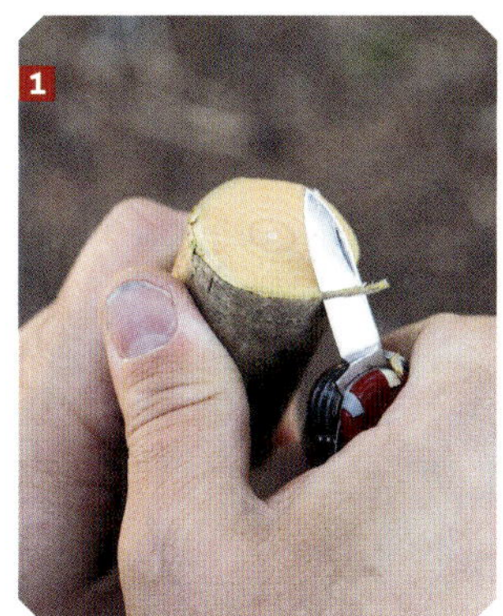
1

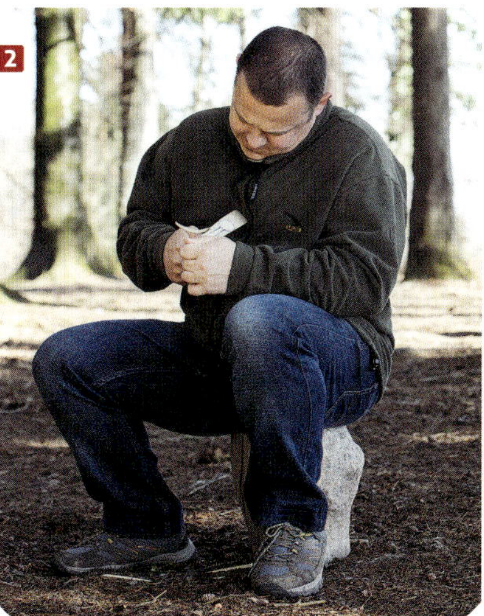
2

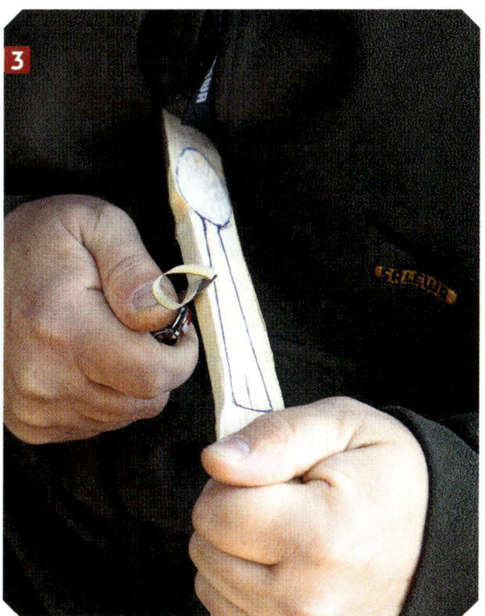
3

Techniken mit der Holzsäge

Die Holzsägen der Victorinox-Taschenmesser sind sehr scharf geschliffen. Wenn die Säge nicht in Gebrauch ist, sollte sie aus Sicherheitsgründen eingeklappt sein. Obwohl die Taschenmessersäge sowohl bei der Stoß- als auch bei der Zugbewegung sägt, empfiehlt es sich, den Akzent auf die Zugbewegung zu legen. Man sollte ohne übermäßigen Druck sägen und lieber die scharf geschliffenen Zähne für sich arbeiten lassen. Durch die grobe Zahnung ist die Säge eher für Nass- und Frischholz ausgelegt, sie sägt jedoch auch trockenes Holz problemlos. Der trapezförmige Querschnitt des Sägeblatts ermöglicht ein reibungsarmes Arbeiten, ohne dass das Sägeblatt verklemmt. Diese Sägen haben eine sehr lange Standzeit, das heißt, die Sägen bleiben lange scharf, sofern man wirklich nur Holz damit sägt. Verletzungen mit dem Sägeblatt sind oft besonders schmerzhaft und heilen nur langsam, weil durch die vielen Zacken an der Säge die Haut nicht sauber aufgeschnitten, sondern aufgerissen wird. Es entsteht eine »ausgefranste« Wunde.

Das Fixieren eines Werkstücks

Hilfsmittel zur Fixierung eines Werkstücks

Um Unfällen beim Sägen mit dem Taschenmesser vorzubeugen, sollte das Werkstück so fixiert sein, dass es sich beim Sägen nicht bewegt. Am sichersten ist diese Fixierung, wenn das Werkstück in einen Schraubstock eingespannt oder es mit einer Schraubzwinge an einer stabilen Unterlage befestigt ist. Ein Sägebock ist ebenfalls ein sicheres Hilfsmittel.

Fixierung ohne technische Hilfsmittel

Das Zauberwort für einen gelingenden Sägeschnitt heißt Stabilität. Nur wenn man das Werkstück stabil genug hält, wird es gelingen, es durchzusägen, ohne dass sich die Sägezähne in der eigenen Nut verklemmen.

Presse darum das Werkstück, wenn möglich, gegen eine feste Unterlage 1. Das kann ein großer, flacher Stein sein, eine kleine Mauer, eine Sitzbank, ein Baumstrunk oder ein dicker Ast, der am Boden liegt. Wenn du das Werkstück mit einem Fuß fixierst, kannst du mit deinem Körpergewicht einen hohen Pressdruck aufbauen und es besteht

1
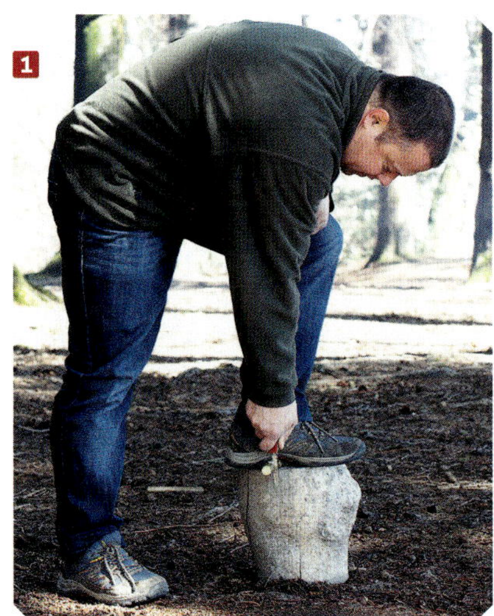

2
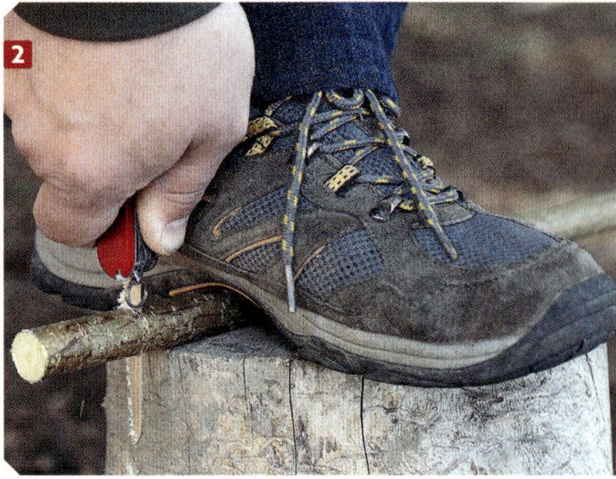

keine Gefahr, dass du dir in die Haltehand schneidest. Der Fuß ist durch den Schuh geschützt. Zudem hast du beide Hände frei. Säge in die Richtung, in die du das Holz klemmst. Säge also senkrecht nach unten, wenn du den Stock mit dem Fuß nach unten gegen eine Unterlage drückst **2**. Die Fixierung des Werkstücks mit dem Fuß ist meines Erachtens die sicherste Methode ohne technische Hilfsmittel.

Tipp 1: Ich verwende die Säge beim Bushcraften (Waldhandwerken) auch als eine Art Feile oder Raspel. Wenn ich eine kleine Fläche ausebnen möchte, stoße ich die Säge diagonal über die Fläche, genau wie eine Feile **3**.

Tipp 2: Ich verwende das Sägeblatt manchmal als Bohrer bzw. Lochvergrößerer. Dabei drehe ich die Säge vorsichtig in das mit der Ahle vorgebohrte Loch oder in das Mark eines Holunderastes **4**. So können Löcher von circa 1 cm Durchmesser hergestellt werden.

Tipp 3: Manchmal bin ich in der Situation, dass ich ein kleines Stämmlein oder einen Schößling abschneiden muss. Zum Beispiel einen Haseltrieb für einen Bratspieß oder einen Pfeil. Dabei kann ich den Ast nicht gegen eine Unterlage drücken. Ich säge also quasi in der Luft. Dünne Äste von einem Baum oder einem Strauch abzusägen, kann gefährlich sein, weil der Ast nicht fixiert werden kann und beim Sägen mitschwingt. Darum ist es empfehlenswert, statt zu sägen, den Ast mit der großen Messerklinge abzutrennen. Um einen Ast bis ca. 2 cm Durchmesser mit der Messerklinge abzuschneiden, wird er durch Biegen unter Spannung gehalten **5** und die Klinge wird auf der gespannten Seite flach in die Faser hineingedrückt **6**, **7**, **8**. Der Schnitt erfolgt nicht rechtwinklig durchs Holz wie beim Sägen, sondern schräg. Dadurch trennen sich die Fasern fast von alleine auf.

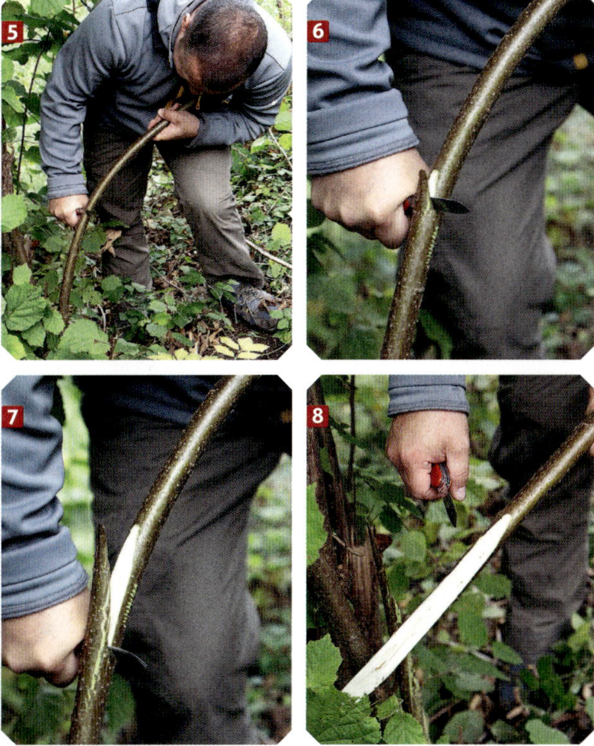

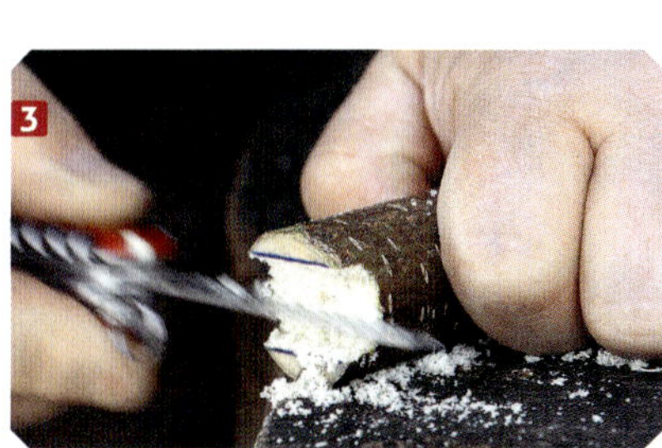

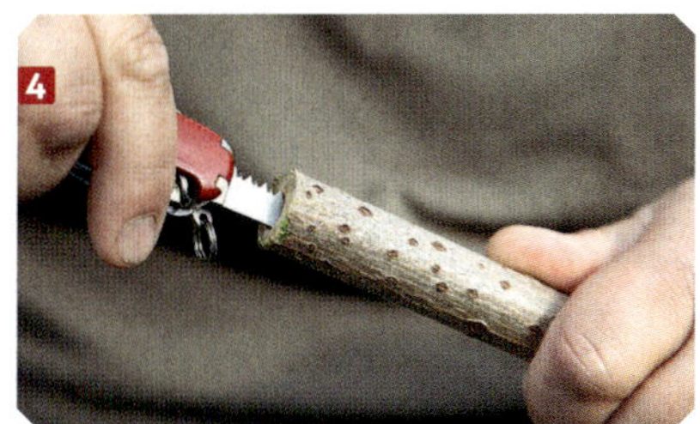

Stechen, Bohren und Nähen mit der Ahle

Die Ahle ist sehr vielseitig einsetzbar. Man kann mit ihr unter anderem bohren, stechen, auskratzen, Verstopfungen beheben, reinigen, vorbohren und sogar nähen. Ich habe die Ahle schon für unterschiedliche Werkstoffe verwendet, so etwa für Leder, Karton, Kunststoff, Speckstein, Aluminium und natürlich für Holz.
Die Ahle von Victorinox hat eine Schneidekante, die im Uhrzeigersinn schneidet. Sie schneidet sich ins Material, arbeitet also spanabhebend.

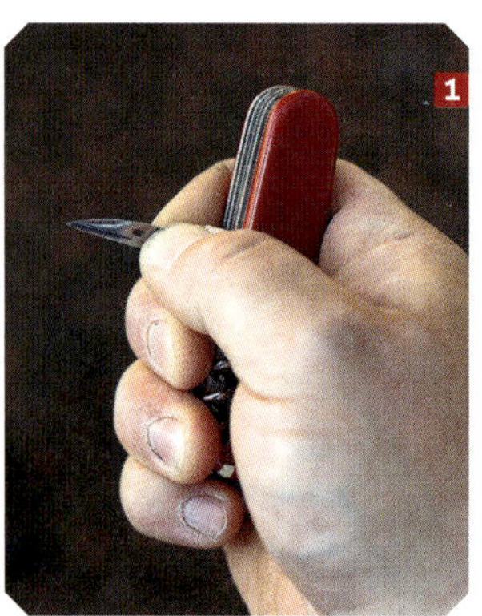
1

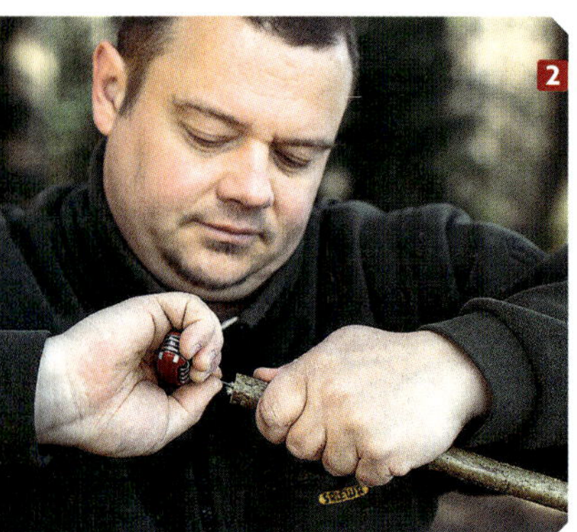
2

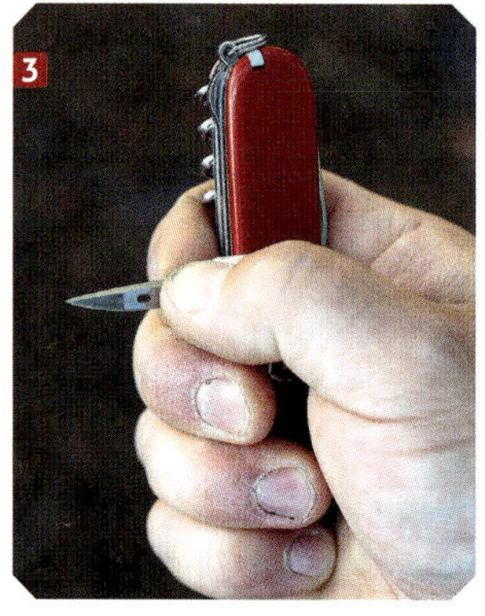
3

Achtung: Durch unkontrolliertes Einklappen der Ahle kann man sich verletzen. Darum muss man die Ahle beim Bohren stützen, indem man sie zwischen Daumen und Zeigefinger festklemmt 1. Die restlichen drei Finger legt man um den Messerkörper. Beim Austritt der Ahlenspitze muss man darauf achten, dass man sich nicht sticht. Beim Arbeiten mit der Ahle ist, genau wie beim Schnitzen mit den Klingen, höchste Konzentration erforderlich. Ein Loch wird gebohrt, indem man in der Bohrrichtung etwas Pressdruck gibt und die Hand bzw. die Ahle dreht. Wenn man das Werkstück in der Hand hält, kann man es zusätzlich in die Gegenrichtung drehen 2. Dann wird der Pressdruck gelöst, die Hand in die Ausgangsposition zurückgedreht und diese Bohrbewegung wiederholt, bis das Loch fertig ist.

Die Sicherheitstechnik

Ich empfehle, Kindern mit wenig Schnitzerfahrung die Sicherheitsvariante beizubringen. Diese Sicherheitsvariante hat zur vorher erklärten Variante nur den einen kleinen Unterschied: Man hält das Messer mit der ausgeklappten Ahle andersherum, sodass der Korkenzieher und die scharfe Klinge der Ahle nach oben schauen. Man klemmt die Ahle wie gehabt zwischen Daumen und Zeigefinger, die restlichen drei Finger umgreifen jetzt aber nicht den längeren Griffteil, sondern den kurzen, sodass der Korkenzieher und der Ring oben aus der Faust hinaus schaut 3. Wenn jetzt die Ahle einklappt, klappt sie ins Leere und nicht auf den Mittelfinger. Diese Art, die Ahle zu halten, hat beim Arbeiten mit der Ahle den ergonomischen Nachteil, dass der Akzent der Schnittbewegung oben und gegen den Uhrzeigersinn von sich weg erfolgt und nicht unten und im Uhrzeigersinn zu sich hin. Aus diesem Grund halten die meisten Leute die Ahle genau anders herum. Die Kinder gewöhnen sich aber erfahrungsgemäß ziemlich schnell an diese Sicherheitsvariante.

Nähen mit der Ahle

Die Ahle hat ein Loch. Durch dieses kann man eine Sehne oder einen Faden führen und zwei nähbare Materialien durch eine grobe Naht verbinden. In den folgenden Bildern erkläre ich die Nähtechnik mit der Taschenmesser-Ahle:

Halte die ausgeklappte Ahle so, dass der Nagelhieb zu dir schaut, und fädle den Faden von hinten durch das Loch ein. Der Fadenteil, der vorne aus den Loch kommt, ist das »Arbeitsende« 1. Der andere Teil des Fadens läuft wie bei einer Nähmaschine einfach mit.

Stich mit der Ahle durch die Materialien, die du zusammennähen möchtest, und ziehe das Arbeitsende nach oben durch, sodass es oben auf dem Material aufliegt. Das Arbeitsende sollte ein bisschen länger sein als die Länge der fertigen Naht 2.

Die Nährichtung ist von rechts nach links. Ziehe nun zum Nähen die Ahle vollständig zurück, versetze die Ahle um einen Zentimeter und stecke sie erneut durch die Materialien 3.

Ziehe nun die Ahle nur bis zum Nadelöhr zurück. Auf der Vorderseite und auf der Rückseite entsteht eine kleine Schlaufe 4.

Fädle das Arbeitsende durch die Schlaufe auf der Vorderseite der Ahle 5.

Ziehe die Ahle ganz zurück, straffe die Fäden der Naht, versetze die Ahle um einen Zentimeter und mache den nächsten Durchstich 6.

Fahre so weiter, bis die gewünschte Nahtlänge erreicht ist 7.

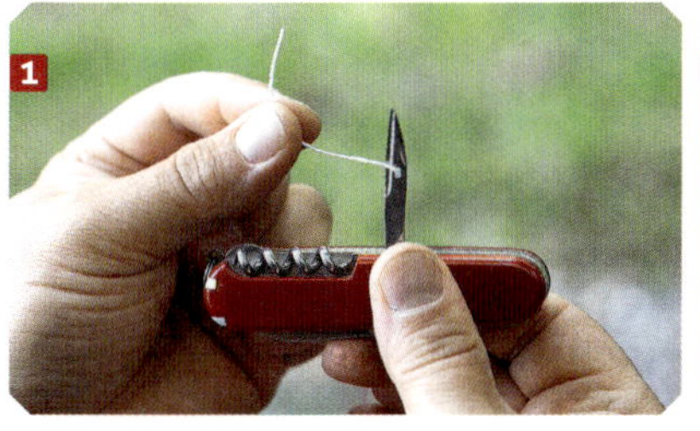
1

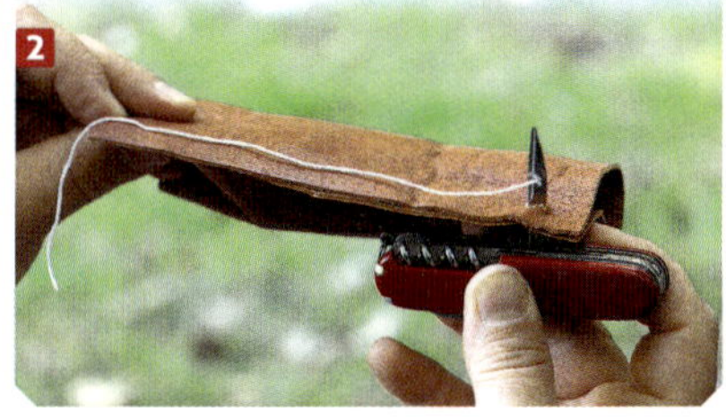
2

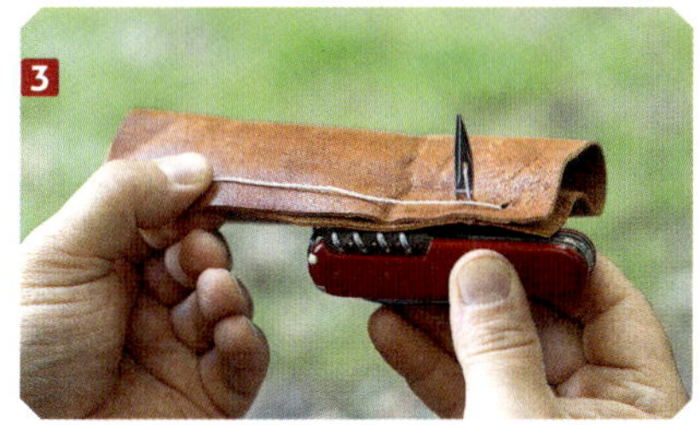
3

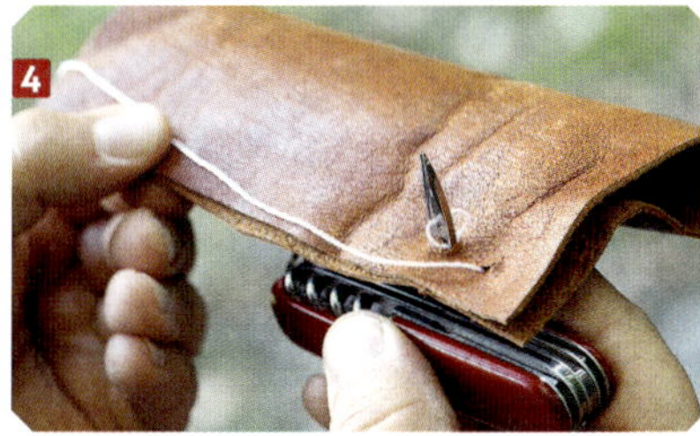
4

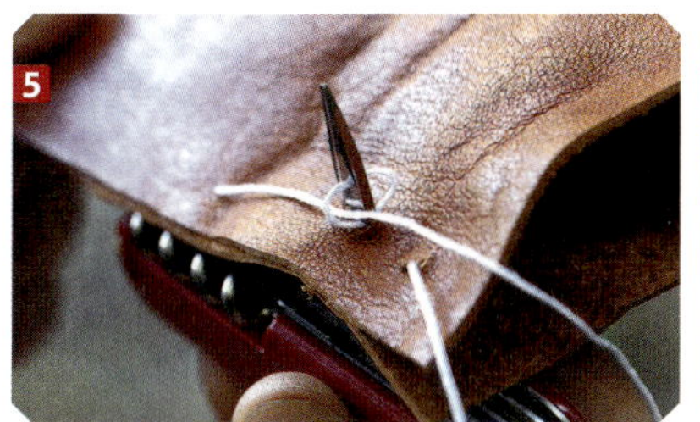
5

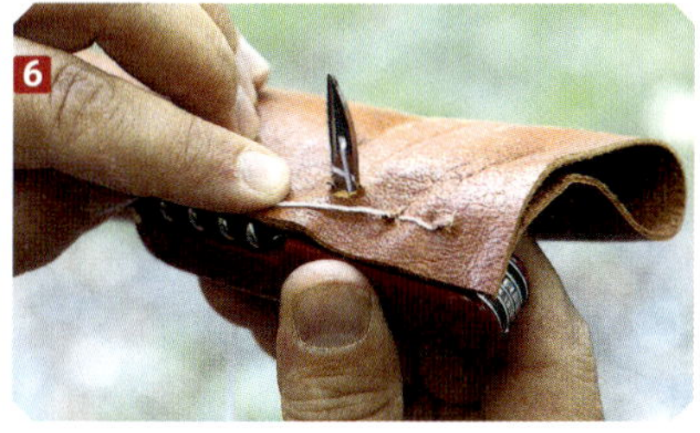
6

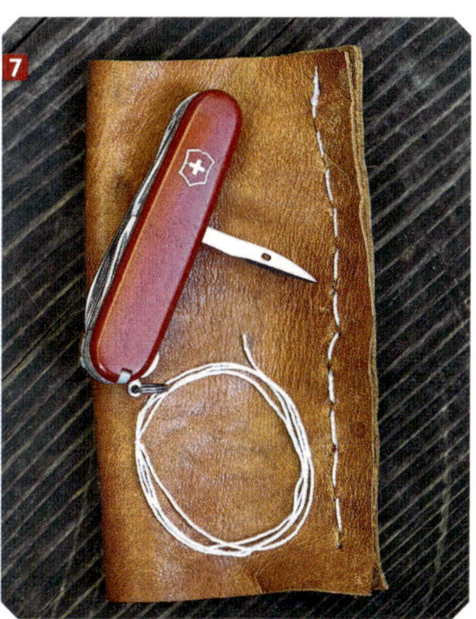
7

Die Pflege des Taschenmessers

Das Reinigen des Messers

Dein Taschenmesser wird dir länger und besser seinen Dienst erweisen, wenn du ihm eine minimale Pflege zukommen lässt.
Das Reinigen des Messers gehört unabdingbar dazu. So kann etwa beim Schneiden oder Schälen von Früchten Fruchtsaft in den Messerkörper fließen, der die Messerwerkzeuge nach dem Eintrocknen verklebt. Auch harzreiches Holz oder zuckerhaltige Lebensmittel können die Werkzeuge verschmutzen oder verkleben. Tauche zur Reinigung das Messer einige Stunden in warmes Wasser mit ein bisschen Spülmittel und klappe die Werkzeuge danach mehrmals auf und zu . Du wirst merken, dass sich das Messer bald wieder mühelos öffnen und schließen lässt. Am besten gibst du nach dem Reinigen und Trocknen einen Tropfen Öl auf die Gleitflächen. Verunreinigungen im Messerschacht lassen sich bei ausgeklappten Werkzeugen am besten mit einer alten Zahnbürste unter fließendem Wasser beseitigen. Lege dein Messer nicht in die Geschirrspülmaschine. Die hohen Temperaturen und die aggressiven Tenside greifen vor allem die Griffschalen sichtbar an. Diese verbiegen sich und werden matt.

Das Schärfen der Werkzeuge

Jedes Schneidewerkzeug, das gebraucht wird, muss irgendwann einmal nachgeschärft werden.
Wir beschäftigen uns im Folgenden mit dem Schärfen der Messerklingen. Selbstverständlich können bei Bedarf auch die übrigen Werkzeuge eines Taschenmessers wie Ahle, Büchsenöffner, Holzmeißel oder Schere nachgeschärft werden. Jedes Nachschärfen von Werkzeugen, bei denen du mit der Hand das Messer führst und einen Schleifwinkel einhalten musst, erfordert sehr viel Übung und Schleiferfahrung. Das Schleifen von Messern ist eine Wissenschaft für sich, darüber werden ganze Bücher geschrieben. Ich gehe in diesem Buch davon aus, dass du keine oder nur wenig Schleiferfahrung hast. Darum halte ich dieses Kapitel kurz, einfach und pragmatisch. Ich erkläre dir die Anwendung eines Schnellschärfers von Victorinox, mit dem jedermann ein stumpfes Messer schleifen kann und mit dem ich sehr zufrieden bin.

Beim Schnitzen von Holz mit einer stumpfen Messerklinge werden die Holzfasern stark gestaucht und brechen **1**, bevor sie geschnitten werden. Die Schnittfläche im Holz wird rau. Das Arbeiten mit einer stumpfen Klinge erfordert einen hohen Kraftaufwand und das Messer ist schlecht zu führen. Mit einer sauber geschliffenen Klinge werden die Holzfasern nur gering gestaucht **2**. Das Schnitzen mit einer scharfen Klinge erfordert spürbar weniger Kraft, auch ist das Messer besser zu führen. Die Schnittfläche im Holz ist zudem sauber.

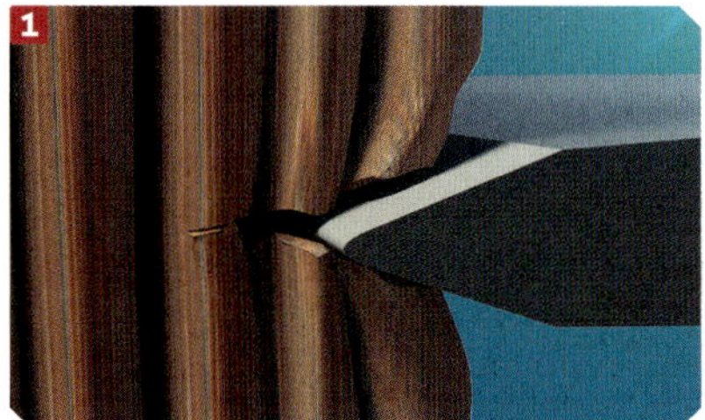

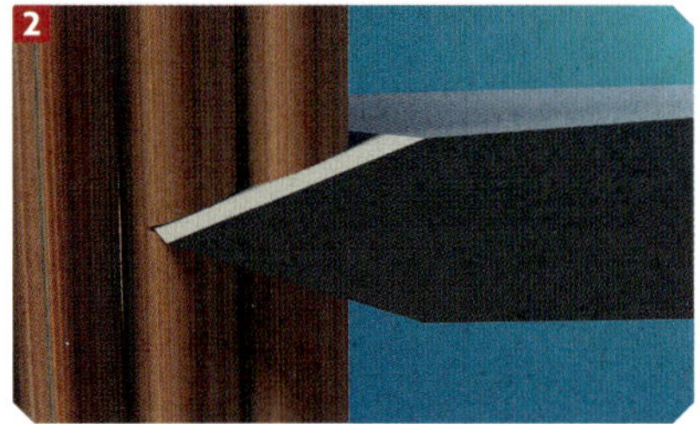

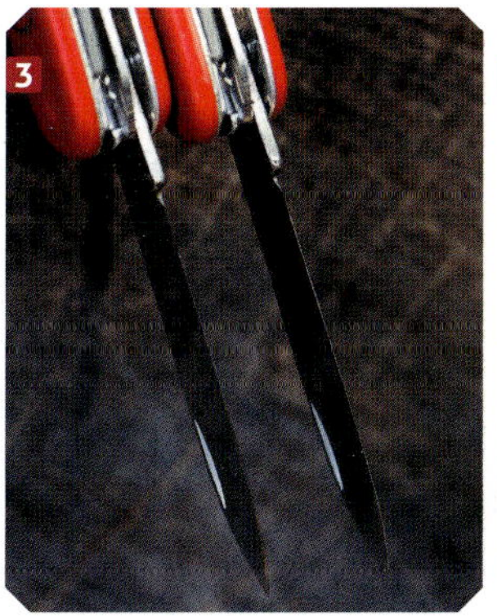

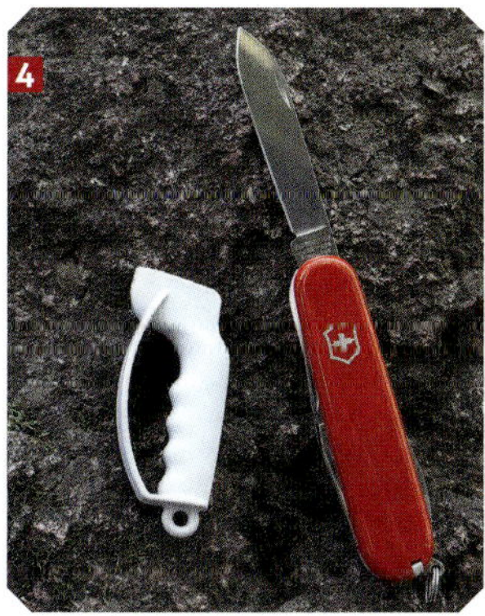

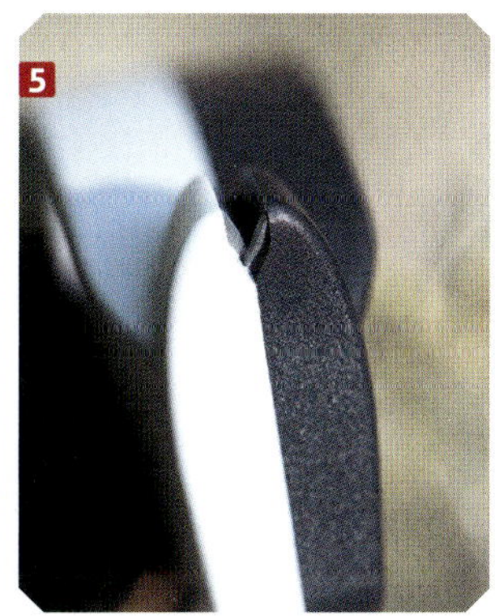

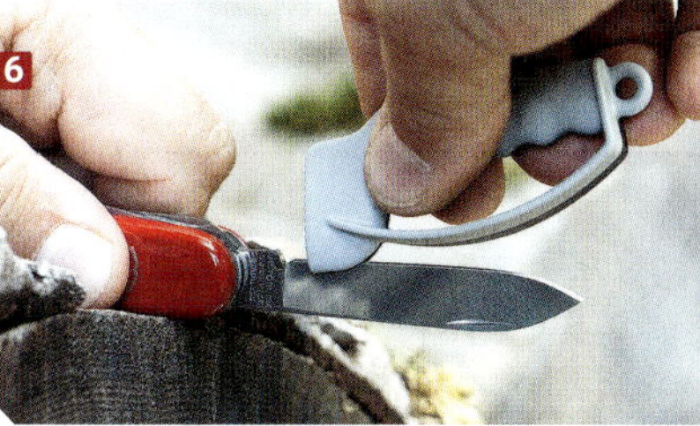

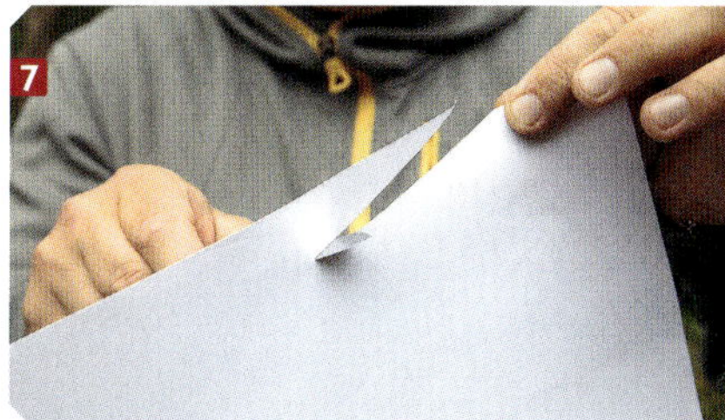

Doch wie erkennt man eine stumpfe Schneide?
In erster Linie schneidet ein stumpfes Messer einfach nicht mehr gut. Oft merkt man das erst im direkten Vergleich mit einem scharfen Messer. Um zu testen, ob ein Messer stumpf ist, streichen viele Leute mit der Daumenkuppe quer zur Klinge über die Schneide. Dieser Test ist nicht aussagekräftig, da ein abstehender Grat oder eine raue Schneidekante das subjektive Gefühl einer scharfen Klinge vermittelt. Der Lichttest hingegen ist eine optische Prüfmethode, die eine zuverlässige Aussage über den Zustand der Schneide zulässt. Sie funktioniert so:

Wenn man eine stumpfe Schneide in eine starke Lichtquelle hält, sieht man einen hellen Streifen auf der Schneidekante Rechtes Messer) 3. Das Licht wird auf der Fläche der abgerundeten Schneidekante reflektiert. Hält man dagegen eine scharfe Klinge ins Licht, wird kein Licht reflektiert. Die Schneidekante weist keine Fläche auf, an der sich das Licht reflektieren könnte. Darum ist an einer scharfen Schneide kein heller Streifen sichtbar.

Der Mini-Sharpy

Mit dem Mini-Sharpy von Victorinox 4 können auch Anfänger ihr Taschenmesser schnell, einfach und sicher nachschärfen. Schon wenige Züge mit dem Mini-Sharpy über die Schneidekante reichen aus, um dem Messer wieder eine gute Gebrauchsschärfe zu verleihen. Auch Klingen mit Wellenschliff können mit dem Mini-Sharpy geschärft werden. Die gekreuzten Hartmetallplättchen in seinem Inneren bilden einen Schleifwinkel von 40 Grad 5. Dieser fest vorgegebene Schleifwinkel bietet einen guten Kompromiss zwischen Schärfe und Lebensdauer der Schneide. Dank seiner handlichen Größe und des geringen Gewichts ist der preiswerte Mini-Sharpy auch ideal für unterwegs. Ambitionierte Schnitzer können die Schneide nach dem Schärfen mit dem Mini-Sharpy durch eine zusätzliche Politur bis zur Rasiermesserschärfe ausschleifen.
Und so gebraucht man den Mini-Sharpy: Man legt das Messer mit dem Rücken auf einen Tisch oder eine andere feste Unterlage. Dann hält man das Messer am Griff fest und zieht den Mini-Sharpy zwei- bis viermal mit dosiertem Druck über die gesamte Schneidekante vom Griff bis zur Spitze der Klinge 6. Um den Schliff zu glätten, streicht man anschließend ein paar Mal mit weniger Druck über die Schneide.

Der Schärfetest

Ein scharfes Taschenmesser schneidet ein Stück Papier durch, das mit zwei Fingern gehalten wird, ohne dabei das Papier zu zerreißen 7.

Das richtige Holz

Für die in diesem Buch beschriebenen Projekte eignet sich vorwiegend Grünholz, das heißt, frische, nicht getrocknete Äste und Zweige, die im Wald oder an Hecken zu finden sind. Äste, die so trocken oder verrottet sind, dass sie beim Biegen leicht brechen, sollte man grundsätzlich meiden. Als Faustregel gilt: Je frischer das Holz geschnitten ist, umso leichter lässt es sich bearbeiten.

Nicht jede Holzart eignet sich gleich gut zum Schnitzen und Werken mit dem Taschenmesser. Ich gebe hier einige Tipps, aber experimentiere gerne selbst mit dem Material, das dir in der jeweiligen Situation zur Verfügung steht. Die Schnitztauglichkeit ist nicht immer das einzige Kriterium für die Wahl einer bestimmten Holzart. Manchmal sind Form, Gewicht, Lösbarkeit der Rinde, Größe des Marks oder andere Eigenschaften des Holzes wichtiger.

Welche Hölzer eignen sich?

Die folgenden Tipps sollen dir helfen, Schnitzhölzer zu finden, die in unseren Wäldern häufig vorkommen und sich für das Werken mit dem Taschenmesser eignen. Natürlich ist es von Vorteil, wenn du die am häufigsten vorkommenden Laubbäume kennst. Die meisten Projekte in diesem Buch sind aus Hasel und Holunder hergestellt. Bei manchen Projekten eignet sich weiches, leichtes Holz, bei anderen Projekten empfiehlt sich schweres, hartes Holz. Buche und Eiche sind Harthölzer, die schwer zu schnitzen sind. Weiche Holzarten wie Pappel oder Weide sind leicht zu schnitzen, fransen allerdings leicht aus, was z. B. für einen Bootsrumpf aber keine Rolle spielt. Besonders gut zum Schnitzen geeignet sind folgende Baumarten: Birke, Hasel, Ahorn, Esche, Holunder, Linde und Erle. Ahorn und Holunder werden sehr hart, wenn sie trocken sind.

Und welche Hölzer sind giftig? Eibe, Robinie (Falsche Akazie), Thuja, Kirschlorbeer und andere Zier-Prunus-Arten sowie Goldregen, Pfaffenhütchen und Seidelbast sind giftig oder haben giftige Bestandteile. Toxikologische Beratungsstellen raten deshalb vom Schnitzen dieser Hölzer ab. Eiche und Walnuss eignen sich aufgrund der enthaltenen bitteren Gerbsäure nicht für Koch- oder Essbesteck.

Wo geeignetes Holz zu finden ist

Es ist grundsätzlich verboten, in Wäldern und öffentlichen Anlagen Äste von Bäumen abzusägen. Es dürfte aber trotzdem kein Problem sein, in der Natur gutes Schnitzmaterial zu finden, denn im Wald liegen oft viele abgebrochene Äste oder umgestürzte Bäume, die man verwenden darf. Häufig stößt man bei Waldspaziergängen auch auf abgesägte Äste von Forstarbeiten, die auf dem Waldboden liegen geblieben sind, oder auf bereits zu einem Haufen zusammengetragene Schnittabfälle. Frage den Förster oder den Grundstückseigentümer, wenn du nicht sicher bist, ob du etwas davon verwenden darfst. Manchmal kann man auf Waldspaziergängen einen abgebrochenen Baumstamm entdecken. Dessen Splitter und Bruchstücke, die oft meterlang in den Himmel ragen, können für Brettchen, einen Bootsrumpf, für einen Bumerang oder für andere Schnitzprojekte herhalten. Die Äste des Haselstrauchs eignen sich gut für erste Schnitzübungen. Sie sind leicht zu finden, das Holz ist elastisch und nicht zu hart. Auch löst sich die Rinde leicht vom Holz, sodass Kinder sie einfach entfernen oder schöne Muster hineinschneiden können.

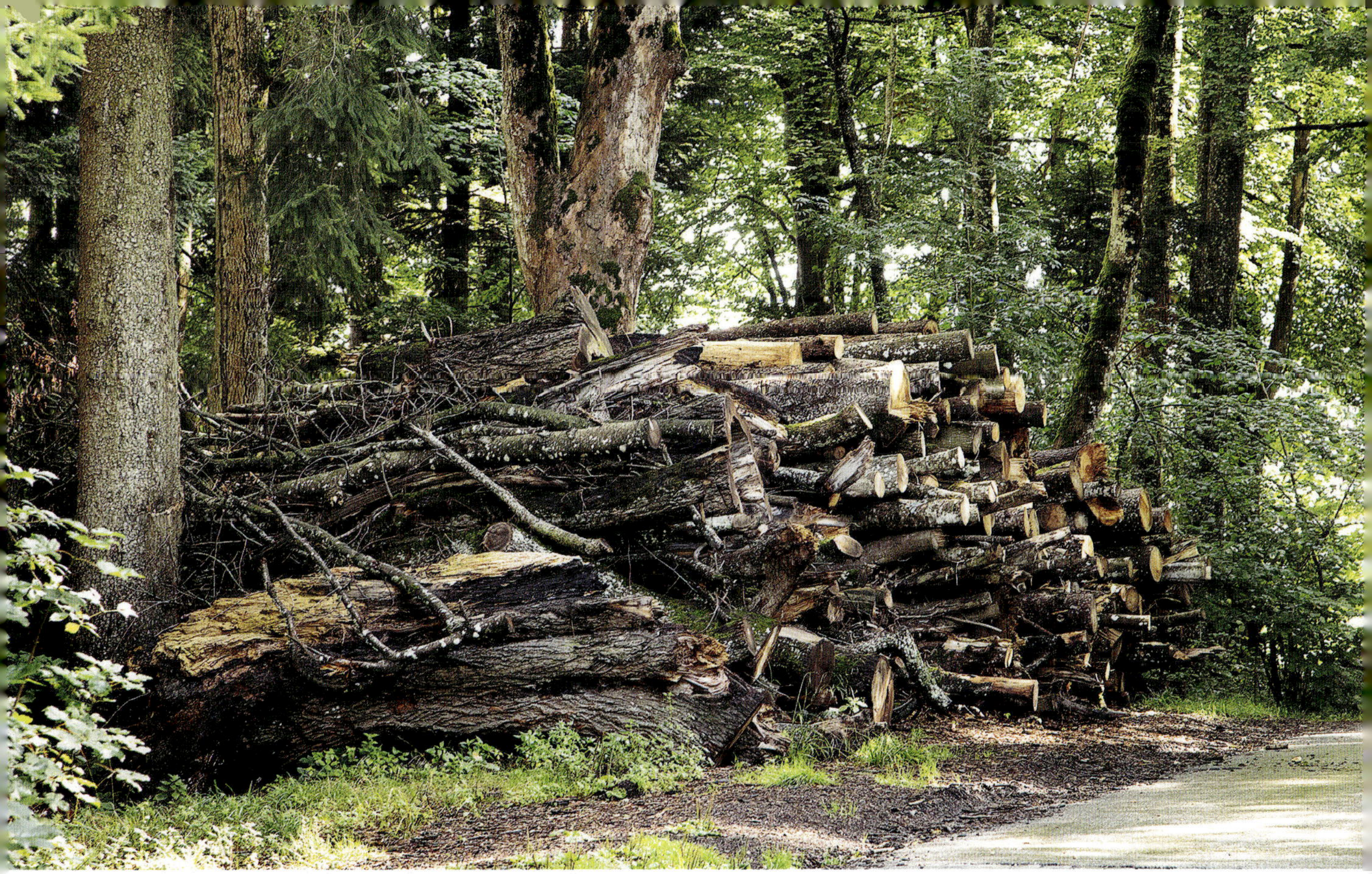

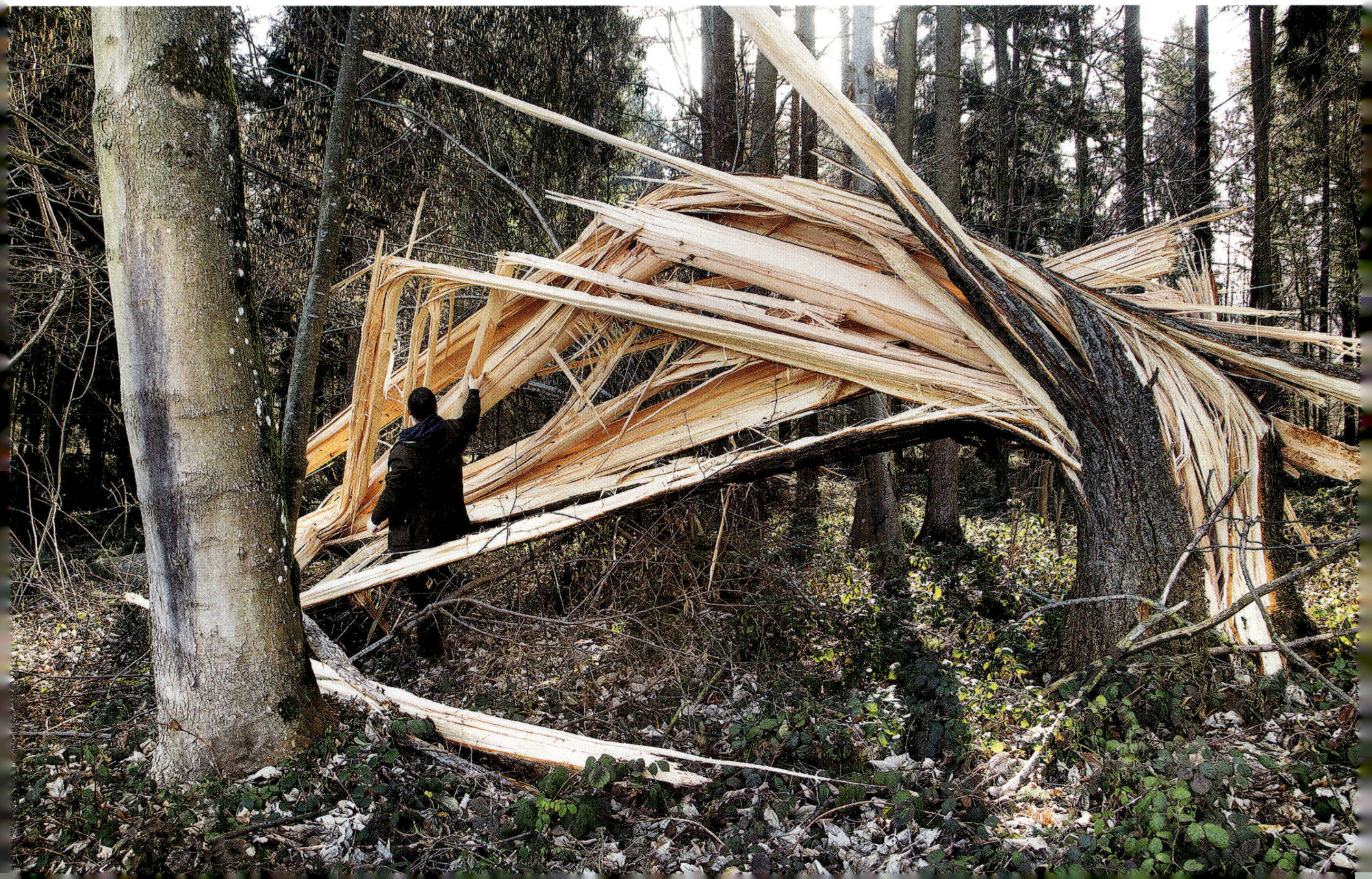

QR-Codes zu den Schnitzprojekten

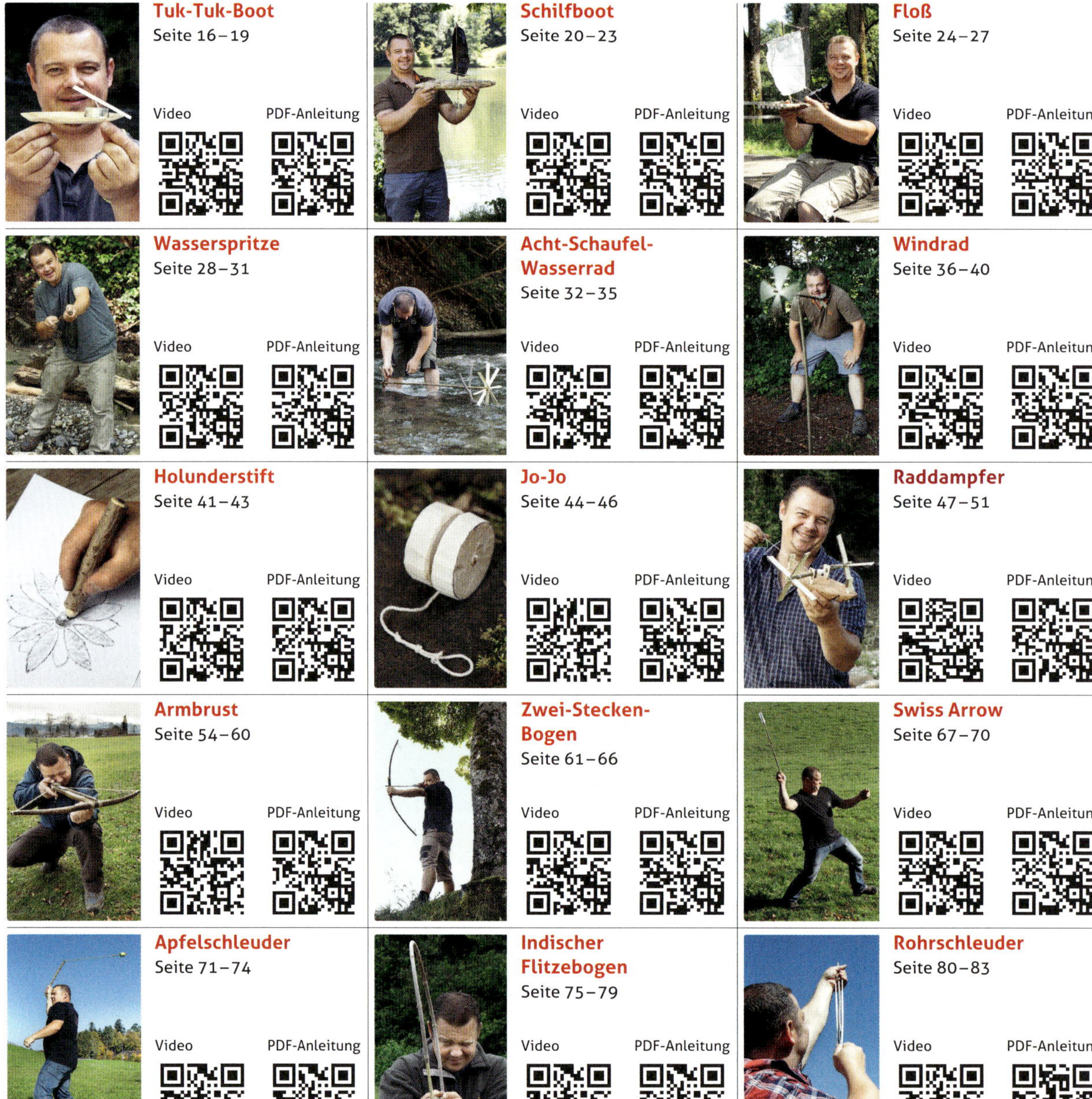

Tuk-Tuk-Boot
Seite 16–19
Video PDF-Anleitung

Schilfboot
Seite 20–23
Video PDF-Anleitung

Floß
Seite 24–27
Video PDF-Anleitung

Wasserspritze
Seite 28–31
Video PDF-Anleitung

Acht-Schaufel-Wasserrad
Seite 32–35
Video PDF-Anleitung

Windrad
Seite 36–40
Video PDF-Anleitung

Holunderstift
Seite 41–43
Video PDF-Anleitung

Jo-Jo
Seite 44–46
Video PDF-Anleitung

Raddampfer
Seite 47–51
Video PDF-Anleitung

Armbrust
Seite 54–60
Video PDF-Anleitung

Zwei-Stecken-Bogen
Seite 61–66
Video PDF-Anleitung

Swiss Arrow
Seite 67–70
Video PDF-Anleitung

Apfelschleuder
Seite 71–74
Video PDF-Anleitung

Indischer Flitzebogen
Seite 75–79
Video PDF-Anleitung

Rohrschleuder
Seite 80–83
Video PDF-Anleitung

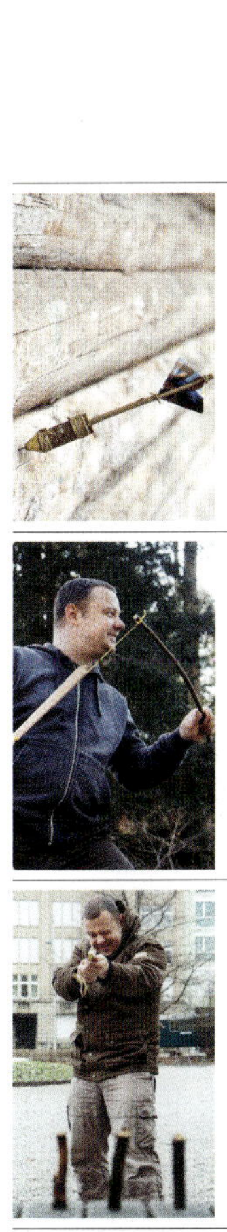

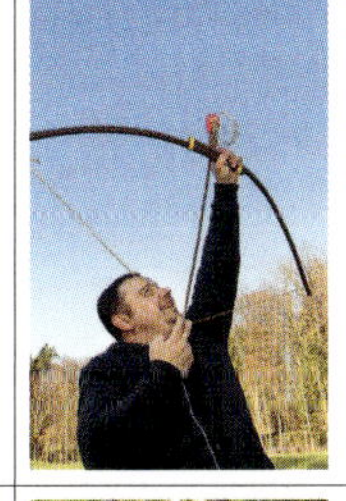

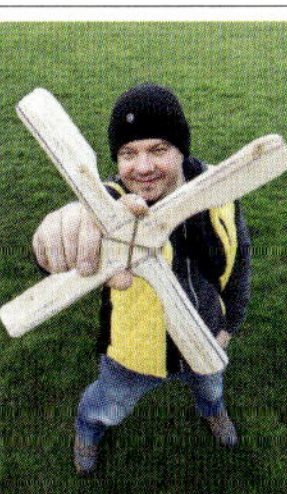

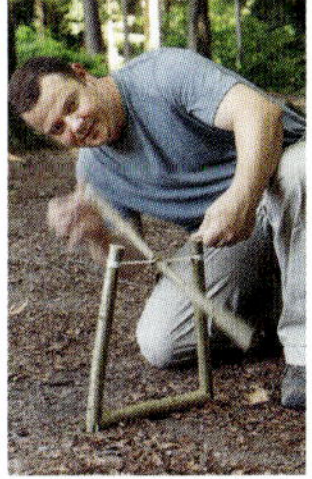
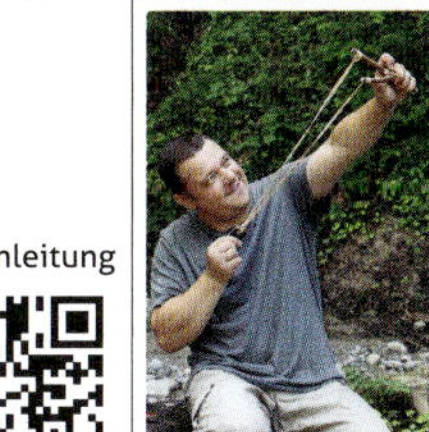
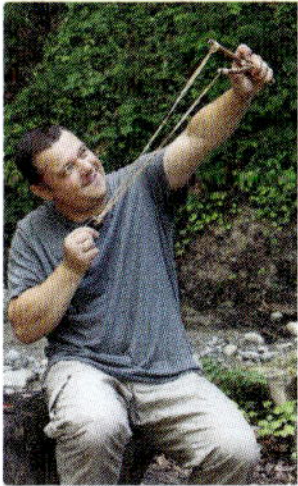

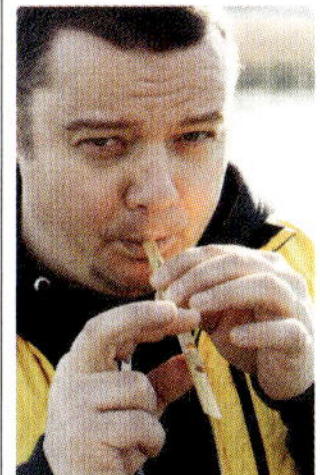
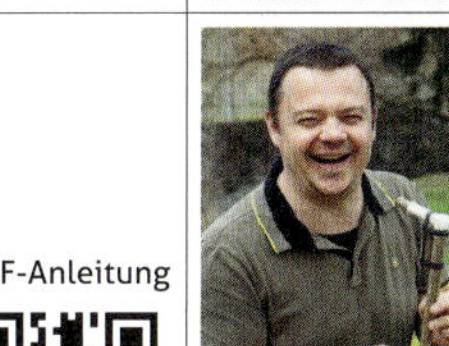
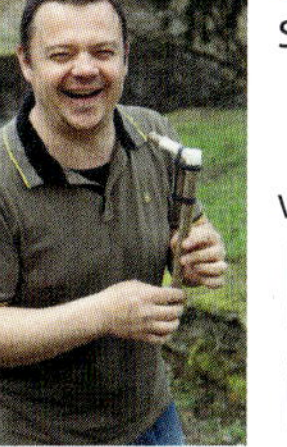

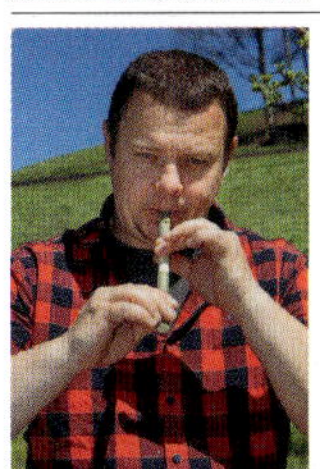
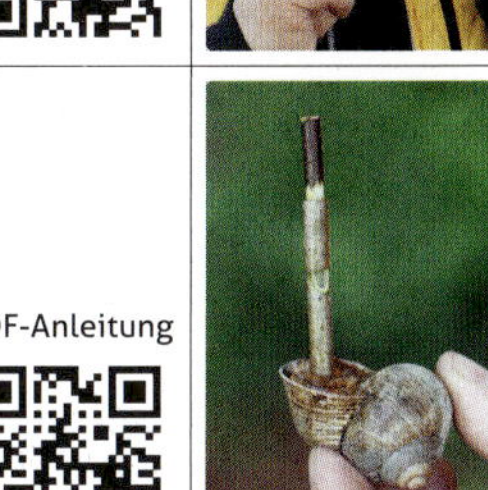
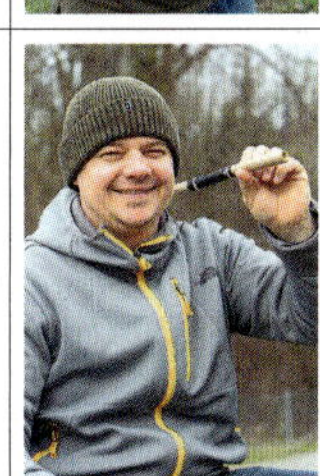
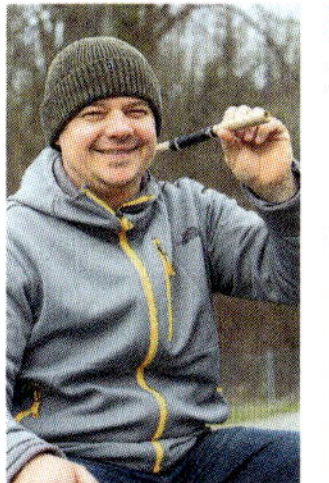

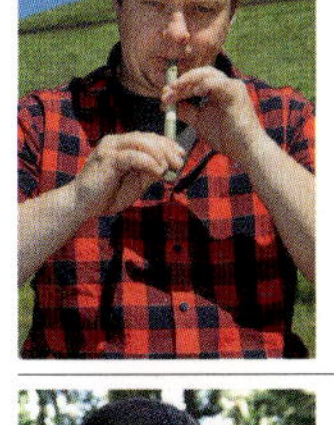

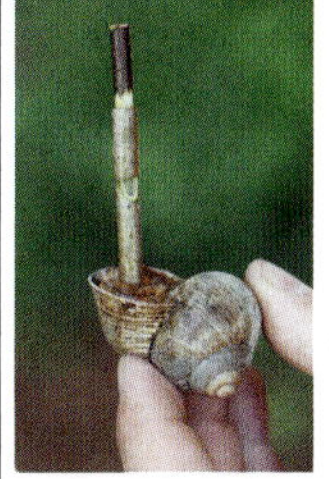

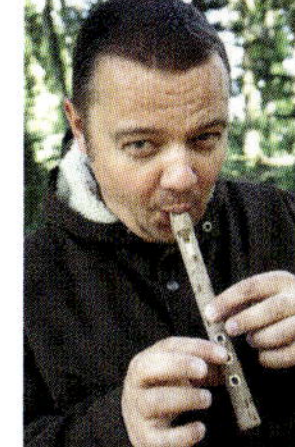

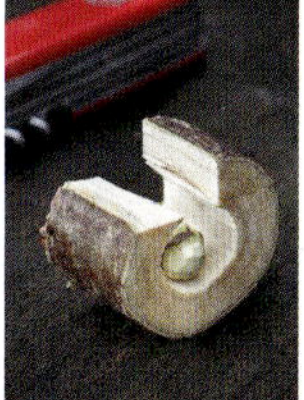

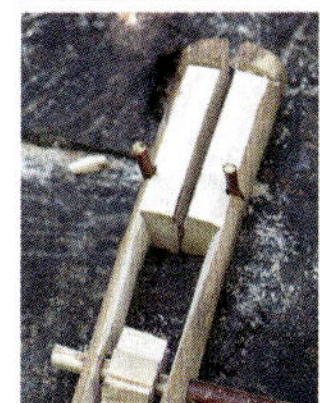

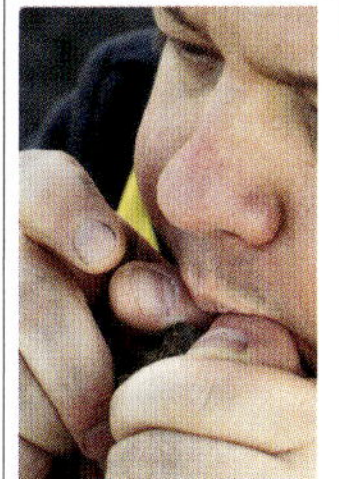

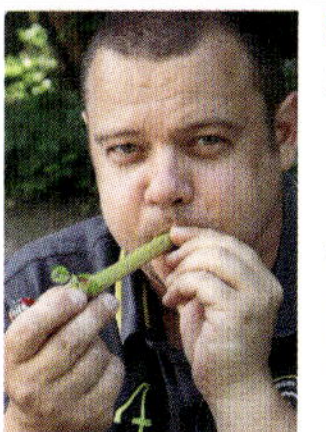

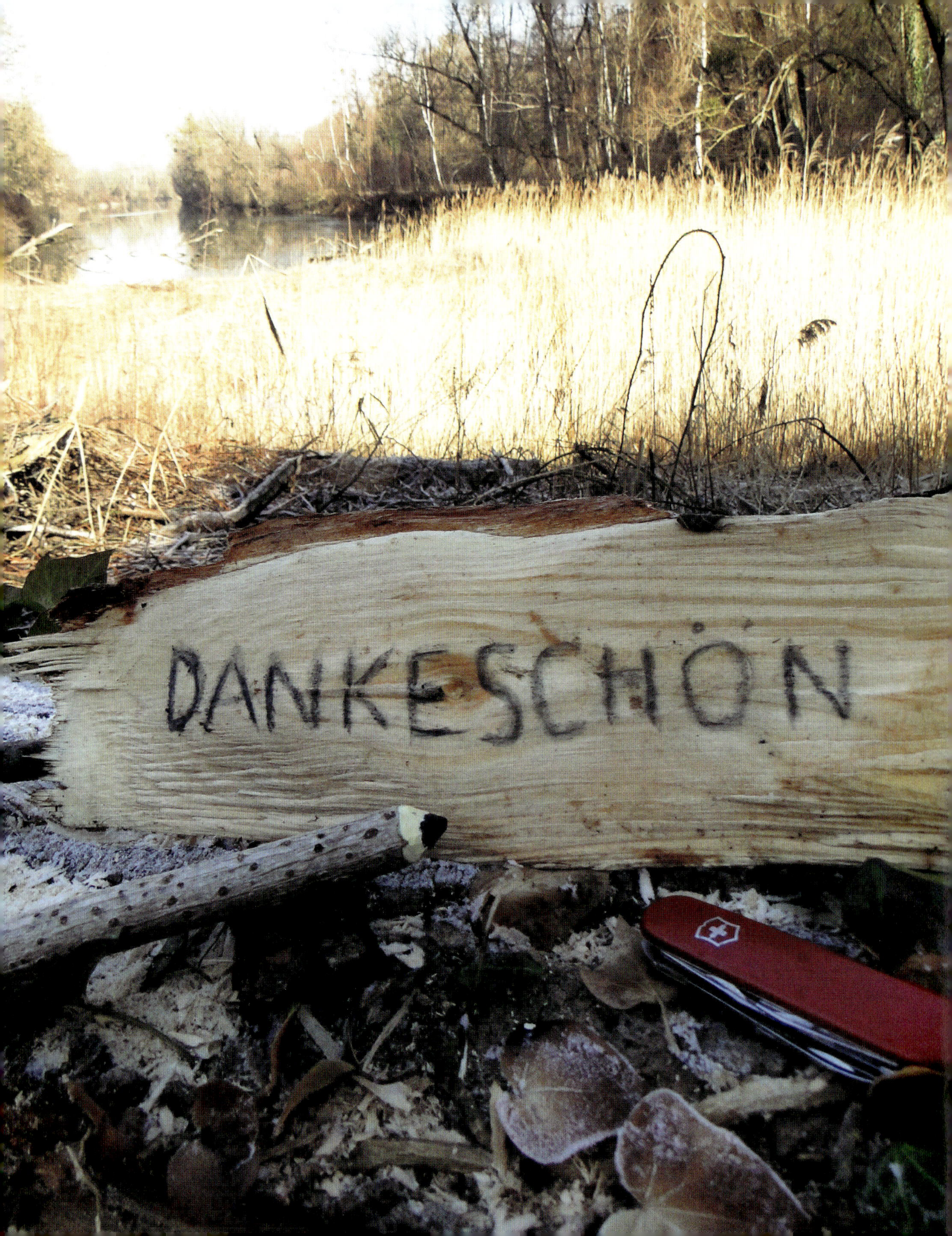
DANKESCHÖN

Dank

Matthew Worden
Matthew Worden ist der Roger Federer unter den Fotografen – einfach der Beste! Für dieses Buch waren und sind tolle Bilder unglaublich wichtig. Danke für deinen fantastischen Einsatz, deine Geduld mit dem launischen Schnitzmodel und deine Begeisterung für dieses Projekt. Weil wir zwischenzeitlich beide Kinder haben, war das Finden von Terminen nicht immer einfach. Aber wenn wir ein Shooting hatten, verbrachten wir eine tolle Zeit miteinander. Matthew, dieses Buch lebt von deinen Bildern – vielen herzlichen Dank dafür!

www.matthewworden.com

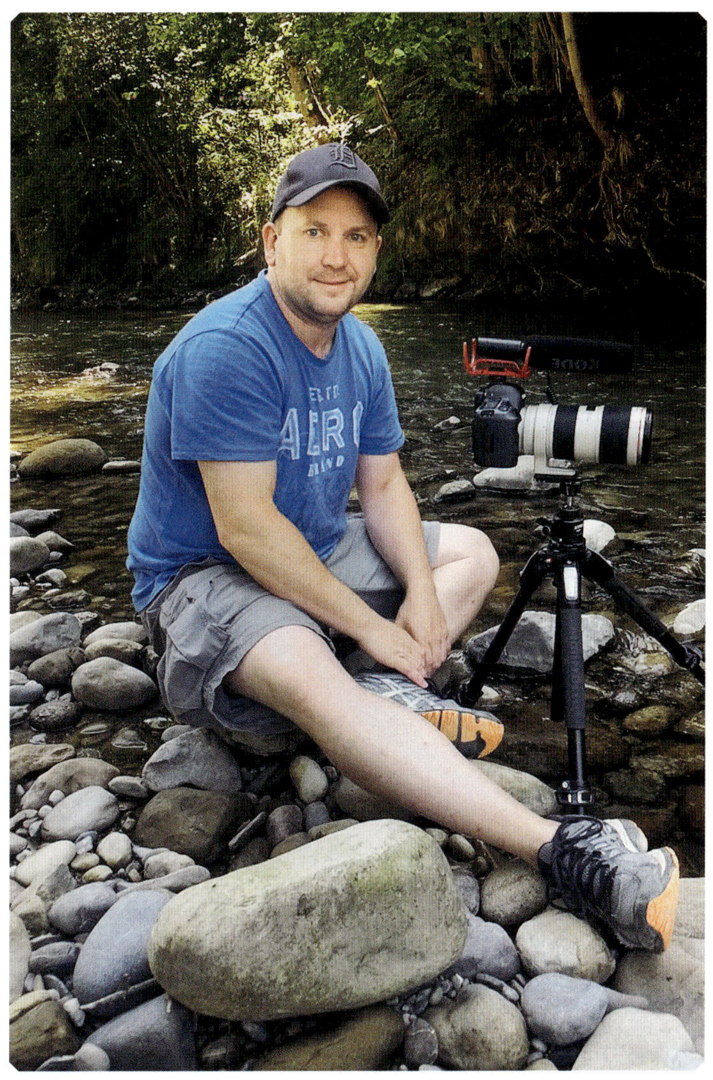

Meine Frau und meine Kinder Ein Buch zu schreiben mit so vielen neuen Ideen und Entwicklungen, lässt sich zeitlich nicht gut kalkulieren und geht bei mir eher spontan vonstatten als in einem geplanten linearen Ablauf. Bei mir halten sich Kreativitätsschübe, Schnitzwut und Schreibfluss nicht an Arbeitszeiten. Dementsprechend war es auch schwierig, dieses Projekt mit dem Familienleben zu vereinbaren. Ich konnte es nicht verbergen, wenn ich in der Familienzeit über eine Idee nachdachte und zwar physisch anwesend, aber geistig doch irgendwie abwesend war. Für mich und für meine Familie war es keine einfache Zeit und gab Anlass zu einigen Konflikten. Danke, liebe Silvia, dass du auch in stürmischen Zeiten hinter mir gestanden bist und mir den Rücken frei gehalten hast, auch wenn du zwischenzeitlich mit deiner Energie am Ende warst und deine Idealvorstellung von Familienleben eine andere ist. Ohne dich hätte ich dieses Projekt nicht in dieser Form realisieren können. Ich hoffe, dass nach diesem Projekt unsere Familienarche etwas ruhigere Gewässer durchschifft und wir gestärkt aus dieser Zeit hervorgehen.

Ich möchte mich auch bei meinen Kindern Janis, Sarah und Elias bedanken. Vor allem Janis, mein älterer Sohn, war für mich ein wichtiger Indikator, ob ein Projekt bei Kindern ankommt oder nicht.

Victorinox Ein herzliches Dankeschön richtet sich an die in dieses Projekt involvierten Freunde meines Arbeitgebers und an die Familie Elsener von Victorinox. Ich bin stolz und dankbar, für Victorinox arbeiten zu dürfen. Euer großes Vertrauen in mich motiviert mich Tag für Tag, mein Bestes zu geben. Es ist für mich nicht selbstverständlich, dass ich für dieses Buch auch sehr viel Arbeitszeit investieren durfte. Ein besonderer Dank richtet sich an Gil Sommerhalder. Deine Unterstützung und Begleitung bei den verschiedensten Projekten ist für mich sehr wertvoll. Die Drehtage für unsere YouTube-Videos sind immer ein Highlight und machen mir unglaublich Spaß!

AT Verlag Der AT Verlag ist für mich schon fast so etwas wie eine Familie. Danke für eure tolle Unterstützung, danke für eure motivierende Art und Danke auch für euer Verständnis und eure Ideen, wenn etwas mal nicht klappt wie vorgesehen. Ich kann mir keinen besseren Verlag vorstellen.

Christoph Bürgi Christoph, du warst mein »Feuerwehrmann« bei diesem Buchprojekt! Ich war sehr unsicher beim Texten und der technischen Umsetzbarkeit der Projekte. Es brannte lichterloh, zudem war es fünf vor zwölf. Vielen herzlichen Dank für deinen unglaublichen Blitzeinsatz während der letzten drei Wochen. Oft bekam ich deine Feedbacks zu Zeiten, in denen normale Leute schlafen, die Feuerwehr aber noch hellwach ist.

Urs Weber Ein großes Dankeschön auch an dich! Ich habe sehr profitiert von deinen Ideen und Lösungsvorschlägen. Es war sehr bereichernd für mich, mit dir über die Projekte zu sprechen. Toll, dass es dich gibt, lieber Urs!

Mauro Spadin Lieber Mauro, deine Oudoorskills und deine Kreativität beeindruckten mich. Ich bin immer wieder froh, dass ich eine Adresse kenne, bei der ich mir sicher bin, dass dort super gute Workshops stattfinden. Danke, dass ich deine Idee der Wasserspritze weiterspinnen durfte.

Regula Immler Ich bin dir sehr dankbar, dass du mir beim Vorwort und der Einleitung geholfen hast, meine Gedanken zu formulieren. Ich freue mich auf den ersten Schnitzkurs mit dir und deinen Mädels.

Pascal Zani Lieber Pascal, ich bin dir sehr dankbar, dass ich das ganze Jahr durch Material für meine Workshops aus den Wäldern deines Königreichs ernten darf. Auch der Baumstamm auf dem Cover ist ein St. Margrethler.

Remo Gugolz Lass das »Buchhorn« nicht verlumpen! Danke für die Inspiration zum Zwei-Stecken-Bogen, lieber Flachlandindianer. www.buchhorn.ch

Marius Tschirky Ich habe mittlerweile von diversen Schulklassen und sogar Schulhäusern Coverversionen deines Taschenmessersongs erhalten. Da hat das Original Mühe mitzuhalten. Danke für die Inspiration des Ballonsaxofons! www.jagdkapelle.ch

Stefan Hinkelmann Danke für deine Inspiration zur Rohrschleuder! www.youtube.com/user/DerMaterialtester

Roland Wild Vielen Dank für deine Inspiration inklusive Video für die Apfelschleuder!

Frank Egholm Danke, dass ich den Indischen Flitzebogen aus deinem Buch »Das große Buch von Schnitzen« aufgreifen und weiterentwickeln durfte.

Martin und Andy Müller Herzlichen Dank, lieber Martin, für deine tollen Fotos und Hinweise zum Schindelpfeil! www.androma-verlag.ch

Christoph Trescher Vielen Dank, lieber Christoph, für die Unterstützung bei der Holunderflöte. Der Nachmittag in deiner Werkstatt in Mogelsberg hat mich sehr beeindruckt. http://www.blockfloeten-handlung.ch

Christoph Kraul Vielen Dank, dass ich das Projekt »Forelle« aus dem Buch Ihres Vaters aufgreifen und taschenmessertauglich weiterentwickeln durfte. In meinem Buch heißt das Projekt »Raddampfer«. www.spielzeug-kraul.de

Stefan Philippi Die Schilfflöte war Liebe auf den ersten Blick. Danke, Stefan, für die tolle Projektidee! www.werkstatt-am-see.ch

Sylvia Gianfelice Danke, liebe Sylvia, für deine Erzählungen und dein selbst geschnitztes »Dutch Arrow«-Exemplar.

Abdy Shamloo Danke für deine Freundschaft und die tollen Illustrationen für meine Bücher. www.as-art.ch

Taro Gehrmann Danke für deine seelische Unterstützung. Als Autor des Buches »Feuer machen« weißt du genau, wie groß der Druck sein kann, wenn ein Buchprojekt kurz vor dem Abschluss steht. Es tat einfach gut, mit dir zu reden!

Der Autor

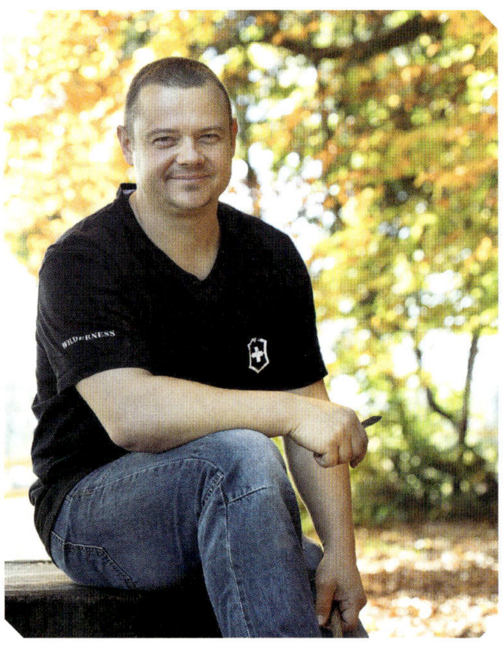

Felix Immler

Geboren 1974 in St. Gallen, ausgebildeter Maschinenmechaniker, Sozialarbeiter und Naturpädagoge. Vater von drei Kindern. Seit 2014 arbeitet er hauptberuflich als Taschenmesserpädagoge bei Victorinox und bietet dort auch Taschenmesser-Workshops für Kinder und Erwachsene an. Er betreibt den YouTube-Kanal »Felix Immler«, für den er regelmäßig Taschenmesser-, Bushcraft- und Survivalvideos produziert.

Informationen und Kontaktadresse unter:
www.feliximmler.com
YouTube www.youtube.com/feliximmler

Internetseite zum Buch

Auf der Webseite **www.feliximmler.ch** sind verschiedene Unterlagen zum Schnitzen herunterzuladen: der Comic »Die Schnitz-Kids« zu den Sicherheitsregeln, Arbeitsblätter zur Vorbereitung auf die Taschenmesser-Prüfung, vorgefertigte Diplome und ein Taschenmesser-Song von »Marius und die Jagdkapelle«. Zudem enthält die Internetseite anschauliche Videos zur Anwendung oder zur Herstellung einiger Taschenmesserprojekte.

Ebenfalls von Felix Immler im AT Verlag

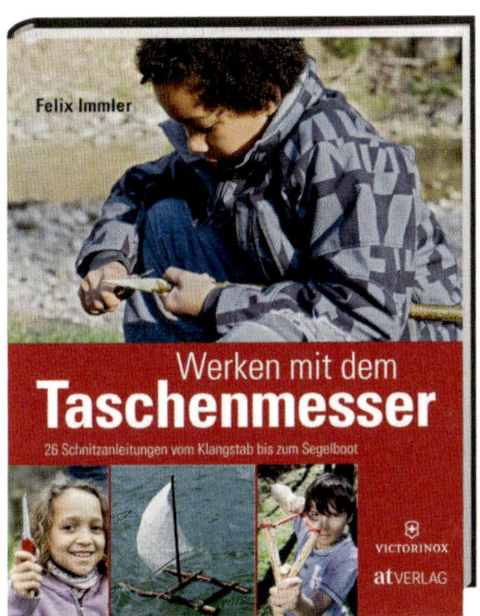

Werken mit dem Taschenmesser
26 Schnitzanleitungen vom Klangstab bis zum Segelboot

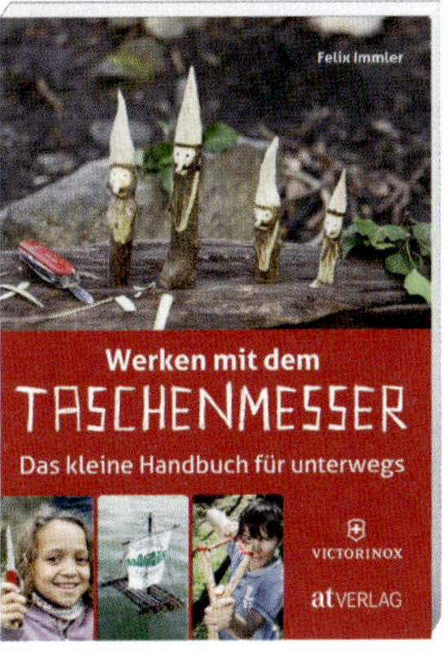

Werken mit dem Taschenmesser
Das kleine Handbuch für unterwegs

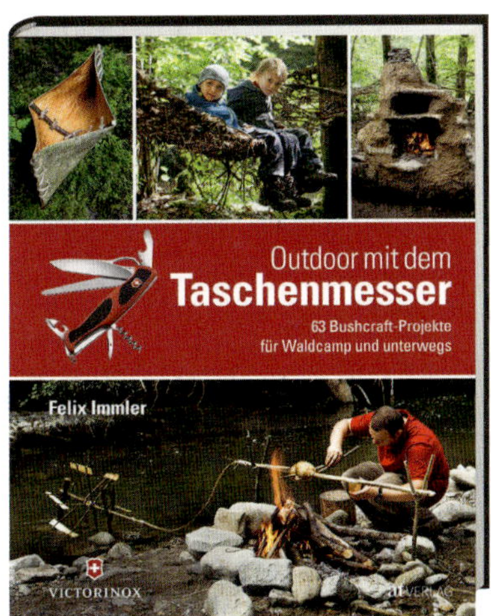

Outdoor mit dem Taschenmesser
63 Bushcraft-Projekte für Waldcamp und unterwegs

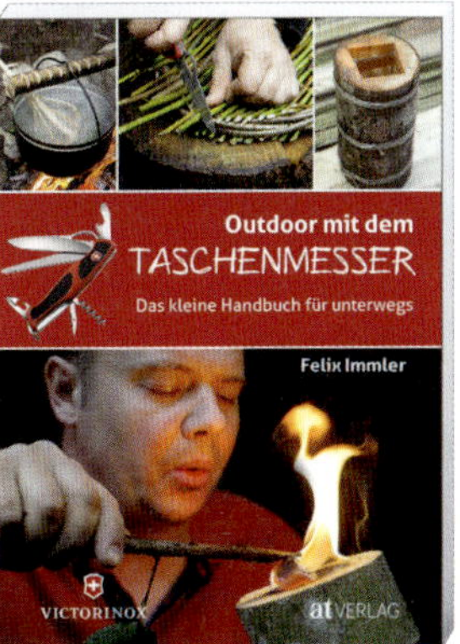

Outdoor mit dem Taschenmesser
Das kleine Handbuch für unterwegs

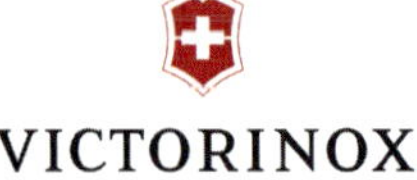

Dieses Buch entstand in Zusammenarbeit
mit Victorinox AG, Ibach-Schwyz (CH).

Hinweis

Es liegt in der Natur der Sache, dass das Werken mit Klinge, Säge und anderen Taschenmesserwerkzeugen gewisse Gefahren mit sich bringt. Der Autor dieses Buches stellt nach bestem Wissen und Gewissen möglichst sichere Techniken vor und weist die Leserin, den Leser auf mögliche Gefahren hin.
Autor, Verlag sowie die Firma Victorinox übernehmen keinerlei Verantwortung für Schäden oder Verletzungen und lehnen jegliche Haftungsansprüche ab, die in direktem oder indirektem Zusammenhang mit dem Inhalt dieses Buches erhoben werden könnten.
Beachten Sie bei allen Aktivitäten in der freien Natur die jeweiligen Bestimmungen des Natur-, Pflanzen- und Tierschutzes sowie der geltenden Waffengesetzgebung.

Besuchen Sie die Internetseite und den YouTube-Kanal von Felix Immler:
www.taschenmesserbuch.ch
YouTube https://www.youtube.com/feliximmler

2. Auflage, 2021

AT Verlag, Aarau und München
Lektorat: Petra Holzmann, München
Fotos: Matthew Worden, www.matthewworden.com
Grafische Gestaltung und Satz: AT Verlag
Druck und Bindearbeiten: Druckerei Appl, Aprinta Druck, Wemding
Printed in Germany

ISBN 978-3-03800-980-1

www.at-verlag.ch

Der AT Verlag wird vom Bundesamt für Kultur
für die Jahre 2021–2024 unterstützt.

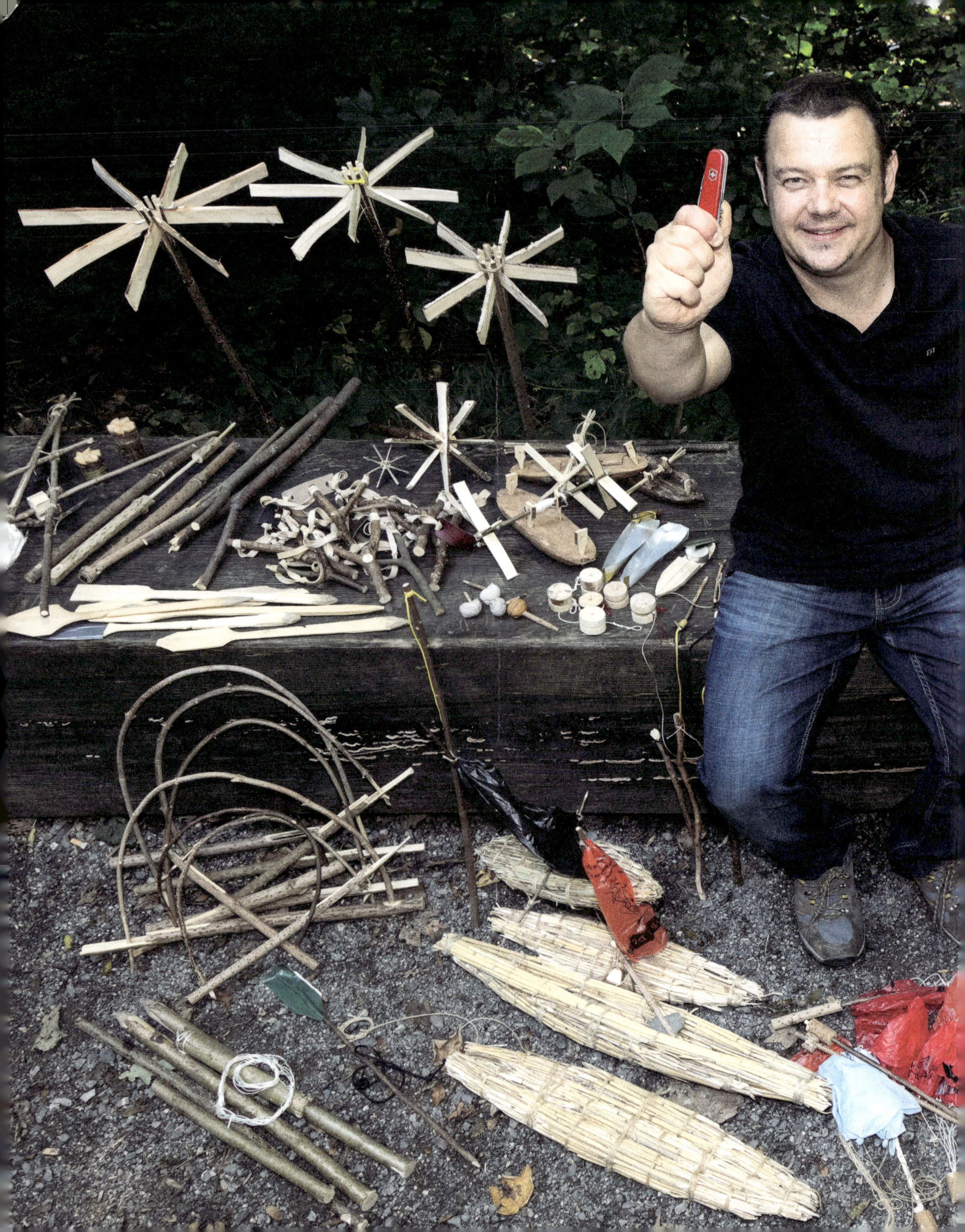